# 小企业会计准则

## 案例详解与实务

### 条文解读 + 科目使用 + 账务处理

**（全新修订版）**

小企业会计准则编审委员会　编著

人 民 邮 电 出 版 社
北京

图书在版编目（CIP）数据

小企业会计准则案例详解与实务 ：条文解读+科目使用+账务处理 ：全新修订版 / 小企业会计准则编审委员会编著. -- 3版. -- 北京 ：人民邮电出版社，2023.5
ISBN 978-7-115-61401-8

Ⅰ. ①小… Ⅱ. ①小… Ⅲ. ①中小企业－会计准则－中国 Ⅳ. ①F279.243.52

中国国家版本馆CIP数据核字(2023)第049861号

## 内容提要

本书是一本全面、深入、系统地讲解《小企业会计准则》的专业图书，旨在帮助会计工作人员快速理解和掌握《小企业会计准则》，迅速提高会计实务操作能力。

本书在内容上可以分为三部分。第一部分是第1~16章，对《小企业会计准则》的具体规定和具体会计核算问题进行了较为详细的论述；第二部分是第17章，详细讲解了会计科目的使用规则；第三部分是第18~23章，对小企业经常发生的经济业务账务处理进行了详细讲解。

本书重点突出，条理清晰，在表达形式上，灵活使用了逻辑结构图，清楚地阐明了会计分录之间的逻辑关系。

本书适合从事会计工作的人士提高业务水平，随查随用，解决工作中遇到的各种实务问题；也适合需要了解《小企业会计准则》的其他人士阅读参考。

◆ 编　　著　小企业会计准则编审委员会
　责任编辑　李士振
　责任印制　周昇亮
◆ 人民邮电出版社出版发行　　北京市丰台区成寿寺路 11 号
　邮编　100164　　电子邮件　315@ptpress.com.cn
　网址　https://www.ptpress.com.cn
　北京七彩京通数码快印有限公司印刷
◆ 开本：700×1000　1/16
　印张：34.5　　　　　　2023 年 5 月第 3 版
　字数：658 千字　　　　2025 年 3 月北京第 6 次印刷

定价：109.80 元

读者服务热线：(010)81055296　印装质量热线：(010)81055316
反盗版热线：(010)81055315

# 前言
# PREFACE

《小企业会计准则》是专为广大中小企业量身定制的一部会计法规，它是中小企业进行会计核算的直接依据。与《企业会计准则》相比，它更加适合中小企业的实际情况，更具针对性。

首先，它简化了核算要求。在账务处理方面，不计提资产减值准备；在会计计量方面，要求小企业采用历史成本计量；在财务报告方面，不要求提供所有者权益变动表。

其次，它满足了税收征管信息的需求，减少了税务部门职业判断的工作量，消除了小企业会计与税法的大部分确认差异。

最后，《小企业会计准则》和《企业会计准则》分工合理，有序衔接。《小企业会计准则》对于小企业非经常性发生的甚至基本不可能发生的交易或事项未做明确规定，这些交易或事项一旦发生，可以参照《企业会计准则》的规定执行。

为了帮助广大会计工作者学好、用好《小企业会计准则》，我们编写了本书，希望通过学习本书，广大读者能够从条文、科目、账务处理三个维度，全面、充分、深入地理解和掌握《小企业会计准则》。

**本书主要内容**

本书是严格依据《会计法》《小企业会计准则》编写而成的，详细介绍了《小企业会计准则》的内容和具体账务操作。主体内容可分为三部分。

第一部分是条文解读，包括第1~16章，主要内容涉及流动资产、非流动资产、负债、所有者权益、收入、费用、利润、外币业务、财务报表等方面，对小企业实施《小企业会计准则》中的具体会计核算问题进行了详细论述。

第二部分是科目使用，包括第17章，针对会计核算中的资产、负债、所有者权益、损益4大类会计科目，采用“科目释义＋科目综述＋主要业务的账务处理＋案例分析”的结构，结合小企业生产经营过程中经常发生的各项经济业务，详细讲解了会计科目的核算规范，并提供了多个会计核算的案例分析。

第三部分是账务处理，包括第18~23章，针对小企业经常发生的经济业务，按照《小企业会计准则》的规定从以下6个方面对100多项具体经济业务的账务处理进行了详细解析，层次分明，重点突出。具体内容如下：①款项和有价证券的收付；②财物的收发、增减和使用；③债权、债务的发生和结算；④所有者权益的变动；⑤收入、支出、成本、费用的计算；⑥财务成果的计算。

**本书主要特点**

**特点1：**内容完备，实现从懂准则到会实际操作的飞跃。

要学好《小企业会计准则》，仅仅熟悉准则的原文是不够的，还必须熟悉会计科目的使用、经济业务的账务处理。本书在内容设置上，按照条文解读、科目使用、账务处理的顺序层层递进，有助于读者实现从懂准则到会实际操作的飞跃。

**特点2：**体系科学，全方位解读会计准则的使用要求。

本书在具体会计科目的讲解中，采用“科目释义＋科目综述＋主要业务的账务处理＋案例分析”的结构，结构清晰、层次分明，使读者能够全角度、多维度地了解会计科目的定义，掌握会计科目的使用方法。

**特点3：**形式活泼，有更好的阅读体验。

为了方便读者的阅读与理解，本书采用清晰简明的逻辑结构图的方式对经济业务或事项进行详尽的介绍，并总结出对应的会计分录。

**特点4：**案例翔实，直接提升实操能力。

为了让读者能够将书中所学运用到工作实务中，本书在相关科目及相关业务处理之后都附上了对应的案例解析，所附案例贴近实务，随查随用。

**本书适合读者**

本书体系完整、内容全面，与新的会计、税收法规保持同步。通过阅读、查阅本书，具有不同需求的读者将有不同的收获。

初入职场的会计新人：学会依据《小企业会计准则》的要求，进行相关企业的会计核算和账务处理工作。

企业会计从业人员：随查随用《小企业会计准则》的规定与相关案例，解决实务中遇到的各种会计问题。

会计、审计、税务等中介机构从业者：了解《小企业会计准则》的相关规定。

会计中介机构从业人员：学习《小企业会计准则》的相关规定。

**本书创作团队**

本书由平准老师及其团队编写而成，具体参与编写的有陈家玲（中央财经大学）、胥彤（中央财经大学）、王婷（中央财经大学）、马蓉（中国财政科学研究院）、易璧归（中国财政科学研究院）、宋硕（中国财政科学研究院）、田程（中国财政科学研究院）。

本书自首版问世以来，因其讲解透彻、切近实务而深受广大读者的欢迎。为了适应国家新法规的要求，我们对本书进行了全面的修订，本次修订主要体现在以下3个方面。

第一，对增值税、生物资产、对外投资等内容进行了修订。

第二，依据近年来实施的税收法规，对相关内容进行了调整。

第三，依据小企业会计实务的新变化，对相关的实务案例进行了优化和补充。

由于作者水平有限，书中难免存在疏漏之处，恳请读者批评指正。

# 目录
CONTENTS

## 第5章 存货



## 第6章 投资



## 第7章 生物资产

## 第 19 章 财物的收发、增减和使用



## 第 20 章 债权、债务的发生和结算

## 第 21 章 所有者权益的变动



## 第 22 章 收入、成本、费用的计算

## 第 23 章 财务成果的计算

# 第 1 章
# 总论

## 1.1　小企业会计准则概述

### 1.1.1　小企业会计准则的制定背景与意义

为进一步规范小企业在会计确认、计量和报告方面的行为，促进小企业可持续发展，发挥小企业在国民经济和社会发展中的作用，在广泛征询意见的基础上，财政部于 2011 年 10 月发布了《小企业会计准则》，规定自 2013 年 1 月 1 日起在小企业范围内施行，鼓励小企业提前执行。2004 年 4 月 27 日发布的《小企业会计制度》（财会〔2004〕2 号）同时废止。具体来说，该准则的颁布具有以下几个方面的意义。

#### 1. 小企业会计准则的制定有利于健全企业会计准则体系

2006 年 2 月 15 日，财政部颁发了新《企业会计准则》，要求自 2007 年 1 月 1 日起在上市公司范围内全面实施，并鼓励其他企业施行。这一举措得到了国内和国际社会的广泛认可和好评。然而，这套会计准则体系的实施范围却将小企业排除在外。《小企业会计制度》是 2004 年制定的，随着我国经济环境的不断变化、企业业务行为的不断复杂化，其相关内容早已过时。与此同时，国际会计准则理事会于 2009 年 7 月制定并发布了《中小主体国际财务报告准则》。这一准则的实施给我国中小企业会计制度施加了不小的压力。于是，相关部门加快了小企业会计的改革步伐，《小企业会计准则》终于在 2011 年 10 月应运而生。这对于完善我国企业会计准则体系，规范小企业会计行为具有重要的意义。

统筹推进企业会计准则和小企业会计准则的有效实施，可以规范企业的财务报告体系、统一企业财务报告数据的执行基础、提升企业会计标准实施的质量和效率，从而消除长期以来因会计标准不统一产生的各种问题，保证企业会计信息的真实性、可靠性、可比性，提高企业会计信息质量。

**2. 小企业会计准则的制定有利于加强小企业的内部管理，防范小企业贷款风险，促进小企业健康发展**

小企业作为国民经济发展的一股重要力量，加强小企业管理、促进小企业发展是关系国计民生和社会稳定的重要战略任务。制定完善的小企业会计准则体系，可以引导小企业改善经营管理，提高其财务管理水平，增强小企业的内生增长能力，并为银行对小企业的贷款风险管理提供重要的制度保障，在一定程度上缓解小企业融资难、贷款难的问题。

**3. 小企业会计准则的制定有利于加强税收征管，促进小企业税负公平**

根据税法相关规定，税务部门征收企业所得税时应采用查账方式。但是，实行核定征收方式的企业占有相当大的比例，这其中大部分是中小企业。究其原因，主要是中小企业的会计信息质量不高。制定完善的小企业会计准则体系，可以规范小企业的会计核算方式，提高小企业的会计信息质量，从而方便税务部门了解小企业的财务状况，有助于依法治税，加强小企业的税收征管；同时也有助于税务机关根据小企业实际负担能力征税，促进小企业的税负公平。

### 1.1.2 小企业会计准则的适用范围

**1. 一般规定**

《小企业会计准则》第二条规定，本准则适用于中华人民共和国境内依法设立的、符合《中小企业划型标准规定》所规定的小型企业标准的企业。但以下三类小企业除外。

（1）股票或债券在市场上公开交易的小企业。

（2）金融机构或其他具有金融性质的小企业。

（3）企业集团内的母公司和子公司[1]。

同时，《小企业会计准则》第八十九条规定，符合《中小企业划型标准规定》所规定的微型企业标准的企业参照执行本准则。

根据《中小企业划型标准规定》，中小企业划分为中型、小型、微型三种类型，具体标准根据企业从业人员、营业收入、资产总额等指标，结合行业特点制定。该规定适用的行业包括：农、林、牧、渔业，工业（包括采矿业，制造业，电力、热力、燃气及水生产和供应业），建筑业，批发业，零售业，交通运输业（不含铁路运输业），仓储业，邮政业，住宿业，餐饮业，信息传输业（包括电信、互联网和相关服务），软件和信息技术服务业，房地产开发经营，物业管理，租赁和商务服务业，其他未列明行业（包括科学研究和技术服务业，水利、环境和公共设施管理业，居民服务、修理和其他服务业，社会工作，文化、体育和娱乐业等）。

具体来说，各个行业小型和微型企业的划分标准如表 1–1 所示。

**表 1–1　　各个行业小型和微型企业划分标准[2]**

| 行业 | 小型企业划分标准 | 微型企业划分标准 |
|---|---|---|
| 农、林、牧、渔业 | 营业收入 50 万元及以上、500 万元以下 | 营业收入 50 万元以下 |
| 工业（包括采矿业，制造业，电力、热力、燃气及水生产和供应业） | 从业人员 20 人及以上、300 人以下，且营业收入 300 万元及以上、2 000 万元以下 | 从业人员 20 人以下或营业收入 300 万元以下 |
| 建筑业 | 营业收入 300 万元及以上、6 000 万元以下，且资产总额 300 万元及以上、5 000 万元以下 | 营业收入 300 万元以下或资产总额 300 万元以下 |
| 批发业 | 从业人员 5 人及以上、20 人以下，且营业收入 1 000 万元及以上、5 000 万元以下 | 从业人员 5 人以下或营业收入 1 000 万元以下 |

1　此处所称企业集团、母公司和子公司的定义与《企业会计准则》的规定相同。《企业会计准则第 33 号——合并财务报表》第二条规定："母公司是指有一个或一个以上子公司的企业（或主体，下同）。子公司是指被母公司控制的企业。"这类小企业实际上是需要对外提供合并财务报表或者需要将其财务报表并入合并财务报表的企业。《小企业会计准则》要求企业集团内的母公司和子公司均应执行《企业会计准则》。

2　本规定适用于在中华人民共和国境内依法设立的各类所有制和各种组织形式的企业。个体工商户和本规定以外的行业，参照本规定进行划型。

续表

| 行业 | 小型企业划分标准 | 微型企业划分标准 |
|---|---|---|
| 零售业 | 从业人员 10 人及以上、50 人以下，且营业收入 100 万元及以上、500 万元以下 | 从业人员 10 人以下或营业收入 100 万元以下 |
| 交通运输业（不含铁路运输业） | 从业人员 20 人及以上、300 人以下，且营业收入 200 万元及以上、3 000 万元以下 | 从业人员 20 人以下或营业收入 200 万元以下 |
| 仓储业 | 从业人员 20 人及以上、100 人以下，且营业收入 100 万元及以上、1 000 万元以下 | 从业人员 20 人以下或营业收入 100 万元以下 |
| 邮政业 | 从业人员 20 人及以上、300 人以下，且营业收入 100 万元及以上、2 000 万元以下 | 从业人员 20 人以下或营业收入 100 万元以下 |
| 住宿业 | 从业人员 10 人及以上、100 人以下，且营业收入 100 万元及以上、2 000 万元以下 | 从业人员 10 人以下或营业收入 100 万元以下 |
| 餐饮业 | 从业人员 10 人及以上、100 人以下，且营业收入 100 万元及以上、2 000 万元以下 | 从业人员 10 人以下或营业收入 100 万元以下 |
| 信息传输业（含电信、互联网和相关服务） | 从业人员 10 人及以上、100 人以下，且营业收入 100 万元及以上、1 000 万元以下 | 从业人员 10 人以下或营业收入 100 万元以下 |
| 软件和信息技术服务业 | 从业人员 10 人及以上、100 人以下，且营业收入 50 万元及以上、1 000 万元以下 | 从业人员 10 人以下或营业收入 50 万元以下 |
| 房地产开发经营 | 营业收入 100 万元及以上、1 000 万元以下，且资产总额 2 000 万元及以上、5 000 万元以下 | 营业收入 100 万元以下或资产总额 2 000 万元以下 |
| 物业管理 | 从业人员 100 人及以上、300 人以下，且营业收入 500 万元及以上、1 000 万元以下 | 从业人员 100 人以下或营业收入 500 万元以下 |
| 租赁和商务服务业 | 从业人员 10 人及以上、100 人以下，且资产总额 100 万元及以上、8 000 万元以下 | 从业人员 10 人以下或资产总额 100 万元以下 |
| 其他未列明行业 | 从业人员 10 人及以上、100 人以下 | 从业人员 10 人以下 |

### 2. 特殊规定

在上述适用范围的基础上，《小企业会计准则》第三、第四条还做出了如下特殊规定。

（1）符合上述条件的小企业，可以执行《小企业会计准则》，也可以选择按照《企业会计准则》进行会计处理。

（2）执行《小企业会计准则》的小企业，发生的交易或者事项《小企业会计准则》未做规范的，可以参照《企业会计准则》中的相关规定进行处理。

（3）选择执行《企业会计准则》的小企业，不得在执行《企业会计准则》的同时，选择执行《小企业会计准则》的相关规定。

（4）执行《小企业会计准则》的小企业，公开发行股票或债券的，应当转为执行《企业会计准则》；因经营规模或企业性质变化导致不符合《小企业会计准则》所规定的小企业标准而成为大中型企业或金融企业的，应当从次年1月1日起转为执行《企业会计准则》。

（5）已执行《企业会计准则》的上市公司、大中型企业和小企业，不得转为执行《小企业会计准则》。

（6）执行《小企业会计准则》的小企业，转为执行《企业会计准则》时，应当按照《企业会计准则第 38 号——首次执行企业会计准则》等相关规定进行会计处理。

# 1.2　小企业会计核算的基本假设和基础

## 1.2.1　小企业会计核算的基本假设

会计基本假设是小企业会计确认、计量和报告的前提，是对会计核算所处时间、空间环境等所做的合理设定。只有明确会计核算的基本前提，才能运用科学的方法对小企业的经营活动和交易事项进行合理、正确的反映，以掌握小企业经营活动完整、真实的情况，并对其经营活动进行有效的管理和控制。小企业会计核算的基本假设包括会计主体、持续经营、会计分期和货币计量。

### 1. 会计主体

会计主体，是指小企业会计确认、计量和报告的空间范围，是会计服务的特定单位。为了向小企业财务报表使用者反映企业财务状况、经营成果和现金流量，提供与其决策有用的信息，小企业会计核算和财务报表的编制应当集中反映特定对象的活动，并将其与其他经济实体区别开来。在会计主体假设下，小企业应当对其本身发生的交易或者事项进行会计确认、计量和报告，反映小企业本身所从事的各项生产经营活动。

小企业的会计主体可以是一个特定的企业，也可以是一个企业的某一特定部分（如分厂、分公司、门市部等），甚至可以是一个具有经济业务的特定非营利组织。

会计主体不同于法律主体。一般来说，法律主体必然是一个会计主体。例如，一个企业作为一个法律主体，应当建立财务会计系统，独立反映其财务状况、经营成果和现金流量。但是，会计主体不一定是法律主体。例如，一个车间、一个部门都可以作为会计主体，但它们均不是法律主体。

**2. 持续经营**

持续经营，是指在可以预见的将来，小企业将会按当前的规模和状态继续经营下去，不会停业，也不会大规模削减业务。在持续经营前提下，会计确认、计量和报告应当以小企业持续、正常的生产经营活动为前提。

小企业是否持续经营，在会计原则、会计方法的选择上存在很大差别。明确这个基本假设，就意味着会计主体将按照既定用途使用资产，按照既定的合约条件清偿债务，会计人员就可以在此基础上选择会计原则和会计方法。持续经营这一假定前提为财务会计中许多常见的财产计价、费用摊销和分配方法等提供了理论依据。如果判断小企业会持续经营，就可以假定小企业的固定资产会在持续经营的生产经营过程中长期发挥作用，并服务于生产经营过程，固定资产就可以根据历史成本进行记录，并采用折旧的方法，将历史成本分摊到各个会计期间或相关产品的成本中。持续经营假设下，小企业经营收入的实现和费用的发生与其货币收付发生一定程度的分离时，小企业不能以是否收付货币资金作为收入、费用是否发生的标准，而应按权责发生制原则确认。也正是基于小企业持续经营的假设，小企业的资产才需要划分为流动资产和非流动资产，负债也有了流动负债和非流动负债之分。

如果一个企业在不能持续经营时还假定企业能够持续经营，并仍按持续经营基本假设选择会计确认、计量和报告的原则与方法，就不能客观地反映企业的财务状况、经营成果和现金流量，会误导会计信息使用者的经营决策。

**3. 会计分期**

会计分期，是指将一个小企业持续不断的生产经营活动划分为一个个连续的、长短相同的期间。这些期间通常为一年，可以是日历年，也可以是营业年。我国规定以日历年作为企业的会计年度，即公历的 1 月 1 日至 12 月 31 日为一个会计年度。会计分期的目的在于，通过会计期间的划分，将持续经营的生产经营活动划分成连续、相等的期间，据以结算盈亏，按期编制财务报表，从而及时向财务报告使用者提供有关小企业财务状况、经营成果和现金流量的信息。

在会计分期假设下，小企业应当划分会计期间，分期结算账目和编制财务报表。会计期间通常分为年度和中期。中期，是指短于一个完整的会计年度的报告期间，包括半年度、季度和月度等。

会计期间的划分对于确定会计核算程序和方法具有极为重要的作用。由于会计分期，才产生了当期与以前期间、以后期间的差别，进而才产生了权责发生制和收付实现制，才使不同类型的会计主体有了记账的基准，并进一步产生了折旧、摊销等会计处理方法。

**4. 货币计量**

货币计量，是指会计主体在财务会计确认、计量和报告时以货币计量，反映会计主体的生产经营活动。

在会计的确认、计量和报告过程中之所以选择货币为基础进行计量，是由货币的本身属性决定的。货币是商品的一般等价物，是衡量一般商品价值的共同尺度，具有价值尺度、流通手段、贮藏手段和支付手段等特点。其他计量单位，如质量、长度、容积、台、件等，只能从一个侧面反映小企业的生产经营情况，无法在量上进行汇总和比较，不便于会计计量和经营管理。只有选择货币尺度进行计量，才能充分反映小企业的生产经营情况，所以会计确认、计量和报告应当以货币作为计量单位。

在某些情况下，统一采用货币计量也有缺陷。某些影响企业财务状况和经营成果的因素，如小企业的经营战略、研发能力、市场竞争力等，往往难以用货币来计量，但这些信息对于使用者的决策来讲也很重要，为此，小企业可以在财务报表中补充披露有关非财务信息来弥补上述缺陷。另外，以货币作为统一的计量单位，同时要假定币值不变，即假定货币本身的价值是稳定的。但货币作为一种特殊商品，受诸多因素的影响，其自身的价值也不是一成不变的。如果货币本身的价值波动不大，在会计核算中可以不考虑这些变动因素，即认为币值是稳定的，从而可以坚持历史成本原则；但在发生恶性通货膨胀时，就需要采用特殊的计量属性进行处理。

### 1.2.2 小企业会计核算的基础

小企业会计的确认、计量和报告应当以权责发生制为基础。权责发生制基础要求，凡是当期已经实现的收入和已经发生或应当负担的费用，无论款项是否收付，都应当作为当期的收入和费用，计入利润表；凡是不属于当期的收入和费用，即使款项已在当期收付，也不应当作为当期的收入和费用。

在实务中，小企业交易或者事项的发生时间与相关货币收支时间有时并不完全一致。例如，款项已经收到，但销售并未实现；或者款项已经支付，但并不是为本期生产经营活动而发生的。为了更加真实、公允地反映特定会计期间的财务状况和经营成果，《小企业会计准则》明确规定，小企业在会计确认、计量和报告中应当以权责发生制为基础。

收付实现制是与权责发生制相对应的一种会计基础，它是以收到或支付的现金作为确认收入和费用等的依据。目前，我国的行政单位会计采用收付实现制，事业单位会计除经营业务可以采用权责发生制外，其他大部分业务均采用收付实现制。

## 1.3 小企业会计信息质量要求

小企业会计信息质量要求是对小企业财务报表中所提供会计信息质量的基本要求，是使财务报表所提供的会计信息对投资者等使用者决策有用应具备的基本特征，它主要包括可靠性、相关性、可理解性、可比性、实质重于形式、重要性、谨慎性和及时性等。

### 1.3.1 可靠性

可靠性要求小企业应当以实际发生的交易或者事项为依据进行确认、计量和报告，如实反映符合确认和计量要求的各项会计要素及其他相关信息，保证会计信息真实可靠、内容完整。

会计信息要有用，必须以可靠为基础。如果财务报表所提供的会计信息是不可靠的，就会给投资者等使用者的决策产生误导甚至损失。为了贯彻可靠性要求，小企业应当做到以下几点。

（1）以实际发生的交易或者事项为依据进行确认、计量，将符合会计要素定义及其确认条件的资产、负债、所有者权益、收入、费用和利润等如实反映在财务报表中，不得根据虚构的、没有发生的或者尚未发生的交易或者事项进行确认、计量和报告。

（2）在符合重要性和成本效益原则的前提下，保证会计信息的完整性，其中包括编报的报表及其附注内容等应当保持完整，不能随意遗漏或者减少应予披露的信息，与使用者决策相关的有用信息都应当充分披露。

（3）包括在财务报表中的会计信息应当是中立的、无偏倚的。如果企业在财务报表中为了达到事先设定的结果或效果，通过选择或列示有关会计信息以影响决策和判断的，这样的财务报表信息就不是中立的。

例如，某公司于 2×16 年末发现公司销售萎缩，无法实现年初确定的销售收入目标，但考虑到在 2×17 年春节前后，公司销售可能会出现较大幅度的增长，公司为此提前预计库存商品销售，在 2×16 年末制作了若干存货出库凭证，并确认销售收入实现。公司的这种处理方法没有以其实际发生的交易或事项为依据，而是虚构交易或事项，违背了会计信息质量要求的可靠性原则，也违背了我国会计法的相关规定。

### 1.3.2　相关性

相关性要求小企业提供的会计信息应当与投资者等财务报表使用者的经济决策需要相关，一项信息的相关性取决于其预测价值和反馈价值。

#### 1. 预测价值

如果一项信息能帮助决策者对过去、现在和未来事项的可能结果进行预测，则该项信息具有预测价值。决策者可根据预测的结果，做出其认为的最佳选择。因此，预测价值是构成相关性的重要因素，具有影响决策者决策的作用。

#### 2. 反馈价值

一项信息如果能有助于决策者验证或修正过去的决策和实施方案，即具有反馈价值。具有反馈价值的信息把过去决策所产生的实际结果反馈给决策者，使其与当初的预期结果相比较，验证过去的决策是否正确，总结经验以防止今后再犯同样的错误。反馈价值有助于未来决策。

相关性要求小企业在确认、计量和报告会计信息的过程中，应充分考虑使用者的决策模式和信息需要。但是，相关性是以可靠性为基础的，两者之间并不矛盾，不应将两者对立起来。也就是说，会计信息在可靠性前提下，需尽可能做到相关性，以满足投资者等财务报表使用者的决策需要。

### 1.3.3 可理解性

可理解性要求小企业提供的会计信息应当清晰明了，便于投资者等财务报表使用者理解和使用。

小企业编制财务报表、提供会计信息的目的在于使用，而要令使用者有效使用会计信息，应当能让其了解会计信息的内涵，弄懂会计信息的内容，这就要求财务报表所提供的会计信息应当清晰明了，易于理解。只有这样，才能提高会计信息的有效性，实现财务报表编制的目标，满足向投资者等财务报表使用者提供决策有用信息的要求。

会计信息毕竟是一种专业性较强的信息产品，在强调会计信息的可理解性要求的同时，还应假定使用者具有一定的有关企业经营活动和会计方面的知识，并且愿意付出努力去研究这些信息。对于某些复杂的信息，如交易本身较为复杂或者会计处理较为复杂，但其对使用者的经济决策是相关的，企业就应当在财务报表中予以充分披露。

### 1.3.4 可比性

可比性要求小企业提供的会计信息应当相互可比。这主要包括以下两层含义。

#### 1. 同一小企业不同时期可比

为了便于投资者等财务报表使用者了解小企业财务状况、经营成果和现金流量的变化趋势，比较小企业在不同时期的财务报表信息，全面、客观地评价过去、预测未来，从而做出决策，会计信息质量的可比性要求同一小企业不同时期发生的相同或者相似的交易或者事项，应当采用一致的会计政策，不得随意变更。但是，满足会计信息可比性要求，并非表明企业不得变更会计政策，如果按照规定或者在会计政策变更后可以提供更可靠、更相关的会计信息，则可以变更会计政策。有关会计政策变更的情况，应当在附注中予以说明。

### 2. 不同小企业相同会计期间可比

为了便于投资者等财务报表使用者评价不同小企业的财务状况、经营成果和现金流量及其变动情况，会计信息质量的可比性要求不同小企业同一会计期间发生的相同或者相似的交易或者事项，应当采用规定的会计政策，确保会计信息口径一致、相互可比，以使不同小企业按照一致的确认、计量和报告要求提供有关会计信息。

## 1.3.5　实质重于形式

实质重于形式要求小企业应当按照交易或者事项的经济实质进行会计确认、计量和报告，不应仅以交易或者事项的法律形式为依据。

企业发生的交易或事项在多数情况下，其经济实质和法律形式是一致的。但在有些情况下，会出现不一致的情况。例如，以融资租赁方式租入的资产虽然从法律形式来讲小企业并不拥有其所有权，但是租赁合同中规定的租赁期相当长，接近于该资产的使用寿命；租赁期结束时承租企业有优先购买该资产的选择权；在租赁期内承租企业有权支配资产并从中受益等。因此，从其经济实质来看，小企业能够控制融资租入资产所创造的未来经济利益，在会计确认、计量和报告上就应当将以融资租赁方式租入的资产视为小企业的资产，列入小企业的资产负债表。

又如，小企业按照销售合同销售商品但又签订了售后回购协议，虽然从法律形式上实现了收入，但如果小企业没有将商品所有权上的主要风险和报酬转移给购货方，没有满足收入确认的各项条件，即使签订了商品销售合同或者已将商品交付给购货方，也不应当确认销售收入。

## 1.3.6　重要性

重要性要求小企业提供的会计信息应当反映与企业财务状况、经营成果和现金流量有关的所有重要交易或者事项。对于次要的会计事项，在不影响会计信息真实性和不导致财务报表使用者做出错误判断的前提下，可适当简化处理。

在实务中，如果会计信息的省略或者错报会影响投资者等财务报表使用者据此做出决策的，那么该信息就具有重要性。重要性的应用需要依赖职业判断，小企业应当根据其所处环境和实际情况，从项目的性质和金额两方面加以判断。

从性质方面讲，只要该会计事项发生就可能对决策有重大影响的，属于重要的事项；从金额方面讲，当某一会计事项的发生达到总资产的一定比例时，一般认为其具有重要性。判断某一项会计事项的重要性时，更重要的是应当考虑经济业务的性质。如果特定的经济决策确实需要某一方面的会计资料，即使相应的核算成本很高，在总资产中占的比重很小，也应将其作为重要事项来核算。

### 1.3.7 谨慎性

谨慎性要求小企业对交易或者事项进行会计确认、计量和报告应当保持应有的谨慎，不应高估资产或者收益、低估负债或者费用，不得计提秘密准备。通常的处理原则是，应预计可能产生的损失，但不应预计可能产生的收益或过高估计资产的价值。遵照这一原则，可使本期可能产生的损失不递延至下期反映，增加下期负担，从而使各期的经营成果更加真实。谨慎性原则要求体现于会计确认、计量和报告的全过程。在会计确认方面，要求会计确认的标准和方法建立在稳妥、合理的基础之上；在会计计量方面，要求不得高估资产和利润的数额；在财务报告方面，要求财务报表向会计信息的使用者提供尽可能全面的会计信息，特别是应当报告有关可能发生的风险损失。但是，小企业不能漫无边际、任意使用或歪曲使用谨慎性原则，否则将会影响会计确认、计量的客观性，造成会计秩序的混乱。

### 1.3.8 及时性

及时性要求小企业对于已经发生的交易或者事项，应当及时进行确认、计量和报告，不得提前或者延后。

会计信息的价值在于帮助所有者或者其他方做出经济决策，具有时效性。即使是可靠、相关的会计信息，如果不及时提供，就会失去时效性，对于使用者的效用就会大大降低甚至不再具有实际意义。在会计确认、计量和报告过程中贯彻及时性，一是要求及时收集会计信息，即在经济交易或者事项发生后，及时收集整理各种原始单据或者凭证；二是要求及时处理会计信息，即按照会计准则的规定，及时对经济交易或者事项进行确认或者计量，并编制出财务报表；三是要求及时传递会计信息，即按照国家规定的有关时限，及时地将编制的财务报表传递给财务报表使用者，便于其及时使用和决策。

## 1.4 小企业会计要素

会计要素是根据交易或者事项的经济特征所确定的财务会计对象的基本分类。会计要素按照其性质分为资产、负债、所有者权益、收入、费用和利润。资产、负债和所有者权益要素侧重反映小企业的财务状况，一般通过资产负债表反映；收入、费用和利润要素侧重反映小企业的经营成果，一般通过利润表来反映。会计要素的界定和分类可以使财务会计系统更加科学严密，为投资者等财务报表使用者提供更加有用的信息。

### 1.4.1 资产

资产，是指小企业过去的交易或者事项形成的，由小企业拥有或者控制的，预期会给小企业带来经济利益的资源。根据资产的定义，资产具有以下几方面的特征。

#### 1. 资产预期会给小企业带来经济利益

资产预期会给小企业带来经济利益，是指资产直接或者间接带来现金和现金等价物流入小企业的潜力。这种潜力可以来自小企业日常的生产经营活动，也可以是非日常活动；带来的经济利益可以是现金或者现金等价物，或者是可以转化为现金或者现金等价物的形式，或者是可以减少现金或者现金等价物流出的形式。

资产预期能为小企业带来经济利益是资产的重要特征。例如，小企业采购的原材料、购置的固定资产等可以用于生产经营过程、制造商品或者提供劳务，对外出售后收回货款，货款即为企业所获得的经济利益。如果某一项目预期不能给小企业带来经济利益，那么就不能将其确认为小企业的资产。前期已经确认为资产的项目，如果不能再为小企业带来经济利益的，也不能再确认为小企业的资产。

#### 2. 资产应为小企业拥有或者控制的资源

资产作为一种资源，应当由小企业拥有或者控制，具体是指小企业享有某项资源的所有权，或者虽然不享有某项资源的所有权，但该资源能被小企业所控制。

小企业享有资产的所有权，通常表明该企业能够排他性地从资产中获取经济利益，通常在判断资产是否存在时，所有权是考虑的首要因素。在有些情况下，资产虽然不为小企业所拥有，即小企业并不享有其所有权，但小企业控制了这些资产，同样表明小企业能够从资产中获取经济利益，符合会计上对资产的定义。如果小企业既不拥有也不控制资产所能带来的经济利益，就不能将其作为小企业的资产予以确认。

**3. 资产是由小企业过去的交易或者事项形成的**

资产应当由小企业过去的交易或者事项所形成，过去的交易或者事项包括购买、生产、建造行为或者其他交易或事项。换句话说，只有过去的交易或者事项才能形成资产，小企业预期在未来发生的交易或者事项不形成资产。例如，小企业有购买某存货的意愿或者计划，但是购买行为尚未发生，就不符合资产的定义，不能因此而确认存货资产。

按照《小企业会计准则》的规定，小企业的资产按其流动性，可分为流动资产和非流动资产。其中小企业的流动资产，是指预计在 1 年内（含 1 年，下同）或超过 1 年的一个正常营业周期内变现、出售或耗用的资产，具体包括：货币资金、短期投资、应收及预付款项、存货等。小企业的非流动资产，是指流动资产以外的资产，包括长期债券投资、长期股权投资、固定资产、生产性生物资产、无形资产、长期待摊费用等。

### 1.4.2 负债

负债，是指小企业过去的交易或者事项形成的，预期会导致经济利益流出小企业的现时义务。根据负债的定义，负债具有以下几方面的特征。

**1. 负债是小企业承担的现时义务**

负债，必须是小企业承担的现时义务，它是负债的一个基本特征。其中，现时义务是指小企业在现行条件下已承担的义务。未来发生的交易或者事项形成的义务，不属于现时义务，不应当确认为负债。

**2. 负债预期会导致经济利益流出小企业**

预期会导致经济利益流出小企业也是负债的一个本质特征。只有小企业在履行义务时会导致经济利益流出小企业的，才符合负债的定义；如果不会导致小企业经济利益流出的，就不符合负债的定义。小企业在履行现时义务清偿负债时，导致经济利益流出小企业的形式多种多样，例如用现金偿还或以实物资产形式偿还，以提供劳务形式偿还，部分转移资产、部分提供劳务形式偿还，将负债转为资本等。

**3. 负债是由小企业过去的交易或者事项形成的**

负债应当由小企业过去的交易或者事项所形成。换句话说，只有过去的交易或者事项才形成负债，小企业将在未来发生的承诺、签订的合同等交易或者事项，不形成负债。

按照《小企业会计准则》的规定，小企业的负债按其流动性，可分为流动负债和非流动负债。其中小企业的流动负债，是指预计在 1 年内或者超过 1 年的一个正常营业周期内清偿的债务，具体包括：短期借款、应付及预收款项、应付职工薪酬、应交税费、应付利息等。小企业的非流动负债，是指流动负债以外的负债，包括长期借款、长期应付款等。

### 1.4.3 所有者权益

所有者权益，是指小企业的资产扣除负债后，由所有者享有的剩余权益，即净资产。它代表了小企业所有者对小企业资产的剩余索取权，它是小企业资产中扣除债权人权益后应由所有者享有的部分，既可反映所有者投入资本的保值增值情况，又可体现保护债权人权益的理念。

小企业所有者权益包括实收资本（或股本）、资本公积、盈余公积和未分配利润。一般情况下，实收资本（或股本）、资本公积是由所有者直接投入的；盈余公积、未分配利润则是在小企业生产、经营过程中所实现的利润留存于企业而形成的，因此又称留存收益。

### 1.4.4 收入

收入，是指小企业在日常活动中形成的、会导致所有者权益增加的、与所有者投入资本无关的经济利益的总流入。收入包括销售商品收入和提供劳务收入。根据收入的定义，收入具有以下几个方面的特征。

**1. 收入是小企业在日常活动中形成的**

日常活动，是指小企业为完成其经营目标所从事的经常性活动以及与之相关的活动。例如，工业企业制造并销售产品、商业企业销售商品、保险公司签发保单、咨询公司提供咨询服务、商业银行对外贷款、租赁公司出租资产等，均属于小企业的日常活动。明确界定日常活动是为了将收入与利得相区分，因为小企业非日常活动所形成的经济利益的流入不能确认为收入，而应当计入利得，即营业外收入。营业外收入，是指小企业非日常生产经营活动形成的、应当计入当期损益、会导致所有者权益增加、与所有者投入资本无关的经济利益的净流入。

**2. 收入是与所有者投入资本无关的经济利益的总流入**

收入应当会导致经济利益的流入，从而导致资产的增加。例如，小企业销售商品，只有收到现金或者在未来有权收到现金，才表明该交易符合收入的定义。所有者投入资本的增加不应当确认为收入，应当将其直接确认为所有者权益。

**3. 收入会导致所有者权益的增加**

与收入相关的经济利益的流入应当会导致所有者权益的增加，不会导致所有者权益增加的经济利益的流入不符合收入的定义，不应确认为收入。例如，小企业向银行借入款项，尽管也导致了企业经济利益的流入，但该流入并不导致所有者权益的增加，反而使小企业承担了一项现时义务。小企业对于因借入款项所导致的经济利益的增加，不应将其确认为收入，应当确认为一项负债。

### 1.4.5 费用

费用，是指小企业在日常活动中发生的、会导致所有者权益减少的、与向所有者分配利润无关的经济利益的总流出。小企业的费用包括：营业成本、税金及附加、销售费用、管理费用、财务费用等。根据费用的定义，费用具有以下几个方面的特征。

**1. 费用是小企业在日常活动中形成的**

费用必须是小企业在其日常活动中所形成的，这些日常活动的界定与收入定义中涉及的日常活动的界定是一致的。将费用界定为日常活动所形成的，目的是将其与损失相区分，小企业非日常活动所形成的经济利益的流出不能确认为费用，而应当计入损失，即营业外支出。营业外支出，是指小企业非日常生产经营活动发生的、应当计入当期损益、会导致所有者权益减少、与向所有者分配利润无关的经济利益的净流出。

**2. 费用是与向所有者分配利润无关的经济利益的总流出**

费用的发生应当会导致经济利益的流出，从而导致资产的减少或者负债的增加（最终也会导致资产的减少），其表现形式包括现金或者现金等价物的流出，存货、固定资产和无形资产等的流出或者消耗等。鉴于小企业向所有者分配利润也会导致经济利益的流出，而该经济利益的流出显然属于所有者权益的抵减项目，不应确认为费用，应当将其排除在费用的定义之外。

**3. 费用会导致所有者权益的减少**

与费用相关的经济利益的流出应当会导致所有者权益的减少，不会导致所有者权益减少的经济利益的流出不符合费用的定义，不应确认为费用。

### 1.4.6 利润

利润，是指小企业在一定会计期间的经营成果，包括：营业利润、利润总额和净利润。通常情况下，如果小企业实现利润，表明小企业的所有者权益将增加，业绩得到提升；反之，如果小企业发生亏损（即利润为负数），表明小企业的所有者权益将减少，业绩下滑。因此，利润往往是评价小企业管理层业绩的一项重要指标，也是投资者等财务报表使用者进行决策时的重要参考。

营业利润，是指营业收入减去营业成本、税金及附加、销售费用、管理费用、财务费用，加上投资收益（或减去投资损失）后的金额。

利润总额，是指营业利润加上营业外收入，减去营业外支出后的金额。

净利润，是指利润总额减去所得税费用后的净额。

# 1.5　小企业财务报表

## 1.5.1　小企业财务报表的概念及组成部分

财务报表，是对小企业财务状况、经营成果和现金流量的结构性表述。小企业的财务报表至少应当包括下列组成部分。

（1）资产负债表。

（2）利润表。

（3）现金流量表。

（4）附注。

资产负债表，是指反映小企业在某一特定日期的财务状况的报表。

利润表，是指反映小企业在一定会计期间的经营成果的报表。

现金流量表，是指反映小企业在一定会计期间现金流入和流出情况的报表。

附注，是指对在资产负债表、利润表和现金流量表等报表中列示项目的文字描述或明细资料，以及对未能在这些报表中列示项目的说明，等等。

小企业应当根据实际发生的交易和事项，按照准则的规定进行确认和计量，并在此基础上按月或者按季编制财务报表。

## 1.5.2　小企业会计政策变更、会计估计变更和会计差错更正所采用的方法

小企业对会计政策变更、会计估计变更和会计差错更正应当采用未来适用法进行会计处理。未来适用法，是指将变更后的会计政策和会计估计应用于变更日及以后发生的交易或者事项，或者在会计差错发生或发现的当期更正差错的方法。

会计政策，是指小企业在会计确认、计量和报告中所采用的原则、基础和会计处理方法。会计估计变更，是指由于资产和负债的当前状况及预期经济利益和义务发生了变化，从而对资产或负债的账面价值或者资产的定期消耗金额进行调整。前期差错包括：计算错误、应用会计政策错误、应用会计估计错误等。

# 第 2 章
# 资产

## 2.1　资产的定义和分类

### 2.1.1　小企业资产的定义及确认条件

#### 1. 资产的定义

资产，是指小企业过去的交易或者事项形成的、由小企业拥有或者控制的、预期会给小企业带来经济利益的资源。小企业的资产应当按照成本计量，不计提资产减值准备。根据资产定义，小企业资产具有以下几个方面的特征。

（1）资产是由过去的交易或者事项所形成的。

（2）资产是小企业控制或拥有的资源。

（3）资产预期会给小企业带来经济利益。

#### 2. 资产的确认条件

按照小企业会计准则，符合上述资产定义的资源，还要在同时满足以下条件时，才能确认为资产。

（1）与该资源有关的经济利益很可能流入小企业。

从资产的定义可以看出，能带来经济利益是资产的一个本质特征，但现实生活中，经济环境瞬息万变，与资源有关的经济利益能否流入小企业或能够流入多少实际上具有不确定性。因此，资产的确认还应与经济利益流入的不确定性程度的判断结合起来。如果根据编制财务报表时所取得的证据，与资源有关的经济利益很可能流入小企业，那么就应该将其作为资产予以确认；反之，则不能确认为资产。

（2）该资源的成本或者价值能够可靠地计量。

“可靠地计量”在某些情况下也可基于合理的估计。只有当有关资源的成本或者价值能够可靠地计量时，资产才能予以确认。在实务中，小企业取得的许多资产都是发生了实际成本的。例如，企业购买或者生产的存货，企业购置的厂房或者设备等，对于这些资产，只要实际发生的购买成本或者生产成本能够可靠计量，就视为符合了资产确认的可计量条件。

### 2.1.2 小企业资产的分类

小企业的资产按照流动性，可分为流动资产和非流动资产。

**1. 流动资产**

小企业的流动资产，是指预计在 1 年内（含 1 年，下同）或超过 1 年的一个正常营业周期内变现、出售或耗用的资产。

小企业的流动资产包括：货币资金、短期投资、应收及预付款项、存货等。其中，货币资金包括：库存现金、银行存款和其他货币资金。

**2. 非流动资产**

非流动资产是指流动资产以外的资产。如果资产预计不能在 1 年或超过 1 年的一个正常营业周期中变现、出售或耗用，或者持有资产的主要目的不是交易，这些资产都归类为非流动资产。

小企业的非流动资产包括：长期债券投资、长期股权投资、固定资产、生产性生物资产、无形资产和长期待摊费用等。

## 2.2 资产的计量属性

### 2.2.1 单一历史成本计量模式

计量属性是指资产可用货币计量的各种特征。会计计量属性主要包括历史成本、重置成本、可变现净值、现值和公允价值。在具体应用过程中，一方面，企业需要针对不同的资产项目应用不同的计量属性；另一方面，使用历史成本以外的计量属性大多涉及估计、判断和估值技术的使用。尽管多种计量属性并用能够恰当地反映企业管理层持有资产的真实意图，提高财务报告信息质量，但也会给会计操作增加很大难度。

《小企业会计准则》第六条规定，小企业的资产应当按照成本计量，即采用单一历史成本计量模式。

从经营角度分析，小企业大多经营项目单一，持有资产的类型较少，以固定资产为主，金融资产和无形资产较少，适用于历史成本以外计量属性的情况较少；从会计信息系统角度分析，许多小企业没有设立单独的财务部门或者会计人员的业务水平不高，历史成本以外的计量属性对小企业来说有较大的操作难度。因此，单一历史成本计量模式能够降低小企业会计信息的编报成本，提高小企业的财务管理水平。

### 2.2.2　放弃资产减值准备

《小企业会计准则》第六条规定，小企业的资产应当按照成本计量，不计提资产减值准备。《小企业会计准则》和《企业会计准则》的不同之一就是小企业在资产的后续计量中放弃资产减值准备操作。《小企业会计准则》选择放弃资产减值准备操作主要出于以下三个方面因素的考虑。

第一，资产减值对于小企业来说难度较大。资产减值操作要经过减值迹象的判断、可收回金额的估计、资产减值损失的确定等环节，估计可收回金额时要比较资产的公允价值和预计未来现金流量现值，难以对单项资产的可收回金额进行估计的，还要以该资产所属的资产组为基础确定资产组的可收回金额。这些对于小企业来说都有很大的操作难度。

第二，小企业基本不具备正确实施资产减值准备操作的能力。小企业会计业务一般相对简单，会计人员也缺少复杂业务的锻炼，而资产减值工作是一项比较复杂的会计业务。

第三，与税法的操作协调一致。《企业所得税法实施条例》第五十六条规定：“企业的各项资产，包括固定资产、生物资产、无形资产、长期待摊费用、投资资产、存货等，以历史成本为计税基础。历史成本，是指企业取得该项资产时实际发生的支出。企业持有各项资产期间资产增值或者减值，除国务院财政、税务主管部门规定可以确认损益外，不得调整该资产的计税基础。”为了简化核算，便于小企业实务操作，减轻纳税调整的负担，满足汇算清缴的需要，

《小企业会计准则》规定小企业不计提资产减值准备，这既与企业所得税法相一致，尽可能避免由于资产计价不同带来的纳税调整，同时也符合《小企业会计准则》以历史成本为主要计量属性的规定。

# 第 3 章
# 货币资金

货币资金，是指在小企业生产经营过程中处于货币形态的那部分资金，按其形态和用途的不同可分为库存现金、银行存款和其他货币资金。货币资金是小企业中最活跃的资金，流动性强，是小企业的重要支付手段和流通手段，因而是流动资产的审查重点。

## 3.1 库存现金

### 3.1.1 现金的定义和特征

库存现金，也称现金，是指小企业持有可随时用于支付的，存放在小企业财会部门由出纳人员经管的现金，包括人民币现金和外币现金。

库存现金作为货币资金的重要组成部分，具有以下特征。

（1）货币性，是指现金具有的货币属性，即它起着交易的媒介、价值衡量的尺度、会计记录的货币单位的作用。

（2）通用性，是指现金可以被小企业直接用来支付其各项费用或者偿还其各项债务。

（3）流动性，是指现金的使用一般不受任何约定的限制，可以在一定范围内自由流动。现金是小企业资产中流动性最强的货币性资产。

### 3.1.2 现金管理的内容和现金的内部控制

#### 1. 现金管理的内容

现金是小企业流动性最强的货币性资产，加强对现金的管理，保护现金的安全和完整，对小企业具有重大的意义。小企业必须按照《现金管理暂行条例》的规定进行现金结算，并接受开户银行的监督。《现金管理暂行条例》的主要内容如下。

（1）规定了现金的使用范围。

用现金支付的款项有如下几项。

①职工工资、津贴。

②个人劳务报酬。

③根据国家制度条例的规定，颁发给个人的科学技术、文化艺术、体育等方面的各种奖金。

④各种劳保、福利费用以及国家规定的对个人的其他支出。

⑤向个人收购农副产品和其他物资的价款。

⑥出差人员必须随身携带的差旅费。

⑦结算起点（1 000 元）以下的零星支出。

⑧中国人民银行确定需要现金支付的其他支出。

小企业与其他单位的经济往来，除了上述规定的范围，其余全部应通过银行进行转账结算。

（2）规定了现金限额。

为了加强现金管理，减少闲置的现金，通常由开户银行核定企业库存现金的最高限额。库存现金限额，是指国家规定由开户银行给各单位核定的一个保留现金的最高额度。核定单位库存现金限额的原则是，既要保证日常零星现金支付的合理需要，又要尽量减少现金的使用。开户单位由于经济业务发展需要增加或减少库存现金限额，应按必要手续向开户银行提出申请。

根据我国的现行规定，企业日常零星开支所需要的库存现金数额由开户银行根据企业的实际情况来核定。一般不超过企业 3 ～ 5 天的日常零星开支的需要量，而离银行较远、交通不便的企业，虽可以放宽限额，但最长也不得超过 15 天的日常零星开支。库存现金限额一经核定，企业必须严格遵守，不能任意超出，超出限额的现金应及时存入银行。如若情况变化，企业需要增加或减少库存现金限额的，应向开户银行提出申请，由银行核定。

（3）规定了日常现金收支的管理。

①企业现金收入应当于当日送存开户银行。当日送存确有困难的，由开户银行确定送存时间。

②企业支付现金，可以从本单位库存现金限额中支付或者从开户银行提取，不得从本单位的现金收入中直接支付（即坐支）。因特殊情况需要坐支现金的，应当事先报经开户银行审查批准，由开户银行核定坐支范围和限额。坐支单位应当定期向开户银行报送坐支金额和使用情况。

③企业从开户银行提取现金，应当写明用途，由本单位财会部门负责人签字盖章，经开户银行审核后，予以支付现金。

④因采购地点不固定，交通不便，生产或者市场急需，抢险救灾以及其他特殊情况必须使用现金的，开户单位应当向开户银行提出申请，由本单位财会部门负责人签字盖章，经开户银行审核后，予以支付现金。

**2. 现金的内部控制**

现金的流动性最强，最容易转化为其他资产，容易发生利用现金进行舞弊、欺诈、挪用，甚至贪污盗窃等不法行为。因此，小企业应加强现金的内部控制。

（1）钱账分管制度。

钱账分管制度，也就是岗位分工制度，明确相关部门和岗位的职责权限，确保不相容岗位相互分离、制约和监督。该制度的宗旨是不得由一人办理货币资金业务的全过程。货币资金的岗位分工制度要求建立出纳人员、审批人员、专用签章的保管人员、会计人员、稽核人员、会计档案保管人员以及货币资金清查人员的责任制度。体现在以下几个方面。

①现金的收付及保管应由被授权的出纳人员负责，其他人员不得接触。

②出纳人员不得负责总分类账的登记和保管。

③出纳人员不得负责非现金账户的记账工作。

④出纳人员应与负责现金清查盘点人员和负责与银行对账的人员相分离等。

（2）库存现金开支审批制度。

库存现金开支审批制度，即库存现金的授权审批制度。其主要内容如下。

①明确企业库存现金开支范围。

②明确各种报销凭证，规定各种库存现金支付业务的报销手续和方法。

③明确各种库存现金支出的审批权限等。

（3）库存现金日清月结制度。

“现金日记账”要做到日清，是指出纳人员应对当日的库存现金收付业务全部登记库存现金日记账，结出当日发生额和账面余额，并与库存现金的实存金额进行核对，做到账款相符；月结，是指出纳人员必须对库存现金日记账按月核对。

### 3.1.3 现金的核算

为了序时和详细地反映现金的收入、支出和结余情况，便于检查现金收支活动的合理性和合规性，防止差错，保护现金安全，小企业必须设置“库存现金日记账”。“库存现金日记账”由出纳人员根据审核后的收款凭证和付款凭证，按照业务发生的顺序，逐笔登记；每日终了，结出余额，并将结余数和实际库存数进行核对，做到账款相符。有外币现金的小企业，应分别按照人民币和各种外币设置“库存现金日记账”进行明细分类核算。

为了总括地核算和监督现金的收入、支出和结余情况，小企业应设置“库存现金”科目，进行总分类核算。本科目用以核算小企业库存现金的增减变动及结余情况，是资产类科目。借方反映小企业库存现金的增加数；贷方反映小企业库存现金的减少数；余额在借方，表示小企业实际持有的库存现金。小企业增加库存现金时，借记“库存现金”科目，贷记“银行存款”等科目；小企业减少库存现金时，借记“银行存款”等科目，贷记“库存现金”科目。小企业有内部周转使用备用金的，可以单独设置“备用金”科目。

**【例 3–1】**2×22 年 3 月 20 日，某小企业因日常经营的需要，从银行提取 100 000 元现金。该小企业账务处理如下。

借：库存现金　　100 000

　　贷：银行存款　　100 000

**【例 3–2】**2×22 年 4 月 17 日，某小企业将现金 120 000 元存入银行。该小企业账务处理如下。

借：银行存款　　120 000

　　贷：库存现金　　120 000

### 3.1.4 现金的清查

为了保证现金的账实相符和安全完整，小企业除了出纳人员每日终了结算现金收支外，还需要定期和不定期进行现金清查。现金清查的方法主要是实地盘点，将现金实存数与现金日记账进行核对，将清查结果编制现金盘点报告表。如发现有待查明原因的现金短缺或溢余，应通过“待处理财产损溢”科目核算：属于现金短缺，应按实际短缺的金额，借记“待处理财产损溢——待处理流动资产损溢”科目，贷记“库存现金”科目；属于现金溢余，按实际溢余的金额，借记“库存现金”科目，贷记“待处理财产损溢——待处理流动资产损溢”科目。待查明原因后分情况做以下处理。

（1）如为现金短缺，属于应由责任人赔偿的部分，借记“其他应收款——应收现金短缺款”科目，贷记“待处理财产损溢——待处理流动资产损溢”科目；属于无法查明的其他原因，根据管理权限，经批准后处理，借记“管理费用——现金短缺”，贷记“待处理财产损溢——待处理流动资产损溢”科目。

（2）如为现金溢余，属于应支付给有关人员或单位的部分，借记“待处理财产损溢——待处理流动资产损溢”科目，贷记“其他应付款——应付现金溢余”科目；属于无法查明原因的现金溢余，经批准后处理，借记“待处理财产损溢——待处理流动资产损溢”科目，贷记“营业外收入——现金溢余”科目。

**【例 3-3】**某小企业 2×22 年 3 月 31 日现金清查时发现现金短缺 2 000 元，4 月 5 日查明原因，其中 500 元属于出纳小李保管不善造成的损失，另外 1 500 元短缺原因不明。企业决定由小李赔偿 500 元。小李于 4 月 15 日交纳现金赔款。该小企业账务处理如下。

（1）2×22 年 3 月 31 日，发现现金短缺时。

| | | |
|---|---|---|
| 借：待处理财产损溢——待处理流动资产损溢 | 2 000 | |
| 　　贷：库存现金——现金短缺 | | 2 000 |

（2）2×22 年 4 月 5 日，查明原因时。

| | | |
|---|---|---|
| 借：其他应收款——出纳小李 | 500 | |
| 　　管理费用 | 1 500 | |
| 　　贷：待处理财产损溢——待处理流动资产损益 | | 2 000 |

（3）2×22 年 4 月 15 日，小李交纳现金赔款时。

| | | |
|---|---|---|
| 借：库存现金 | 500 | |
| 　　贷：其他应收款——出纳小李 | | 500 |

## 3.2 银行存款

### 3.2.1 银行存款账户的开设与管理

**1. 银行存款账户的开设**

银行存款，是指小企业存放在银行和其他金融机构的货币资金。小企业除了在规定限额内存留少量现金外，其余的货币资金必须全部存入银行。小企业的一切货币收支，除了在规定范围内使用现金结算外，都必须通过银行办理转账结算。因此，凡实行独立核算的小企业，都必须在银行开设账户，办理生产经营活动的资金收支业务。

按照国家现金管理和结算制度的规定，每个小企业都要在银行开立账户，用来办理存款、取款和转账结算。银行存款账户分为基本存款账户、一般存款账户、临时存款账户和专用存款账户。

基本存款账户，是指企业办理日常转账结算和现金收付的账户。小企业的工资、奖金等现金的支取，只能通过该账户办理。一个小企业只能选择一家银行的一个营业机构开设一个基本存款账户。

一般存款账户，是指企业因借款或其他结算需要，在基本存款账户以外的银行开立的账户，一般存款账户可以办理转账结算和现金缴存，但不能提取现金。

临时存款账户，是指企业因临时生产经营活动的需要而开立的账户，如异地产品展销、临时性采购资金等。

专用存款账户，是指企业因特定用途需要所开立的账户，如基本建设项目专项资金、农副产品资金等，小企业的销售款不得转入专用存款账户。

**2. 银行存款账户的管理**

小企业应加强对银行存款账户的管理，正确使用银行存款账户，要遵守以下规定。

（1）认真贯彻执行国家的政策法令，遵守银行信贷结算和现金管理规定。银行检查时，开户单位应提供账户使用情况的有关资料。

（2）开设基本存款账户时，实行开户许可证制度，必须凭中国人民银行当地分支机构核发的开户许可证办理，不得为还贷、还债和套取现金而多头开立基本存款账户。任何单位和个人不得将单位的资金以个人名义开立账户存储。

（3）各单位在银行开立的账户只供本单位业务经营范围内的资金收付，不得出租、出借或转让给其他单位或个人使用。

（4）各单位在银行的账户必须有足够的资金保证支付，不准签发空头或远期支票，不允许套取银行信用。

（5）及时办理往来结算业务，按照规定与银行对账单进行核对，如有不符应及时查明原因，进行处理。

### 3.2.2　银行存款的核算

银行存款的核算分为序时核算和总分类核算。为了逐日逐笔检查和监督银行存款的收入、支出和结余情况，小企业应当按照开户银行和其他金融机构存款种类等设置“银行存款日记账”；由出纳人员根据收付款凭证，按照业务的发生顺序逐笔登记，每日终了，应结出余额。有外币存款的小企业，应分人民币和各种外币设置“银行存款日记账”。

为了进行银行存款的总分类核算，应设置“银行存款”科目，借方登记银行存款的增加数，贷方登记银行存款的减少数，借方余额表示银行存款的结余数。小企业增加银行存款时，借记“银行存款”科目，贷记相关科目；小企业减少银行存款时，借记相关科目，贷记“银行存款”科目。

### 3.2.3　银行存款的对账

为了查明银行存款的实际余额，小企业应定期将银行存款日记账与银行对账单，至少每月核对一次，两者不一致时，必须逐笔清查。属于记账错误的，应及时通知银行或企业更正；属于未达账项的，应编制“银行存款余额调节表”调节相符。未达账项通常有以下 4 种情况。

（1）企业已收款记账，银行尚未收款记账。

（2）企业已付款记账，银行尚未付款记账。

（3）银行已收款记账，企业尚未收款记账。

（4）银行已付款记账，企业尚未付款记账。

银行与小企业账面余额不符时，需要核对检查。将小企业银行存款日记账和银行提供的对账单逐笔核对，双方一致的记录，在对账单和日记账上同时做标记，表示核对相符。只有一方有的记录，则视为未达账项，不做标记，留作调节平衡。未达账项的调节平衡，一般通过编制“银行存款余额调节表”进行。

编制银行存款余额调节表有两种方法。一是编制简单调节表，即就某月银行对账单余额与小企业账面余额的差异做简单的加减调节。二是编制四栏式调节表，即将该表分四栏调节小企业账面余额与银行账面存款的期初余额、本期收入、本期支出和期末余额。我国小企业通常采用第一种方法，即编制简单调节表。

**【例 3-4】**某小企业 2×17 年 3 月 31 日，银行存款日记账的账面余额为 312 460 元，银行对账单余额是 314 400 元，经查发现有以下未达账项。

（1）3 月 27 日企业送存银行的转账支票 17 200 元，银行尚未入账。

（2）3 月 31 日银行代付电费 1 500 元，企业尚未收到付款通知。

（3）3 月 31 日企业委托银行收款 13 800 元，银行已收到入账，企业尚未收到收款通知。

（4）3 月 31 日企业开出转账支票 6 840 元，持票单位尚未到银行办理结算手续。

根据以上未达账项，编制银行存款余额调节表如表 3-1 所示。

**表 3-1　　银行存款余额调节表**

单位：元

| 项目 | 金额 | 项目 | 金额 |
|---|---|---|---|
| 银行对账单余额 | 314 400 | 企业银行存款日记账余额 | 312 460 |
| 加：企业已收，银行未收的款项 | | 加：银行已收，企业未收的款项 | |
| 27 日银行未入账的转账支票 | 17 200 | 31 日银行收到的款项 | 13 800 |
| 减：企业已付，银行未付的款项 | | 减：银行已付，企业未付的款项 | |
| 31 日银行未入账的转账支票 | 6 840 | 31 日银行代付的电费 | 1 500 |
| 调节后的余额 | 324 760 | 调节后的余额 | 324 760 |

银行存款经过调节后，小企业与银行双方余额必然相符。如果不符，则要查明原因，并与银行联系更正错账。银行存款余额调节表，可用来核对项目，但不能作为账务处理的依据，应同对账单装订在一起，加以保存，以备日后查阅。

## 3.3 其他货币资金

### 3.3.1 其他货币资金的内容

其他货币资金，是指小企业除了库存现金和银行存款之外的货币资金，包括外埠存款、银行汇票存款、银行本票存款、信用卡存款、信用证保证金存款、存出投资款等。

外埠存款是企业到外地进行临时零星采购时，汇往采购地银行开立采购专户的款项；银行汇票存款是企业为取得银行汇票按照规定存入银行的款项；银行本票存款是企业为取得银行本票按照规定存入银行的款项；信用卡存款是企业为取得信用卡按照规定存入银行的款项；信用证保证金存款是企业存入银行作为信用证保证金专户的款项；存出投资款是指企业已经存入证券公司但尚未进行投资的货币资金。

### 3.3.2 其他货币资金的核算

为了正确、及时地对其他货币资金进行核算，应设置“其他货币资金”科目，它属于资产类账户，借方反映其他货币资金的增加数，贷方反映其他货币资金的减少数。此外，本科目设置“外埠存款”“银行汇票存款”“银行本票存款”“信用卡存款”“信用证保证金存款”“存出投资款”等明细科目，并按外埠存款的开户行，银行汇票或本票、信用证的收款单位等设置明细账。

#### 1. 外埠存款

小企业将款项委托当地银行汇往采购地开立专户时，借记“其他货币资金——外埠存款”科目，贷记“银行存款”等科目；收到采购人员交来购货发票等报销凭证时，借记“材料采购”等科目，贷记“其他货币资金——外埠存款”科目；将多余款项转回时，借记“银行存款”科目，贷记“其他货币资金——外埠存款”科目。

**【例3-5】** 2×22年9月5日，某小企业将20 000元汇往采购地上海淮海路银行，以便采购员采购材料，汇款手续已办妥。20日，收到采购员寄回的采购材料发票和运输凭证，增值税专用发票上注明的价款为15 000元，增值税为1 950元，材料已验收入库。该小企业账务处理如下。

（1）开立专户时。

借：其他货币资金——外埠存款　　20 000

　　贷：银行存款　　20 000

（2）收到采购员寄回的采购材料发票和运输凭证时。

借：原材料　　15 000

　　应交税费——应交增值税（进项税额）　　1 950

　　贷：其他货币资金——外埠存款　　16 950

（3）将多余的外埠存款转回当地银行时。

借：银行存款　　3 050

　　贷：其他货币资金——外埠存款　　3 050

**2. 银行汇票存款**

小企业为取得银行汇票，应按规定填制“银行汇票委托书”，并将其送交至银行。取得银行汇票时，根据银行盖章的委托书存根联，借记“其他货币资金——银行汇票存款”科目，贷记“银行存款”科目；小企业使用银行汇票后，应根据发票账单及开户行转来的银行汇票第四联等凭证，借记“材料采购”等科目，贷记“其他货币资金——银行汇票存款”科目；如有多余款或因汇票超过付款期等原因发生退回时，借记“银行存款”科目，贷记“其他货币资金——银行汇票存款”科目。

**【例 3-6】**2×22 年 9 月 7 日，某小企业按规定将款项 20 000 元存入银行，并取得银行汇票一张。25 日，购入原材料一批，增值税发票上注明的价款为 10 000 元，增值税进项税额为 1 300 元，用银行汇票支付。30 日，收到开户行通知，将未用完的银行汇票余额转回银行结算户。该小企业账务处理如下。

（1）取得银行汇票时。

借：其他货币资金——银行汇票存款　　20 000

　　贷：银行存款　　20 000

（2）收到购货发票时。

借：原材料　　10 000

　　应交税费——应交增值税（进项税额）　　1 300

　　贷：其他货币资金——银行汇票存款　　11 300

（3）转销银行汇票时。

借：银行存款　　　　8 700

　　贷：其他货币资金——银行汇票存款　　　　8 700

**3. 银行本票存款**

小企业为取得银行本票，应按规定填制“银行本票申请书”，并将款项交存银行。取得银行本票时，根据银行盖章的委托书存根联，借记“其他货币资金——银行本票存款”科目，贷记“银行存款”科目；小企业使用银行本票后，应根据发票账单及开户行转来的银行汇票第四联等凭证，借记“材料采购”等科目，贷记“其他货币资金——银行本票存款”科目；如有多余款或因本票超过付款期等原因发生退回时，借记“银行存款”科目，贷记“其他货币资金——银行本票存款”科目。

**【例 3-7】**2×22 年 3 月 3 日，某小企业按规定将款项 8 000 元存入银行，并取得银行本票一张。15 日，购入原材料一批，货款 7 500 元，未取得增值税专用发票，用银行本票支付，材料已验收入库。17 日，收到开户行通知，将未用完的银行本票余额转回银行结算户。该小企业账务处理如下。

（1）取得银行本票时。

借：其他货币资金——银行本票存款　　　　8 000

　　贷：银行存款　　　　8 000

（2）收到购货发票时。

借：原材料　　　　7 500

　　贷：其他货币资金——银行本票存款　　　　7 500

（3）转销银行本票时。

借：银行存款　　　　500

　　贷：其他货币资金——银行本票存款　　　　500

**4. 信用卡存款**

小企业申领信用卡，应按规定填制申请表，并按银行要求交存备用金，然后银行开立信用卡存款账户，发给信用卡。小企业根据银行盖章退回的交存备用金的进账单，借记“其他货币资金——信用卡存款”科目，贷记“银行存款”科目；小企业在收到开户银行转来的信用卡存款的付款凭证及所附发票账单，经核对无误后，借记“管理费用”等科目，贷记“其他货币资金——信用卡存款”科目；信用卡在使用过程中，需要向其账户续存资金时，借记“其他货币资金——信用卡存款”科目，贷记“银行存款”科目；小企业持卡人不需要继续使用信用卡时，应持信用卡主动到发卡银行办理销户，借记“银行存款”科目，贷记“其他货币资金——信用卡存款”科目。销户时，信用卡账户余额转入基本存款账户，不得提取现金。

#### 5. 信用证保证金存款

小企业向银行申请开立信用证，应按规定向银行提交开证申请书、信用证申请人承诺书和购销合同。小企业将信用证保证金交存银行时，应根据银行盖章退回的“信用证申请书”回单，借记“其他货币资金——信用证保证金”科目，贷记“银行存款”科目；根据供货单位信用证结算凭证及所附发票账单，借记“材料采购”等科目，贷记“其他货币资金——信用证保证金”科目；将未用完的信用证保证金存款转回开户银行时，借记“银行存款”科目，贷记“其他货币资金——信用证保证金”科目。

#### 6. 存出投资款

存出投资款是指小企业已存入证券公司但尚未进行短期投资的现金。小企业向证券公司划出的资金，应按照实际划出的金额，借记“其他货币资金——存出投资款”科目，贷记“银行存款”科目；购买股票、债券等时，按实际发生的金额，借记“交易性金融资产”等科目，贷记“其他货币资金——存出投资款”科目。

# 第 4 章
# 应收及预付款项

## 4.1　应收及预付款项概述

### 4.1.1　应收及预付款项的概念和特征

应收及预付款项，是指小企业在日常生产经营活动中发生的各项债权，包括：应收票据、应收账款、预付账款、应收股利、应收利息、其他应收款等应收款项和预付账款。应收及预付款项有以下特征。

（1）应收及预付款项是小企业日常生产经营活动中发生的。如销售产成品或商品、外购原材料或商品过程中发生的应收账款或预付账款，又如职工因公或因私向本企业借款产生的其他应收款，等等。

（2）应收及预付款项的本质是债权。应收款项最终会收到货币资金，预付账款则收到所购物资或劳务。

### 4.1.2　应收及预付款项的计量原则

《小企业会计准则》中规定，应收及预付款项应当按照实际发生额入账。在实务中，小企业应当根据合同、协议、发票等凭证列示的金额记录应收款项或预付账款。

# 4.2 应收票据

## 4.2.1 应收票据的内容和分类

### 1. 应收票据的内容

应收票据，是指小企业因销售商品（产成品或材料）、提供劳务等日常生产经营活动而收到的商业汇票。商业汇票是出票人签发，委托付款人在指定日期无条件支付确定的金额给收款人或者持票人的票据。在银行开立存款账户的法人以及其他组织之间必须具有真实的交易关系或者债权债务关系，才能使用商业汇票。商业汇票的付款期限，最长不得超过6个月。

小企业可以将自己持有的商业汇票背书转让。背书，是指持票人在票据转让他人时在票据背面或者粘单上记载有关事项并签章的票据行为。背书人对票据的到期付款负连带责任。符合条件的持票人还可以持未到期的商业汇票向银行申请贴现。

### 2. 应收票据的分类

（1）按承兑人不同，商业汇票可分为商业承兑汇票和银行承兑汇票。

商业承兑汇票，是指由付款人签发并承兑，或由收款人签发交由付款人承兑的汇票。付款人在接到通知日的次日起3日内（遇法定休假日顺延）未通知银行付款的，视同付款人承诺付款。银行将于付款人接到通知日的次日起第4日（遇法定休假日顺延），将票款划给持票人。付款人提前收到由其承兑的商业汇票，应通知银行于汇票到期日付款。银行在办理划款时，付款人存款账户不足支付的，银行应填制付款人未付票款通知书，连同商业承兑汇票邮寄持票人开户银行转交持票人。

银行承兑汇票，是指由在承兑银行开立存款账户的存款人（这里也是出票人）签发，由承兑银行承兑的票据。企业申请使用银行承兑汇票时，应向其承兑银行按票面金额的5‰交纳手续费。银行承兑汇票的出票人应于汇票到期前将票款足额交存其开户银行，承兑银行应在汇票到期日或到期日后的见票当日支付票款。银行承兑汇票的出票人于汇票到期前未能足额交存票款时，承兑银行除凭票向持票人无条件付款外，对出票人尚未支付的汇票金额按照每天5‱计收利息。

（2）按是否带息，商业汇票可分为带息票据和不带息票据。

带息票据，是指商业汇票到期时，承兑人除向收款人或被背书人支付票面金额外，还应按票面金额和票据规定的利息率支付自票据生效日起至票据到期日止的利息的票据。《小企业会计准则》出于简化的考虑，未规定带息应收票据的核算问题。不带息票据，是指商业汇票到期时，承兑人只按票面金额向收款人或被背书人支付款项的票据。在不带息票据中，票面价值一般为本利和，即已将票据的利息计入面值，不另外标票面利率。

### 4.2.2　应收票据的核算

为了核算和监督应收票据的取得和收回情况，小企业应设置“应收票据”科目。

**1. 取得应收票据**

小企业因销售商品、提供劳务等而收到开出、承兑的商业汇票，按照商业汇票的票面金额，借记“应收票据”科目，按照确认的营业收入，贷记“主营业务收入”等科目。涉及增值税销项税额的，还应按照增值税专用发票上注明的增值税销项税额，贷记“应交税费——应交增值税（销项税额）”科目。

**【例 4-1】**某小企业 2×22 年 9 月 2 日，出售给 A 企业一批材料，价款为 120 000 元，增值税为 15 600 元，收到 A 企业开出的商业承兑汇票。该小企业的会计处理如下。

借：应收票据——A 企业　　135 600

　　贷：主营业务收入　　120 000

　　　　应交税费——应交增值税（销项税额）　　15 600

**2. 商业汇票贴现**

小企业持有商业汇票，如在票据到期前需要提前取得现金，可以持未到期的商业汇票向银行申请贴现。贴现，是指持票人将未到期的商业汇票背书后送交银行，银行受理后，从票据到期值中扣除按银行贴现率计算确定的贴现利息，将余额付给贴现企业的业务活动。票据贴现实质上是一种融通资金的行为。在贴现业务中，企业付给银行的利息称为贴现利息，银行计算贴现利息所用的利率称为贴现率，企业从银行获得的票据到期值扣除贴现利息后的货币收入称为贴现所得。有关的计算公式如下。

票据到期值＝票据面值×（1＋票面利率×票据期限）

贴现所得＝票据到期值－贴现利息

贴现利息＝票据到期值×贴现率×贴现期

贴现期＝票据期限－企业已持有票据期限

根据票据到期债务人未能偿还时银行是否享有追索权，应收票据贴现的会计处理区分以下两种情况。

（1）不附追索权的情况。小企业与银行签订的协议中规定，在贴现的商业汇票到期而债务人未能按期偿还时，申请贴现的企业不负有任何偿还责任，即银行无追索权的，应视同出售票据进行会计处理。

小企业持未到期的商业汇票向银行贴现，应根据银行盖章退回的贴现凭证第四联收账通知，按照实际收到的金额（即减去贴现息后的净额），借记“银行存款”科目；按照贴现息，借记“财务费用”科目；按照商业汇票的票面金额，贷记“应收票据”科目。

（2）附追索权的情况。小企业与银行签订的协议中规定，在贴现的商业汇票到期而债务人未能按期偿还时，申请贴现的企业负有向银行还款的责任，即银行有追索权的，应视同以票据质押取得银行借款。因为这类协议从实质上看，与所贴现商业汇票有关的风险和报酬并未发生实质性转移，商业汇票可能产生的风险仍由申请贴现的企业承担。

小企业持未到期的商业汇票向银行贴现，应根据银行盖章退回的贴现凭证第四联收账通知，按照实际收到的金额（即减去贴现息后的净额），借记“银行存款”科目；按照贴现息，借记“财务费用”科目；按照商业汇票的票面金额，贷记“短期借款”科目。

**【例4-2】**承接**【例4-1】**，该小企业将收到的票据向银行贴现，贴现息为400元。银行无追索权。该小企业的会计处理如下。

| | | |
|---|---|---|
| 借：银行存款 | 135 200 | |
| 　　财务费用 | 400 | |
| 　　贷：应收票据——A企业 | | 135 600 |

### 3. 商业汇票背书转让以取得物资

小企业可以将自己持有的商业汇票背书转让，将汇票权利转让给他人或者将一定的汇票权利授予他人行使。背书是指在票据背面或者粘单上记载有关事项并签章的票据行为。出票人在汇票上记载“不得转让”字样的，汇票不得转让，背书转让的，背书人应当承担票据责任。

通常情况下，小企业将持有的商业汇票背书转让以取得所需物资时，按照应计入取得物资成本的金额，借记“材料采购”或“原材料”“库存商品”等科目；按照增值税专用发票上注明的可抵扣的增值税进项税额，借记“应交税费——应交增值税（进项税额）”科目；按照商业汇票的票面金额，贷记“应收票据”科目；如有差额，借记或贷记“银行存款”等科目。

**【例 4-3】**承接**【例 4-1】**，该小企业从 B 企业购入一批商品，实际价款为 180 000 元，增值税为 23 400 元，用收到的 A 企业的商业票据背书转让给 B 企业，剩余款项用银行存款支付。该小企业的会计处理如下。

借：库存商品　　180 000

　　应交税费——应交增值税（进项税额）　　23 400

　　贷：应收票据——A 企业　　135 600

　　　　银行存款　　67 800

#### 4. 商业汇票到期

商业汇票到期收回款项，应按照实际收到的金额，借记“银行存款”科目，贷记“应收票据”科目。因付款人无力支付票款，或到期不能收回应收票据，应按照商业汇票的票面金额，借记“应收账款”科目，贷记“应收票据”科目。

**【例 4-4】**承接**【例 4-1】**，假设该小企业于 9 月 20 日收回货款。该小企业的会计处理如下。

借：银行存款　　135 600

　　贷：应收票据——A 企业　　135 600

存在开出、承兑商业汇票业务的小企业应当设置“应收票据备查簿”，逐笔登记商业汇票的种类、号数、出票日期、票面金额、交易合同号，付款人、承兑人、背书人的姓名或单位名称，到期日、背书转让日、贴现日、贴现率和贴现净额，以及收款日期和收回金额、退票情况等资料。商业汇票到期结清票款或退票后，在备查簿中应予注销。

## 4.3 应收账款

### 4.3.1 应收账款的内容

应收账款，是指小企业因销售商品、提供劳务等日常生产经营活动而应收取的款项。应收账款包括：小企业销售商品或提供劳务等应向购货方或接受劳务方收取的价款或向代购货单位垫付的包装费、运杂费等。

会计上所指的应收账款有其特定的范围。第一，应收账款是指因销售活动形成的债权，不包括应收职工欠款、应收债务人的利息等应收款项；第二，应收账款是指流动资产性质的债权，不包括长期的债权（如购买的长期债券等）；第三，应收账款是指本企业应收客户的款项，不包括本企业付出的各类存出保证金，如租入包装物支付的保证金等。

### 4.3.2 应收账款的核算

为了反映应收账款的增减变动及其结存情况，小企业应设置“应收账款”科目，本科目可以按照对方单位（或个人）进行明细核算。

**1. 发生应收账款**

应收账款是因赊销业务而产生的，因此，其入账时间与确认收入的时间一致。通常情况下，应收账款的入账价值包括销售商品或提供劳务的价款、增值税，以及代购货方垫付的包装费、运杂费等。

小企业因销售商品或提供劳务形成的应收账款，应当按照应收金额，借记“应收账款”科目；按照税法规定应缴纳的增值税销项税额，贷记“应交税费——应交增值税（销项税额）”科目；按照其差额，贷记“主营业务收入”或“其他业务收入”科目。小企业代购货单位垫付的包装费、运杂费等，借记“应收账款”科目，贷记“银行存款”等科目；收回代垫费用时，借记“银行存款”科目，贷记“应收账款”科目。

**【例4-5】**某小企业2×22年9月2日销售一批商品给A企业，开出增值税专用发票上注明的价款为240 000元，增值税销项税额为31 200元，款项尚未收到。该小企业的会计处理如下。

借：应收账款——A 企业　　271 200
　　贷：主营业务收入　　240 000
　　　　应交税费——应交增值税（销项税额）　　31 200

**2. 收回应收账款**

小企业收回应收账款，应借记“银行存款”或“库存现金”科目，贷记“应收账款”科目。

**【例 4–6】**承接**【例 4–5】**，该小企业于 2×22 年 9 月 20 日收到该批商品的价款。该小企业的会计处理如下。

借：银行存款　　271 200
　　贷：应收账款——A 企业　　271 200

## 4.3.3　应收账款坏账的处理

小企业的各项应收账款，可能会因为购货人破产、死亡等原因无法收回，这类无法收回的应收账款就是坏账，因坏账而遭受的损失为坏账损失。

**1. 坏账损失的认定条件**

《小企业会计准则》中规定，小企业应收及预付款项符合下列条件之一的，减除可收回的金额后确认的无法收回的应收及预付款项，作为坏账损失。

（1）债务人依法宣告破产、关闭、解散、被撤销，或者被依法注销、吊销营业执照，其清算财产不足清偿的。

（2）债务人死亡，或者依法被宣告失踪、死亡，其财产或者遗产不足清偿的。

（3）债务人逾期 3 年以上未清偿，且有确凿证据证明已无力清偿债务的。

（4）与债务人达成债务重组协议或法院批准破产重整计划后，无法追偿的。

（5）因自然灾害、战争等不可抗力导致无法收回的。

（6）国务院财政、税务主管部门规定的其他条件。

**2. 坏账损失的账务处理**

按照《小企业会计准则》的规定，确认应收账款实际发生的坏账损失，应当按照可收回的金额，借记“银行存款”等科目；按照其账面余额，贷记“应收账款”科目；按照其差额，借记“营业外支出”科目。

**【例 4-7】**承接**【例 4-5】**，假设A企业因财务状况发生恶化，只偿还了120 000元的货款。该小企业的会计处理如下。

借：银行存款　　120 000
　　营业外支出　　151 200
　贷：应收账款——A企业　　271 200

## 4.4 其他应收和预付账款

### 4.4.1 预付账款

**1. 预付账款的内容**

预付账款，是指小企业按照合同规定预付的款项，包括根据合同规定预付的购货款、租金、工程款等。小企业预付货款后，有权要求对方按照购货合同规定发货。为了加强对预付账款的管理，一般应单独设置会计科目进行核算，预付账款不多的小企业也可以将预付的货款等记入“应收账款”科目的借方，直接通过“应收账款”科目核算。

**2. 预付账款的核算**

为了核算和监督预付账款的发生和减少情况，小企业应设置“预付账款”科目。该科目借方反映小企业因购货而预付和收到所购货物时补付的货款；贷方反映小企业收到所购物资时冲减预付账款的金额和退回多付的款项；期末借方余额表示小企业实际预付的款项，贷方余额表示小企业尚未补付的款项。本科目可以按照供应单位设置明细账，进行明细核算。预付款项不多的小企业，可以将预付的款项直接记入“应收账款”科目的借方，不设置本科目。

（1）发生预付账款。

①小企业因购货而发生预付款项。小企业根据购货合同的规定向供应单位预付款项时，借记“预付账款”科目，贷记“银行存款”科目。收到所购物资，按照应计入购入物资成本的金额，借记“在途物资”或“原材料”“库存商品”

等科目；按照税法规定可抵扣的增值税进项税额，借记“应交税费——应交增值税（进项税额）”科目，贷记“预付账款”科目。当预付货款小于采购货物所需支付的款项时，应将不足部分补付，借记“预付账款”科目，贷记“银行存款”科目；当预付货款大于采购货物所需支付的款项时，应收回多余款项，借记“银行存款”科目，贷记“预付账款”科目。

**【例 4-8】**某小企业 2×22 年 9 月 3 日从 A 企业购入一批材料，与 A 企业签订的合同规定预付的货款为 120 000 元，该小企业用银行存款支付货款 120 000 元，增值税 15 600 元，材料尚未收到。9 月 10 日收到该批货物，并验收入库。该小企业的会计处理如下。

（1）2×22 年 9 月 3 日，购入材料。

借：预付账款　　120 000

　贷：银行存款　　120 000

（2）2×22 年 9 月 10 日，收到材料。

借：原材料　　120 000

　应交税费——应交增值税（进项税额）　　15 600

　贷：预付账款　　135 600

（3）补付剩余的货款时。

借：预付账款　　15 600

　贷：银行存款　　15 600

②小企业因出包工程而发生预付账款。小企业进行在建工程预付的工程价款，也通过“预付账款”科目核算。出包工程按照合同规定预付的工程价款，借记“预付账款”科目，贷记“银行存款”等科目。按照工程进度和合同规定结算的工程价款，借记“在建工程”科目，贷记“预付账款”“银行存款”等科目。

**【例 4-9】**某小企业 2×22 年 6 月 7 日出包一工程给 A 企业，合同上规定的预付工程价款为 204 000 元，小企业通过银行存款支付。9 月 5 日该工程完工，结算工程价款。

（1）2×22 年 6 月 7 日，预付工程价款。

借：预付账款　　204 000

　贷：银行存款　　204 000

（2）2×22年9月5日，结算工程价款。

借：在建工程　　204 000

　　贷：预付账款　　204 000

（2）发生坏账损失。

按照《小企业会计准则》的规定，确认预付账款实际发生的坏账损失，应当按照可收回的金额，借记“银行存款”等科目；按照其账面余额，贷记“预付账款”科目；按照其差额，借记“营业外支出”科目。

【例4-10】某小企业2×22年2月5日从A企业购入一批商品，预付货款180 000元。2月10日，A企业由于无法提供该批商品，只能退回给小企业165 000元。该小企业的会计处理如下。

借：银行存款　　165 000

　　营业外支出　　15 000

　　贷：预付账款　　180 000

## 4.4.2 应收股利

应收股利，是指小企业因股权投资而应收取的现金股利以及应收其他单位的利润，包括企业买入股票实际支付的款项中所包括的已宣告发放但尚未领取的现金股利和企业买入对外投资应分得的现金股利或利润等。

小企业应设置“应收股利”科目，核算小企业应收取的现金股利或利润。“应收股利”科目的借方登记应收股利的增加数额，贷方登记应收股利的减少数额，期末余额一般在借方，反映小企业尚未收到的现金股利或利润。本科目应按照被投资单位进行明细核算。

小企业购入股票，如果实际支付的购买价款中包含已宣告但尚未发放的现金股利，应当按照实际支付的购买价款和相关税费扣除已宣告但尚未发放的现金股利后的金额，借记“短期投资”或“长期股权投资”科目；按照应收的现金股利，借记“应收股利”科目；按照实际支付的购买价款和相关税费，贷记“银行存款”科目。

在短期投资或长期股权投资持有期间，被投资单位宣告分派现金股利或利润，应当按照本企业应享有金额，借记“应收股利”科目，贷记“投资收益”科目。

小企业实际收到现金股利或利润时，借记“银行存款”等科目，贷记“应收股利”科目。

### 4.4.3　应收利息

应收利息，是指小企业因债券投资而应收取的利息。小企业应设置“应收利息”科目，核算小企业债券投资应收取的利息。“应收利息”科目的借方登记应收利息的增加数额，贷方登记应收利息的减少数额，期末余额一般在借方，反映小企业尚未收到的债券利息。本科目应按照被投资单位进行明细核算。购入的一次还本付息债券投资持有期间的利息收入，在“长期债券投资”科目核算，不在本科目核算。

小企业购入债券，如果实际支付的购买价款中包含已到付息期但尚未领取的债券利息，应当按照实际支付的购买价款和相关税费扣除应收的债券利息后的金额，借记“短期投资”或“长期债券投资”科目；按照应收的债券利息，借记“应收利息”科目；按照实际支付的购买价款和相关税费，贷记“银行存款”科目。

在长期债券投资持有期间，在债务人应付利息日，按照分期付息、一次还本债券投资的票面利率计算的利息收入，借记“应收利息”科目，贷记“投资收益”科目；按照一次还本付息债券投资的票面利率计算的利息收入，借记“长期债券投资——应计利息”科目，贷记“投资收益”科目。

实际收到债券利息，借记“银行存款”等科目，贷记“应收利息”科目。

### 4.4.4　其他应收款

#### 1. 其他应收款的内容

其他应收款，是指小企业除应收票据、应收账款、预付账款、应收股利、应收利息等以外的其他各种应收及暂付款项，主要包括以下内容。

（1）应收的各种赔款，如因小企业财产等遭受意外损失而应向有关保险公司收取的赔款等。

（2）应收的出租包装物租金。

（3）应向职工收取的各种垫付款项，如为职工垫付的水电费、应由职工负担的医药费、房租等。

（4）存出保证金，如租入包装物支付的押金。

（5）其他各种应收、暂付款项。小企业出口产品或商品按照税法规定应予退回的增值税，也计入其他应收款。

### 2. 其他应收款的核算

小企业应设置“其他应收款”科目，核算小企业除应收票据、应收账款、预付账款、应收股利、应收利息等以外的其他各种应收及暂付款项。“其他应收款”科目的借方登记其他应收款的增加数额，贷方登记其他应收款的减少数额，期末余额一般在借方，反映小企业尚未收回的其他应收款项。本科目应按照对方单位（或个人）进行明细核算。

小企业发生各种其他应收款项时，应借记“其他应收款”科目，贷记“库存现金”“银行存款”“固定资产清理”等科目。出口产品或商品按照规定应予退回的增值税，借记“其他应收款”科目，贷记“应交税费——应交增值税（出口退税）”科目。收回其他各种应收款项时，借记“库存现金”“银行存款”“应付职工薪酬”等科目，贷记“其他应收款”科目。

# 第 5 章
# 存货

## 5.1　存货概述

### 5.1.1　存货的概念和特点

存货，是指小企业在日常生产经营过程中持有以备出售的产成品或商品、处在生产过程中的在产品、将在生产过程或提供劳务过程中耗用的材料和物料等，以及小企业（农、林、牧、渔业）为出售而持有的或在将来收获为农产品的消耗性生物资产。存货具有以下特点。

（1）存货具有物质实体，属于有形资产。这一特征，使其与小企业的其他不具有物质实体的资产相区别，如应收账款、应收票据等。

（2）小企业持有存货的目的是出售。这一特征，使其与固定资产等相区别。

（3）存货具有较大的流动性，属于流动资产。存货在生产经营过程中，经常处于不断销售、重置或耗用状态，具有较强的变现能力和流动性，但其流动性又低于现金、应收账款等其他流动资产。

（4）存货具有时效性和发生潜在损失的可能性。在正常的生产经营过程中，存货较容易转换为货币资金或其他资产，但由于管理不当或其他原因，有可能形成积压物资或需降价出售，从而造成损失。

### 5.1.2　存货的确认

存货除了必须符合定义外，还应当符合存货确认的两个条件：一是与该存货有关的经济利益很可能流入小企业；二是该存货的成本能够可靠地计量。

**1. 与该存货有关的经济利益很可能流入小企业**

小企业在确认存货时，需要判断与该项存货相关的经济利益是否很可能流入小企业。在实际工作中，拥有存货的所有权是判断有关经济利益很可能流入小企业的一个重要标志。例如，根据销售合同已经售出（取得现金或收取现金的权利）的存货，其所有权已经转移，与其相关的经济利益已不能再流入本企业，此时，即使该项存货尚未运离本企业，也不能再确认为本企业的存货；又如，委托代销商品，由于其所有权并未转移至受托方，因而委托代销的商品仍应当确认为委托企业存货的一部分。总之，小企业在判断与存货相关的经济利益能否流入企业时，主要结合该项存货所有权的归属情况进行分析确定。

下列费用不应计入存货成本，而应在其发生时计入当期损益。

（1）非正常消耗的直接材料、直接人工和制造费用，应在发生时计入当期损益，不应计入存货成本。如由于自然灾害等而发生的直接材料、直接人工和制造费用，由于这些费用的发生无助于使该存货达到目前的场所和状态，不应计入存货成本，而应确认为当期损益。

（2）仓储费用，指小企业在存货采购入库后发生的储存费用，应在发生时计入当期损益。

（3）小企业（批发业、零售业）在购买商品过程中发生的运输费、装卸费、包装费、保险费、运输途中的合理损耗和入库前的挑选整理费等，在发生时直接计入当期销售费用，不计入所购商品的成本。

**2. 该存货的成本能够可靠地计量**

存货作为小企业资产的组成部分，小企业要确认存货，必须能够对其成本进行可靠的计量。存货的成本能够可靠地计量必须以取得确凿、可靠的证据为依据，并且具有可验证性。如果存货成本不能可靠地计量，则不能确认为一项存货。例如，小企业承诺的订货合同，由于并未实际发生，不能可靠确定其成本，因此就不能确认为购买企业的存货；又如，小企业预计发生的制造费用，由于并未实际发生，不能可靠地确定其成本，因此不能计入产品成本。

## 5.1.3 存货的分类

存货可以按照不同的标准，从不同的角度分类。通常小企业的存货包括：原材料、在产品、半成品、产成品、商品、周转材料、委托加工物资、消耗性生物资产等。

### 1. 原材料

原材料，是指小企业在生产过程中经加工改变其形态或性质并构成产品主要实体的各种原料及主要材料、辅助材料、外购半成品（外购件）、修理用备件（备品备件）、包装材料、燃料等。原材料这类存货主要是针对工业类小企业而言的。为建造固定资产等工程而储备的各种材料，虽然同属于材料，但是由于用于建造固定资产等各项工程，不符合存货的定义，因此不能作为小企业存货，应计入工程物资。

### 2. 在产品

在产品，是指小企业正在制造尚未完工的产品，包括：正在各个生产工序加工的产品，以及已加工完毕但尚未检验或已检验但尚未办理入库手续的产品。在产品是相对产成品而言的，属于中间在制品。

### 3. 半成品

半成品，是指小企业经过一定生产过程并已检验合格交付半成品仓库保管，但尚未制造完工成为产成品，仍需进一步加工的中间产品。半成品与在产品在生产制造方面类似，都属于在制品，等待下一步继续加工。不同之处在于会计核算方面：一是半成品已交付半成品仓库保管，而在产品仍停留在生产车间而不是专门的保管仓库；二是有些半成品可以单独对外出售或委托外单位进行加工，也有必要在会计核算上区别于在产品进行单独核算。

### 4. 产成品

产成品，是指小企业已经完成全部生产过程并已验收入库，符合标准规格和技术条件，可以按照合同规定的条件送交订货单位，或者可以作为商品对外销售的产品。小企业接受外来原材料加工制造的代制品和为外单位加工修理的代修品，在制造和修理完成验收入库后应视同小企业的产成品进行管理和核算。

### 5. 商品

商品，是指小企业（批发业、零售业）外购或委托加工完成并已验收入库用于销售的各种商品。商品与产成品都是小企业的存货，但是也存在区别，主要有两点。一是针对企业主体不同。商品这类存货主要针对批发业和零售业等商品流通类小企业而言；产成品这类存货主要针对农、林、牧、渔业，工业，房地产开发经营等工业制造类小企业而言。二是形成方式不同。商品主要是外购的，由外单位完成生产制造过程；产成品主要是自制的，由本单位完成生产制造过程。

**6. 周转材料**

周转材料，是指小企业能够多次使用、逐渐转移其价值但仍保持原有形态且不确认为固定资产的材料，包括：包装物、低值易耗品、小企业（建筑业）的钢模板、木模板、脚手架等。其中：包装物，是指为了包装本企业商品而储备的各种包装容器，如桶、箱、瓶、坛、袋等；低值易耗品，是指不符合固定资产确认条件的各种用具物品，如工具、管理用具、玻璃器皿、劳动保护用品以及在经营过程中周转使用的容器等。

需要注意的是，这里的周转材料首先要排除固定资产，如果这些辅助性材料符合固定资产确认条件的，就不应该再被作为周转材料来管理和核算，而应当作为固定资产进行管理和核算。

**7. 委托加工物资**

委托加工物资，是指小企业委托外单位加工的各种材料、商品等物资。

**8. 消耗性生物资产**

消耗性生物资产，是指小企业（农、林、牧、渔业）生长中的大田作物、蔬菜、用材林以及存栏待售的牲畜等。

## 5.2 存货的计价

### 5.2.1 存货的初始计量

《小企业会计准则》规定，小企业取得的存货应当按照成本进行计量。存货的成本包括采购成本、加工成本和其他成本，取得存货的来源不同，其成本的构成内容不尽相同。

### 1. 外购存货成本

小企业外购的存货主要包括材料和商品，其成本主要由采购成本构成。外购存货的成本，是指小企业物资从采购到入库前所发生的全部支出，包括购买价款、相关税费、运输费、装卸费、保险费以及在外购存货过程中发生的其他直接费用。

（1）购买价款，是指小企业购入的材料或商品的发票账单上列明的价款，但不包括按照税法规定可以抵扣的增值税进项税额。

（2）相关税费，为小企业购买、自制或委托加工存货发生的进口关税、消费税、资源税和不能抵扣的增值税进项税额等应计入存货采购成本的税费。

（3）在外购存货过程中发生的其他直接费用，是指除上述各项以外的可归属于存货采购成本的费用，如在存货采购过程中发生的仓储费、包装费、运输途中的合理损耗、入库前的挑选整理费用等。这些费用能分清负担对象的，应直接计入存货的采购成本；不能分清负担对象的，应选择合理的分配方法，分配计入有关存货的采购成本，可按所购存货的数量或采购价格比例进行分配。

（4）采购过程中发生的物资毁损、短缺，除合理的途中损耗应当作为其他可归属于存货采购成本的费用计入采购成本外，应区别不同情况进行处理。

①从供货单位、外部运输机构等收回的物资短缺或其他赔款，应冲减所购物资的采购成本。

②因遭受自然灾害等发生的损失或尚待查明原因的途中损耗，暂作为待处理财产损溢进行核算，待查明原因后再做处理。在《小企业会计准则》中，自然灾害等，是指干旱等气象灾害、地震等地质灾害、海啸等海洋灾害、森林草原火灾、重大生物灾害等自然灾害，以及物资自燃、运输工具着火、交通意外事故等。

### 2. 加工取得存货成本

小企业通过进一步加工取得的存货主要包括产成品、在产品、半成品、委托加工物资等，其成本由采购成本和加工成本构成。某些存货还包括使存货达到目前的场所和状态所发生的其他成本，如可直接认定的产品设计费用等。通过进一步加工取得的存货，成本中采购成本是由所使用或消耗的原材料采购成本转移而来的，因此，确定加工取得的存货成本，重点是要确定存货的加工成本。

存货的加工成本由直接人工和制造费用两部分构成，其实质是小企业在加工存货的过程中追加发生的生产成本，不包括直接由材料存货转移来的价值。其中，直接人工，是指小企业在生产产品过程中直接从事产品生产的工人的职工薪酬。直接人工和间接人工的划分依据通常是生产工人是否与所生产的产品直接相关（即是否可直接确定其服务的产品对象）。制造费用，是指小企业生产车间（部门）为生产产品和提供劳务而发生的各项间接费用。制造费用是一种间接生产成本，包括小企业生产车间（部门）管理人员的职工薪酬、折旧费、机物料消耗、固定资产修理费、办公费、水电费、劳动保护费、季节性和修理期间的停工损失等。

需要说明的是，经过 1 年期以上的建造才能达到预定可销售状态的产品在制造完成之前发生的借款利息，也计入该产品发生的制造费用。借款费用，是指小企业因借款而发生的利息及其他相关成本，包括：借款利息、辅助费用以及因外币借款而发生的汇兑差额等。

### 3. 投资者投入存货成本

根据《公司法》的规定，投资者既可以用货币出资，也可以用实物出资，用实物出资的应当评估作价，不得高估或者低估作价。其中，实物包括可能构成接受投资方的存货和固定资产。因此，按照《公司法》的规定，投资者投入的存货、固定资产或无形资产都应当按照评估价值确定其成本。如果涉及增值税进项税额和其他相关税费，还应按照税法规定进行相应的会计处理。

### 4. 自行栽培、营造、繁殖或养殖的消耗性生物资产成本

自行栽培、营造、繁殖或养殖的消耗性生物资产通常是针对小企业（农、林、牧、渔业）而言的，主要包括生长中的大田作物、蔬菜、用材林以及存栏待售的牲畜等。在确定这类存货的成本时应重点把握两个原则。一是直接相关性原则，表现为成本的构成内容。成本按照自行繁殖或营造（即培育）过程中发生的直接相关的支出确定，既包括直接材料、直接人工、其他直接费用等直接费用，也包括应分摊的间接费用。二是时间性原则，表现为成本发生的截止时点。针对不同的存货生长的特点，主要包括这些时点：收获、郁闭、出售、入库。也就是说，在这些时点之前发生的支出可以计入存货的成本，否则，应

计入当期管理费用。

（1）自行栽培的大田作物和蔬菜的成本包括：在收获前耗用的种子、肥料、农药等材料费、人工费和应分摊的间接费用。其中，直接人工，是指小企业（农、林、牧、渔业）在生产过程中直接从事农业生产的工人和管理人员的职工薪酬。应分摊的间接费用主要包括应负担的农业机械的折旧费、修理费，灌溉发生的水电费，等等。

（2）自行营造的林木类消耗性生物资产的成本包括：郁闭前发生的造林费、抚育费、营林设施费、良种试验费、调查设计费和应分摊的间接费用。其中，应分摊的间接费用主要包括：应负担的林业机械的折旧费、修理费，灌溉发生的水电费，工人和管理人员的职工薪酬，等等。

郁闭是判断消耗性生物资产相关支出（包括借款费用）资本化还是费用化的时点。郁闭之前的林木类消耗性生物资产处在培植阶段，需要发生较多的造林费、抚育费、营林设施费、良种试验费、调查设计费等相关支出，这些支出应予以资本化计入存货成本；郁闭之后的林木类消耗性生物资产进入稳定的生长期，基本上可以比较稳定地成活，主要依靠林木本身的自然生长，一般只需要发生较少的管护费用，从重要性和谨慎性考虑，郁闭之后发生的费用应当计入当期管理费用。

（3）自行繁殖的育肥畜的成本包括：出售前发生的饲料费、人工费和应分摊的间接费用。其中，人工费，是指小企业（农、林、牧、渔业）在养殖过程中直接从事养殖的工人和管理人员的职工薪酬。应分摊的间接费用主要包括：应负担的固定资产（如猪圈、鸡舍、羊圈、牛棚、马厩等）的折旧费、修理费、水电费、卫生防疫费等。

（4）水产养殖的动物和植物的成本包括：在出售或入库前耗用的苗种、饲料、肥料等材料费、人工费和应分摊的间接费用。人工费，是指小企业（农、林、牧、渔业）在养殖过程中直接从事养殖的工人和管理人员的职工薪酬；应分摊的间接费用主要包括：应负担的固定资产（如网箱等）的折旧费、修理费、水电费、捕捞费等。

### 5.2.2　发出存货的计价

小企业可采用实际成本法和计划成本法进行存货的日常核算。在实际成本法下，小企业在确定发出存货成本时可使用的方法有 4 种，即先进先出法、移动加权平均法、月末一次加权平均法和个别计价法。计价方法一经选用，不得随意变更。如果按照计划成本核算存货，应按期结转其应负担的成本差异，将计划成本调整为实际成本。

**1. 实际成本法下发出存货的成本**

（1）发出存货的计价方法。

①先进先出法。

先进先出法，是指以先购入的存货应先发出（销售或耗用）这样一种存货实物流动假设为前提，对发出存货进行计价的一种方法。采用这种方法，先购入的存货成本在后购入存货成本之前转出，据此确定发出存货和期末存货的成本。

具体方法是：收入存货时，逐笔登记收入存货的数量、单价和金额；发出存货时，按照“先进先出”的原则逐笔登记存货的发出成本和结存金额。

**【例 5-1】**某小企业 2×22 年 4 月甲材料的入库、发出和结存情况如表 5-1 所示。

**表 5-1　　2×22 年 4 月甲材料的入库、发出和结存情况**

金额单位：元

| 2×22 年 | | 摘要 | 购进 | | 发出数量（千克） | 结存数量（千克） |
|---|---|---|---|---|---|---|
| 月 | 日 | | 数量（千克） | 单价 | | |
| 4 | 1 | 期初存货 | 10 | 200 | | 10 |
| 4 | 5 | 购入 | 40 | 210 | | 50 |
| 4 | 10 | 领用 | | | 30 | 20 |
| 4 | 16 | 购入 | 30 | 220 | | 50 |
| 4 | 25 | 领用 | | | 40 | 10 |
| 4 | 29 | 购入 | 20 | 230 | | 30 |

以表 5-1 为例，演示先进先出法的核算过程，见表 5-2。

表 5-2　　　　存货明细账（先进先出法）

材料类别：　　　　　　　　　　　　计量单位：千克；元
材料编号：　　　　　　　　　　　　最高存量：
材料名称及规格：　　　　　　　　　甲材料最低存量：

| 2×22 年 | | 凭证编号 | 摘要 | 收入 | | | 发出 | | | 结存 | | |
|---|---|---|---|---|---|---|---|---|---|---|---|---|
| 月 | 日 | | | 数量 | 单价 | 金额 | 数量 | 单价 | 金额 | 数量 | 单价 | 金额 |
| 4 | 1 | | 期初余额 | | | | | | | 10 | 200 | 2 000 |
| 4 | 5 | | 购入 | 40 | 210 | 8 400 | | | | 10<br>40 | 200<br>210 | 2 000<br>8 400 |
| 4 | 10 | | 领用 | | | | 10<br>20 | 200<br>210 | 2 000<br>4 200 | 20 | 210 | 4 200 |
| 4 | 16 | | 购入 | 30 | 220 | 6 600 | | | | 20<br>30 | 210<br>220 | 4 200<br>6 600 |
| 4 | 25 | | 领用 | | | | 20<br>20 | 210<br>220 | 4 200<br>4 400 | 10 | 220 | 2 200 |
| 4 | 29 | | 购入 | 20 | 230 | 4 600 | | | | 10<br>20 | 220<br>230 | 2 200<br>4 600 |
| 4 | 30 | | 本期发生额及期末余额 | 90 | | 19 600 | 70 | | 14 800 | 10<br>20 | 220<br>230 | 2 200<br>4 600 |

先进先出法可以随时结转存货发出成本，但较烦琐；在存货收发业务较多且存货单价不稳定时，其工作量较大。同时，当物价上涨时，会高估当期利润和库存价值；反之，会低估当期利润和库存价值。

②移动加权平均法。

移动加权平均法，是指以每次进货的成本加上原有库存存货的成本，除以每次进货数量与原有库存存货的数量之和，据以计算加权平均单位成本，作为在下次进货前计算各次发出存货成本的依据。计算公式如下。

$$\text{移动加权平均单价}=\frac{\text{原有存货实际成本}+\text{本次进货的实际成本}}{\text{原有库存存货数量}+\text{本次进货数量}}$$

发出存货金额 = 本次发出存货数量 × 当前移动加权平均单价

期末结存存货金额 = 期末结存存货数量 × 当前移动加权平均单价

【例 5-2】以表 5-1 为例，演示移动加权平均法的核算过程，见表 5-3。

表 5-3　　　　存货明细账（移动加权平均法）

材料类别：　　　　　　　　　计量单位：千克；元

材料编号：　　　　　　　　　最高存量：

材料名称及规格：　　　　　　甲材料最低存量：

| 2×22 年 | | 凭证编号 | 摘要 | 收入 | | | 发出 | | | 结存 | | |
|---|---|---|---|---|---|---|---|---|---|---|---|---|
| 月 | 日 | | | 数量 | 单价 | 金额 | 数量 | 单价 | 金额 | 数量 | 单价 | 金额 |
| 4 | 1 | | 期初余额 | | | | | | | 10 | 200 | 2 000 |
| 4 | 5 | | 购入 | 40 | 210 | 8 400 | | | | 50 | 208 | 10 400 |
| 4 | 10 | | 领用 | | | | 30 | 208 | 6 240 | 20 | 208 | 4 160 |
| 4 | 16 | | 购入 | 30 | 220 | 6 600 | | | | 50 | 215.2 | 10 760 |
| 4 | 25 | | 领用 | | | | 40 | 215.2 | 8 608 | 10 | 215.2 | 2 152 |
| 4 | 29 | | 购入 | 20 | 230 | 4 600 | | | | 30 | 225.1 | 6 753 |
| 4 | 30 | | 本期发生额及期末余额 | 90 | | 19 600 | 70 | | 14 847 | 30 | 225.1 | 6 753 |

4 月 5 日移动加权平均单价 =（2 000+8 400）÷（10+40）=208（元）

4 月 10 日发出甲材料成本 =30×208=6 240（元）

4 月 10 日结存甲材料成本 =20×208= 4 160（元）

4 月 16 日移动加权平均单价 =（4 160+6 600）÷（20+30）=215.2（元）

4 月 25 日发出甲材料成本 =40×215.2=8 608（元）

4 月 25 日结存甲材料成本 =10×215.2=2 152（元）

4 月 29 日移动加权平均单价 =（4 600+2 152）÷（10+20）=225.1（元）

期末结存甲材料成本 =30×225.1=6 753（元）

本期发出甲材料成本 =19 600+2 000−6 753=14 847（元）

采用移动加权平均法能够使小企业及时了解存货的结存情况，计算的平均单位成本以及发出和结存的存货成本比较客观；但由于每次收货都要计算一次平均单价，计算工作量较大，对收发货较频繁的小企业不适用。

③月末一次加权平均法。

月末一次加权平均法，是指以当月全部进货数量加上月初存货数量作为权数，去除当月全部进货成本加上月初存货成本之和，计算出存货的加权平均单位成本，以此为基础计算当月发出存货的成本和期末存货的成本的一种方法。计算公式如下。

$$加权平均单价=\frac{期初结存金额+本期进货金额}{期初结存数量+本期进货数量}$$

发出存货金额 = 本期发出存货数量 × 加权平均单价

期末结存存货金额 = 期末结存存货数量 × 加权平均单价

【**例 5-3**】仍以表 5-1 为例，演示月末一次加权平均法的核算过程，见表 5-4。

**表 5-4　　　　存货明细账（月末一次加权平均法）**

材料类别：　　　　　　　　计量单位：千克；元
材料编号：　　　　　　　　最高存量：
材料名称及规格：　　　　　甲材料最低存量：

| 2×22 年 | | 凭证编号 | 摘要 | 收入 | | | 发出 | | | 结存 | | |
|---|---|---|---|---|---|---|---|---|---|---|---|---|
| 月 | 日 | | | 数量 | 单价 | 金额 | 数量 | 单价 | 金额 | 数量 | 单价 | 金额 |
| 4 | 1 | | 期初余额 | | | | | | | 10 | 200 | 2 000 |
| 4 | 5 | | 购入 | 40 | 210 | 8 400 | | | | 50 | | |
| 4 | 10 | | 领用 | | | | 30 | | | 20 | | |
| 4 | 16 | | 购入 | 30 | 220 | 6 600 | | | | 50 | | |
| 4 | 25 | | 领用 | | | | 40 | | | 10 | | |
| 4 | 29 | | 购入 | 20 | 230 | 4 600 | | | | 30 | | |
| 4 | 30 | | 本期发生额及期末余额 | 90 | | 19 600 | 70 | 216 | 15 120 | 30 | 216 | 6 480 |

甲材料的加权平均单价 =（2 000+19 600）÷（10+90）=216（元）

发出材料金额 =216×70=15 120（元）

期末结存材料金额 =216×30=6 480（元）

采用月末一次加权平均法只在月末一次计算加权平均单价，比较简单，有利于简化成本计算工作；但由于平时无法从账上提供发出和结存存货的单价及金额，因此不利于存货成本的日常管理与控制。

④个别计价法。

个别计价法，亦称个别认定法、具体辨认法、分批实际法，其特征是注重所发出存货具体项目的实物流转与成本流转之间的联系，逐一辨认各批发出存货和期末存货所属的购进批别或生产批别，分别按其购入或生产时所确定的单位成本计算各批发出存货和期末存货的成本。即把每一种存货的实际成本作为计算发出存货成本和期末存货成本的基础。

**【例 5–4】**仍以表 5–1 为例，演示个别计价法的核算过程，见表 5–5。该小企业 2×22 年 3 月 31 日甲材料的期末存货为 10 千克，经确认，4 月 10 日领用的 30 千克材料中，10 千克为期初存货，20 千克为 4 月 5 日购入的存货；4 月 25 日领用的 40 千克材料中，10 千克为 4 月 5 日购入的存货，30 千克为 4 月 16 日购入的存货。

**表 5–5　　存货明细账（个别计价法）**

材料类别：　　计量单位：千克；元

材料编号：　　最高存量：

材料名称及规格：　　甲材料最低存量：

| 2×22 年 | | 凭证编号 | 摘要 | 收入 | | | 发出 | | | 结存 | | |
|---|---|---|---|---|---|---|---|---|---|---|---|---|
| 月 | 日 | | | 数量 | 单价 | 金额 | 数量 | 单价 | 金额 | 数量 | 单价 | 金额 |
| 4 | 1 | | 期初余额 | | | | | | | 10 | 200 | 2 000 |
| 4 | 5 | | 购入 | 40 | 210 | 8 400 | | | | 10<br>40 | 200<br>210 | 2 000<br>8 400 |
| 4 | 10 | | 领用 | | | | 10<br>20 | 200<br>210 | 2 000<br>4 200 | 20 | 210 | 4 200 |
| 4 | 16 | | 购入 | 30 | 220 | 6 600 | | | | 20<br>30 | 210<br>220 | 4 200<br>6 600 |
| 4 | 25 | | 领用 | | | | 10<br>30 | 210<br>220 | 2 100<br>6 600 | 10 | 210 | 2 100 |
| 4 | 29 | | 购入 | 20 | 230 | 4 600 | | | | 10<br>20 | 210<br>230 | 2 100<br>4 600 |
| 4 | 30 | | 本期发生额及期末余额 | 90 | | 19 600 | 70 | | 14 900 | 10<br>20 | 210<br>230 | 2 100<br>4 600 |

本期发出甲材料成本 =10×200+20×210+10×210+30×220=14 900（元）

期末结存甲材料成本 =10×210+20×230=6 700（元）

对于不能替代使用的存货、为特定项目专门购入或制造的存货以及提供的劳务，通常采用个别计价法确定发出存货的成本。在实际工作中，越来越多的小企业采用计算机信息系统进行会计处理，个别计价法可以广泛应用于发出存货的计价，并且个别计价法确定的存货成本最为准确。

（2）发出存货计价方法的选择原则。

小企业应当根据各类存货的实物流转方式、企业管理的要求、存货的性质等实际情况，合理地选择发出存货成本的计算方法，以合理确定当期发出存货的实际成本。

①对于性质和用途相似的存货，应当采用相同的成本计算方法确定发出存货的成本。

本原则实质上是对成本计算方法适用对象一致性的要求。这一具体原则包含了两方面的意思。一是对于性质和用途相似的存货，小企业用于确定其发出存货成本的方法应当相同，不得采用不同的方法。比如，某小企业有 A 和 B 两种材料（即性质相同或相似），都用于生产甲产品（即用途相同或相似），如果对 A 材料采用先进先出法计算和结转成本，对 B 材料也应当采用先进先出法。二是如果存货的性质或用途发生了变化，原来采用的成本计价方法出现了不符合基本原则要求的情形，允许小企业对该存货改变成本计算方法。

②计价方法一经选用，不得随意变更。

本原则实质上是对成本计算方法同一会计年度各月一致性和前后各年一致性的要求。小企业根据实际情况既可以使用其中的一种方法，也可以四种方法全部使用，但是，无论采用其中一种方法还是四种方法，这些计价方法对性质和用途相似的存货来讲，一经选用，不得随意变更。

③对于不能替代使用的存货、为特定项目专门购入或制造的存货以及提供的劳务，采用个别计价法确定发出存货的成本。也就是说，个别计价法通常适用于以下四种存货。

第一，不能替代使用的存货。比如，某小企业购入的 D 材料只能用于生产乙产品，不能用于生产其他产品，在这种情况下，对于 D 材料通常应当采用个别计价法，以合理确定 D 材料和乙产品的成本。

第二，为特定项目专门购入的存货，以合理确定所购入存货的成本和该特定项目的成本。

第三，为特定项目制造的存货，以合理确定该特定项目所制造的存货的成本。

第四，提供的劳务，以合理确定所提供劳务发生的成本。

**2. 计划成本法下发出存货的成本**

在实务中，有的小企业为简化核算，采用计划成本法核算存货，这类存货主要包括小企业（工业）的原材料、库存商品和周转材料等。小企业采用计划成本进行原材料日常核算时，日常领用、发出原材料均按照计划成本记账；月末，计算本月领用、发出材料应负担的成本差异并进行分摊，根据领用材料的用途计入生产成本或者当期损益，从而将发出材料的计划成本调整为实际成本。

发出材料应负担的成本差异应当按月分摊，不得在季末或年末一次计算。发出材料应负担的成本差异，除委托外部加工发出材料可按照月初成本差异率计算外，应使用本月的实际差异率；月初成本差异率与本月成本差异率相差不大的，也可按照月初成本差异率计算。计算方法一经确定，不得随意变更。

有关计算公式如下。

$$材料成本差异率=\frac{月初结存材料的成本差异+本月验收入库材料的成本差异}{月初结存材料的计划成本+本月验收入库材料的计划成本}\times 100\%$$

发出材料应负担的成本差异＝发出材料的计划成本 × 材料成本差异率

发出材料的实际成本＝发出材料的计划成本 ± 发出材料应负担的成本差异

**【例 5-5】**某小企业 2×22 年 5 月初结存原材料的计划成本为 25 000 元，本月验收入库原材料的计划成本为 50 000 元，本月发出材料的计划成本为 40 000 元，原材料成本差异的月初数为 500 元（超支），本月验收入库材料成本差异为 1 000 元（超支）。材料成本差异率及发出材料应负担的成本差异计算如下。

材料成本差异率＝（500+1 000）÷（25 000+50 000）×100%=2%

发出材料应负担的成本差异 =40 000×2%=800（元）

发出材料的实际成本 =40 000+800=40 800（元）

**3. 商品流通企业存货计价**

商品流通小企业，尤其是商品批发小企业常用售价金额法计算本期商品销售成本和期末库存商品成本。售价金额法，是指平时商品的购入、加工收回、销售均按售价记账，售价与进价的差额通过“商品进销差价”科目核算，月末计算商品进销差价率和本期已销售商品应分摊的进销差价，并据以调整本月销售成本的一种方法。结算公式如下。

$$商品进销差价率=\frac{期初库存商品进销差价+本月购进商品进销差价}{期初库存商品售价+本期购进商品售价}\times 100\%$$

小企业的商品进销差价率各月之间比较均衡的，也可以采用上月商品进销差价率分摊本月的商品进销差价。年度终了，应对商品进销差价进行核实调整。对于从事商业零售业务的小企业（如百货公司、超市等），由于经营的商品种类、品种、规格等繁多，而且要求按商品零售价格标价，采用其他成本计算结转方法均较困难，因此广泛采用这一方法。

**【例 5-6】**某小企业 2×22 年 5 月初甲商品进价总额为 400 000 元，售价总额为 520 000 元，本月购进甲商品的进价总额为 200 000 元，售价总额为 280 000 元，本月销售收入为 370 000 元。有关计算如下。

$$商品进销差价率=\frac{(520\ 000-400\ 000)+(280\ 000-200\ 000)}{520\ 000+280\ 000}\times 100\%=25\%$$

已销商品应分摊的商品进销差价 =370 000×25%=92 500（元）

本期销售商品的实际成本 =370 000−92 500=277 500（元）

# 5.3　原材料核算

原材料，是指小企业在生产过程中经加工改变其形态或性质并构成产品主要实体的各种原料及主要材料、辅助材料、外购半成品（外购件）、修理用备件（备品备件）、包装材料、燃料等。原材料这类存货主要是针对工业类小企业而言的。

## 5.3.1　实际成本计价的原材料收发核算

小企业采用实际成本进行材料日常核算的，为了反映和监督材料的增减变动和结存情况，应设置“在途物资”和“原材料”科目。

“在途物资”科目核算小企业采用实际成本进行材料、商品等物资的日常核算，尚未到达或尚未验收入库的各种物资的实际采购成本。本科目应按照供应单位和物资品种进行明细核算。本科目期末借方余额，反映小企业已经收到发票账单，但材料或商品尚未到达或尚未验收入库的在途材料、商品等物资的采购成本。

“原材料”科目核算小企业库存的各种材料，包括：原料及主要材料、辅助材料、外购半成品（外购件）、修理用备件（备品备件）、包装材料、燃料等的实际成本或计划成本。本科目应按照材料的保管地点（仓库）、材料的类别、品种和规格等进行明细核算。

**1. 外购材料的核算**

小企业外购材料，因货款结算方式、采购地点、收料和付款时间的不同，其账务处理也有所不同。

（1）外购存货尚未验收入库应通过“在途物资”科目核算。

小企业外购材料、商品等物资，应当按照发票账单所列购买价款、运输费、装卸费、保险费以及在外购材料过程发生的其他直接费用，借记“在途物资”科目；按照税法规定可抵扣的增值税进项税额，借记“应交税费——应交增值税（进项税额）”科目；按照购买价款、相关税费、运输费、装卸费、保险费以及在外购物资过程发生的其他直接费用，贷记“库存现金”“银行存款”“其他货币资金”“预付账款”“应付账款”等科目。

材料已经收到但尚未办理结算手续的，可暂不做会计分录；待办理结算手续后，再根据所付金额或发票账单的应付金额，借记“在途物资”科目，贷记“银行存款”等科目。

应向供应单位、外部运输机构等收回的材料或商品短缺或其他应冲减材料或商品采购成本的赔偿款项，应根据有关的索赔凭证，借记“应付账款”或“其他应收款”科目，贷记“在途物资”科目。因自然灾害等发生的损失和尚待查明原因的途中损耗，先记入“待处理财产损溢”科目，查明原因后再做处理。

月末，应将仓库转来的外购材料或商品收料凭证，按照材料或商品并分别对下列不同情况进行汇总。①对于收到发票账单的收料凭证（包括本月付款或开出、承兑商业汇票的上月收料凭证），应当按照汇总金额，借记“原材料”“周转材料”“库存商品”等科目，贷记“在途物资”科目。②对于尚未收到发票账单的收料凭证，应分别材料或商品，并按照估计金额暂估入账，借记“原材料”“周转材料”“库存商品”等科目，贷记“应付账款——暂估应付账款”科目；下月初用红字做相反的会计分录予以冲回，以便下月收到发票账单等结算凭证时，按照正常程序进行账务处理。

**【例 5-7】** 2×22 年 9 月 5 日某小企业采用汇兑结算方式购入一批材料，发票及账单已收到，增值税专用发票上记载的货款为 120 000 元，增值税为 15 600 元，支付运杂费 1 000 元，材料尚未到达。2×22 年 9 月 25 日，自然灾害导致该批材料在途中损耗了 1 000 元，其余材料已验收入库，且收到有发票账单的收料凭证。2×22 年 9 月 30 日该小企业购入一批材料，材料已验收入库，发票账单尚未收到，月末按照计划成本 300 000 元估价入账。

（1）2×22 年 9 月 5 日，购入材料时。

借：在途物资　　121 000

　应交税费——应交增值税（进项税额）　　15 600

　贷：银行存款　　136 600

（2）2×22 年 9 月 25 日，材料验收入库时。

借：待处理财产损溢　　1 000

　贷：在途物资　　1 000

借：原材料　　120 000

　贷：在途物资　　120 000

（3）2×22 年 9 月 30 日，暂估入账时。

借：原材料　　300 000

　贷：应付账款——暂估应付账款　　300 000

下月初编制相反的会计分录予以冲回。

借：应付账款——暂估应付账款　　300 000

　贷：原材料　　300 000

**（2）外购存货已验收入库应通过“原材料”科目核算。**

小企业购入并已验收入库的材料，按照实际成本，借记“原材料”科目，贷记“在途物资”“应付账款”等科目。涉及按照税法规定可抵扣的增值税进项税额的，还应当借记“应交税费——应交增值税（进项税额）”科目。

购入的材料已经到达并已验收入库，但在月末尚未办理结算手续的，可按照暂估价值入账，借记“原材料”“周转材料”等科目，贷记“应付账款——暂估应付账款”科目；下月初用红字做同样的会计分录予以冲回，以便下月收到发票账单等结算凭证时，按照正常程序进行账务处理。

**【例 5-8】** 2×22 年 9 月 15 日，某小企业从 A 企业购入生产用原材料 2 000 元，增值税为 260 元，款项尚未支付，该批原材料已验收入库。该小企业会计处理如下。

借：原材料　　2 000

　　应交税费——应交增值税（进项税额）　　260

　　贷：应付账款　　2 260

**2. 自制材料的核算**

自制材料成本包括：直接材料、直接人工以及按照一定方法分配的制造费用。自制并已验收入库的材料，按照实际成本，借记“原材料”科目，贷记“生产成本”科目。

**3. 投资者投入材料的核算**

根据《公司法》的规定，投资者既可以用货币出资，也可以用实物出资，投资者投入的存货、固定资产或无形资产都应当按照评估价值确定其成本。小企业取得投资者投入的原材料，应当按照评估价值，借记“原材料”科目；按增值税专用发票上注明的增值税，借记“应交税费——应交增值税（进项税额）”科目；按投资者占本企业股权总额的比例，贷记“实收资本”科目；按借贷双方的差额，贷记“资本公积”科目。

**【例 5–9】**2×22 年 9 月 1 日，某小企业收到甲公司投入的原材料一批，增值税专用发票上注明的原材料增值税为 31 200 元，双方确认的价值为 240 000 元。该小企业实收资本总额为 3 000 000 元，甲公司占 7%。则该小企业的会计处理如下。

借：原材料　　240 000

　　应交税费——应交增值税（进项税额）　　31 200

　　贷：实收资本　　210 000

　　　　资本公积——资本溢价　　61 200

**4. 发出材料的核算**

小企业应根据原材料消耗特点，按发出原材料的用途，将其成本直接转化为费用。领用原材料时，按照计算确定的实际成本，借记“生产成本”“制造费用”“管理费用”“销售费用”等科目，贷记“原材料”科目。

**【例 5–10】**某小企业生产车间领用 A 材料 200 000 元，车间管理部门领用 A 材料 10 000 元，企业行政管理部门领用 A 材料 5 000 元。该小企业的会计处理如下。

借：生产成本　　　　　　　　　　　　　200 000
　　制造费用　　　　　　　　　　　　　　10 000
　　管理费用　　　　　　　　　　　　　　 5 000
　　贷：原材料——A 材料　　　　　　　　　　　215 000

## 5.3.2　计划成本计价的材料采购收发核算

计划成本计价下，小企业材料日常收入、发出和结存均按照预先制定的计划成本计价，实际成本和计划成本之间的差异，单独核算，最终于月末将领用原材料的计划成本调整为实际成本。

材料按计划成本进行核算，仍需设置“原材料”科目，但均应按照计划成本入账。由于材料的计划成本与实际成本之间必然会产生差异，为了正确计算材料的采购成本和考核采购业务成果，还需要增设“材料采购”和“材料成本差异”两个资产类科目。

“材料采购”科目，核算小企业采用计划成本进行材料日常核算、购入材料的采购成本。该科目借方反映从外部购入材料的实际采购成本，以及结转实际成本小于计划成本的差异额(节约额)；贷方反映已验收入库材料的计划成本，以及结转实际成本大于计划成本的差异额（超支额）。本科目期末借方余额，反映小企业已经收到发票账单，但材料尚未到达或尚未验收入库的在途材料的采购成本。本科目应按照供应单位和材料品种进行明细核算。

“材料成本差异”科目，核算小企业采用计划成本进行日常核算的材料计划成本与实际成本的差额。该科目借方反映材料实际成本大于计划成本的差异额（超支额），以及发出材料应分摊的成本差异结转数；贷方反映实际成本小于计划成本的差异额（节约额），以及发出材料应分摊的成本差异结转数。本科目可以分别设立“原材料”“周转材料”等，按照类别或品种进行明细核算。

发出材料应负担的成本差异应当按月分摊，不得在季末或年末一次计算。发出材料应负担的成本差异，除委托外部加工发出材料可按照月初成本差异率计算外，应使用本月的实际差异率；月初成本差异率与本月成本差异率相差不大的，也可按照月初成本差异率计算。计算方法一经确定，不得随意变更。

### 1. 外购材料的核算

小企业外购材料，应当按照发票账单所列购买价款、运输费、装卸费、保险费以及在外购材料过程发生的其他直接费用，借记“材料采购”科目；按照税法规定可抵扣的增值税进项税额，借记“应交税费——应交增值税（进项税额）”科目；按照购买价款、相关税费、运输费、装卸费、保险费以及在外购材料过程发生的其他直接费用，贷记“库存现金”“银行存款”“其他货币资金”“预付账款”“应付账款”等科目。

材料已经收到，但尚未办理结算手续的，可暂不做会计分录；待办理结算手续后，再根据所付金额或发票账单的应付金额，借记“材料采购”科目，贷记“银行存款”等科目。

### 2. 短缺或损坏的处理

材料验收入库时发现短缺毁损，应根据不同情况分别做出处理：应向供应单位、运输机构等收回的材料短缺或其他应冲减材料采购成本的赔偿款项，应根据有关的索赔凭证，借记“应付账款”或“其他应收款”科目，贷记“材料采购”科目；因自然灾害等发生的损失和尚待查明原因的途中损耗，先记入“待处理财产损溢”科目，查明原因后再做处理。

### 3. 外购材料成本差异的结转

月末，应将仓库转来的外购收料凭证，分别下列不同情况进行处理。

（1）对于收到发票账单的收料凭证（包括本月付款或开出、承兑商业汇票的上月收料凭证），应按照实际成本和计划成本分别汇总，并按照计划成本，借记“原材料”“周转材料”等科目，贷记“材料采购”科目。按实际成本大于计划成本的差异，借记“材料成本差异”科目，贷记“材料采购”科目；按实际成本小于计划成本的差异，做相反的会计分录。

（2）对于尚未收到发票账单的收料凭证，应按照计划成本暂估入账，借记“原材料”“周转材料”等科目，贷记“应付账款——暂估应付账款”科目，下月初用红字做同样的会计分录予以冲回，以便下月收到发票账单等结算凭证时，按照正常程序进行账务处理。

**【例 5-11】**2×22 年 9 月 3 日，某小企业采用汇兑结算方式购入一批化工材料，增值税专用发票上记载的货款为 200 000 元，增值税为 26 000 元，发票账单已收到，计划成本 180 000 元，材料尚未入库。2×22 年 9 月 15 日，该小企业收到材料后，经验收发现有待查明原因的途中损耗 3 000 元。2×19 年 9 月 30 日，材料入库。该小企业会计处理如下。

（1）2×22 年 9 月 3 日，购入材料时。

借：材料采购　　200 000
　　应交税费——应交增值税（进项税额）　　26 000
　　贷：银行存款　　226 000

（2）2×22 年 9 月 15 日，发现材料损耗时。

借：待处理财产损溢　　3 000
　　贷：材料采购　　3 000

（3）2×22 年 9 月 30 日，材料入库。

借：原材料　　177 000
　　材料成本差异　　20 000
　　贷：材料采购　　197 000

**【例 5-12】**某小企业 2×22 年 9 月 5 日购入 A 材料一批，增值税专用发票上记载的货款为 5 000 000 元，增值税为 650 000 元，发票账单已收到，计划成本为 4 500 000 元，材料已验收入库，全部款项以银行存款支付。2×22 年 9 月 30 日，该小企业“发料凭证汇总表”记录的 9 月 A 材料的消耗（计划成本）为：生产车间领用 2 000 000 元，车间管理部门领用 850 000 元，行政管理部门领用 50 000 元。该小企业 9 月初结存 A 材料的计划成本为 1 000 000 元，成本差异为超支 60 000 元；当月入库 A 材料的计划成本为 4 500 000 元，成本差异为节约 500 000 元。该小企业的会计处理如下。

（1）2×22 年 9 月 5 日，购入 A 材料。

借：材料采购　　5 000 000
　　应交税费——应交增值税（进项税额）　　650 000
　　贷：银行存款　　5 650 000

（2）2×22 年 9 月 30 日，领用 A 材料。

借：生产成本　　2 000 000
　　制造费用　　850 000
　　管理费用　　50 000
　　贷：原材料——A 材料　　2 900 000

（3）结转发出材料的成本差异。

$$材料成本差异率=\frac{60\ 000-500\ 000}{1\ 000\ 000+4\ 500\ 000}\times 100\%=-8\%$$

发出材料应负担的成本差异＝2 900 000×（-8%）＝-232 000（元）

结转发出材料的成本差异的分录如下。

借：材料成本差异　　232 000

　　贷：生产成本　　160 000

　　　　制造费用　　68 000

　　　　管理费用　　4 000

## 5.4 其他存货核算

### 5.4.1 周转材料

周转材料，是指小企业能够多次使用、逐渐转移其价值但仍保持原有形态且不确认为固定资产的材料，包括：包装物、低值易耗品，以及小企业（建筑业）的钢模板、木模板、脚手架等。其中：包装物，是指为了包装本企业商品而储备的各种包装容器，如桶、箱、瓶、坛、袋等；低值易耗品，是指不符合固定资产确认条件的各种用具物品，如工具、管理用具、玻璃器皿、劳动保护用品以及在经营过程中周转使用的容器等。

为了核算企业各种周转材料的成本，小企业应设置“周转材料”科目。本科目核算小企业库存的周转材料的实际成本或计划成本。本科目应按照周转材料的种类，分别按“在库”“在用”“摊销”进行明细核算。小企业的包装物、低值易耗品，也可以单独设置“包装物”“低值易耗品”科目。包装物数量不多的小企业，也可以不设置本科目，将包装物并入“原材料”科目核算。

需要注意的是，各种包装材料，如纸、绳、铁丝、铁皮等，应在“原材料”科目内核算；用于储存和保管产品、材料而不对外出售的包装物，应按照价值大小和使用年限长短，分别在“固定资产”科目或本科目核算。

#### 1. 一次转销法

一次转销法，是指在领用周转材料时，将其账面价值一次计入有关成本费用的方法。对于小企业周转材料，一般采用一次转销法进行会计处理，在领用时按其成本计入生产成本或当期损益。出租或出借周转材料，虽不需要结转其成本，但应当进行备查登记。

（1）生产领用周转材料的核算。

生产、施工领用周转材料，通常采用一次转销法，按照其成本，借记“生产成本”“管理费用”“工程施工”等科目，贷记“周转材料”科目。周转材料采用计划成本进行日常核算的，领用等发出周转材料，还应结转应分摊的成本差异。

**【例 5-13】**某小企业的生产车间领用包装物一批，账面价值为 2 000 元，采用一次转销法进行核算。该小企业的账务处理如下。

借：生产成本　　2 000

　　贷：周转材料——包装物　　2 000

（2）随同产品出售的包装物的核算。

①随同产品出售，不单独计价的包装物的核算。随同产品出售但不单独计价的包装物，应作为小企业产品销售费用的一部分，计入期间费用。按照其成本，借记“销售费用”科目，贷记“周转材料”科目。

②随同产品出售，单独计价的包装物的核算。随同产品出售并单独计价的包装物，应作为对外销售处理，借记“银行存款”“应收账款”等科目，贷记“其他业务收入”“应交税费——应交增值税（销项税额）”科目。同时，发出包装物时，按照其成本，借记“其他业务成本”科目，贷记“周转材料”科目。

**【例 5-14】**某小企业向 A 企业出售一批成本为 120 000 元的商品，并随同商品出售成本为 5 000 元的包装物，包装物不单独计价。商品实际价款为 135 000 元，增值税税率为 13%，增值税为 17 550 元，货款和税额尚未收到。该小企业的会计处理如下。

借：应收账款　　152 550

　　贷：主营业务收入　　135 000

　　　　应交税费——应交增值税（销项税额）　　17 550

借：主营业务成本　　120 000

　　贷：库存商品　　120 000

借：销售费用　　5 000

　　贷：周转材料——包装物　　5 000

**2. 分次摊销法**

分次摊销法，是指根据周转材料可供使用的估计次数，将其成本分期计入有关成本费用的一种摊销方法。金额较大的周转材料，小企业可以根据其可使用的次数按照受益对象平均计入生产成本或当期损益，而不是在领用时一次性结转成本。至于“金额较大”的标准，由小企业根据实际情况自行确定，但是一经确定，在同一会计年度的各月和前后各年度不得随意变更。比如，某小企业支付1 000元购入某管理用具，该管理用具不符合固定资产的确认条件。因此，将该管理用具作为存货按照周转材料的规定进行核算，并根据企业的实际情况，估计该管理用具可使用10次。在这种情况下，小企业每使用一次该管理用具，就应当结转100元的成本。

小企业领用周转材料时应按照其成本，借记“周转材料（在用）”科目，贷记“周转材料（在库）”科目；按照使用次数摊销时，应按照其摊销额，借记“生产成本”“管理费用”“工程施工”等科目，贷记“周转材料（摊销）”科目。

**【例5–15】**某小企业于2×22年1月5日自制一批低值易耗品并验收入库，成本为20 000元。该小企业分别于1月10日和1月22日生产两批A产品，需领用该批低值易耗品，该批低值易耗品可供周转使用2次。该小企业的会计处理如下。

（1）2×22年1月5日自制低值易耗品，并验收入库。

借：周转材料——低值易耗品（在库）　　20 000

　　贷：生产成本——低值易耗品　　20 000

（2）2×22年1月10日领用低值易耗品。

借：周转材料——低值易耗品（在用）　　20 000

　　贷：周转材料——低值易耗品（在库）　　20 000

（3）2×22年1月10日摊销该低值易耗品价值的1/2。

借：生产成本——A产品　　10 000

　　贷：周转材料——低值易耗品（摊销）　　10 000

（4）2×22年1月22日摊销该低值易耗品价值的1/2。

借：生产成本——A产品　　10 000

　　贷：周转材料——低值易耗品（摊销）　　10 000

## 5.4.2　委托加工物资

### 1. 委托加工物资概述

委托加工物资，是指小企业委托外单位加工的材料或包装物、低值易耗品等物资。委托加工物资的成本应当包括加工中实际耗用物资的成本、支付的加工费用及应负担的运杂费、支付的税金等。

委托加工物资应负担的增值税和消费税应分情况处理。

委托加工物资应负担的增值税，凡属加工物资用于应交增值税项目并取得了增值税专用发票的一般纳税企业的加工物资，其加工物资所应负担的增值税可作为进项税额，不计入加工物资成本；凡属加工物资用于非应纳增值税项目或免征增值税项目，以及未取得增值税专用发票的一般纳税企业和小规模纳税企业的加工物资，应将这部分增值税计入加工物资成本。

委托加工物资应负担的消费税，凡属加工物资收回后直接用于销售的，其所负担的消费税应计入加工物资成本；如果收回的加工物资用于连续生产应税消费品的，应将所负担的消费税先记入“应交税费——应交消费税”科目的借方，按规定用以抵扣加工的消费品销售后所负担的消费税。

### 2. 委托加工物资的核算

小企业应设置“委托加工物资”科目，本科目核算小企业委托外单位加工的各种材料、商品等物资的实际成本。本科目应按照加工合同、受托加工单位以及加工物资的品种等进行明细核算。本科目期末借方余额，反映小企业委托外单位加工尚未完成物资的实际成本。

（1）拨付委托加工物资。小企业发给外单位加工的物资，按照实际成本，借记“委托加工物资”科目，贷记“原材料”“库存商品”等科目；按照计划成本或售价核算的，还应同时结转材料成本差异或商品进销差价。

（2）支付加工费、运杂费等。小企业支付加工费、运杂费，应借记“委托加工物资”科目，贷记“银行存款”等科目；需要缴纳消费税的委托加工物资，由受托方代收代缴的消费税，借记“委托加工物资”科目（收回后用于直接销售的）或“应交税费——应交消费税”科目（收回后用于继续加工应税消费品的），贷记“应付账款”“银行存款”等科目。

（3）加工完成收回加工物资。加工完成验收入库的物资和剩余的物资，按照加工收回物资的实际成本和剩余物资的实际成本，借记“原材料”“库存商品”等科目，贷记“委托加工物资”科目。

需要说明的是，采用计划成本或售价核算的，按照计划成本或售价，借记“原材料”或“库存商品”科目；按照实际成本，贷记“委托加工物资”科目；按照实际成本与计划成本或售价之间的差额，借记或贷记“材料成本差异”科目或贷记“商品进销差价”科目。采用计划成本或售价核算的，也可以采用上月材料成本差异率或商品进销差价率计算分摊本月应分摊的材料成本差异或商品进销差价。

**【例5-16】**某小企业委托A企业加工一批商品（属于应税消费品）1 00 000件，每件计划成本50元。2×22年9月5日，发出材料一批，计划成本3 000 000元，材料成本差异率为-5%。9月12日，支付加工费共150 000元，支付应当缴纳的消费税900 000元，该商品收回后计划用于继续加工应税消费品。9月15日，用银行存款支付运杂费2 000元。9月20日，上述商品100 000件加工完毕，已验收入库。该小企业的会计处理如下。

（1）2×22年9月5日，发出委托加工材料。

借：委托加工物资　　3 000 000
　　贷：原材料　　3 000 000

借：材料成本差异　　150 000
　　贷：委托加工物资　　150 000

（2）2×22年9月12日，支付加工费。

借：委托加工物资　　150 000
　　应交税费——应交消费税　　900 000
　　　　——应交增值税（进项税额）　　19 500
　　贷：银行存款　　1 069 500

（3）2×22年9月15日，支付运杂费。

借：委托加工物资　　2 000
　　贷：银行存款　　2 000

（4）2×22年9月20日，商品验收入库。

借：库存商品　　5 000 000
　　贷：委托加工物资　　3 002 000
　　　　商品进销差价　　1 998 000

### 5.4.3 库存商品

库存商品包括：库存产成品、外购商品、存放在门市部准备出售的商品、发出展览的商品以及寄存在外的商品等。小企业应设置“库存商品”科目，本科目核算小企业库存的各种商品的实际成本或售价。本科目应按照库存商品的种类、品种和规格等进行明细核算。本科目期末借方余额，反映小企业库存商品的实际成本或售价。

接受来料加工制造的代制品和为外单位加工修理的代修品，在制造和修理完成验收入库后，视同小企业的产成品，也通过本科目核算；可以降价出售的不合格品，也在本科目核算，但应与合格产品分开记账；已经完成销售手续，但购买单位在月末未提取的库存产成品，应作为代管产品处理，单独设置代管产品备查簿，不再在本科目核算。小企业（农、林、牧、渔业）可将本科目改为“农产品”科目。小企业（批发业、零售业）在购买商品过程中发生的费用（包括：运输费、装卸费、包装费、保险费、运输途中的合理损耗和入库前的挑选整理费等），在“销售费用”科目核算，不在本科目核算。

**1. 工业小企业库存商品的核算**

工业小企业库存商品主要是指产成品。产成品，是指小企业内已完成全部生产过程、按规定标准检验合格、可供销售的产品。小企业接受来料加工制造的代制品和为外单位加工修理的代修品，在制造和修理完成验收入库后，也视同小企业的产成品。

（1）产成品入库。小企业生产的产成品的入库和出库，平时只记数量不记金额，月末计算入库产成品的实际成本。生产完成验收入库的产成品，按照其实际成本，借记“库存商品”科目，贷记“生产成本”等科目。

（2）销售产成品。对外销售产成品，借记“主营业务成本”科目，贷记“库存商品”科目。

**【例 5-17】**某小企业 2×22 年 3 月 7 日已验收入库 A 产品 100 件，实际每件成本 3 000 元；B 产品 150 件，实际每件成本 4 000 元。当月实现销售的 A 产品 50 件，B 产品 120 件。月末结转成本。该小企业的会计处理如下。

（1）2×22 年 3 月 7 日产成品验收入库。

借：库存商品——A 产品　　　　　　　　　　　　　　300 000

——B产品　　600 000

贷：生产成本　　900 000

（2）2×22年3月31日结转成本。

借：主营业务成本　　630 000

贷：库存商品——A产品　　150 000

——B产品　　480 000

**2. 商品流通小企业库存商品的核算**

商品流通小企业的库存商品主要是指外购或者委托加工完成验收入库用于销售的各种商品。

（1）购入商品验收入库。购入商品验收入库后，按照商品的实际成本或售价，借记“库存商品”科目，贷记“库存现金”“银行存款”“在途物资”等科目。涉及增值税进项税额的，还应进行相应的处理。按照售价与进价之间的差额，贷记“商品进销差价”科目。

购入的商品已经到达并已验收入库，但尚未办理结算手续的，可按照暂估价值入账，借记“库存商品”科目，贷记“应付账款——暂估应付账款”科目；下月初用红字做同样的会计分录予以冲回，以便下月收到发票账单等结算凭证时，按照正常程序进行账务处理。

（2）结转销售成本。对外销售商品结转销售成本，借记“主营业务成本”科目，贷记“库存商品”科目。

（3）月末分摊已销商品的进销差价。月末，分摊已销商品的进销差价，借记“商品进销差价”科目，贷记“主营业务成本”科目。

销售商品应分摊的商品进销差价，按照以下公式计算。

$$\text{商品进销差价率}=\frac{\text{月末分摊前“商品进销差价”科目贷方余额}}{\text{“库存商品”科目月末借方余额}+\text{本月“主营业务收入”科目贷方发生额}}\times 100\%$$

本月销售商品分摊的商品进销差价＝本月“主营业务收入”科目贷方发生额×商品进销差价率

**【例5-18】**某小企业2×22年5月购入一批商品共10万件，每件成本50元，计划每件商品按70元的价格对外销售。该小企业采用商品进销差价核算商品售价与进价之间的差额。本月月初库存商品的进价总额为450万元，售价总额为620万元，本月销售收入为 280 万元。该小企业会计处理如下。

（1）购入商品时。

借：库存商品　　7 000 000

　　贷：银行存款　　5 000 000

　　　　商品进销差价　　2 000 000

（2）月末分摊商品进销差价。

商品进销差价率 =[200+（620−450）] ÷（700+620）×100%=28.03%

已销商品应分摊的商品进销差价 =280×28.03%=78.48（万元）

借：商品进销差价　　784 800

　　贷：主营业务成本　　784 800

## 5.5　存货的清查

### 5.5.1　存货清查概述

存货清查是小企业财产清查和实物管理的重要组成内容。存货清查，是指通过对存货的实地盘点，确定存货的实有数量，并与账面结存数核对，从而确定存货实存数与账面结存数是否相符的一种专门方法。由于存货种类繁多、收发频繁，在日常收发过程中可能发生计量误差、计算错误、自然损耗，还可能发生损坏变质以及贪污、盗窃等情况，造成账实不符，形成存货的盘盈盘亏。对于存货的盘盈盘亏，应填写存货盘点报告（如实存账存对比表），及时查明原因，按照规定程序报批处理。

存货发生毁损，处置收入、可收回的责任人赔偿和保险赔款，扣除其成本、相关税费后的净额，应当计入营业外支出或营业外收入。盘盈存货实现的收益应当计入营业外收入，盘亏存货发生的损失应当计入营业外支出。

### 5.5.2　存货清查的核算

为了核算小企业在财产清查中查明的各财产物资的盘盈、盘亏和毁损，小企业应设置“待处理财产损溢”科目。本科目核算小企业在清查财产过程中查明的各种财产盘盈、盘亏和毁损的价值。所采购物资在运输途中因自然灾害等发生的损失或尚待查明的损耗，也通过本科目核算。本科目应按照待处理流动资产损溢和待处理非流动资产损溢进行明细核算。小企业的财产损溢，应当查明原因，在年末结账前处理完毕，处理后本科目应无余额。

**1. 存货盘盈的核算**

盘盈存货即存货的实存数大于账存数，增加了小企业的经济利益，但又不是生产经营活动所直接产生的，基于此，将其计入营业外收入，而不是冲减管理费用或主营业务成本。

盘盈的各种材料、产成品、商品、现金等，应当按照同类或类似存货的市场价格或评估价值，借记“原材料”“库存商品”“库存现金”等科目，贷记“待处理财产损溢——待处理流动资产损溢”科目。涉及增值税进项税额的，还应进行相应的账务处理。

**【例 5–19】**2×22 年 3 月 31 日，某小企业对原材料进行清查盘点，发现有待查明原因的盘盈原材料 2 000 元。该小企业的会计处理如下。

借：原材料　　2 000

　　贷：待处理财产损溢——待处理流动资产损溢　　2 000

按照管理权限报经审批后。

借：待处理财产损溢——待处理流动资产损溢　　2 000

　　贷：营业外收入　　2 000

**2. 存货盘亏和毁损的处理**

盘亏、毁损、短缺的各种材料、产成品、商品、现金等，应当按照其账面余额，借记“待处理财产损溢——待处理流动资产损溢”科目，贷记“材料采购”或“在途物资”“原材料”“库存商品”“库存现金”等科目。涉及增值税进项税额的，还应进行相应的账务处理。

盘亏、毁损、报废的各种材料、产成品、商品等，按照管理权限报经批准后处理时，按照残料价值，借记“原材料”等科目；按照可收回的保险赔偿或过失人赔偿，借记“其他应收款”科目；按照“待处理财产损溢”科目余额，贷记“待处理财产损溢——待处理流动资产损溢、待处理非流动资产损溢”科目；按照其借方差额，借记“营业外支出”科目。

【例 5-20】2×22 年 9 月 30 日，某小企业对原材料进行清查盘点，发现有待查明原因的盘亏原材料 2 000 元。经查明，属于非正常原因造成的毁损，收到保险公司赔款 1 500 元。该小企业的会计处理如下。

借：待处理财产损溢——待处理流动资产损溢　　2 000
　　贷：原材料　　2 000

借：其他应收款——保险公司　　1 500
　　营业外支出　　760
　　贷：待处理财产损溢——待处理流动资产损溢　　2 000
　　　　应交税费——应交增值税（进项税额转出）　　260

借：银行存款　　1 500
　　贷：其他应收款——保险公司　　1 500

# 第 6 章 投资

## 6.1 短期投资概述

短期投资，是指小企业购入的能随时变现并且持有时间不准备超过 1 年（含 1 年）的投资。如小企业以赚取差价为目的从二级市场购入的股票、债券、基金等。根据《小企业会计准则》，与《企业会计准则》不同的是，小企业不设置“交易性金融资产”及“公允价值变动”等科目，而是设置“短期投资”“应收股利”“应收利息”“投资收益”等科目进行会计处理。

由上述短期投资的定义可知，小企业的短期投资必须满足 3 个特点：一是投资目的明确，即为赚取差价，这主要是考虑了小企业的投资意图；二是投资时间短，即短于 1 年，这是从开始投资到收回投资的期限方面考虑的；三是投资品种必须易变现，即短期投资随时可以变现，这主要是从投资产品的性质方面进行考虑的。在同时满足上述 3 个条件的情况下，小企业可以将某一项投资产品界定为短期投资。

有明确到期日的长期债券投资，即使剩余期限短于 1 年，也不能将其按照短期投资进行核算，因为小企业长期持有至到期的投资目的没有发生改变。但是由于这部分资产实质上已变为流动资产，故在编制资产负债表时需要在“1 年内到期的长期债券投资”项目下单独列示。

《小企业会计准则》对债券投资和股权投资均采用成本法进行后续计量；利息的计提在约定付息日，不采用实际利率法。

## 6.2 短期投资的核算

短期投资的核算主要包括 3 个方面的内容：一是短期投资的取得；二是持有短期投资期间取得的现金股利或利息；三是短期投资的出售。

### 6.2.1 短期投资取得的会计处理

根据《小企业会计准则》第八条的规定，以支付现金取得的短期投资，应当按照购买价款和相关税费作为成本进行计量。实际支付价款中包含的已宣告但尚未发放的现金股利或已到付息期但尚未领取的债券利息，应当单独确认为应收股利或应收利息，不计入短期投资的成本。

根据上述规定，为核算短期投资的取得，小企业应设置“短期投资”“应收股利”“应收利息”等科目。“短期投资”科目期末借方余额，反映小企业持有的短期投资成本。

小企业购入各种股票、债券、基金等作为短期投资的，应当按照实际支付的购买价款和相关税费，借记“短期投资”科目，贷记“银行存款”科目。

小企业购入股票，如果实际支付的购买价款中包含已宣告但尚未发放的现金股利，应当按照实际支付的购买价款和相关税费扣除已宣告但尚未发放的现金股利后的金额，借记“短期投资”科目；按照应收的现金股利，借记“应收股利”科目；按照实际支付的购买价款和相关税费，贷记“银行存款”科目。

小企业购入债券，如果实际支付的购买价款中包含已到付息期但尚未领取的债券利息，应当按照实际支付的购买价款和相关税费扣除已到付息期但尚未领取的债券利息后的金额，借记“短期投资”科目；按照应收的债券利息，借记“应收利息”科目；按照实际支付的购买价款和相关税费，贷记“银行存款”科目。

**【例 6-1】**2×22 年 6 月 3 日，飞翔公司以 100 000 元购入某公司每股 10 元的普通股股票 10 000 股，作为短期投资进行管理，支付的款项中包括已宣告分派但尚未支付的现金股利 3 000 元，另外支付相关手续费等 300 元。会计处理如下。

借：短期投资　　97 300

　　应收股利　　3 000

　　贷：银行存款　　100 300

**【例 6-2】**2×22 年 7 月 1 日，飞翔公司购入某上市公司债券 50 000 元作为短期投资进行管理，该债券分期付息、一次性还本，票面年利率为6%，另发生相关手续费支出500元。会计处理如下。

借：短期投资　　50 500

　　贷：银行存款　　50 500

### 6.2.2　持有短期投资期间取得的现金股利或利息的会计处理

根据《小企业会计准则》第八条的规定，在短期投资持有期间，被投资单位宣告分派的现金股利或在债务人应付利息日按照分期付息、一次还本债券投资的票面利率计算的利息收入，应当计入投资收益。

短期投资持有期间，按照被投资单位宣告分派的现金股利，借记“应收股利”科目，贷记“投资收益”科目。在债务人应付利息日，按照分期付息、一次还本债券投资的票面利率计算的利息收入，借记“应收利息”科目，贷记“投资收益”科目。实际收到现金股利或利息时，借记“银行存款”科目，贷记“应收股利”或“应收利息”科目。

**【例6-3】**承接**【例6-1】**，2×22年7月1日，被投资单位宣告发放现金股利2 000元。飞翔公司会计处理如下。

借：应收股利　　2 000

　　贷：投资收益　　2 000

7月28日飞翔公司收到现金股利时，会计处理如下。

借：银行存款　　2 000

　　贷：应收股利　　2 000

**【例6-4】**承接**【例6-2】**，假设飞翔公司2×22年7月1日购买的分期付息、一次性还本的某上市公司债券每半年付息一次，则在2×22年12月31日，飞翔公司应做如下会计处理。

借：应收利息　　1 500

　　贷：投资收益　　1 500

2×23年1月5日收到利息时，飞翔公司的会计处理如下。

借：银行存款　　1 500

　　贷：应收利息　　1 500

### 6.2.3　短期投资出售的会计处理

根据《小企业会计准则》第八条的规定，小企业出售短期投资，出售价款扣除其账面余额、相关税费后的净额，应当计入投资收益。

根据《小企业会计准则》的规定，出售短期投资，应当按照实际收到的出售价款，借记“银行存款”或“库存现金”科目；按照该项短期投资的账面余额，贷记“短期投资”科目；按照尚未收到的现金股利或债券利息，贷记“应收股利”或“应收利息”科目；按照其差额，借记或贷记“投资收益”科目。

**【例 6-5】**承接**【例 6-1】**，2×22 年 12 月 21 日，飞翔公司出售该股票 6 000 股，实际收到价款 66 000 元。会计处理如下。

| | | |
|---|---|---|
| 借：银行存款 | 66 000 | |
| 　　贷：短期投资 | | 60 000 |
| 　　　　投资收益 | | 6 000 |

### 6.2.4　与《企业会计准则》短期投资会计处理的比较

《小企业会计准则》规定，设置“短期投资”科目核算小企业取得的短期投资，投资的取得按照历史成本进行计量，并将交易费用一起并入投资成本。按照《企业会计准则》的规定，不设置“短期投资”科目，对应的核算科目是“交易性金融资产——成本”科目；此外，《企业会计准则》规定，企业取得的交易性金融资产按公允价值进行计量，购入时发生的相关的交易费用在发生时直接计入投资收益。

为了核算短期投资持有期间获得的收益，《小企业会计准则》规定，设置“应收股利”“应收利息”科目，确认投资收益时，借记“应收股利”或“应收股息”科目，贷记“投资收益”科目。对于资产负债表日发生的短期投资的公允价值变动，《小企业会计准则》规定不做任何处理。《企业会计准则》规定，持有期间确认的投资收益计入投资成本。因此，在确认应收股利或利息时，按应收金额直接计入交易性金融资产成本，借记“应收股利或应收利息”科目，贷记“投资收益”科目；资产负债表日发生的短期投资的公允价值的变动，借记或贷记“交易性金融资产——公允价值变动损益”科目，对应的损益类科目为“公允价值变动损益”。

出售短期投资时，《小企业会计准则》规定，将实际收到的价款与短期投资账面价值的差额确认为投资收益，借记“银行存款”科目，贷记“短期投资”科目，其差额借记或贷记“投资收益”科目；《企业会计准则》规定，除了上述处理外，还需要将持有期间累计确认的“公允价值变动损益”转入“投资收益”科目。

### 6.2.5 与《小企业会计制度》短期投资会计处理的比较

在短期投资的会计处理方面，《小企业会计准则》与《小企业会计制度》的区别主要有以下两个方面。

（1）为了与税法的相关规范保持一致，《小企业会计准则》删除了“短期投资跌价准备”科目，并将“应收股息”科目拆分为“应收股利”和“应收利息”两个科目。小企业持有的短期投资实际发生的损失直接计入当期损益，持有期间无须进行任何处理。

（2）《小企业会计准则》规定，短期投资持有期间被投资单位宣告发放的现金股利或在资产负债表日按分期付息、一次还本债券投资的票面利率计算的利息收入，应计入投资收益，不冲减短期投资成本。而《小企业会计制度》规定，上述现金股利或利息要冲减短期投资成本。

## 6.3 长期债券投资

### 6.3.1 长期债券投资概述

根据《小企业会计准则》第十七条的规定，长期债券投资，是指小企业购入的准备长期（1年以上）持有的债券投资。企业进行长期债券投资的目的主要是获得稳定的收益。

通过分析长期债券投资的定义可以发现，小企业的长期债券投资具有如下特征。

（1）投资的对象必须是债券。债券是政府、金融机构、工商企业等直接向社会借债筹措资金时向投资者发行的、承诺按一定利率支付利息并按约定条件偿还本金的债权债务凭证。债券的利息通常是事前约定的，因而债券是固定利息证券的一种。债券虽然有不同种类，但基本要素是相同的，主要包括债券面值、债券价格、债券还本期限与方式和债券利率4个要素。

（2）投资的目的不是获得另一企业的剩余资产，而是获取高于银行储蓄存款利率的利息，并保证到期收回本金和利息。

（3）持有期限超过 1 年。预计债券的持有期限不足 1 年的按短期投资进行管理。

## 6.3.2　长期债券投资的核算

### 1. 长期债券投资的取得

《小企业会计准则》第十八条规定，长期债券投资应当按照购买价款和相关税费作为成本进行计量。实际支付价款中包含的已到付息期但尚未领取的债券利息，应当单独确认为应收利息，不计入长期债券投资的成本。

小企业购入债券作为长期投资，应当按照债券票面价值，借记“长期债券投资——面值”科目；按照实际支付的购买价款和相关税费，贷记“银行存款”科目；按照其差额，借记或贷记“长期债券投资——溢折价”科目。

如果实际支付的购买价款中包含已到付息期但尚未领取的债券利息，应当按照债券票面价值，借记“长期债券投资——面值”科目；按照应收的债券利息，借记“应收利息”科目；按照实际支付的购买价款和相关税费，贷记“银行存款”科目；按照其差额，借记或贷记“长期债券投资——溢折价”科目。

**【例 6-6】** 2×22 年 1 月 1 日，某小企业支付价款 1 000 000 元购入 A 企业同日发行的 3 年期企业债券 12 500 份，面值为 1 250 000 元，票面年利率为 4.72%，实际支付的购买价款中包含已到付息期但尚未领取的债券利息为 59 000 元，每年年末支付利息，本金最后一次偿还。实际年利率为 10%。会计处理如下。

| |  |  |
|---|---|---|
| 借：长期债券投资——面值 | 1 250 000 | |
| 　　应收利息 | 59 000 | |
| 　　贷：银行存款 | | 1 000 000 |
| 　　　　长期债券投资——溢折价 | | 309 000 |

### 2. 长期债券投资利息收入的核算

《小企业会计准则》第十九条规定，长期债券投资在持有期间发生的应收利息应当确认为投资收益，具体内容如下。

（1）分期付息、一次还本的长期债券投资，在债务人应付利息日按照票面利率计算的应收未收利息收入应当确认为应收利息，不增加长期债券投资的账面余额。

（2）一次还本付息的长期债券投资，在债务人应付利息日按照票面利率计算的应收未收利息收入应当增加长期债券投资的账面余额。

（3）债券的折价或者溢价在债券存续期间内于确认相关债券利息收入时采用直线法进行摊销。

根据上述规定，小企业持有长期债券投资期间收到的利息收入为投资收益。对于分期付息、一次还本的长期债券投资，小企业在应付利息日确认利息收入，但不增加长期债券投资的账面金额。对于一次还本付息的长期债券投资，小企业也是在应付利息日确认利息收入，且同时增加长期债券投资的账面金额。对于债券的折价或者溢价，小企业要在确认利息收入时采用直线法摊销。

第一，对于分期付息、一次还本的长期债券投资，小企业在应付利息日确认利息收入，但不增加长期债券投资的账面金额。

**【例6-7】**承接**【例6-6】**，2×22年12月31日，该小企业收到A企业支付的利息59 000元。会计处理如下。

借：应收利息　　59 000

　　贷：投资收益　　59 000

借：银行存款　　59 000

　　贷：应收利息　　59 000

第二，对于一次还本付息的长期债券投资，小企业应按票面利率计算的应收未收利息增加长期债券投资的账面金额，借记“长期债券投资——应计利息”科目，贷记“投资收益”科目。

**【例6-8】**承接**【例6-6】**，假定该小企业债券为一次还本付息债券，2×22年12月31日，该小企业应确认利息收入。会计处理如下。

借：长期债券投资——应计利息　　59 000

　　贷：投资收益　　59 000

第三，对于债券的折价或者溢价的处理，小企业应在确认长期债券投资的利息收入时，对相关的折价或者溢价按直线法进行摊销，借记或贷记“投资收益”科目，贷记或借记“长期债券投资——溢折价”科目。

**【例6-9】**承接**【例6-6】**，该小企业债券每年年末计息一次，2×22年12

月 31 日，该小企业应确认利息收入，同时还应对购买长期债券时发生的溢折价进行摊销处理。该小企业相关会计处理如下。

本期应分摊的债券投资溢折价 =30 900÷3=10 300（元）

借：应收利息　　59 000

　　长期债券投资——溢折价　　10 300

　　贷：投资收益　　69 300

### 3. 长期债券投资的处置或到期收回

《小企业会计准则》第二十条规定，长期债券投资到期，小企业收回长期债券投资，应当冲减其账面余额。处置长期债券投资，处置价款扣除其账面余额、相关税费后的净额，应当计入投资收益。《小企业会计准则》第二十一条规定，小企业长期债券投资符合本准则第十条所列条件之一的，减除可收回的金额后确认的无法收回的长期债券投资，作为长期债券投资损失。长期债券投资损失应当于实际发生时计入营业外支出，同时冲减长期债券投资账面余额。

（1）到期前处置。

处置长期债券投资应按处置收入，借记“银行存款”等科目；按其账面余额，贷记“长期债券投资——成本、溢折价”等科目；按应收未收的利息收入，贷记“应收利息”科目；按其差额，贷记或借记“投资收益”科目。

**【例 6-10】**承接**【例 6-6】**，2×22 年 3 月 1 日，该小企业因资金紧张，将拟于 2×23 年 12 月 31 日到期的 3 年期债券出售，售价为 1 130 000 元，该债券的账面余额为 1 288 400 元（面值为 1 250 000 元，溢折价为 20 600 元，应计利息为 59 000 元）。会计处理如下。

借：银行存款　　1 130 000

　　长期债券投资——溢折价　　20 600

　　投资收益　　158 400

　　贷：长期债券投资——面值　　1 250 000

　　　　　　　　　——应计利息　　59 000

（2）到期收回。

长期债券投资到期，小企业收回长期债券投资后，应按收回的债券本金或本息，借记“银行存款”等科目；按照应收未收的利息收入，贷记“应收利息”科目。

**【例 6-11】** 2×22 年 12 月 1 日，飞翔公司（一家小企业）持有的 B 公司长期债券投资到期，收回金额为 560 000 元，该债券的账面余额是 450 000 元（其中面值为 390 000 元，应计利息为 60 000 元）。会计处理如下。

借：银行存款　　560 000
　　贷：长期债券投资——面值　　390 000
　　　　　　　　　　——应计利息　　60 000
　　　　投资收益　　110 000

（3）无法收回的长期债券投资。

《小企业会计准则》第二十一条规定，小企业长期债券投资符合本准则第十条所列条件之一的，减除可收回的金额后确认的无法收回的长期债券投资，作为长期债券投资损失。

长期债券投资损失应当于实际发生时计入营业外支出，同时冲减长期债券投资账面余额。《小企业会计准则》规定，确认实际发生的长期债券投资损失，应按可收回的金额，借记“银行存款”等科目；按其账面余额，贷记“长期债券投资——成本、溢折价”等科目；按其差额，借记“营业外支出”科目。

**【例 6-12】** 承接 **【例 6-11】**，若 2×22 年 12 月 1 日，B 公司宣告破产，可收回金额为 380 000 元，该债券的账面余额是 450 000 元（其中面值为 390 000 元，应计利息为 60 000 元）。会计处理如下。

借：银行存款　　380 000
　　营业外支出　　70 000
　　贷：长期债券投资——面值　　390 000
　　　　　　　　　　——应计利息　　60 000

## 6.4 长期股权投资

### 6.4.1 长期股权投资概述

《小企业会计准则》第二十二条规定，长期股权投资，是指小企业准备长期持有的权益性投资。

本条仅从小企业准备持有时间角度对权益性投资进行了划分，准备长期持有（1 年以上）的权益性投资为长期股权投资，准备短期持有的为短期投资。这样的划分，无须考虑对被投资单位的影响力，也无须考虑长期股权投资是否有活跃市场报价、公允价值能否可靠计量。

## 6.4.2　长期股权投资的性质

长期股权投资的性质为权益性投资，小企业在被投资单位享有股份或出资比例和所有者权益份额，可以以投资者身份从被投资单位获取净利润的分配。长期股权投资通常没有到期日，因而显著地不同于债券投资。

## 6.4.3　长期股权投资的期限

长期股权投资相对于短期投资，其期限会超过 1 年，但不包括 1 年，即符合非流动资产的定义。

小企业应当根据规定，结合自身实际情况，设置“长期股权投资”“投资收益”两个会计科目。

## 6.4.4　长期股权投资的特点

长期股权投资的特点主要表现在：一是投资对象为权益类投资产品；二是小企业准备长期持有，持有期限在 1 年以上。小企业的长期股权投资包括购入的股票和其他股权投资等。长期股权投资通常是长期持有的，不准备随时出售的，投资企业作为被投资单位的股东，按所持有股份的比例享有权益并承担风险。

## 6.4.5　长期股权投资的核算

小企业应当设置“长期股权投资”和“投资收益”两个会计科目。

### 1. 长期股权投资的取得

《小企业会计准则》第二十三条规定，长期股权投资应当按照成本进行计量。

（1）以支付现金取得的长期股权投资，应当按照购买价款和相关税费作为成本进行计量。实际支付价款中包含的已宣告但尚未发放的现金股利，应当单独确认为应收股利，不计入长期股权投资的成本。

依照上述规定，对于以支付现金方式取得的长期股权投资，小企业应按照实际支付的购买价款，借记“长期股权投资”科目，贷记“银行存款”等科目。实际价款中包含的已宣告但尚未发放的现金股利，借记“应收股利”科目；按照实际支付的购买价款中扣除已宣告但尚未发放现金股利部分的余额，借记“长期股权投资”科目；按实际支付的全部购买价款，贷记“银行存款”科目。

**【例 6-13】**2×22 年 2 月 1 日，某小企业购入 B 公司发行的股票 5 000 股，准备长期持有，该股票价格为每股 8 元，支付的股价中每股含有已宣告但尚未发放的现金股利 0.2 元，支付税费 3 000 元，款项已经通过银行存款支付。会计处理如下。

借：长期股权投资——股票投资　　42 000
　　应收股利　　1 000
　　贷：银行存款　　43 000

（2）通过非货币性资产交换取得的长期股权投资，应当按照换出非货币性资产的评估价值和相关税费作为成本进行计量。

**【例 6-14】**2×22 年 2 月 1 日，某小企业以一项固定资产换入 Q 公司股票 7 000 股，交换时另用银行存款支付相关税费 2 000 元。该小企业换出的固定资产原价为 60 000 元，已计提折旧 9 000 元，该固定资产的评估价值为 50 000 元。购入长期股权投资的成本为 52 000 元（固定资产评估价值加税费）。会计处理如下。

借：长期股权投资——股票投资　　52 000
　　营业外支出　　1 000
　　贷：固定资产清理　　51 000
　　　　银行存款　　2 000

**2. 长期股权投资持有期间的现金股利和利润**

《小企业会计准则》第二十四条规定，长期股权投资应当采用成本法进行会计处理。在长期股权投资持有期间，被投资单位宣告分派的现金股利或利润，应当按照应分得的金额确认为投资收益。《小企业会计准则》对长期股权投资的规定与《企业所得税法》的规定基本一致，一律采用成本法核算，即小企业在长期股权投资持有期间，对被投资单位宣告分派的现金股利或利润，应当按照应分得的金额确认为投资收益，借记“应收股利”科目，贷记“投资收益”科目。收到现金股利或利润时，借记“银行存款”科目，贷记“应收股利”科目。

**【例 6-15】**承接**【例 6-13】**，2×22 年 12 月 31 日，被投资单位宣告分派现

金股利，每股分派 0.3 元，并于 2×23 年 2 月 1 日实际支付。该小企业的会计处理如下。

2×22 年 12 月 31 日被投资单位宣告分派现金股利时。

借：应收股利　　1 500

　　贷：投资收益　　1 500

2×23 年 2 月 1 日实际收到所分派的现金股利时。

借：银行存款　　1 500

　　贷：应收股利　　1 500

**3. 长期股权投资的处置**

《小企业会计准则》第二十五条规定，处置长期股权投资，处置价款扣除其成本、相关税费后的净额，应当计入投资收益。

依据上述规定，小企业在处置长期股权投资时，按照实际取得的价款，借记"银行存款"等科目；按长期股权投资的账面余额，贷记"长期股权投资"科目；按照应收未收的现金股利或利润，贷记"应收股利"科目。

**【例 6-16】**承接**【例 6-13】**，2×23 年 5 月 1 日，该小企业将作为长期股权投资的 B 公司股票 3 000 股出售，每股售价 11 元，支付税费 3 000 元，款项已通过银行收讫，该股票的账面价值为 23 400 元。会计处理如下。

借：银行存款　　30 000

　　贷：长期股权投资——股票投资　　23 400

　　　　投资收益　　6 600

**4. 长期股权投资损失的处理**

《小企业会计准则》第二十六条规定，小企业长期股权投资符合下列条件之一的，减除可收回的金额后确认的无法收回的长期股权投资，作为长期股权投资损失。

（1）被投资单位依法宣告破产、关闭、解散、被撤销，或者被依法注销、吊销营业执照的。

（2）被投资单位财务状况严重恶化，累计发生巨额亏损，已连续停止经营 3 年以上，且无重新恢复经营改组计划的。

（3）对被投资单位不具有控制权，投资期限届满或者投资期限已超过 10 年，且被投资单位因连续 3 年经营亏损导致资不抵债的。

（4）被投资单位财务状况严重恶化，累计发生巨额亏损，已完成清算或清算期超过 3 年以上的。

（5）国务院财政、税务主管部门规定的其他条件。

长期股权投资损失应当于实际发生时计入营业外支出，同时冲减长期股权投资账面余额。

根据《小企业会计准则》的规定，确认实际发生的长期股权投资损失，应当按照可收回的金额，借记“银行存款”等科目，按照其账面余额，贷记“长期股权投资”科目，按照其差额，借记“营业外支出”科目。

**【例 6–17】** 2×23 年 3 月 1 日，某小企业购入 C 公司发行的股票 6 000 股，准备长期持有，该股票价格为每股 8 元，支付税费 3 000 元，款项已经通过银行存款支付。3 年后，C 公司因财务状况恶化，被撤销。该小企业的会计处理如下。

借：营业外支出　　51 000

　贷：长期股权投资——股票投资　　51 000

# 第 7 章
# 生物资产

## 7.1　生物资产概述

### 7.1.1　生物资产的概念和特征

对于小企业（农、林、牧、渔业）而言，生物资产通常是其资产的重要组成部分。对生物资产进行正确的确认、计量和相关信息披露，将有助于如实反映小企业的资产状况，评估小企业的财务状况和经营成果。

生物资产，是指有生命的动物和植物。生物资产具有一般资产的特征，并基于它具有动植物的自然再生产和经济再生产相互交织的特点，生物资产还具有与其他资产不同的生物特征，主要表现在以下几个方面。

（1）生物资产具有生物转化性和自然增值性。所谓生物转化，是指导致生物资产质量或数量发生变化的生长、蜕化、生产和繁殖的过程。例如，农作物从种植开始到收获前的生长过程，奶牛产奶能力不断下降的蜕化过程，蛋鸡产蛋、奶牛产奶、果树产水果等生产过程，奶牛产牛犊、母猪生小猪等繁殖过程。动物和植物具有生长、发育、繁殖和衰退的自然规律，这些是由自然规律和人的劳动推动实现的自身转化和自然增值。

（2）生物资产具有生长周期性。生物资产是活的动物和植物，由于其自身的特殊生长规律，其生长都要经历繁育、成长、成熟、蜕化、消亡等几个阶段，即生物资产是具备生命周期的资产。

（3）生物资产与农业生产密切相关。生物资产包括种植业、畜牧养殖业、林业和水产业等行业。

（4）生物资产具有双重资产的特性。生物资产具有流动性资产（消耗性生物资产）和长期性生物资产（生产性生物资产）的双重特性，并且在一定情况下可以相互转化。

（5）生物资产具有未来经济利益不确定的特性。生物资产在存续期间存在很多不确定因素，如自然灾害、动物疾病的发生等使得生物资产的未来经济利益具有很大的不确定性、高风险性。

## 7.1.2 生物资产的分类

小企业按照价值转移方式的不同将生物资产分为消耗性生物资产和生产性生物资产。

### 1. 消耗性生物资产

消耗性生物资产，是指为出售而持有的或在将来收获为农产品的生物资产，包括小企业（农、林、牧、渔业）生长中的大田作物、蔬菜、用材林以及存栏待售的牲畜等。

消耗性生物资产通常一次性消耗并终止其服务能力或未来经济利益，因此在一定程度上具有存货特征，作为存货在资产负债表中列报。

### 2. 生产性生物资产

生产性生物资产，是指小企业为生产农产品、提供劳务或者出租等而持有的生物资产，包括经济林、薪炭林、产畜和役畜等。

一般而言，生产性生物资产通常需要生长到一定阶段才开始具备生产的能力。根据其是否具备生产能力（即是否达到预定生产经营目的），可以对生产性生物资产进行进一步的划分。所谓达到预定生产经营目的，是指生产性生物资产进入正常生产期，可以多年连续稳定产出农产品、提供劳务或出租。由此，生产性生物资产可以划分为未成熟和成熟两类：前者指尚未达到预定生产经营目的，还不能够多年连续稳定产出农产品、提供劳务或出租的生产性生物资产，例如尚未开始挂果的果树、尚未开始产奶的奶牛等；后者则指已经达到预定生产经营目的的生产性生物资产。

与消耗性生物资产相比较，生产性生物资产的最大不同在于，生产性生物资产具有能够在生产经营中长期、反复使用，从而不断产出农产品或者长期役用的特征。消耗性生物资产收获农产品之后，该资产就不复存在；而生产性生物资产产出农产品之后，该资产仍然保留，并可以在未来期间继续产出农产品。因此，通常认为生产性生物资产在一定程度上具有固定资产的特征，例如果树每年产水果、奶牛每年产奶等。

### 7.1.3　生物资产的确认条件

生物资产同时满足以下条件，才能予以确认。

#### 1. 企业因过去的交易或者事项而拥有或者控制该生物资产

上述条件包含两层含义：一是生物资产是为企业所拥有的，或者即使不为企业所拥有也是由企业所控制的；二是生物资产必须是现实的生物资产，即由过去交易或事项形成的，而不是预期的生物资产。

#### 2. 与该生物资产有关的经济利益或服务潜能很可能流入企业

该条件即该生物资产所包含的经济利益流入企业的可能性超过 50%。在实务中，依据与该生物资产所有权相关的风险和报酬是否转移到了企业来判断生物资产包含的经济利益或服务潜能是否很可能流入企业。

#### 3. 该生物资产的成本能够可靠地计量

在对生物资产进行确认时，必须区分生产性生物资产和消耗性生物资产，这是因为二者有不同的特点，而且在管理上也有所不同。

## 7.2　消耗性生物资产

### 7.2.1　消耗性生物资产概述

依据《小企业会计准则》第十一条的规定，消耗性生物资产，是指小企业（农、林、牧、渔业）为出售而持有的或在将来收获为农产品的生物资产，包括生长中的大田作物、蔬菜、用材林以及存栏待售的牲畜等。

### 7.2.2 消耗性生物资产的初始计量

#### 1. 外购消耗性生物资产

外购的生物资产的成本包括：购买价款、相关税费、运输费、保险费以及可直接归属于购买该资产的其他支出。其中，可直接归属于购买该资产的其他支出包括：场地整理费、装卸费、栽植费、专业人员服务费等。

小企业外购的生物资产，按应计入生物资产成本的金额，借记“消耗性生物资产”科目，贷记“银行存款”“应付账款”“应付票据”等科目。

小企业以一笔款项一次性购入多项生物资产时，购买过程中发生的相关税费、运输费、保险费等可直接归属于购买该资产的其他支出，应当按照各项生物资产的价款比例进行分配，分别确定各项生物资产的成本。

**【例 7-1】** 2×22 年 2 月，丙农业企业从市场上一次性购买了 6 头种牛、15 头种猪和 600 头猪苗，单价分别为 4 000 元、1 400 元和 250 元，支付的价款共计 195 000 元。此外，发生的运输费为 4 500 元，保险费为 3 000 元，装卸费为 2 250 元，款项全部以银行存款支付。

（1）确定各生物资产应分摊的运输费、保险费和装卸费。

分摊比例 =（4 500+3 000+2 250）÷195 000×100%=5%

因此，6 头种牛应分摊：6×4 000×5%=1 200（元）

15 头种猪应分摊：15×1 400×5%=1 050（元）

600 头猪苗应分摊：600×250×5%=7 500（元）

（2）确定种牛、种猪和猪苗的入账价值。

6 头种牛的入账价值：6×4 000+1 200=25 200（元）

15 头种猪的入账价值：15×1 400+1 050=22 050（元）

600 头猪苗的入账价值：600×250+7 500=157 500（元）

丙农业企业的账务处理如下。

借：生产性生物资产——种牛　　25 200

　　　　　　　　　——种猪　　22 050

　　消耗性生物资产——猪苗　　157 500

　　贷：银行存款　　204 750

### 2. 自行繁殖、营造的消耗性生物资产

（1）自行栽培的大田作物和蔬菜的成本，包括在收获前耗用的种子、肥料、农药等材料费、人工费和应分摊的间接费用。

自行栽培的大田作物和蔬菜，应按收获前发生的必要支出，借记“消耗性生物资产”科目，贷记“银行存款”等科目。

（2）自行营造的林木类消耗性生物资产的成本，包括郁闭前发生的造林费、抚育费、营林设施费、良种试验费、调查设计费和应分摊的间接费用。

自行营造的林木类消耗性生物资产，应按郁闭前发生的必要支出，借记“消耗性生物资产”科目，贷记“银行存款”等科目。

（3）自行繁殖的育肥畜的成本，包括出售前发生的饲料费、人工费和应分摊的间接费用。水产养殖的动物和植物的成本，包括在出售或入库前耗用的苗种、饲料、肥料等材料费、人工费和应分摊的间接费用。

自行繁殖的育肥畜、水产养殖的动植物，应按出售前发生的必要支出，借记“消耗性生物资产”科目，贷记“银行存款”等科目。

农业生产过程中发生的应归属于消耗性生物资产的费用，按应分配的金额，借记“消耗性生物资产”科目，贷记“生产成本”科目。

**【例 7-2】**丙农业企业 2×23 年 3 月使用一台拖拉机翻耕土地 100 公顷用于小麦和玉米的种植，其中 60 公顷种植玉米、40 公顷种植小麦。该拖拉机原值为 60 300 元，预计净残值为 300 元，按照工作量法计提折旧，预计可以翻耕土地 6 000 公顷。丙农业企业采用《小企业会计准则》核算，丙农业企业的账务处理如下。

应当计提的拖拉机折旧 =（60 300−300）÷6 000×100=1 000（元）

玉米应当分配的拖拉机折旧 =1 000÷（60+40）×60=600（元）

小麦应当分配的拖拉机折旧 =1 000÷（60+40）×40=400（元）

借：消耗性生物资产——玉米　　600
　　　　　　　　　——小麦　　400
　贷：累计折旧　　1 000

**【例 7-3】**丙农业企业为改善农作物的生长环境，在农地周围种植林木，发生造林费 40 000 元，营林设施费用 800 元，调查设计费 300 元，其他杂费 400 元。丙农业企业的会计处理如下。

借：消耗性生物资产　　41 500
　贷：生产成本　　41 500

【例 7-4】丙农业企业准备将其圈养的奶牛出售，养殖过程中发生饲料费用 10 000 元，职工工资 4 000 元，其他杂费 6 000 元。丙农业企业的账务处理如下。

借：消耗性生物资产　　20 000
　贷：原材料　　10 000
　　应付职工薪酬　　4 000
　　银行存款　　6 000

### 7.2.3 消耗性生物资产的后续计量

**1. 消耗性生物资产郁闭或达到预定生产经营目的后的管护费用**

在消耗性生物资产郁闭后，需要对其进行管护、清理等，旨在提高或改善其使用效率和功能。在该状态下的消耗性生物资产能够带来现实的经济利益，因此由管护工作所产生的支出应当予以费用化，计入当期损益，借记“管理费用”科目，贷记“银行存款”科目。

管护费用，是指为了维持郁闭后的消耗性生物资产的正常存在而发生的有关费用，如为了林木灭虫发生的人工和药物费用、对育肥猪的饲养管理费用等。

【例 7-5】丙农业企业养的肉鸡已经成熟，可以对外出售。但是由于市场上鸡肉价格持续走高，丙企业决定暂缓出售计划，继续饲养肉鸡。3 个月后，市场上鸡肉价格开始回落，丙企业决定出售这批肉鸡。这 3 个月中，肉鸡的饲养费是 4 000 元，饲养人员的工资是 6 000 元，应摊销的折旧费用是 500 元。丙企业的会计处理如下。

借：管理费用　　10 500
　贷：原材料　　4 000
　　应付职工薪酬　　6 000
　　累计折旧　　500

**2. 林木类消耗性生物资产郁闭前后的相关支出**

郁闭是判断消耗性生物资产相关支出（包括借款费用）资本化还是费用化的时点。郁闭之前的林木类消耗性生物资产处在培植阶段，需要发生较多的造林费、抚育费、营林设施费、良种试验费、调查设计费等相关支出，这些支出应予以资本化计入成本；郁闭之后的林木类消耗性生物资产进入稳定的生长期，基本上可以比较稳定地成活，主要依靠林木本身的自然生长，一般只需要发生较少的管护费用，从重要性和谨慎性角度考虑，郁闭之后发生的相关支出应当计入当期费用。

【例 7–6】甲林业有限责任公司下属的乙林班统一组织培植管护一片森林。2×23 年 3 月，发生森林管护费用共计 40 000 元，其中：人员工资为 20 000 元，尚未支付；使用库存肥料为 16 000 元；管护设备折旧为 4 000 元。管护总面积为 5 000 公顷，其中作为用材林的杨树林共计 4 000 公顷，已郁闭的占 75%，其余的尚未郁闭；作为水土保持林的马尾松共计 1 000 公顷，全部已郁闭。假定管护费用按照森林面积比例进行分配。有关计算如下。

未郁闭杨树林应分配共同费用的比例 =4 000×（1–75%）÷5 000=0.2

已郁闭杨树林应分配共同费用的比例 =4 000×75%÷5 000=0.6

已郁闭马尾松应分配共同费用的比例 =1 000÷5 000=0.2

未郁闭杨树林应分配的共同费用 =40 000×0.2=8 000（元）

已郁闭杨树林应分配的共同费用 =40 000×0.6=24 000（元）

已郁闭马尾松应分配的共同费用 =40 000×0.2=8 000（元）

甲公司的账务处理如下。

借：消耗性生物资产——用材林（杨树林）　　8 000
　　管理费用　　32 000
　　贷：应付职工薪酬　　20 000
　　　　原材料　　16 000
　　　　累计折旧　　4 000

### 3. 林木类生物资产补植

在林木类生物资产的生长过程中，为了使其更好地生长，往往需要进行择伐、间伐或抚育更新性质的采伐（这些采伐并不影响林木的郁闭状态），并且在采伐后进行相应的补植。在这种情况下发生的后续支出，应当予以资本化，计入林木类生物资产的成本。借记“消耗性生物资产”科目，贷记“库存现金”“银行存款”“其他应付款”等科目。

【例 7–7】2×22 年 5 月，甲林业有限责任公司对乙林班用材林进行择伐并更新造林，应支付临时人员工资 15 000 元，领用材料 20 000 元。甲公司的账务处理如下。

借：消耗性生物资产——用材林　　35 000
　　贷：应付职工薪酬　　15 000
　　　　原材料　　20 000

### 7.2.4 消耗性生物资产的收获与出售

#### 1. 消耗性生物资产的收获

收获，是指消耗性生物资产生长过程的结束，如收割小麦、采伐用材林等，以及农产品从生产性生物资产上分离，如从苹果树上摘下苹果、奶牛产出牛奶、绵羊产出羊毛等。

从收获农产品成本核算的截止时点来看，由于种植业产品和林产品一般具有季节性强、生产周期长、经济再生产与自然再生产相交织的特点，种植业产品和林产品成本计算期因不同产品的特点而异。因此，企业在确定收获农产品的成本时，应特别注意成本计算的截止时点。例如，粮豆的成本算至入库或能够销售，棉花算至皮棉，纤维作物、香料作物、人参、啤酒花等算至纤维等初级产品，草成本算至干草，不入库的鲜活产品算至销售，入库的鲜活产品算至入库，年底尚未脱粒的作物算至预提脱粒费用，等等。再如，育苗的成本计算截至出圃，林木采伐算至原木产品，橡胶算至加工成干胶或浓缩胶乳，茶的成本计算截至各种毛茶，水果等其他收获活动计算至产品能够销售，等等。

（1）成本计算的截止时点。

从消耗性生物资产上收获农产品后，消耗性生物资产自身完全转为农产品而不复存在，如肉猪宰杀后的猪肉、收获后的蔬菜、用材林采伐后的木材等，企业应当将收获时点消耗性生物资产的账面价值结转为农产品的成本。借记“农产品”科目，贷记“消耗性生物资产”科目。已计提跌价准备的，还应同时结转跌价准备，借记“存货跌价准备——消耗性生物资产”科目。对于不通过入库直接销售的鲜活产品等，按实际成本，借记“主营业务成本”科目。

**【例 7-8】**甲种植企业 2×22 年 6 月入库小麦 20 吨，成本为 12 000 元。甲企业的账务处理如下。

借：农产品——小麦　　12 000

　　贷：消耗性生物资产——小麦　　12 000

（2）农产品收获过程中发生的费用摊销。

①直接费用摊销。

农产品收获过程中发生的直接材料、直接人工等直接费用，直接计入相关成本核算对象，借记“农业生产成本——农产品”科目，贷记“库存现金”“银行存款”“原材料”“应付职工薪酬”等科目。

②间接费用摊销。

农产品收获过程中发生的间接费用，如材料费、人工费、生产性生物资产的折旧费等应分摊的共同费用，应当在生产成本归集，借记“农业生产成本——共同费用”科目，贷记“库存现金”“银行存款”“原材料”“应付职工薪酬”“生产性生物资产累计折旧”等科目；在会计期末按一定的分配标准，分配计入有关的成本核算对象，借记“农业生产成本——农产品”科目，贷记“农业生产成本——共同费用”科目。

实务中，常用的间接费用分配方法通常以直接费用或直接人工为基础，直接费用比例法以生物资产或农产品相关的直接费用为分配标准，直接人工比例法以直接从事生产的工人工资为分配标准，其公式如下。

间接费用分配率＝间接费用总额 ÷ 分配标准（直接费用总额或直接人工总额）×100%

某项生物资产或农产品应分配的间接费用额＝该项资产相关的直接费用或直接人工 × 间接费用分配率

除此之外，还可以直接材料、生产工时等为基础进行分配，企业可以根据实际情况加以选用。例如，蔬菜的温床费用分配计算公式如下。

蔬菜应分配的温床（温室）费用＝温床（温室）费用总数 ÷ 实际使用的格日（平方米日）总数 × 该种蔬菜占用的格日（平方米日）数

其中：温床格日数，是指某种蔬菜占用温床格数和在温床生产日数的乘积；温室平方米日数，是指某种蔬菜占用位的平方米数和在温室生长日数的乘积。

**【例 7–9】**甲农场利用温床培育丝瓜、西红柿两种秧苗，温床费用为 3 200 元，其中：丝瓜占用温床 40 格，生长期为 30 天；西红柿占用温床 10 格，生长期为 40 天。秧苗育成移至温室栽培后，发生温室费用 15 200 元，其中：丝瓜占用温室 1 000 平方米，生长期为 70 天；西红柿占用温室 1 500 平方米，生长期为 80 天。两种蔬菜发生的直接生产费用为 3 000 元，其中丝瓜 1 360 元，西红柿 1 640 元。应负担的间接费用共计 4 500 元，采用直接费用比例法分配。丝瓜和西红柿两种蔬菜的产量分别为 38 000 千克和 29 000 千克。

有关计算如下。

丝瓜应分配的温床费用 =3 200÷（40×30+10×40）×40×30=2 400（元）

丝瓜应分配的温室费用 =15 200÷（1 000×70+1 500×80）×1 000×70=5 600（元）

丝瓜应分配的间接费用 =4 500÷（1 360+1 640）×1 360=2 040（元）

西红柿应分配的温床费用 =3 200÷（40×30+10×40）×10×40=800（元）

西红柿应分配的温室费用 =15 200÷（1 000×70+1 500×80）×1 500×80=9 600（元）

西红柿应分配的间接费用 =4 500÷（1 360+1 640）×1 640=2 460（元）

③成本结转方法。

在收获时点，企业应当将该时点归属于某农产品生产成本的账面价值结转为农产品的成本，借记“农产品”科目，贷记“农业生产成本——农产品”科目。具体的成本结转方法包括加权平均法、个别计价法、蓄积量比例法、轮伐期年限法、折耗率法等。企业可以根据实际情况选用合适的成本结转方法，但是一经确定，不得随意变更。

【例 7–10】甲畜牧养殖企业 2×22 年 5 月末养殖的肉猪账面余额为 24 000 元，共计 40 头；6 月 6 日花费 7 000 元新购入一批肉猪养殖，共计 10 头；6 月 30 日屠宰并出售肉猪 20 头，支付临时工屠宰费用 100 元，出售取得价款 16 000 元；6 月共发生饲养费用 500 元（其中，应付专职饲养员工资 300 元，饲料 200 元）。甲企业采用移动加权平均法结转成本。

甲企业的账务处理如下。

平均单位成本 =（24 000+7 000+500）÷（40+10）=630（元）

出售猪肉的成本 =630×20=12 600（元）

借：消耗性生物资产——肉猪　　7 000
　贷：银行存款　　7 000

借：消耗性生物资产——肉猪　　500
　贷：应付职工薪酬　　300
　　原材料　　200

借：农产品——猪肉　　12 700
　贷：消耗性生物资产　　12 600
　　库存现金　　100

借：库存现金　　16 000
　贷：主营业务收入　　16 000

借：主营业务成本　　12 700
　贷：农产品——猪肉　　12 700

蓄积量比例法、轮伐期年限法、折耗率法等方法都是林业中通常使用的方法，具有林业的特殊性，以下分述之。

第一，蓄积量比例法。蓄积量比例法以达到经济成熟可供采伐的林木为“完工”标志，将包括已成熟和未成熟的所有林木按照完工程度（林龄、林木培育程度、费用发生程度等）折算为达到经济成熟可供采伐的林木总体蓄积量，然后，按照当期采伐林木的蓄积量占折算的林木总体蓄积量的比例，确定应该结转的林木资产成本。该方法主要适用于择伐方式和林木资产由于择伐更新使其价值处于不断变动的情况，计算公式如下。

某期应结转的林木资产成本＝当期采伐林木的蓄积量 ÷ 林木总体蓄积量 × 期初林木资产账面总值

第二，轮伐期年限法。轮伐期年限法将林木原始价值按照可持续经营的要求，在其轮伐期的年份内平均摊销，并结转林木资产成本。其中，轮伐期，是指将一块林地上的林木均衡分批、轮流采伐一次所需要的时间（通常以年为单位计算），计算公式如下。

某期应结转的林木资产成本＝林木资产原值 ÷ 轮伐期

第三，折耗率法。折耗率法也是林业上常用的方法之一。该方法按照采伐林木所消耗林木蓄积量占到采伐为止预计该地区、该树种可能达到的总蓄积量摊销、结转所采伐林木资产成本。计算公式如下。

采伐的林木应摊销的林木资产价值＝折耗率 × 所采伐林木的蓄积量

折耗率＝林木资产总价值 ÷ 到采伐为止的预计总蓄积量

其中折耗率应分树种、地区分别测算；林木资产总价值，是指该地区、该树种的营造林历史成本总和；预计总蓄积量，是指到采伐为止预计该地区、该树种可能达到的总蓄积量。

### 2. 消耗性生物资产的出售

消耗性生物资产出售时，企业应按照实际收到的金额，借记“银行存款”等科目，贷记“主营业务收入”等科目；应按其账面余额，借记“主营业务成本”等科目，贷记“消耗性生物资产”等科目。

**【例 7–11】**2×22 年 10 月，甲畜牧养殖企业将育成的 40 头仔羊出售给乙食品加工厂，价款总额为 20 000 元，货款尚未收到。出售时仔羊的账面余额为 12 000 元，未计提跌价准备。

甲企业的账务处理如下。

借：应收账款——乙食品加工厂　　20 000

　贷：主营业务收入　　20 000

借：主营业务成本　　12 000

　贷：消耗性生物资产——仔羊　　12 000

## 7.3 生产性生物资产

### 7.3.1 生产性生物资产概述

生产性生物资产，是指小企业为生产农产品、提供劳务或者出租等而持有的生物资产，包括经济林、薪炭林、产畜和役畜等。

#### 1. 生产性生物资产的构成

生产性生物资产具备自我生长性，能够在持续的基础上予以消耗并在未来的一段时间内保持其服务能力或未来经济利益，属于劳动手段，包括经济林、薪炭林、产畜和役畜等。

#### 2. 生产性生物资产的划分

一般而言，生产性生物资产需要生长到一定阶段才开始具备生产的能力。根据其是否具备生产能力（即是否达到预定生产经营目的），可以对生产性生物资产进行进一步的划分。所谓达到预定生产经营目的，是指生产性生物资产进入正常生产期，可以多年连续稳定产出农产品、提供劳务或出租。由此，生产性生物资产可以划分为未成熟和成熟两类。未成熟的生产性生物资产，指尚未达到预定生产经营目的，还不能够多年连续稳定产出农产品、提供劳务或出租的生产性生物资产，例如尚未开始挂果的果树、尚未开始产奶的奶牛等；成熟的生产性生物资产，则是指已经达到预定生产经营目的的生产性生物资产。

#### 3. 生产性生物资产与消耗性生物资产的区别

与消耗性生物资产相比较，生产性生物资产的最大不同在于，生产性生物资产具有能够在生产经营中长期、反复使用，从而不断产出农产品或者长期役用的特征。消耗性生物资产收获农产品之后，该资产就不复存在；而生产性生物资产产出农产品之后，该资产仍然保留，并可以在未来期间继续产出农产品。因此，通常认为生产性生物资产在一定程度上具有固定资产的特征，例如果树每年产水果、奶牛每年产奶等。

### 7.3.2 生产性生物资产的初始计量

小企业应当根据自身实际情况，设置“生产性生物资产”科目。本科目核算小企业（农、林、牧、渔业）持有的生产性生物资产的原价（成本）。本科目应分设“未成熟生产性生物资产”和“成熟生产性生物资产”，分别按照生物资产的种类、群别等进行明细核算。本科目期末借方余额，反映小企业（农、林、牧、渔业）生产性生物资产的原价（成本）。

生产性生物资产应当按照成本进行计量，以取得生产性生物资产发生的全部相关支出作为成本。但是，对于不同方式取得的生产性生物资产，其成本构成不尽相同。小企业取得生产性生物资产的方式主要有两种，即外购和自行营造或者繁殖。

#### 1. 外购的生产性生物资产

外购的生产性生物资产的成本，应当按照购买价款和相关税费确定，包括：小企业为购买生产性生物资产支付的价款、缴纳的税金和行政事业性收费、运输费、保险费、场地整理费、装卸费、栽植费、专业人员服务费等。

小企业以一笔款项一次性购入多项生物资产时，购买过程中发生的相关税费、运输费、保险费等可直接归属于购买该资产的其他支出，应当按照各项生物资产的价款比例进行分配，分别确定各项生物资产的成本。

小企业外购的生产性生物资产，按照购买价款和相关税费，借记“生产性生物资产”科目，贷记“银行存款”等科目。涉及按照税法规定可抵扣的增值税进项税额的，还应当借记“应交税费——应交增值税（进项税额）”科目。

**【例 7-12】**2×22 年 4 月 2 日，某小企业从市场上购买了 8 头种牛和 10 头种羊，单价分别为 3 500 元和 2 400 元，共支付价款 52 000 元，另支付运输费 3 000 元，装卸费 120 元，全部价款以银行存款付清。

运输费和装卸费的分摊比例 =（3 000+120）÷52 000×100%=6%

种牛应分摊的金额 =8×3 500×6%=1 680（元）

种羊应分摊的金额 =10×2 400×6%=1 440（元）

借：生产性生物资产——种牛　　29 680

　　　　　　　　——种羊　　25 440

　贷：银行存款　　55 120

**2. 自行营造或者繁殖的生产性生物资产**

对自行营造或繁殖的生产性生物资产而言，如小企业自行营造的橡胶树、果树、茶树，自己繁育的奶牛、种猪等，其成本确定的一般原则是按照其达到预定生产经营目的前发生的必要支出确定，包括：直接材料、直接人工、其他直接费用和应分摊的间接费用。

自行营造的林木类生产性生物资产的成本，包括：达到预定生产经营目的前发生的造林费、抚育费、营林设施费、良种试验费、调查设计费和应分摊的间接费用等必要支出。自行繁育的产畜和役畜的成本，包括：达到预定生产经营目的（成龄）前发生的饲料费、人工费和应分摊的间接费用等必要支出。按照应计入成本的金额，借记“生产性生物资产——未成熟生产性生物资产”科目，贷记“原材料”“银行存款”“应付利息”等科目。

未成熟生产性生物资产达到预定生产经营目的时，按照其账面余额，借记“生产性生物资产——成熟生产性生物资产”科目，贷记“生产性生物资产——未成熟生产性生物资产”科目。

**【例 7-13】**2×20 年 4 月 24 日，某小企业开始自行营造果树，发生种苗费 165 000 元，肥料及农药费 124 000 元。预计 2×23 年该批果树达到预定生产经营目的。

（1）2×20 年 4 月 24 日，自行营造果树。

借：生产性生物资产——未成熟生产性生物资产（果树）　289 000

　贷：原材料——种苗费　　165 000

　　　　　——肥料及农药费　　124 000

（2）2×23 年，果树达到预定生产经营目的。

借：生产性生物资产——成熟生产性生物资产（果树）　289 000

　贷：生产性生物资产——未成熟生产性生物资产（果树）　289 000

### 7.3.3　生产性生物资产的后续计量

#### 1. 生产性生物资产的折旧

生产性生物资产虽然是有生命的动物或者植物，其存活或者使用期限也较长，不是一次性实现效益的，但其成本也应逐期分摊，转移到它所生产的产品或者提供的劳务中去。因此，生产性生物资产需要按照规定计提折旧，以确定小企业实际发生的成本。

小企业（农、林、牧、渔业）应当根据生产性生物资产的性质和使用情况，并考虑税法的规定，合理确定生产性生物资产的使用寿命和预计净残值。生产性生物资产的折旧方法、使用寿命、预计净残值一经确定，不得随意变更。

（1）生产性生物资产的折旧范围。

所有投入使用的生产性生物资产都应计提折旧。成熟的生产性生物资产进入正常生产期，可以多年连续稳定产出农产品、提供劳务或出租，因此，应当按期计提折旧，以与其给企业带来的经济利益流入相配比。例如，已经开始挂果的苹果树的折旧额与从苹果树上采摘的苹果取得的收入相配比，役牛每期的折旧额与其犁地为企业带来的经济利益流入相配比，等等。

（2）生产性生物资产使用寿命的确定。

小企业确定生产性生物资产的使用寿命，应当考虑下列因素。

①该资产的预计产出能力或实物产量。

②该资产的预计有形损耗，如产畜和役畜衰老、经济林老化等。

③该资产的预计无形损耗，如因新品种的出现而使现有的生产性生物资产的产出能力和产出农产品的质量等方面相对下降、市场需求的变化使生产性生物资产产出的农产品相对过时等。

《企业所得税法》从维护国家税收利益的角度出发，对不同类别的固定资产折旧年限做了最基本的强制要求，即明确了各类固定资产计算折旧的最低年限。

实务中，小企业应在考虑这些因素的基础上，结合不同生产性生物资产的具体情况做出判断。例如，在考虑林木类生产性生物资产的使用寿命时，可以考虑诸如温度、湿度和降雨量等生物特征，灌溉特征，嫁接和修剪程序，植物的种类和分类，植物的株间距，所使用初生主根的类型，采摘或收割的方法，所生产产品的预计市场需求，等等。在相同的环境下，同样的生产性生物资产的预计使用寿命应该基本相同。

（3）生产性生物资产的折旧方法。

《小企业会计准则》第三十七条规定：生产性生物资产应当按照年限平均法计提折旧。小企业（农、林、牧、渔业）应当自生产性生物资产投入使用月份的下月起按月计提折旧；停止使用的生产性生物资产，应当自停止使用月份的下月起停止计提折旧。

（4）生产性生物资产预计净残值的确定。

生产性生物资产的预计净残值，是指生产性生物资产预计使用寿命已满，小企业从该项生产性生物资产处置中获得的扣除预计处置费用后的金额。通俗地讲，生产性生物资产预计净残值就是生产性生物资产在报废时预计残料变价收入扣除清理费用后的净值。需要注意的是，无论是《小企业会计准则》还是《企业所得税法》都没有规定生产性生物资产的净残值率，或者限定一个所有生产性生物资产均适用的净残值率下限，而是将确定生产性生物资产净残值的权利交给了小企业。因为每一项生产性生物资产净残值的确定需要考虑很多因素，小企业无疑最具发言权。小企业应当根据生产性生物资产的实际使用情况对预计净残值进行合理的估计，并在生产性生物资产使用寿命内一贯应用。

生产性生物资产的使用寿命、预计净残值一经确定，不得随意变更。如果生产性生物资产使用过程中所处环境、使用情况等发生重大变化，导致其使用寿命或者预计净残值确需变更的，应当作为会计估计变更处理。

（5）生产性生物资产计提折旧的账务处理。

小企业应设置“生产性生物资产累计折旧”科目。本科目核算小企业（农、林、牧、渔业）成熟生产性生物资产的累计折旧。本科目期末贷方余额，反映小企业成熟生产性生物资产的累计折旧额。本科目应按照生产性生物资产的种类、群别等进行明细核算。

小企业按月计提成熟生产性生物资产的折旧，借记“生产成本”“管理费用”等科目，贷记“生产性生物资产累计折旧”科目。

**【例 7-14】**承接**【例 7-12】**，种牛和种羊累计应计提折旧 8 000 元，会计处理如下。

借：生产成本　　　　8 000

　　贷：生产性生物资产累计折旧　　　　8 000

**2. 生产性生物资产的其他后续支出**

择伐、间伐或抚育更新等生产性采伐而补植林木类生产性生物资产发生的后续支出，借记“生产性生物资产——未成熟生产性生物资产”科目，贷记“银行存款”等科目。

生产性生物资产发生的管护、饲养费用等后续支出，借记“管理费用”科目，贷记“银行存款”等科目。

**【例 7-15】**承接**【例 7-12】**和**【例 7-13】**，若该小企业购买该批种牛和种羊后又发生了饲养费用 78 000 元，以及在果树抚育期间共支付了 850 000 元。这些后续支出均用银行存款付清。该小企业的会计处理如下。

（1）支付种牛和种羊的饲养费用。

借：管理费用　　78 000

　　贷：银行存款　　78 000

（2）支付果树的后续支出。

借：生产性生物资产——未成熟生产性生物资产　　850 000

　　贷：银行存款　　850 000

## 7.3.4　生产性生物资产的处置

因出售、报废、毁损、对外投资等原因处置生产性生物资产，应按照取得的出售生产性生物资产的价款、残料价值和变价收入等处置收入，借记“银行存款”等科目，按照已计提的累计折旧，借记“生产性生物资产累计折旧”科目，按照其原价，贷记“生产性生物资产”科目，按照其差额，借记“营业外支出——非流动资产处置净损失”科目或贷记“营业外收入——非流动资产处置净收益”科目。

**【例 7-16】**承接**【例 7-12】**，该小企业于 2×16 年 6 月 5 日出售了 4 头种牛和 5 头种羊，取得收入 35 000 元。实际单价为 4 000 元和 3 000 元，累计已计提折旧 8 000 元。该小企业的会计处理如下。

借：银行存款　　35 000

　　生产性生物资产累计折旧　　8 000

　　贷：生产性生物资产——种牛　　16 000

　　　　　　　　　　　——种羊　　15 000

　　　　营业外收入——非流动资产处置净收益　　12 000

# 第 8 章
# 固定资产

## 8.1 固定资产概述

### 8.1.1 固定资产的概念和特征

固定资产是小企业非流动资产的重要组成部分，是小企业重要的劳动手段，它以实物形态加入生产过程中，可连续参加多个生产周期，但不构成产品实体，其价值逐渐地、部分地转移到它所生产的产品成本中。固定资产是小企业从事生产经营活动的必要条件，代表着小企业的生产能力，一个小企业拥有的固定资产的规模、质量、先进程度，决定着该小企业产品的质量以及产品在市场上的竞争能力。

固定资产，是指小企业为生产产品、提供劳务、出租或经营管理而持有的，使用寿命超过 1 年的有形资产。小企业的固定资产包括：房屋、建筑物、机器、机械、运输工具、设备、器具、工具等。

从固定资产的定义看，固定资产具有以下 3 个特征。

**1. 小企业持有固定资产的目的是生产商品、提供劳务、出租或经营管理**

固定资产是小企业的劳动工具或手段，而不像商品是为了对外出售。这一特征是固定资产区别于商品等流动资产的重要标志。需要说明的是，小企业以经营租赁方式出租的建筑物也属于固定资产，这不同于大中型企业根据企业会计准则的有关规定需将其单独划分为投资性房地产的会计处理。

**2. 小企业使用固定资产的期限较长，使用寿命一般超过一个会计年度**

固定资产的收益期超过 1 年，能在 1 年以上的时间里为小企业创造经济利益。这一特征表明固定资产属于非流动资产，随着使用和磨损，通过计提折旧的方式逐渐减少账面价值。因此，对固定资产计提折旧是对固定资产进行后续计量的重要内容。

**3. 固定资产具有实物特征**

这一特征将固定资产与无形资产区别开来。有些无形资产可能同时符合固定资产的其他特征，如无形资产为生产商品、提供劳务而持有，使用寿命超过一个会计年度，但是，由于其没有实物形态，所以不属于固定资产。工业企业所持有的工具、用具、备品备件、维修设备等资产，施工企业所持有的模板、挡板、架料等周转材料，以及地质勘探企业所持有的管材等资产，尽管该类资产具有固定资产的某些特征，如使用期限超过一年，也能够带来经济利益，但由于数量多、单价低，考虑到成本效益原则，在实务中，通常确认为存货。

### 8.1.2　固定资产的分类

小企业的固定资产种类繁多、规格不一，为加强管理，便于组织会计核算，有必要对其进行科学、合理的分类。根据不同的管理需要和核算要求以及不同的分类标准，可以对固定资产进行不同的分类，主要有以下几种分类方法。

**1. 按经济用途分类**

按经济用途分类，固定资产可分为生产经营用固定资产和非生产经营用固定资产。生产经营用固定资产，是指直接服务于企业生产、经营过程的各种固定资产，如生产经营用的房屋、建筑物、机器、设备、器具、工具等；非生产经营用固定资产，是指不直接服务于生产、经营过程的各种固定资产，如职工宿舍等使用的房屋、设备和其他固定资产等。

固定资产按照经济用途分类，可以归类反映和监督小企业生产经营用固定资产和非生产经营用固定资产之间，以及生产经营用各类固定资产之间的组成和变化情况，借以考核和分析小企业固定资产的利用情况，促使小企业合理地配备固定资产，充分发挥其效用。

**2. 综合分类**

按固定资产的经济用途和使用情况等综合分类，可以把小企业的固定资产划分为 7 大类：①生产经营用固定资产；②非生产经营用固定资产；③租出固定资产（指在经营租赁方式下出租给外单位使用的固定资产）；④不需用固定资产；⑤未使用固定资产；⑥土地（指过去已经估价单独入账的土地。因征地而支付的补偿费，应计入与土地有关的房屋、建筑物的价值内，不单独作为土地价值入账。企业取得的土地使用权，应作为无形资产管理，不作为固定资产管理）；⑦融资租入固定资产（指企业以融资租赁方式租入的固定资产，在租赁期内，应视同自有固定资产进行管理）。

### 8.1.3 固定资产的确认条件

固定资产在符合定义的前提下，应当同时满足以下两个条件，才能加以确认。

#### 1. 与该固定资产有关的经济利益很可能流入小企业

资产最重要的特征是预期会给小企业带来经济利益。小企业在确认固定资产时，需要判断与该项固定资产有关的经济利益是否很可能流入小企业。如果与该项固定资产有关的经济利益很可能流入小企业，并同时满足固定资产确认的其他条件，那么，小企业应将其确认为固定资产；否则，不应将其确认为固定资产。

#### 2. 该固定资产的成本能够可靠地计量

成本能够可靠地计量是资产确认的一项基本条件。小企业在确定固定资产成本时必须取得确凿证据，但是，有时需要根据所获得的最新资料，对固定资产的成本进行合理的估计。比如，小企业对于已达到预定可使用状态但尚未办理竣工决算的固定资产，需要根据工程预算、工程造价或者工程实际发生的成本等资料，按估计价值确定其成本，办理竣工决算后，再按照实际成本调整原来的暂估价值。

## 8.2 固定资产的初始计量

固定资产应当按照成本进行计量，以取得固定资产发生的全部相关支出作为成本。但是，对于不同方式取得的固定资产，其成本构成不尽相同。小企业取得固定资产的方式主要有 5 种，分别为外购、自行建造、投资者投入、融资租入和盘盈。

为了反映固定资产的增减变动情况，应设置“固定资产”科目，本科目核算小企业固定资产的原价（成本）。本科目期末借方余额，反映小企业固定资产的原价（成本）。本科目应按照固定资产类别和项目进行明细核算。小企业应当根据《小企业会计准则》规定的固定资产标准，结合本企业的具体情况，制定固定资产目录，作为核算依据。小企业应根据实际情况设置“固定资产登记簿”和“固定资产卡片”。

## 8.2.1　外购固定资产

外购固定资产的成本包括：购买价款、相关税费、运输费、装卸费、保险费、安装费等，但不含按照税法规定可以抵扣的增值税进项税额。以一笔款项购入多项没有单独标价的固定资产，应当按照各项固定资产或类似资产的市场价格或评估价值比例对总成本进行分配，分别确定各项固定资产的成本。

### 1. 购入不需要安装的固定资产

小企业购入（含以分期付款方式购入）不需要安装的固定资产，应当按照实际支付的购买价款、相关税费（不包括按照税法规定可抵扣的增值税进项税额）、运输费、装卸费、保险费等，借记“固定资产”科目；按照税法规定可抵扣的增值税进项税额，借记“应交税费——应交增值税（进项税额）”科目，贷记“银行存款”“长期应付款”等科目。

**【例 8-1】**某小企业 2×22 年 9 月 12 日购入一台不需要安装的机器设备，该设备的购买价款为 180 000 元，增值税为 23 400 元，支付运输费 2 000 元、保险费 1 000 元，款项全部通过银行存款付清。该小企业的会计处理如下。

借：固定资产　　183 000

　　应交税费——应交增值税（进项税额）　　23 400

　　贷：银行存款　　206 400

### 2. 购入需要安装的固定资产

购入需要安装的固定资产，先记入“在建工程”科目，安装完成后再转入“固定资产”科目。

**【例 8-2】** 某小企业 2×22 年 9 月 3 日购入一台需要安装的机器设备，该设备的购买价款为 100 000 元，增值税为 13 000 元，支付运输费 1 500 元，另外支付安装费用 2 700 元，上述款项已通过银行存款支付。该小企业的会计处理如下。

（1）购入并安装。

借：在建工程　　101 500

　　应交税费——应交增值税（进项税额）　　13 000

　　贷：银行存款　　114 500

（2）支付安装费。

借：在建工程　　2 700

　　贷：银行存款　　2 700

（3）设备安装完毕交付使用。

借：固定资产　　104 200

　　贷：在建工程　　104 200

## 8.2.2 自行建造固定资产

小企业的固定资产，有些是直接从其他单位或者个人购买的，而有些则是小企业自己建造的，如小企业自己建造的厂房、办公楼、机器、设备等。与外购固定资产不同，自行建造固定资产，对于小企业来说，是一个长期的过程，固定资产取得成本的确定相对较为复杂。自行建造固定资产的成本，由建造该项资产在竣工决算前发生的支出构成，包括建造固定资产所需的原材料费用、人工费、管理费、缴纳的相关税费、应予资本化的借款费用，等等。只要是固定资产竣工决算之前所发生的，为建造固定资产所必需的、与固定资产的形成具有直接关系的支出，都应作为固定资产成本的组成部分。此外，小企业在建工程在试运转过程中形成的产品、副产品或试车收入冲减在建工程成本。

自行建造的固定资产按照实施方式的不同可以分为自营工程和出包工程两种。

### 1. 自营方式建造固定资产

小企业以自营方式建造固定资产，意味着小企业自行组织工程物资采购、自行组织施工人员从事工程施工。自营工程领用工程物资，借记“在建工程”科目，贷记“工程物资”科目；在建工程使用本企业的产品或商品，应当按照成本，借记“在建工程”科目，贷记“库存商品”科目。同时，按照税法规定应缴纳的增值税，借记“在建工程”科目，贷记“应交税费——应交增值税（销项税额）”科目；在建工程应负担的职工薪酬，借记“在建工程”科目，贷记“应付职工薪酬”科目。工程完工达到预定可使用状态时，将“在建工程”科目余额转入“固定资产”科目。

**【例 8-3】**2×22 年 9 月 5 日，甲公司自建办公楼，购入为工程准备的各种物资 500 000 元，支付的增值税为 65 000 元，全部用于工程建设。领用本企业生产的产品一批，实际成本为 80 000 元，税务部门确定的计税价格为 100 000 元，增值税税率为 13%；工程人员应计工资 100 000 元，支付的其他费用 30 000 元。当年，工程完工并办理竣工决算。甲公司应编制如下会计分录。

（1）购入工程物资时。

借：工程物资　500 000
　　应交税费——应交增值税（进项税额）　65 000
　　贷：银行存款　565 000

（2）工程领用工程物资时。

借：在建工程　500 000
　　贷：工程物资　500 000

（3）工程领用本公司生产的产品时。

借：在建工程　80 000
　　贷：库存商品　80 000

（4）分配工程人员工资时。

借：在建工程　100 000
　　贷：应付职工薪酬　100 000

（5）支付工程发生的其他费用时。

借：在建工程　30 000
　　贷：银行存款　30 000

（6）工程完工转入固定资产的成本 =500 000+80 000+100 000+30 000=710 000（元）

借：固定资产　710 000
　　贷：在建工程　710 000

**2. 出包方式建造固定资产**

在出包方式下，小企业通过招标方式将工程项目发包给建造承包商，由建造承包商（即施工企业）组织工程项目施工。小企业要与建造承包商签订建造合同，小企业是建造合同的甲方，负责筹集资金和组织管理工程建设，通常称为建设单位，建造承包商是建造合同的乙方，负责建筑安装工程施工任务。

小企业以出包方式建造固定资产，其成本由建造该项固定资产达到预定可使用状态前所发生的必要支出构成，包括发生的建筑工程支出、安装工程支出以及需分摊计入各固定资产价值的待摊支出。建筑工程、安装工程支出，如人工费、材料费、机械使用费等由建造承包商核算。对于建设单位而言，建筑工程支出、安装工程支出是构成在建工程成本的重要内容，建设单位按照合同规定的结算方式和工程进度定期与建造承包商办理工程价款结算，结算的工程价款计入在建工程成本。待摊支出，是指在建设期间发生的，不能直接计入某项固定资产价值，而应由所建造固定资产共同负担的相关费用，包括：为建造工程发生的管理费、可行性研究费、临时设施费、公证费、监理费、应负担的税金、符合资本化条件的借款费用，以及建设期间发生的工程物资盘亏、报废及毁损净损失和负荷联合试车费等。企业为建造固定资产通过出让方式取得土地使用权而支付的土地出让金不计入在建工程成本，应确认为无形资产。

在出包方式下，“在建工程”科目主要是企业与建造承包商办理工程价款结算的科目，企业支付给建造承包商的工程价款，作为工程成本通过“在建工程”科目核算。企业应按合理估计的工程进度和合同规定结算的进度款，借记“在建工程——建筑工程”“在建工程——安装工程”科目，贷记“银行存款”“预付账款”等科目。工程完成时，按合同规定补付的工程款，借记“在建工程”科目，贷记“银行存款”等科目。企业将需安装设备运抵现场安装时，借记“在建工程——在安装设备”科目，贷记“工程物资”科目；企业为建造固定资产发生的待摊支出，借记“在建工程——待摊支出”科目，贷记“银行存款”“应付职工薪酬”“长期借款”等科目。

在建工程达到预定可使用状态时，首先计算分配待摊支出，待摊支出的分配率可按下列公式计算。

$$待摊支出分配率=\frac{累计发生的待摊支出}{（建筑工程支出+安装工程支出+在安装设备支出）}\times 100\%$$

××工程应分配的待摊支出＝（建筑工程支出＋安装工程支出＋在安装设备支出）×待摊支出分配率

其次，计算确定已完工的固定资产成本。

房屋、建筑物等固定资产成本 = 建筑工程支出 + 应分摊的待摊支出

需要安装设备的成本 = 设备成本 + 为设备安装发生的基础、支座等建筑工程支出 + 安装工程支出 + 应分摊的待摊支出

最后，进行相应的账务处理，借记“固定资产”科目，贷记“在建工程——建筑工程”“在建工程——安装工程”“在建工程——待摊支出”等科目。

### 8.2.3　投资者投入固定资产

投资者既可以用货币出资，也可以用实物、知识产权、土地使用权出资，并且应当评估作价，不得高估或者低估作价。其中，实物可能构成接受投资方的固定资产。因此，按照《公司法》的规定，投资者投入的固定资产应当按照评估价值确定其成本。如果涉及相关税费，还应按照税法规定进行相应的会计处理。

小企业取得投资者投入的固定资产，应当按照评估价值和相关税费，借记“固定资产”科目或“在建工程”科目，贷记“实收资本”“资本公积”科目。

### 8.2.4　盘盈固定资产

盘盈的固定资产，是指盘点中发现的账外固定资产。由于固定资产单位价值较高、使用时限较长，对于管理规范的小企业而言，盘盈固定资产的情况应当比较少见。一旦发现盘盈固定资产，应当立即补登会计账簿。由于盘盈的固定资产往往在小企业以前的会计账簿上没有记载或者记载的相关资料不全等，无法有效确定其历史成本，所以盘盈固定资产的成本，应当按照同类或者类似固定资产的市场价格或评估价值，扣除按照该项固定资产新旧程度估计的折旧后的余额确定，相当于采用重置成本计量。

盘盈的固定资产，按照同类或类似固定资产的市场价格或评估价值扣除按照新旧程度估计的折旧后的余额，借记“固定资产”科目，贷记“以前年度损益调整”科目。

# 8.3 固定资产的后续计量

## 8.3.1 固定资产的折旧

固定资产的一个重要属性就是使用期限长，其经济利益的流入是一个长期的过程，不是一次性实现其效益的，也就是说固定资产的成本是逐期分摊、逐步转移到它所生产的产品或者提供的劳务中去的。因此，固定资产需要按照规定计提折旧，以确定企业实际发生的成本费用。

### 1. 折旧的定义

小企业应当在固定资产的使用寿命内，按照确定的方法对应计折旧额进行系统分摊。影响折旧的因素主要有以下几个方面。

（1）固定资产原价，是指固定资产的成本。

（2）预计净残值，是指固定资产预计使用寿命已满，小企业从该项固定资产处置中获得的扣除预计处置费用后的净额。小企业应当根据固定资产的性质和使用情况，并考虑《企业所得税法》的规定，合理确定固定资产的使用寿命。这里，所谓资产性质，主要是指固定资产属于房屋、建筑物，还是生产用机器设备等。所谓使用情况，主要考虑下列因素：该项资产预计生产能力或实物产量；该项资产预计有形损耗，如设备使用中发生磨损、房屋建筑物受到自然侵蚀等；该项资产预计无形损耗，如新技术的出现而使现有的资产技术水平相对陈旧、市场需求变化使产品过时等；法律或者类似规定对该项资产使用的限制。

《企业所得税法》从维护国家税收利益的角度出发，对不同类别的固定资产的折旧年限做了最基本的强制规定，即明确了各类固定资产计算折旧的最低年限。具体会计处理时，一方面为了保证相关会计信息的质量，避免因过分延长固定资产折旧年限可能导致的固定资产账面价值虚高，另一方面为了便于小企业实务操作，减轻纳税调整负担，小企业在根据实际情况合理估计的前提下，可以直接采用《企业所得税法》规定的折旧最低年限作为相关固定资产的折旧年限。

（3）固定资产的使用寿命，是指小企业使用固定资产的预计期间。小企业应当根据固定资产的实际情况对其使用寿命进行合理的估计，并在固定资产使用寿命内一贯应用。

### 2. 计提折旧的固定资产范围

小企业的所有固定资产均应计提折旧，但以下两种情况除外。

（1）已提足折旧仍继续使用的固定资产。固定资产提足折旧后，不论能否继续使用，均不再计提折旧，提前报废的固定资产也不再补提折旧。所谓提足折旧，是指已经提足该项固定资产的应计折旧额。

（2）单独计价入账的土地。

### 3. 固定资产折旧方法

小企业的固定资产应当按照年限平均法（即直线法）计提折旧，同时考虑到企业自身的实际情况，《小企业会计准则》也给予了小企业选择折旧方法的权利：固定资产由于技术进步等原因确需加速折旧的，可以采用加速折旧的方法。

（1）年限平均法。

年限平均法又称直线法，是指将固定资产的应计折旧额均衡地分摊到固定资产预计使用寿命内的一种方法。采用这种方法计算的每期折旧额均相等。计算公式如下。

$$年折旧率=\frac{(1-预计净残值率)}{预计使用寿命(年)}$$

月折旧率 = 年折旧率 ÷12

月折旧额 = 固定资产原价 × 月折旧率

**【例 8-4】**乙公司拥有一幢办公楼，原价为 1 000 000 元，预计使用年限为 20 年，预计净残值为 4 000 元，按年限平均法计提折旧。

乙公司每年应计提的折旧额 =（1 000 000-4 000）÷20=49 800（元）

每月应计提的折旧额 =49 800÷12=4 150（元）

（2）双倍余额递减法。

双倍余额递减法，是指在不考虑固定资产预计净残值的情况下，根据每期期初固定资产原价减去累计折旧后的金额和双倍的直线法折旧率计算固定资产折旧的一种方法。应用这种方法计算折旧额时，由于每年年初固定资产净值没有扣除预计净残值，所以在计算固定资产折旧额时，应在其折旧年限到期前两年内，将固定资产净值扣除预计净残值后的余额平均摊销。计算公式如下。

$$年折旧率 = \frac{2}{预计使用寿命（年）} \times 100\%$$

月折旧率＝年折旧率 ÷12

月折旧额＝（固定资产原价－累计折旧）× 月折旧率

**【例 8–5】**乙公司拥有一台管理用设备，原价为 300 000 元，预计使用年限为 5 年，预计净残值为 1 200 元，按双倍余额递减法计提折旧。

乙公司每年应计提的折旧额计算如下。

年折旧率 =2÷5×100% =40%

第 1 年应提的折旧额 =300 000×40% =120 000（元）

第 2 年应提的折旧额 =（300 000–120 000）×40% =72 000（元）

第 3 年应提的折旧额 =（180 000–72 000）×40% =43 200（元）

从第 4 年起改用年限平均法（直线法）计提折旧。

第 4 年、第 5 年的年折旧额 =（108 000–43 200–1 200）÷2=31 800（元）

（3）年数总和法。

年数总和法，又称年限合计法，是指将固定资产的原价减去预计净残值后的余额，乘以一个以固定资产尚可使用寿命为分子、以预计使用寿命逐年数字之和为分母的逐年递减的分数计算每年的折旧额的一种方法。计算公式如下。

$$年折旧率 = \frac{尚可使用年限}{预计使用寿命的年数总和} \times 100\%$$

月折旧率＝年折旧率 ÷12

月折旧额＝（固定资产源价－预计净残值）× 月折旧率

**【例 8–6】**乙公司拥有一台管理用设备，原价为 300 000 元，预计使用年限为 5 年，预计净残值为 1 200 元，乙公司采用年数总和法计提折旧，计算的各年折旧额如表 8–1 所示。

**表 8–1　　年数总和法下各年折旧额**

单位：元

| 使用年份 | 年折旧额 | 累计折旧额 | 账面净值 |
|---|---|---|---|
| 购置时 | | | 300 000 |
| 第一年 | 99 600 | 99 600 | 200 400 |
| 第二年 | 79 680 | 179 280 | 120 720 |

续表

| 使用年份 | 年折旧额 | 累计折旧额 | 账面净值 |
| --- | --- | --- | --- |
| 第三年 | 59 760 | 239 040 | 60 960 |
| 第四年 | 39 840 | 278 880 | 21 120 |
| 第五年 | 19 920 | 298 800 | 1 200 |
| 合计 | 298 800 | — | — |

固定资产的折旧方法、使用寿命、预计净残值一经确定，不得随意变更。如果固定资产使用过程中所处环境、使用情况等发生重大变化，导致其折旧方法、使用寿命或者预计净残值确需变更的，应当作为会计估计变更处理。

#### 4. 固定资产折旧的会计处理

为了核算固定资产的累计折旧，小企业应设置“累计折旧”科目，本科目核算小企业固定资产的累计折旧。本科目可以进行总分类核算，也可以进行明细核算。本科目期末贷方余额，反映小企业固定资产的累计折旧额。需要查明某项固定资产的已计提折旧，可以根据“固定资产卡片”上所记载的该项固定资产原价、折旧率和实际使用年数等资料进行计算。

小企业按月计提固定资产的折旧费，应当按照固定资产的受益对象，借记“制造费用”“管理费用”等科目，贷记“累计折旧”科目。

**【例 8-7】** 某小企业 2×22 年 5 月固定资产计提折旧的情况如下：机器设备计提折旧 18 500 元，厂房计提折旧 21 500 元，行政办公楼计提折旧 17 000 元，销售部门的运输工具计提折旧 13 000 元。该小企业的会计处理如下。

借：制造费用　　40 000
　　管理费用　　17 000
　　销售费用　　13 000
　　贷：累计折旧　　70 000

### 8.3.2 固定资产的后续支出

固定资产的后续支出，是指固定资产使用过程中发生的更新改造支出、修理费用等。

固定资产的后续支出的处理原则为：符合固定资产确认条件的，应当计入固定资产成本，同时将被替换部分的账面价值扣除；不符合固定资产确认条件的，应当计入当期损益。

**1. 资本化的后续支出**

固定资产发生可资本化的后续支出时，小企业一般应将该固定资产的原价、已计提的累计折旧和减值准备转销，将固定资产的账面价值转入在建工程，并在此基础上重新确定固定资产原价。因固定资产已转入在建工程，因此应停止计提折旧。在固定资产完工并达到预定可使用状态时，再将在建工程转为固定资产，并按重新确定的固定资产原价、使用寿命、预计净残值和折旧方法计提折旧。固定资产发生的可资本化的后续支出，通过“在建工程”科目核算。

小企业发生的某些固定资产后续支出可能涉及替换原固定资产的某组成部分，当发生的后续支出符合固定资产确认条件时，应将其计入固定资产成本，同时将被替换部分的账面价值扣除。这样可以避免将替换部分的成本和被替换部分的成本同时计入固定资产成本，导致固定资产成本被高估。企业对固定资产进行定期检查发生的大修理费用，符合资本化条件的，可以计入固定资产成本，不符合资本化条件的，应当费用化，计入当期损益。固定资产在定期大修理期间，照提折旧。

**【例 8–8】**某小企业对原有的一项固定资产进行改扩建，该项固定资产的建造成本为 120 000 元，已计提的累计折旧为 50 000 元。该小企业的会计处理如下。

借：在建工程　　70 000
　　累计折旧　　50 000
　　贷：固定资产　　120 000

**2. 费用化的后续支出**

与固定资产有关的修理费用等后续支出，不符合固定资产确认条件的，应当根据不同情况分别在发生时计入当期管理费用或销售费用。

一般情况下，固定资产投入使用之后，固定资产磨损、各组成部分耐用程度不同，可能导致固定资产的局部损坏，为了维护固定资产的正常运转和使用，充分发挥其使用效能，企业将对固定资产进行必要的维护。固定资产的日常修理费用在发生时应直接计入当期损益。企业生产车间（部门）和行政管理部门等发生的固定资产修理费用等后续支出计入管理费用；企业有专设销售机构的，其发生的与专设销售机构相关的固定资产修理费用等后续支出，计入销售费用。

企业固定资产更新改造支出不满足固定资产确认条件的，在发生时应直接计入当期损益。

【例 8-9】某小企业对现有的一台生产用机器设备进行日常维修护理，用银行存款支付修理费 3 000 元。该小企业的会计处理如下。

借：制造费用　　3 000

　　贷：银行存款　　3 000

## 8.4 固定资产的处置

### 8.4.1 固定资产终止确认的条件

处置固定资产，是指各种原因造成固定资产减少的所有情形，主要包括对外出售固定资产，因技术、法律、经济等原因造成报废固定资产以及将固定资产用作对外投资等。

固定资产满足下列条件之一的，应当予以终止确认。

#### 1. 该固定资产处于处置状态

固定资产处置包括：固定资产的出售、转让、报废或毁损、对外投资、非货币性资产交换、债务重组等。处于处置状态的固定资产不再用于生产商品、提供劳务、出租或经营管理，因此不再符合固定资产的定义，应予终止确认。

#### 2. 该固定资产预期通过使用或处置不能产生经济利益

固定资产的确认条件之一是"与该固定资产有关的经济利益很可能流入企业"，如果一项固定资产预期通过使用或处置不能产生经济利益，那么，它就不再符合固定资产的定义和确认条件，应予终止确认。

### 8.4.2 固定资产处置的账务处理

小企业出售、转让、报废固定资产或发生固定资产毁损，应当将处置收入扣除账面价值和相关税费后的金额计入当期损益。固定资产处置一般通过"固定资产清理"科目进行核算。本科目核算小企业因出售、报废、毁损、对外投资等原因处置固定资产所转出的固定资产账面价值以及在清理过程中发生的费用等。本科目应按照被清理的固定资产项目进行明细核算。本科目期末借方余额，反映小企业尚未清理完毕的固定资产清理净损失；本科目期末贷方余额，反映小企业尚未清理完毕的固定资产清理净收益。

小企业因出售、转让、报废或毁损、对外投资、非货币性资产交换、债务重组等处置固定资产，其会计处理一般经过以下几个步骤。

第一，固定资产转入清理。固定资产转入清理时，按固定资产账面价值，借记“固定资产清理”科目，按已计提的累计折旧，借记“累计折旧”科目，按固定资产账面余额，贷记“固定资产”科目。同时，按照税法规定不得从增值税销项税额中抵扣的进项税额，借记“固定资产清理”科目，贷记“应交税费——应交增值税（进项税额转出）”科目。

第二，发生清理费用。固定资产清理过程中发生的有关费用以及应支付的相关税费，借记“固定资产清理”科目，贷记“银行存款”“应交税费”等科目。

第三，出售收入和残料等的处理。企业收回出售固定资产的价款、残料价值和变价收入等，应冲减清理支出。按实际收到的出售价款以及残料变价收入等，借记“银行存款”“原材料”等科目，贷记“固定资产清理”“应交税费——应交增值税”等科目。

第四，保险赔偿的处理。企业计算或收到的应由保险公司或过失人赔偿的损失，应冲减清理支出，借记“其他应收款”“银行存款”等科目，贷记“固定资产清理”科目。

第五，清理净损益的处理。固定资产清理完成后的净损失，属于生产经营期间正常的处理损失，借记“营业外支出——处置非流动资产损失”科目，贷记“固定资产清理”科目；属于生产经营期间自然灾害等非正常原因造成的，借记“营业外支出——非常损失”科目，贷记“固定资产清理”科目。固定资产清理完成后的净收益，借记“固定资产清理”科目，贷记“营业外收入”科目。

**【例 8-10】**某小企业处置一台原价为 120 000元的机器设备，该机器设备已计提的累计折旧为 75 000 元。该小企业的会计处理如下。

借：固定资产清理　　45 000

　　累计折旧　　75 000

　贷：固定资产　　120 000

# 第 9 章
# 无形资产

## 9.1　无形资产概述

### 9.1.1　无形资产的定义与特征

无形资产，是指小企业为生产产品、提供劳务、出租或经营管理而持有的，没有实物形态的可辨认非货币性资产。小企业的无形资产具有以下特征。

#### 1. 由小企业拥有或者控制并能为其带来未来经济利益

预计能为小企业带来未来经济利益是资产的本质特征，无形资产也不例外。通常情况下，小企业拥有或者控制的无形资产应当拥有其所有权并且能够为小企业带来未来经济利益。但在某些情况下并不需要小企业拥有无形资产的所有权。如果小企业有权获得某项无形资产产生的经济利益，同时又能约束其他人获得这些经济利益，则说明小企业控制了该无形资产，或者说控制了该无形资产产生的经济利益，具体表现为小企业拥有该无形资产的法定所有权，或者使用权，并受法律的保护。比如，小企业自行研制的技术通过申请依法取得专利权后，小企业在一定期限内拥有了该专利技术的法定所有权。

#### 2. 无形资产不具有实物形态

无形资产通常表现为某种权利、某项技术或是某种获取超额利润的综合能力。无形资产不具有实物形态，看不见、摸不着，比如，土地使用权、非专利技术等。小企业的有形资产，如固定资产，虽然也能为企业带来经济利益，但其为小企业带来经济利益的方式与无形资产不同。固定资产是通过实物价值的磨损和转移为小企业带来未来经济利益的，而无形资产很大程度上是通过自身所具有的技术等优势为小企业带来未来经济利益的，不具有实物形态是无形资产区别于其他资产的特征之一。

**3. 无形资产具有可辨认性**

要作为无形资产进行核算，该资产必须是能够区别于其他资产可单独辨认的，如小企业持有的专利权、非专利技术、商标权、土地使用权、特许权等。符合以下条件之一的，则认为其具有可辨认性。

（1）能够从小企业中分离或者划分出来，并能单独用于出售或转让等，而不需要同时处置在同一获利活动中的其他资产，则说明无形资产可以辨认。某些情况下无形资产可能需要与有关的合同一起用于出售、转让等，这种情况下无形资产也视为可辨认。

（2）产生于合同性权利或其他法定权利，无论这些权利是否可以从小企业或其他权利和义务中转移或者分离。如一方通过与另一方签订特许权合同而获得的特许使用权，通过法律程序申请获得的商标权、专利权等。

如果小企业有权获得一项无形资产产生的未来经济利益，并能约束其他方获取这些利益，则表明小企业控制了该项无形资产。例如，对于会产生经济利益的技术知识，若其受到版权、贸易协议约束（如果允许）等法定权利或雇员保密法定职责的保护，那么说明该企业控制了该无形资产的相关利益。

客户关系、人力资源等，由于小企业无法控制其带来的未来经济利益，所以其不符合无形资产的定义，不应将其确认为无形资产。

内部产生的品牌、报刊名、刊头、客户名单和实质上类似项目的支出不能与整个业务开发成本区分开来，因此，这类项目不应确认为无形资产。

**4. 无形资产属于非货币性资产**

非货币性资产，是指小企业持有的货币资金和将以固定或可确定的金额收取的资产以外的其他资产。无形资产由于没有发达的交易市场，一般不容易转化成现金，在持有过程中为小企业带来未来经济利益的情况不确定，不属于以固定或可确定的金额收取的资产，属于非货币性资产。货币性资产主要有库存现金、银行存款、应收账款、应收票据和短期有价证券等，它们的共同特点是直接表现为固定的货币数额，或在将来收到一定货币数额的权利。应收款项等资产也没有实物形态，其与无形资产的区别在于无形资产属于非货币性资产，而应收款项等资产属于货币性资产。另外，虽然固定资产也属于非货币性资产，但其为小企业带来经济利益的方式与无形资产不同，固定资产是通过实物价值的磨损和转移来为小企业带来未来经济利益的，而无形资产很大程度上是通过某些权利、技术等优势为小企业带来未来经济利益的。

## 9.1.2　无形资产的内容

小企业的无形资产包括：土地使用权、专利权、商标权、著作权、非专利技术、特许经营权等。

### 1. 土地使用权

土地使用权，是指国家准许某小企业在一定期间内对国有土地享有开发、利用、经营的权利。根据《土地管理法》的规定，我国土地实行公有制，任何单位和个人不得侵占、买卖或者以其他形式非法转让土地。小企业取得土地使用权的方式大致有以下几种：行政划拨、外购及投资者投入。

### 2. 专利权

专利权，是指国家专利主管机关依法授予发明创造专利申请人，对其发明创造在法定期限内所享有的专有权利，包括发明专利权、实用新型专利权和外观设计专利权。发明，是指对产品、方法或者其改进所提出的新的技术方案。实用新型，是指对产品的形状、构造或者其结合所提出的适于实用的新的技术方案。外观设计，是指对产品的形状、图案或者其结合以及色彩与形状、图案的结合所做出的富有美感并适用于工业应用的新设计。发明专利权的期限为 20 年，实用新型专利权和外观设计专利权的期限为 15 年，均自申请日起计算。

### 3. 商标权

商标是用来辨认特定的商品或劳务的标记。商标权，指专门在某类指定的商品或产品上使用特定的名称或图案的权利。经商标局核准注册的商标为注册商标，包括商品商标、服务商标和集体商标、证明商标。商标注册人享有商标专用权，受法律保护。

集体商标，是指以团体、协会或者其他组织名义注册，供该组织成员在商事活动中使用，以表明使用者在该组织中的成员资格的标志。

证明商标，是指由对某种商品或者服务具有监督能力的组织所控制，而由该组织以外的单位或者个人用于其商品或者服务，用以证明该商品或者服务的原产地、原料、制造方法、质量或者其他特定品质的标志。

注册商标的有效期为10年，自核准注册之日起计算。注册商标有效期满，需要继续使用的，应当在期满前12个月内申请续展注册；在此期间未能提出申请的，可以给予6个月的宽展期。宽展期满仍未提出申请的，注销其注册商标。每次续展注册的有效期为10年。

### 4. 著作权

著作权，又称版权，是指作者对其创作的文学、科学和艺术作品依法享有的某些特殊权利。著作权包括：作品署名权、发表权、修改权和保护作品完整权，还包括复制权、发行权、出租权、展览权、表演权、放映权、广播权、信息网络传播权、摄制权、改编权、翻译权、汇编权以及应当由著作权人享有的其他权利。著作权人包括作者和其他依法享有著作权的公民、法人或者其他组织。著作权属于作者，创作作品的公民是作者。由法人或者其他组织主持，代表法人或者其他组织意志创作，并由法人或者其他组织承担责任的作品，法人或者其他组织视为作者。作者的署名权、修改权、保护作品完整权的保护期不受限制。公民的作品，其发表权、复制权、发行权、出租权、展览权、表演权、放映权、广播权、信息网络传播权、摄制权、改编权、翻译权、汇编权以及应当由著作权人享有的其他权利的保护期，为作者终生及其死亡后50年，截止到作者死亡后第50年的12月31日；如果是合作作品，截止到最后死亡的作者死亡后第50年的12月31日。

### 5. 非专利技术

非专利技术，也称专有技术，是指不为外界所知、在生产经营活动中已采用了的、不享有法律保护的、可以带来经济效益的各种技术和诀窍。非专利技术一般包括工业专有技术、商业贸易专有技术、管理专有技术等。工业专有技术，指在生产上已经采用，仅限于少数人知道，不享有专利权或发明权的生产、装配、修理、工艺或加工方法的技术知识，可以用蓝图、配方、技术记录、操作方法的说明等具体资料表现出来，也可以通过卖方派出技术人员进行指导，或接受买方人员进行技术实习等手段实现；商业贸易专有技术，指具有保密性质的市场情报、原材料价格情报以及用户、竞争对象的情况的有关知识；管理专有技术，指生产组织的经营方式、管理方法、培训职工方法等保密知识。非专利技术并不是专利法的保护对象，非专利技术用自我保密的方式来维持其独占性，具有经济性、机密性和动态性等特点。

### 6. 特许经营权

小企业取得的特许经营权也属于无形资产。特许经营权，是指企业在某一地区经营或销售某种特定商品的权利，或是一家企业接受另一家企业使用其商标、商号、技术秘密等的权利。特许经营权通常有两种形式：一种是由政府机构授权，准许企业使用或在一定地区享有经营某种业务的特权，如水、电、邮电通信等专营权，及烟草专卖权等；另一种是指企业间按照签订的合同，有限期或无限期使用另一家企业的某些权利，如连锁店分店使用总店的名称等。

## 9.1.3　无形资产的确认条件

无形资产应当在符合定义的前提下，同时满足以下两个确认条件时，才能予以确认。

### 1. 与该资产有关的经济利益很可能流入小企业

作为无形资产确认的项目，必须具备产生的经济利益很可能流入小企业这一条件。通常情况下，无形资产产生的未来经济利益可能包括在销售商品、提供劳务的收入中，或者小企业使用该项无形资产而减少或节约的成本中，或体现在获得的其他利益中。例如，生产加工企业在生产工序中使用了某种知识产权，使其降低了未来生产成本，而不是增加了未来收入。实务中，要确定无形资产创造的经济利益是否很可能流入企业，需要进行职业判断。在进行这种判断时，需要对无形资产在预计使用寿命内可能存在的各种经济因素做出合理估计，并且应当有明确的证据支持。比如，企业是否有足够的人力资源、高素质的管理队伍、相关的硬件设备、相关的原材料等来配合无形资产为企业创造经济利益；同时，更为重要的是关注一些外界因素的影响，比如是否存在相关的新技术、新产品冲击与无形资产相关的技术或据其生产的产品的市场等。在进行判断时，小企业的管理当局应对无形资产的预计使用寿命内存在的各种因素做出最稳健的估计。

**2. 该无形资产的成本能够可靠地计量**

成本能够可靠地计量是资产确认的一项基本条件。对于无形资产来说，这个条件相对更为重要。比如，小企业内部产生的品牌、报刊名等，因其成本无法可靠计量，因此不作为无形资产确认；又比如，一些高新科技企业的科技人才，假定其与企业签订了服务合同，且合同规定其在一定期限内不能为其他企业提供服务。在这种情况下，虽然这些科技人才的知识在规定的期限内预期能够为企业创造经济利益，但由于这些技术人才的知识难以辨认，且形成这些知识所发生的支出难以计量，因而不能作为企业的无形资产加以确认。

## 9.2 无形资产的核算

无形资产的核算包括无形资产的初始计量、无形资产的摊销和无形资产的处置。为了核算无形资产的取得、摊销和处置等情况，小企业应当设置“无形资产”和“累计摊销”科目。

“无形资产”科目核算小企业持有的无形资产成本，借方登记取得无形资产的成本，贷方登记出售无形资产转出的无形资产账面余额。本科目期末借方余额，反映小企业无形资产的成本。本科目应按照无形资产项目进行明细核算。

“累计摊销”科目核算小企业对无形资产计提的累计摊销，属于“无形资产”科目的调整科目，贷方登记小企业计提的无形资产摊销，借方登记处置无形资产转出的累计摊销。“累计摊销”科目期末贷方余额，反映小企业无形资产的累计摊销额。“累计摊销”科目应按照无形资产项目进行明细核算。

### 9.2.1 无形资产的初始计量

无形资产应当按照成本进行计量，以取得无形资产发生的全部支出作为成本。但是，对于不同方式取得的无形资产，其成本构成不尽相同。小企业取得无形资产的方式主要有 3 种，分别为外购、投资者投入和自行开发。

**1. 外购的无形资产**

小企业外购的无形资产，其成本包括购买价款、相关税费以及相关的其他支出。其中，相关的其他支出包括购买无形资产过程中发生的专业测试费、使用借款购买无形资产应负担的借款费用。小企业外购无形资产，应当按照其成本，借记“无形资产”“应交税费——应交增值税（进项税额）”科目，贷记“银行存款”“应付利息”等科目。

**【例 9-1】** 2×19 年 9 月 7 日，某小企业甲公司从乙公司购入一项商标权，支付的实际价款为 120 000 元，并支付增值税税额 7 200 元，全部款项以银行存款付清。该小企业的会计处理如下。

借：无形资产——商标权　　120 000
　　应交税费——应交增值税（进项税额）　　7 200
　　贷：银行存款　　127 200

**2. 投资者投入的无形资产**

投资者投入的无形资产的成本，应当按照投资合同或协议约定的价值确定。如果投资合同或协议约定价值不公允的，应按无形资产的公允价值作为无形资产初始成本入账。借记“无形资产”“应交税费——应交增值税（进项税额）”科目，贷记“实收资本”“资本公积”科目。

**【例 9-2】** 因乙公司创立的商标已有较好的声誉，小企业甲公司预计使用乙公司商标后可使其未来利润增长 30%。为此，甲公司与乙公司协议商定，乙公司以其商标权投资于甲公司，双方协议价格（等于公允价值）为 500 万元，甲公司另支付印花税等相关税费 2 万元，款项已通过银行转账支付。该小企业的会计处理如下。

借：无形资产——商标权　　5 020 000
　　贷：实收资本　　5 000 000
　　　　银行存款　　20 000

**3. 自行开发的无形资产**

（1）研究阶段和开发阶段的划分。

对于企业自行进行的研究开发项目，应当区分研究阶段与开发阶段两个部分分别进行核算。

①研究阶段。

研究阶段，是指为获取新的技术和知识等进行有计划的研究活动的阶段。研究活动包括：意在获取知识而进行的活动，研究成果或其他知识的应用研究、评价和最终选择，材料、设备、产品、工序、系统或服务替代品的研究，新的或经改进的材料、设备、产品、工序、系统或服务的可能替代品的配制、设计、评价和最终选择。

研究阶段的成果是否会形成无形资产具有很大的不确定性，小企业也无法证明研究阶段能够带来未来经济利益的无形资产的存在，因此，研究阶段的有关支出在发生时，应当予以费用化计入当期损益。

②开发阶段。

开发阶段，是指在进行商业性生产或使用前，将研究成果或其他知识应用于某项计划或设计，以生产出新的或具有实质性改进的材料、装置、产品等开发活动的阶段。开发活动包括：生产前或使用前的原型和模型的设计、建造和测试，含新技术的工具、夹具、模具和冲模的设计，不具有商业性生产经济规模的试生产设施的设计、建造和运营，新的或改造的材料、设备、产品、工序、系统或服务所选定的替代品的设计、建造和测试等。

开发阶段相对于研究阶段更进一步，相对于研究阶段来讲，进入开发阶段，很大程度上形成一项新产品或新技术的基本条件已经具备，此时如果小企业能够证明开发阶段的支出能满足无形资产的定义及相关确认条件，则所发生的开发支出可资本化，确认为无形资产的成本。

（2）开发阶段有关支出资本化的条件。

小企业自行开发无形资产发生的支出，同时满足下列条件的，才能确认为无形资产。

①完成该无形资产以使其能够使用或出售在技术上具有可行性。

判断无形资产的开发在技术上是否具有可行性，应当以目前阶段的成果为基础，并提供相关证据和材料，证明小企业进行开发所需的技术条件等已经具备，不存在技术上的障碍或其他不确定性。比如，小企业已经完成了全部计划、设计和测试活动，这些活动是使无形资产能够达到设计规划书中的功能、特征和技术所必需的活动或经过专家鉴定等。

②具有完成该无形资产并使用或出售的意图。

这一条件实质上是关于自行开发无形资产企业管理层意图的要求。小企业自行开发无形资产的意图，无非两个，一是自用，二是对外出售。小企业开发某项产品或专利技术等，通常根据企业管理层对该项研发活动的目的或者意图加以确定。也就是说，研发项目形成成果以后，是通过自身使用获取经济利益还是通过对外出售获取经济利益，应当以企业管理层的决定为依据。因此，小企业的管理层应当明确表明其拟开发无形资产的目的，并具有完成该项无形资产开发使其能够使用或出售的可能性。

③能够证明运用该无形资产生产的产品存在市场或无形资产自身存在市场，无形资产将在内部使用的，应当证明其有用性。

小企业自行开发无形资产的目的是实现经济利益，实现的方式主要有3种：一是用于生产产品，通过使用该无形资产生产产品、销售所生产的产品最终实现经济利益；二是出售，通过直接将所开发的无形资产对外出售实现经济利益；三是自用，而不是直接用于生产产品。前两种方式的一个共同特点是最终都需借助市场来完成。

如果有关的无形资产开发完成后是用于形成新产品或新工艺，小企业应对运用该无形资产生产的产品市场情况进行估计，应能够证明所生产的产品存在市场，能够带来经济利益的流入；如果有关的无形资产开发以后是用于对外出售，则小企业应能够证明市场上存在对该类无形资产的需求，开发以后存在外在的市场可以出售并能够带来经济利益的流入；如果无形资产开发以后不是用于生产产品，也不是用于对外出售，而是在小企业内部使用，则小企业应能够证明无形资产在小企业内部使用时对小企业的有用性。

④有足够的技术、财务资源和其他资源支持，以完成该无形资产的开发，并有能力使用或出售该无形资产。

这一条件主要包括以下几项。首先，完成该项无形资产开发具有技术上的可靠性。开发无形资产并使其形成成果在技术上的可靠性是继续开发活动的关键，因此，小企业必须有确凿证据证明继续开发该项无形资产有足够的技术支持和技术能力。其次，财务资源和其他资源支持。财务资源和其他资源支持是能够完成该项无形资产开发的经济基础，因此，小企业必须能够证明为完成该项无形资产的开发所需的财务资源和其他资源，能够足以支持完成该项无形资产的开发。最后，能够证明小企业有在开发过程中所需的技术、财务资源和其他资源，以及有获得这些资源的相关计划等。如在小企业自有资金不足以提供支持的情况下，是否存在外部其他方面的资金支持，如银行等金融机构愿意为该无形资产的开发提供所需资金的声明等，并且小企业有能力使用或出售该无形资产。

⑤归属于该无形资产开发阶段的支出能够可靠地计量。

小企业对于研究开发活动发生的支出应单独核算，如发生的研究开发人员的职工薪酬、材料费等。所发生的开发支出同时用于支持多项开发活动的，应按照一定的标准在各项开发活动之间进行分配，无法合理分配的，应予费用化计入当期损益（管理费用），不计入无形资产的成本。

（3）自行开发无形资产的会计处理。

①小企业内部研究和开发无形资产，其在研究阶段的支出全部费用化，计入当期损益（管理费用）；开发阶段的支出符合资本化条件的资本化，不符合资本化条件的计入当期损益（管理费用）。如果确实无法区分研究阶段的支出和开发阶段的支出，应将所发生的研发支出全部费用化，计入当期损益。

②小企业自行开发无形资产发生的研发支出，不满足资本化条件的，借记“研发支出——费用化支出”科目，满足资本化条件的，借记“研发支出——资本化支出”科目，贷记“原材料”“银行存款”“应付职工薪酬”等科目。

③小企业以其他方式取得的正在进行中的研究开发项目，应按确定的金额，借记“研发支出——资本化支出”科目，贷记“银行存款”等科目。以后发生的研发支出，应当比照上述第①条原则进行处理。

④研究开发项目达到预定用途形成无形资产的，应按“研发支出——资本化支出”科目的余额，借记“无形资产”科目，贷记“研发支出——资本化支出”科目。

**【例 9-3】**2×16 年 3 月 7 日，某小企业甲公司决定自行研发一项产品专利技术，研究开发过程中发生材料费 108 000 元、开发人员工资 80 000 元、其他费用 12 000 元。其中，符合资本化条件的费用为 114 000 元。6 月 30 日，该项专利技术达到预定用途。该小企业的会计处理如下。

（1）2×16 年 3 月 7 日，发生研发支出。

| |  |  |
|---|---|---|
| 借：研发支出——费用化支出 | 86 000 | |
| ——资本化支出 | 114 000 | |
| 贷：原材料 | | 108 000 |
| 应付职工薪酬 | | 80 000 |
| 银行存款 | | 12 000 |

（2）2×16 年 6 月 30 日，该项专利技术达到预定用途。

| |  |  |
|---|---|---|
| 借：无形资产 | 114 000 | |
| 管理费用 | 86 000 | |
| 贷：研发支出——资本化支出 | | 114 000 |
| ——费用化支出 | | 86 000 |

## 9.2.2　无形资产的摊销

小企业应当于取得无形资产时判断其使用寿命。无形资产应当在其使用寿命内采用年限平均法进行摊销，摊销额根据受益对象计入相关资产成本或者当期损益。

### 1. 无形资产使用寿命的确定

无形资产的使用寿命包括存在法定寿命和不存在法定寿命两种情况，有些无形资产的使用寿命受法律、规章或合同的限制，即存在法定寿命。如我国法律规定发明专利权的有效期为 20 年，商标权的有效期为 10 年。有些无形资产如永久性特许经营权、非专利技术等的寿命则不受法律或合同的限制。

为了便于小企业进行实务操作，《小企业会计准则》区分两种情况规定了无形资产的摊销期。

（1）有关法律规定或合同约定了使用年限的，可以按照规定或约定的使用年限分期摊销。即确定无形资产摊销期的依据是法律规定和合同约定。

只要法律有明确的规定，则将法律规定的期限作为摊销期。比如，某小企业以支付土地出让金的方式取得一块土地的使用权，如果企业准备持续持有，在 50 年期间内没有出售计划，则该土地使用权预期为企业带来未来经济利益的期间为 50 年。

只要合同有明确的约定，则将合同约定的期限作为摊销期。比如，小企业的某投资者以土地使用权出资，投资合同约定，该小企业的合作经营期为 20 年，则小企业取得的该土地使用权的摊销期应为 20 年。

如果既有法律规定又有合同约定，通常按照孰短的原则来处理。

（2）小企业不能可靠估计无形资产使用寿命的，摊销期不得低于 10 年。

### 2. 摊销方法

无形资产的摊销方法只有一种——年限平均法，又称直线法。主要考虑的是这种方法计算简便，便于小企业实务操作。

无形资产的摊销额根据无形资产的受益对象计入相关资产成本或者当期损益。具体来讲，可分为 5 种情况：①如果用于生产产品，则其摊销额应计入该产品的成本；②如果用于日常行政管理，则其摊销额应计入管理费用；③如果用于营销活动，则其摊销额应计入销售费用；④如果用于开发某项新技术，则其摊销额应计入该新技术的开发支出；⑤如果用于建造某项固定资产，则其摊销额应计入该固定资产的成本。

小企业按月采用年限平均法计提无形资产的摊销，应当按照无形资产的受益对象，借记“制造费用”“管理费用”等科目，贷记“无形资产”科目。

**【例 9–4】**2×16 年 1 月 1 日，乙公司拥有一项特许权，用于日常行政管理，成本为 480 000 元，合同规定受益年限为 10 年，预计净残值为零。

乙公司每月应计提的摊销额 =480 000÷10÷12=4 000（元）

每月摊销时，乙公司应编制如下会计分录。

借：管理费用　　　　4 000

　　贷：累计摊销　　　　4 000

### 9.2.3 无形资产的处置

小企业的无形资产通过使用或出售最终都会退出企业，因此，无形资产的处置是无形资产会计处理不可或缺的重要组成部分。处置无形资产，处置收入扣除其账面价值、相关税费等后的净额，应当计入营业外收入或营业外支出。所称无形资产的账面价值，是指无形资产的成本扣减累计摊销后的金额。

由于出售、报废、对外投资等原因处置无形资产，应当按照取得的出售无形资产的价款等处置收入，借记“银行存款”等科目；按照其已计提的累计摊销，借记“累计摊销”科目；按照应支付的相关税费及其他费用，贷记“应交税费——应交增值税（销项税额）”“银行存款”等科目；按照其成本，贷记“无形资产”科目；按照其差额，贷记“营业外收入——非流动资产处置净收益”科目或借记“营业外支出——非流动资产处置净损失”科目。

**【例 9–5】**2×16 年 7 月 31 日，某小公司出售一项专利权，该专利权成本为 600 000 元，已摊销 220 000 元，应交税费 25 000 元，实际取得的转让价款为 500 000 元，款项已存入银行。该小公司应编制如下会计分录。

借：银行存款　　　　500 000

　　累计摊销　　　　220 000

　　贷：无形资产　　　　600 000

　　　　应交税费——应交增值税（销项税额）　　　　25 000

　　　　营业外收入　　　　95 000

# 第 10 章
# 负债

## 10.1　负债概述

### 10.1.1　负债的含义及特征

负债，是指小企业过去的交易或者事项形成的，预期会导致经济利益流出小企业的现时义务。

根据负债的定义，负债具有以下几个方面的特征。

**1. 负债是小企业承担的现时义务**

负债必须是小企业承担的现时义务，它是负债的一个基本特征。其中，现时义务，是指小企业在现行条件下已承担的义务。未来发生的交易或者事项形成的义务，不属于现时义务，不应当确认为负债。

**2. 负债预期会导致经济利益流出小企业**

预期会导致经济利益流出小企业也是负债的一个本质特征。只有小企业在履行义务时会导致经济利益流出企业的，才符合负债的定义；如果不会导致小企业经济利益流出的，就不符合负债的定义。在履行现时义务清偿负债时，导致经济利益流出小企业的形式多种多样。例如，用现金偿还或以实物资产形式偿还，以提供劳务形式偿还，部分转移资产、部分提供劳务形式偿还，将负债转为资本，等等。

**3. 负债是由小企业过去的交易或者事项形成的**

负债应当由小企业过去的交易或者事项所形成。换句话说，只有过去的交易或者事项才能形成负债，小企业将在未来发生的承诺、签订的合同等交易或者事项，不形成负债。

**4. 负债是能用货币确切计量或合理估计的经济义务**

通常，任何一项负债都可以用货币进行计量，而这种计量可以是确定的偿还金额，或没有确定的金额，但可以合理地加以判断或估计。

### 10.1.2 负债的分类

按照《小企业会计准则》的规定，小企业的负债按其流动性，可分为流动负债和非流动负债。

这种分类方式与资产的分类方式相同，目的是便于分析小企业的财务状况和偿债能力。通过小企业的流动资产和流动负债，我们可以了解小企业可用于支付的流动资产与近期需支付的流动负债的比例，进而把握小企业目前的债务清偿能力。将负债划分为流动负债和非流动负债并且在资产负债表中分别列示，有助于信息使用者通过对报表的对比分析，正确评价企业的财务状况。

## 10.2 流动负债

小企业的流动负债，是指预计在 1 年内或者超过 1 年的一个正常营业周期内清偿的债务，具体包括：短期借款、应付及预收款项、应付职工薪酬、应交税费、应付利息等。各项流动负债应当按照其实际发生额入账。小企业确实无法偿付的应付款项，应当计入营业外收入。

### 10.2.1 短期借款

短期借款，是指小企业向银行或其他金融机构等借入的期限在 1 年以下（含 1 年）的各种借款。小企业借入的短期借款构成了一项负债，企业应当按照借款本金和借款合同利率计提利息费用，计入当期财务费用。

短期借款的主要账务处理如下。

（1）为了核算借入的短期借款，小企业应设置“短期借款”科目。该科目借方登记已偿还的短期借款，贷方登记增加的短期借款，期末贷方余额，反映小企业尚未偿还的短期借款的本金。该科目可按借款种类、贷款人和币种进行明细核算。

（2）小企业在应付利息日，应当按照短期借款合同利率计算确定的利息费用，借记“财务费用”科目，贷记“应付利息”等科目。

短期借款利息 = 短期借款本金 × 合同利率 ÷ 计息期限

（3）银行承兑汇票到期，小企业无力支付票款的，按照银行承兑汇票的票面金额，借记“应付票据”科目，贷记“短期借款”科目。

（4）小企业持未到期的商业汇票向银行贴现，应当按照实际收到的金额（即减去贴现息后的净额），借记“银行存款”科目；按照贴现息，借记“财务费用”科目；按照商业汇票的票面金额，贷记“应收票据”科目（银行无追索权情况下）或“短期借款”科目（银行有追索权情况下）。

**【例 10-1】**某小企业 2×22 年 1 月 1 日从银行借款 150 000 元，期限为 3 个月，年利率为 6%，到期一次还本付息。5 月 16 日，该小企业上月票面金额为 120 000 元的银行承兑汇票到期，小企业无力支付票款。该小企业的会计处理如下。

（1）2×22 年 1 月 1 日，小企业借入短期借款时。

借：银行存款　　150 000

　　贷：短期借款　　150 000

（2）应付利息日计提利息费用。

借：财务费用　　750

　　贷：应付利息　　750

（3）2×22 年 3 月 31 日，到期偿还本金和支付利息。

借：短期借款　　150 000

　　应付利息　　2 250

　　贷：银行存款　　152 250

（4）2×22 年 5 月 16 日，无力支付已到期的银行承兑汇票。

借：应付票据　　120 000

　　贷：短期借款　　120 000

**【例 10-2】**某小企业将其持有的尚未到期的商业汇票向银行贴现，票面金额为 135 000 元，实际收到的金额为 130 000 元，银行具有追索权。该小企业的会计处理如下。

借：银行存款　　130 000

　　财务费用　　5 000

　　贷：短期借款　　135 000

### 10.2.2 应付票据

应付票据是由出票人签发的、委托付款人在指定日期无条件支付确定的金额给收款人或者持票人的票据。应付票据通常是因小企业购买材料、商品和接受劳务等而开出、承兑的商业汇票，包括商业承兑汇票和银行承兑汇票。承兑人是银行的票据，则为银行承兑汇票；承兑人为购货单位的票据，则为商业承兑汇票。应付票据按是否带息分为带息应付票据和不带息应付票据两种。带息票据，是指按票据上标明的利率，在票据票面金额上加上利息的票据。所以，带息应付票据到期承兑时，除支付票面金额外，还要支付利息。不带息票据，是指票据到期时按面值支付，票据上无利息规定的票据。目前我国常用的是不带息票据。

为了核算和监督应付票据的发生和结算等情况，小企业应设置“应付票据”科目，并按照债权人进行明细核算。开出、承兑应付票据时，按票面金额记入贷方，到期承付时，按票面金额记入借方，余额在贷方，表示尚未到期的应付票据数额。应付票据按照收款人姓名或收款单位名称进行明细核算，并应设置“应付票据备查簿”，详细登记每一笔应付票据的种类、号数、签发日期、到期日、票面金额、合同交易号、收款人姓名或收款单位名称，以及付款日期和金额等。到期付款时，应在备查账簿内逐笔注销。

应付票据的主要账务处理如下。

（1）小企业开出、承兑商业汇票或以承兑商业汇票抵付货款、应付账款等，借记“材料采购”或“在途物资”“库存商品”等科目，贷记“应付票据”科目。涉及增值税进项税额的，还应进行相应的账务处理。

（2）支付银行承兑汇票的手续费，借记“财务费用”科目，贷记“银行存款”科目。支付票款时，借记“应付票据”科目，贷记“银行存款”等科目。

**【例 10-3】**某小企业 2×22 年 9 月 7 日从 A 公司购买一批库存商品，收到的增值税专用发票上注明的商品价款为 100 000 元，增值税进项税额为 13 000 元，商品已验收入库，该小企业开出并承兑一张期限为 3 个月、面值为 113 000 元的不带息商业承兑汇票。2×22 年 12 月 7 日，该企业开出的票据到期，以银行存款转账支付。其账务处理如下。

（1）2×22 年 9 月 7 日，开出票据时。

借：库存商品　　100 000

　　应交税费——应交增值税（进项税额）　　13 000

　　贷：应付票据——A 公司　　113 000

（2）2×22 年 12 月 7 日，票据到期时。

借：应付票据——A 公司　　113 000

　　贷：银行存款　　113 000

### 10.2.3　应付及预收账款

#### 1. 应付账款

应付账款，是指小企业因购买材料、商品或接受劳务供应等而发生的债务，这是买卖双方由于取得物资或服务与支付货款在时间上不一致而产生的负债。

小企业因购买商品等而产生的应付账款，应设置“应付账款”科目进行核算。该科目贷方反映小企业因购买材料、商品和接受劳务供应等经营活动应支付的款项，借方反映小企业已经归还的应付账款，期末贷方余额，反映小企业尚未支付的应付账款。本科目可按债权人进行明细核算。

应付账款入账时间的确定，一般应以与所购买物资所有权有关的风险和报酬已经转移或劳务已经接受为标志。但在实际工作中，一般区别下列情况处理。一是在物资和发票账单同时到达的情况下，应付账款一般待物资验收入库后，才按发票账单登记入账，这主要是为了确认所购入的物资是否在质量、数量和品种上与合同上订明的条件相符，以免因先入账而在验收入库时发现购入物资有错、漏、破损等问题再行调账。在会计期末仍未完成验收的，则应先按合理的估计金额将物资和应付债务入账，事后发现问题再行更正。二是在物资和发票账单未同时到达的情况下，由于应付账款需要根据发票账单登记入账，有时物资已到，发票账单要间隔较长时间才能到达，由于这笔负债已经成立，所以应作为一项负债反映。为了在资产负债表上客观表示小企业所拥有的资产和承担的债务，在实际工作中采用在月份终了将所购物资和应付债务估计入账，待下月初再用红字予以冲回的办法。

应付账款一般按应付金额入账，而不按到期应付金额的现值入账。应付账款的入账金额按发票价格确定，但是如果购货条件包括在规定的期限内付款可以享受一定的现金折扣，会计上入账金额的确定有两种方法，即总价法和净价法。总价法是按发票金额入账，实际付款时，如果享受现金折扣，少付的金额冲减财务费用；净价法是按发票金额扣除现金折扣后的净额入账，实际付款时，超过规定的享受现金折扣的付款期限而支付的超过账面价值的部分作为财务费用处理。我国采用总价法。

应付账款的主要账务处理如下。

（1）小企业购入材料、商品等验收入库，但货款尚未支付，根据有关凭证（发票账单、随货同行发票上记载的实际价款或暂估价值），借记“材料采购”“在途物资”等科目；按可抵扣的增值税，借记“应交税费——应交增值税（进项税额）”等科目；按应付的价款，贷记“应付账款”科目。

小企业接受供应单位提供劳务而发生的应付未付款项，根据供应单位的发票账单，借记“生产成本”“管理费用”等科目，贷记“应付账款”科目。支付时，借记“应付账款”科目，贷记“银行存款”等科目。

（2）小企业偿付应付账款，借记“应付账款”科目，贷记“银行存款”等科目。有些应付账款由于债权单位撤销或者其他原因，小企业确实无法偿付该笔应付账款的，应按其账面余额计入营业外收入进行处理，借记“应付账款”科目，贷记“营业外收入”科目。

**【例 10-4】**某小企业甲公司为增值税一般纳税人，2×22年9月1日，和乙公司签订合同，购买其一种畅销商品，商品已经送达甲公司并且验收入库，但是发票没有送达甲公司。9月30日，甲公司仍未收到发票账单，这批商品的暂估价值为100 000元。10月20日，甲公司收到乙公司开具的增值税专用发票，上面标明货物价款为120 000元，增值税税率为13%，增值税税额为15 600元。

根据上述经济业务，甲公司做会计处理如下。

（1）2×22年9月1日，甲公司收到商品时，暂不进行会计处理。

（2）9月30日，甲公司因没有收到发票，按商品暂估价值处理。

借：库存商品　　　　　　　　　　　　　　100 000

　　贷：应付账款——乙公司　　　　　　　　　　100 000

（3）10月1日，甲公司用红字冲回。

借：库存商品　　　　　　　　　　　　100 000（红字）

贷：应付账款——乙公司　　100 000（红字）

（4）10 月 20 日，甲公司收到发票。

借：库存商品　　120 000

应交税费——应交增值税（进项税额）　　15 600

贷：应付账款——乙公司　　135 600

【例 10-5】2×22 年 9 月 12 日，某小企业向 A 公司购进一批材料，价款为 10 000 元，增值税税额为 1 300 元，材料已验收入库，款项尚未支付。付款条件为：2/10，*N*/30。按照总价法进行的账务处理如下。

（1）2×22 年 9 月 12 日，应付账款发生时。

借：原材料　　10 000

应交税费——应交增值税（进项税额）　　1 300

贷：应付账款——A 公司　　11 300

（2）如果 9 月 20 日，以银行存款支付，则享受 2% 的折扣。

借：应付账款——A 公司　　11 300

贷：财务费用　　200

银行存款　　11 100

（3）如果该小企业 9 月 28 日以银行存款支付，则不享受折扣。

借：应付账款——A 公司　　11 300

贷：银行存款　　11 300

**2. 预收账款**

预收账款，是指小企业按照合同约定向购货单位或劳务接受单位预先收取的款项，如收到销货订单时存入的保证金或定金、预收的租金或利息等。尽管小企业已收到这些款项，但因小企业并未实际提供有关商品或劳务，故不能确认为收入，而是作为一项负债在资产负债表中列示。与应付账款不同，这一负债不是以货币偿付，而是以商品或者劳务来清偿。

小企业应设置“预收账款”科目，该科目贷方登记预收账款数额和购货单位补付账款的数额，借方登记小企业向购货方发货后冲销的预收账款数额和退回购货方多付账款的数额，余额一般在贷方，反映小企业预收的款项，如为借方余额，反映小企业尚未转销的款项。该科目可按购货单位进行明细核算。

预收账款不多的小企业，可以不设置“预收账款”科目，其所发生的预收货款，可通过“应收账款”科目的贷方核算。

预收账款期末列示在资产负债表的流动负债部分，列示项目为“预收账款”，列示金额为“预收账款”明细科目的贷方余额和“应收账款”明细科目的贷方余额之和。

预收账款的主要账务处理如下。

（1）小企业向购货单位预收款项时，借记“银行存款”等科目，贷记“预收账款”科目。

（2）销售实现时，按实现的收入，借记“预收账款”科目，贷记“主营业务收入”“应交税费——应交增值税（销项税额）”等科目。

（3）收到购货单位补付的货款，借记“银行存款”科目，贷记“预收账款”科目；向购货单位退回其多付的款项时，借记“预收账款”科目，贷记“银行存款”科目。

**【例 10-6】**2×22 年 9 月 8 日，新华公司（增值税一般纳税人，小企业）与东方公司签订供货合同，由新华公司向东方公司供应一批货物，该货物金额 20 000 元，增值税 2 600 元。东方公司先付全部款项的 20%，余款交货后付清。2×22 年 12 月 6 日，新华公司向东方公司交货，并收取余款。新华公司的会计处理如下。

（1）2×22 年 9 月 8 日，新华公司预收 20% 货款时。

借：银行存款　　4 520

　贷：预收账款——东方公司　　4 520

（2）2×22 年 12 月 6 日，新华公司向东方公司交货，确认销售实现时。

借：预收账款——东方公司　　22 600

　贷：主营业务收入　　20 000

　　应交税费——应交增值税（销项税额）　　2 600

（3）2×22 年 12 月 6 日，新华公司收到余款时。

借：银行存款　　18 080

　贷：预收账款——东方公司　　18 080

### 10.2.4 应付职工薪酬

《小企业会计准则》第四十九条指出：应付职工薪酬，是指小企业为获得职工提供的服务而应付给职工的各种形式的报酬以及其他相关支出。

### 1. 小企业职工薪酬的主要内容

小企业的职工薪酬包括以下内容。

（1）职工工资、奖金、津贴和补贴。具体是指构成工资总额的计时工资、计件工资、支付给职工的超额劳动报酬和增收节支的劳动报酬、为了补偿职工特殊或额外的劳动消耗和因其他特殊原因支付给职工的津贴，以及为了保证职工工资水平不受物价影响支付给职工的物价补贴等。

（2）职工福利费。具体是指尚未实行医疗统筹小企业职工的医疗费用、职工因公负伤赴外地就医路费、职工生活困难补助，以及按照国家规定开支的其他职工福利支出。

（3）医疗保险费、养老保险费、失业保险费、工伤保险费和生育保险费等社会保险费。具体是指小企业按照国务院、各地方政府规定的基准和比例计算，向社会保险经办机构缴纳的医疗保险费、养老保险费、失业保险费、工伤保险费和生育保险费。小企业按照年金计划规定的基准和比例计算，向企业年金管理人缴纳的补充养老保险，以及小企业以购买商业保险形式提供给职工的各种保险待遇属于企业提供的职工薪酬，应当按照职工薪酬的原则进行确认、计量和披露。

（4）住房公积金。具体是指小企业按照国家规定的基准和比例计算，向住房公积金管理机构缴存的住房公积金。

（5）工会经费和职工教育经费。具体是指小企业为了改善职工文化生活、为职工学习先进技术和提高文化水平和业务素质，用于开展工会活动和职工教育及职业技能培训等相关支出。

（6）非货币性福利。具体是指小企业以自己的产品或外购商品发放给职工作为福利；小企业提供给职工无偿使用自己拥有的资产或租赁资产供职工无偿使用，比如提供给小企业高级管理人员使用的住房等；免费为职工提供诸如医疗保健的服务或向职工提供小企业支付了一定补贴的商品或服务等，比如以低于成本的价格向职工出售住房等。

（7）因解除与职工的劳动关系给予的补偿。具体是指由于分离办社会职能，实施主辅分离辅业改制分流安置富余人员，实施重组、改组计划，职工不能胜任等原因，小企业在职工劳动合同尚未到期之前解除与职工的劳动关系，或者为鼓励职工自愿接受裁减而提出补偿建议的计划中给予职工的经济补偿。

（8）其他与获得职工提供的服务相关的支出等。具体是指除上述薪酬以外的其他为获得职工提供的服务而给予的薪酬。

**2.“应付职工薪酬”科目的设置与使用**

小企业应当通过“应付职工薪酬”科目，核算应付职工薪酬的提取、结算、使用等情况。该科目的贷方登记已分配计入有关成本费用项目的职工薪酬的数额，借方登记实际发放职工薪酬的数额，包括扣还的款项等；该科目期末贷方余额，反映企业应付未付的职工薪酬。“应付职工薪酬”科目应当按照“工资”“职工福利”“社会保险费”“住房公积金”“工会经费”“职工教育经费”“非货币性福利”等应付职工薪酬项目设置明细科目，进行明细核算。

（1）小企业应当在职工为其提供服务的会计期间，将应付的职工薪酬确认为负债，并根据职工提供服务的受益对象，分别下列情况进行会计处理。

①应由生产产品、提供劳务负担的职工薪酬，计入产品成本或劳务成本，借记“生产成本”“制造费用”等科目，贷记“应付职工薪酬”科目。

②应由在建工程、无形资产开发项目负担的职工薪酬，计入固定资产成本或无形资产成本，借记“在建工程”“研发支出”等科目，贷记“应付职工薪酬”科目。

③管理部门人员的职工薪酬、因解除与职工的劳动关系给予的补偿，借记“管理费用”科目，贷记“应付职工薪酬”科目。

④销售人员的职工薪酬，借记“销售费用”科目，贷记“应付职工薪酬”科目。

（2）职工薪酬发放时的账务处理如下。

①小企业按照有关规定向职工支付工资、奖金、津贴等，借记“应付职工薪酬”科目，贷记“银行存款”“库存现金”等科目。

②小企业从应付职工薪酬中扣还的各种款项（代垫的家属药费、个人所得税等），借记“应付职工薪酬”科目，贷记“其他应收款”“应交税费——应交个人所得税”等科目。

③小企业向职工支付职工福利费，借记“应付职工薪酬”科目，贷记“银行存款”“库存现金”科目。

④小企业支付工会经费和职工教育经费用于工会活动和职工培训，借记“应付职工薪酬”科目，贷记“银行存款”等科目。

⑤小企业按照国家有关规定缴纳社会保险费和住房公积金，借记“应付职

工薪酬”科目，贷记“银行存款”科目。

⑥小企业因解除与职工的劳动关系向职工给予的补偿，借记“应付职工薪酬”科目，贷记“银行存款”“库存现金”等科目。

⑦小企业以其自产产品发放给职工的，借记“应付职工薪酬”科目，贷记“主营业务收入”“应交税费——应交增值税（销项税额）”等科目；同时，还应结转产成品的成本，借记“主营业务成本”科目，贷记“库存商品”科目。

**【例 10-7】**2×22 年 7 月，某小企业应发放工资情况如下：生产部门直接生产人员工资 124 000 元；生产部门管理人员工资 40 000 元；管理部门人员工资 65 000 元；产品销售部门人员工资 20 000 元；建造厂房人员工资 32 000 元。根据小企业所在地政府的规定，应按照职工工资总额的 2% 计提职工福利费，10% 计提住房公积金，2% 计提工会经，1.5% 计提职工教育经费。该小企业的会计处理如下。

（1）应计入生产成本的职工薪酬 =124 000×（1+2%+10%+2%+1.5%）=143 220（元）

应计入制造费用的职工薪酬 =40 000×（1+2%+10%+2%+1.5%）=46 200（元）

应计入管理费用的职工薪酬 =65 000×（1+2%+10%+2%+1.5%）=75 075（元）

应计入销售费用的职工薪酬 =20 000×（1+2%+10%+2%+1.5%）=23 100（元）

应计入在建工程成本的职工薪酬 =32 000×（1+2%+10%+2%+1.5%）=36 960（元）

（2）账务处理。

| | | |
|---|---|---|
| 借：生产成本 | 143 220 | |
| 　　制造费用 | 46 200 | |
| 　　管理费用 | 75 075 | |
| 　　销售费用 | 23 100 | |
| 　　在建工程 | 36 960 | |
| 　　贷：应付职工薪酬——职工工资 | | 281 000 |
| 　　　　　　　　　——职工福利费 | | 5 620 |
| 　　　　　　　　　——住房公积金 | | 28 100 |
| 　　　　　　　　　——工会经费 | | 5 620 |
| 　　　　　　　　　——职工教育经费 | | 4 215 |

**【例 10-8】**2×22 年 6 月，某小企业替其职工代垫个人所得税 58 000 元，支付 5 000 元工会经费用于工会活动，支付 12 000 元职工教育经费用于职工培训。该小企业的会计处理如下。

借：应付职工薪酬　　75 000

　贷：银行存款　　17 000

　　　应交税费——应交个人所得税　　58 000

**【例 10-9】**某小企业作为一家生产洗衣机的企业，共有职工 100 人。2×22 年 9 月 1 日，该小企业以其生产成本为 3 000 元的洗衣机作为福利发放给职工，该洗衣机的市场售价为每台 4 000 元，增值税税率为 13%。这 100 名职工中有 80 名为直接参加生产的职工，20 名为总部管理人员。该小企业的账务处理如下。

应计入生产成本的金额 =（4 000×100）×（1+13%）×80%=361 600（元）

应计入管理费用的金额 =（4 000×100）×（1+13%）×20%=90 400（元）

（1）借：生产成本　　361 600

　　　　管理费用　　90 400

　　　　贷：应付职工薪酬　　452 000

（2）借：应付职工薪酬　　452 000

　　　　贷：主营业务收入　　400 000

　　　　　　应交税费——应交增值税（销项税额）　　52 000

（3）结转成本。

借：主营业务成本　　300 000

　贷：库存商品　　300 000

### 10.2.5 应交税费

应交税费，是指小企业按照税法等规定计算的应缴纳的各种税费，包括：增值税、消费税、资源税、土地增值税、城市维护建设税和教育费附加、企业所得税、城镇土地使用税、房产税、车船税、矿产资源补偿费、排污费等。小企业代扣代缴的个人所得税等，也通过“应交税费”科目核算。

小企业的应交税费应设置“应交税费”总账科目，进行总分类核算，并按应交的税费项目进行明细核算。该科目贷方登记应缴纳的各种税费，借方登记已缴纳的各种税费；期末如果余额在贷方，表示尚未缴纳的各种税费；如果余额在借方，表示当期多缴纳的税费。

### 1. 应交增值税

增值税是以商品（含应税劳务）在流转过程中产生的增值额作为计税依据而征收的一种流转税。按照我国增值税法的规定，增值税的纳税人是在我国境内销售货物、进口货物，或提供加工、修理修配劳务、销售服务、无形资产、不动产的单位和个人。

我国增值税的纳税人依据一定的标准划分为一般纳税人和小规模纳税人两种，小企业具体属于哪一类纳税人，需要由税务机关依据税法规定进行认定。

（1）科目设置。

为了核算企业应交增值税的发生、抵扣、进项转出、计提、缴纳、退还等情况，应在"应交税费"科目下设置"应交增值税"和"未交增值税"两个明细科目。一般纳税人在"应交税费——应交增值税"明细账的借、贷方设置分析项目，在借方分析栏内设"进项税额""已交税金""减免税款""出口抵减内销产品应纳税额""转出未交增值税"等项目；在贷方分析栏内设"销项税额""出口退税""进项税额转出""转出多交增值税"等项目。一般纳税人在应交税费下设置"未交增值税"明细账，将多交税金从"应交增值税"的借方余额中分离出来，解决了将多交税额和未抵扣进项税额混为一谈的问题，使增值税的多交、未交、应纳、欠税、留抵等项目一目了然，为申报表的正确编制提供了条件。这些专栏的具体含义如下。

①"进项税额"专栏，记录企业购入货物或接受应税劳务而支付的、准予从销项税额中抵扣的增值税。企业购入货物或接受应税劳务支付的进项税额，用蓝字登记；退回所购货物应冲销的进项税额，用红字登记。

②"已交税金"专栏，记录企业已缴纳的增值税。企业已缴纳的增值税用蓝字登记，退回多交的增值税用红字登记。

③"减免税款"专栏，记录企业按规定享受直接减免的增值税。

④"出口抵减内销产品应纳税额"专栏，记录企业按规定的退税率计算的出口货物的当期抵免税额。

⑤"转出未交增值税"专栏，记录企业月终转出应交未交的增值税。月终，企业转出当月发生的应交未交的增值税用蓝字登记。

⑥"销项税额"专栏，记录企业销售货物或提供应税劳务应收取的增值税。企业销售货物或提供应税劳务应收取的销项税额，用蓝字登记；退回销售货物应冲销的销项税额，用红字登记。

⑦“出口退税”专栏，记录企业出口适用零税率的货物，向海关办理报关出口手续后，凭出口报关单等有关凭证，向税务机关申报办理出口退税而收到退回的税款。出口货物退回的增值税，用蓝字登记；出口货物办理退税后发生退货或者退关而补交已退的税款，用红字登记。

⑧“进项税额转出”专栏，记录企业的购进货物、在产品、产成品等发生非正常损失以及其他原因而不应从销项税额中抵扣，按规定转出的进项税额。

⑨“转出多交增值税”专栏，记录企业月终转出本月多交的增值税。月终，企业转出本月多交的增值税用蓝字登记，收到退回本月多交的增值税用红字登记。

小规模纳税人只需在“应交税费”科目下设置“应交增值税”明细科目，不需要在“应交增值税”明细科目中设置上述专栏。

（2）作为一般纳税人的小企业，其有关“应交增值税”的账务处理如下。

①小企业采购物资等，按照应计入采购成本的金额，借记“材料采购”或“在途物资”“原材料”“库存商品”等科目；按照税法规定可抵扣的增值税进项税额，借记“应交税费——应交增值税（进项税额）”科目；按照应付或实际支付的金额，贷记“应付账款”“银行存款”等科目。购入物资发生退货的，做相反的会计分录。

按照《增值税暂行条例》的规定，小企业购进免征增值税货物，一般不能够抵扣增值税销项税额。但是对于购入的免税农产品，可以按照买价和规定的扣除率计算进项税额，并准予从小企业的销项税额中抵扣。小企业购进免税农产品，按照购入农产品的买价和税法规定的税率计算的增值税进项税额，借记“应交税费——应交增值税（进项税额）”科目；按照买价减去按照税法规定计算的增值税进项税额后的金额，借记“材料采购”或“在途物资”等科目；按照应付或实际支付的价款，贷记“应收账款”“库存现金”“银行存款”等科目。

购入材料等按照税法规定不得从增值税销项税额中抵扣的进项税额，应计入材料等的成本，借记“材料采购”或“在途物资”等科目，贷记“银行存款”等科目，不通过“应交税费——应交增值税（进项税额）”科目核算。

②销售商品（提供劳务），按照收入金额和应收取的增值税销项税额，借记“应收账款”“银行存款”等科目；按照税法规定应缴纳的增值税销项税额，贷记“应交税费——应交增值税（销项税额）”科目；按照确认的营业收入金额，

贷记“主营业务收入”“其他业务收入”等科目。发生销售退回的，做相反的会计分录。

随同商品出售但单独计价的包装物，应当按照实际收到或应收的金额，借记“银行存款”“应收账款”等科目，按照税法规定应缴纳的增值税销项税额，贷记“应交税费——应交增值税（销项税额）”科目，按照确认的其他业务收入金额，贷记“其他业务收入”科目。同时，按照包装物的账面价值结转成本，借记“其他业务成本”科目，贷记“周转材料”科目。

③有出口产品的小企业，其出口退税的账务处理如下。

第一，实行“免、抵、退”管理办法的小企业，按照税法规定计算的当期出口产品不予免征、抵扣和退税的增值税，借记“主营业务成本”科目，贷记“应交税费——应交增值税（进项税额转出）”科目。按照税法规定计算的当期应予抵扣的增值税，借记“应交税费——应交增值税（出口抵减内销产品应纳税额）”科目，贷记“应交税费——应交增值税（出口退税）”科目。出口产品按照税法规定应予退回的增值税，借记“其他应收款”科目，贷记“应交税费——应交增值税（出口退税）”科目。

第二，未实行“免、抵、退”管理办法的小企业，出口产品实现销售收入时，应当按照应收的金额，借记“应收账款”等科目；按照税法规定应收的出口退税额，借记“其他应收款”科目；按照税法规定不予退回的增值税，借记“主营业务成本”科目；按照确认的销售商品收入，贷记“主营业务收入”科目；按照税法规定应缴纳的增值税，贷记“应交税费——应交增值税（销项税额）”科目。

④将自产的产品等用作福利发放给职工，应视同产品销售计算应交增值税，借记“应付职工薪酬”科目，贷记“主营业务收入”“应交税费——应交增值税（销项税额）”等科目。

⑤由于工程而使用本企业的产品或商品，应当按照产品或商品的成本，借记“在建工程”科目，贷记“库存商品”科目。

⑥购进的物资、在产品、产成品因盘亏、毁损、报废、被盗，以及购进物资改变用途等原因按照税法规定不得从增值税销项税额中抵扣的进项税额，应转入有关科目，借记“待处理财产损溢”等科目，贷记“应交税费——应交增值税（进项税额转出）”科目。

⑦月份终了，企业应将当月发生的应交未交增值税自“应交税费——应交增值税”科目转入“未交增值税”明细科目，借记“应交税费——应交增值税（转

出未交增值税）”科目，贷记“应交税费——未交增值税”科目。将当月多交的增值税自“应交税费——应交增值税”科目转入“未交增值税”明细科目，借记“应交税费——未交增值税”科目，贷记“应交税费——应交增值税（转出多交增值税）”科目。

⑧缴纳增值税。小企业缴纳增值税，借记“应交税费——应交增值税（已交税金）”科目，贷记“银行存款”科目。

（3）作为小规模纳税人的小企业，其有关“应交增值税”的会计处理如下。

①小规模纳税人销售货物或者提供应税劳务，一般情况下，只能开具普通发票，不能开具增值税专用发票。

②小规模纳税人销售货物或提供应税劳务，实行简易办法计算应纳税额，按照销售额的一定比例计算。需要注意的是，小规模纳税人的销售收入应按不含税价格计算，如果小规模纳税人采用销售额和应纳税额合并定价方法的，应将含税销售额换算成不含税销售额。

不含税销售额＝含税销售额÷（1+征收率）

应交增值税＝不含税销售额 × 征收率

③小规模纳税人购入材料及接受劳务时，即使具有增值税专用发票，也不得抵扣进项税额，进项税额应计入购入材料及接受劳务的成本。

**【例 10-10】**某小企业为增值税一般纳税人，2×19 年 9 月购入一批原材料，收到的增值税专用发票上注明的价款为 123 000 元，增值税为 15 990 元，材料已验收入库，款项尚未支付。12 月，该批原材料有一半被用于在建工程项目。10 月销售一批商品，取得 156 000 元的收入，销项税额为 20 280 元，款项已取得并存入银行。11 月收购一批免税农产品，实际支付价款 80 000 元，按照相关规定可以按 10% 的税率计算进项税额，并准予从销项税额中抵扣。该农产品已入库，款项通过银行支付。该小企业的会计处理如下。

（1）2×19 年 9 月，购入原材料。

| | | |
|---|---|---|
| 借：原材料 | 123 000 | |
| 　　应交税费——应交增值税（进项税额） | 15 990 | |
| 　　贷：应付账款 | | 138 990 |

（2）2×19 年 10 月，销售商品。

| | | |
|---|---|---|
| 借：银行存款 | 176 280 | |
| 　　贷：主营业务收入 | | 156 000 |

应交税费——应交增值税（销项税额）　　20 280

（3）2×19 年 11 月，收购免税农产品。

借：原材料——农产品　　72 000

应交税费——应交增值税（进项税额）　　8 000

贷：银行存款　　80 000

（4）2×19 年 12 月，在建工程项目领用原材料。

借：在建工程　　61 500

贷：原材料　　61 500

**【例 10-11】**新华公司为小企业，9 月出口甲产品 3 件，价款折合人民币为 30 000 元，尚未收到；出口产品所耗原材料为 20 000 元，进项税额为 2 600 元，申报退税后，应退回税款 2 600 元。新华公司的账务处理如下。

借：应收账款　　30 000

贷：主营业务收入　　30 000

借：其他应收款　　2 600

贷：应交税费——应交增值税（出口退税）　　2 600

**【例 10-12】**承接**【例 10-11】**，新华公司 2×16 年 10 月末计算并缴纳本月应交的增值税为 10 000 元，同时缴纳 9 月未交的增值税 5 000 元。新华公司的账务处理如下。

借：应交税费——应交增值税（已交税金）　　10 000

贷：银行存款　　10 000

借：应交税费——未交增值税　　5 000

贷：银行存款　　5 000

**【例 10-13】**承接**【例 10-12】**，新华公司 2×16 年 11 月末计算本月未交的增值税为 6 000 元。其账务处理如下。

借：应交税费——应交增值税（转出未交增值税）　　6 000

贷：应交税费——未交增值税　　6 000

**【例 10-14】**某小型工业生产企业核定为小规模纳税人，本期购入原材料，增值税专用发票上记载的原材料价款为 100 万元，增值税税额为 13 万元，企业开出承兑的商业汇票，材料已到达并验收入库。该企业本期销售产品，销售价格总额为 90 万元（含税），适用 3% 的征收率，假定符合收入确认条件，货款尚未收到。根据上述经济业务，企业应做如下账务处理。

（1）购进货物时。

借：原材料　　1 130 000

　　贷：应付票据　　1 130 000

（2）销售货物时。

不含税价格 =900 000÷（1+3%）=873 786（元）

应交增值税：873 786×3% =26 214（元）

借：应收账款　　900 000

　　贷：主营业务收入　　873 786

　　　　应交税费——应交增值税　　26 214

**2. 应交消费税**

消费税是对在我国境内生产、委托加工和进口应税消费品的单位和个人征收的一种税。征收消费税的消费品包括：烟；酒；高档化妆品；贵重首饰及珠宝玉石；鞭炮、焰火；成品油；小汽车；摩托车；高尔夫球及球具；高档手表；游艇；木质一次性筷子；实木地板；电池；涂料。消费税的征收方法采取从价定率和从量定额两种方法。实行从价定率办法计征的应纳税额的税基为销售额，如果企业应税消费品的销售额中未扣除增值税税款，或者因不能开具增值税专用发票而发生价款和增值税税款合并收取的，在计算消费税时，按公式“应税消费品的销售额 = 含增值税的销售额 ÷（1+ 增值税税率或征收率）”换算为不含增值税税款的销售额。实行从量定额办法计征的应纳税额的销售数量是指应税消费品的数量：属于销售应税消费品的，为应税消费品的销售数量；属于自产自用应税消费品的，为应税消费品的移送使用数量；属于委托加工应税消费品的，为纳税人收回的应税消费品数量；进口的应税消费品，为海关核定的应税消费品进口征税数量。

小企业应在“应交税费”科目下设置“应交消费税”明细科目，进行明细分类核算。其账务处理如下。

（1）销售需要缴纳消费税的物资，其应交的消费税，借记“税金及附加”等科目，贷记“应交税费——应交消费税”科目。

（2）以生产的产品用于在建工程、非生产机构等，按照税法规定应缴纳的消费税，借记“在建工程”“管理费用”等科目，贷记“应交税费——应交消费税”科目。

（3）随同商品出售但单独计价的包装物，按照税法规定应缴纳的消费税，借记“税金及附加”科目，贷记“应交税费——应交消费税”科目。出租、出借包装物逾期未收回没收的押金应交的消费税，借记“税金及附加”科目，贷记“应交税费——应交消费税”科目。

（4）需要缴纳消费税的委托加工物资，由受托方代收代缴税款（除受托加工或翻新改制金银首饰按照税法规定由受托方缴纳消费税外）。小企业（受托方）按照应交税款金额，借记“应收账款”“银行存款”等科目，贷记“应交税费——应交消费税”科目。

委托加工物资收回后，直接用于销售的，小企业（委托方）应将代收代缴的消费税计入委托加工物资的成本，借记“委托加工物资”等科目，贷记“应付账款”“银行存款”等科目；委托加工物资收回后用于连续生产应税消费品的，按照税法规定准予抵扣的消费税，按照代收代缴的消费税，借记“应交税费——应交消费税”科目，贷记“应付账款”“银行存款”等科目。

### 3. 应交资源税

资源税是国家对在我国境内开采矿产品或者生产盐的单位和个人征收的一种税。资源税按照应税产品的课税数量和规定的单位税额计算，公式为：“应纳税额 = 课税数量 × 单位税额”。这里的课税数量为：开采或者生产应税产品销售的，以销售数量为课税数量；开采或者生产应税产品自用的，以自用数量为课税数量。

小企业按规定应交的资源税，在“应交税费”科目下设置“应交资源税”明细科目核算。“应交资源税”明细科目的借方发生额，反映小企业已交的或按规定允许抵扣的资源税；贷方发生额，反映应交的资源税；期末借方余额，反映多交或尚未抵扣的资源税；期末贷方余额，反映尚未缴纳的资源税。

小企业应交资源税的相关账务处理如下。

（1）小企业销售产品或自产自用产品相关资源税的会计处理。在会计核算时，小企业按规定计算出销售应税产品应缴纳的资源税，借记“税金及附加”科目，贷记“应交税费——应交资源税”科目；自产自用的应税产品应缴纳的资源税，借记“生产成本”“制造费用”等科目，贷记“应交税费——应交资源税”科目。

（2）小企业收购未税矿产品相关资源税的会计处理。按照资源税暂行条例的规定，收购未税矿产品的单位为资源税的扣缴义务人。小企业应按收购未税矿产品实际支付的收购款以及代扣代缴的资源税，作为收购矿产品的成本，将代扣代缴的资源税，记入“应交税费——应交资源税”科目。

即当小企业收购未税矿产品时，按照实际支付的价款，借记“材料采购”或“在途物资”等科目，贷记“银行存款”等科目；按照代扣代缴的资源税，借记“材料采购”或“在途物资”等科目，贷记“应交税费——应交资源税”科目。

（3）小企业外购液体盐加工固体盐相关资源税的会计处理。按照税法相关规定，企业外购液体盐加工固体盐的，所购入液体盐缴纳的资源税可以抵扣。小企业购入液体盐时，按所允许抵扣的资源税，借记“应交税费——应交资源税”科目；按外购价款扣除允许抵扣资源税后的数额，借记“材料采购”等科目；按应支付的全部价款，贷记“银行存款”“应付账款”等科目。小企业将上述液体盐加工成固体盐后，在销售时，按计算出的销售固体盐应交的资源税，借记“税金及附加”科目，贷记“应交税费——应交资源税”科目；按销售固体盐应纳资源税抵扣液体盐已纳资源税后的差额缴纳时，借记“应交税费——应交资源税”科目，贷记“银行存款”科目。

（4）小企业缴纳资源税时，借记“应交税费——应交资源税”科目，贷记“银行存款”等科目。

**【例 10-15】**某小企业 2×22 年 7 月 2 日购入 500 吨液体盐，价款为 350 000 元，已验收入库。20 日将这批液体盐加工成 200 吨固体盐，对外销售 100 吨固体盐，另将剩下的 100 吨固体盐用于生产产品。液体盐每吨按 5 元缴纳资源税，固体盐每吨按 40 元缴纳资源税。该小企业的会计处理如下。

（1）2×22 年 7 月 2 日，购入液体盐。

借：应交税费——应交资源税　　2 500

　　原材料　　347 500

　　贷：银行存款　　350 000

（2）2×22 年 7 月 20 日。

①加工成固体盐后对外销售。

借：税金及附加　　4 000

　　贷：应交税费——应交资源税　　4 000

②缴纳资源税。

借：应交税费——应交资源税　　1 500

　　贷：银行存款　　1 500

（3）计算自产自用的固体盐应缴纳的资源税。

借：生产成本　　4 000

　　贷：应交税费——应交资源税　　4 000

**4. 应交土地增值税**

土地增值税是对有偿转让国有土地使用权及地上建筑物和其他附着物产权，取得增值收入的单位和个人征收的一种税。土地增值税按照转让房地产所取得的增值额和规定的税率计算征收。这里的增值额，是指转让房地产所取得的收入减除规定扣除项目金额后的余额。计算土地增值额的主要扣除项目有：①取得土地使用权所支付的金额；②开发土地的成本、费用；③新建房屋及配套设施的成本、费用，或者旧房及建筑物的评估价格；④与转让房地产有关的税金。

小企业按规定应交的土地增值税，在“应交税费”科目下设置“应交土地增值税”明细科目核算。“应交土地增值税”明细科目的借方发生额，反映小企业已交的或按规定允许抵扣的土地增值税；贷方发生额，反映应交的土地增值税；期末借方余额，反映多交或尚未抵扣的土地增值税；期末贷方余额，反映尚未缴纳的土地增值税。

（1）主营或者兼营房地产业务的小企业，应由当期营业收入负担的土地增值税，借记“税金及附加”科目，贷记“应交税费——应交土地增值税”科目。

（2）小企业转让的国有土地使用权与其地上建筑物及其附着物一并在“固定资产”或“在建工程”科目核算的，转让时应缴纳的土地增值税，借记“固定资产清理”“在建工程”科目，贷记“应交税费——应交土地增值税”科目。

（3）小企业转让的土地使用权在“无形资产”科目核算的，按照实际收到的金额，借记“银行存款”科目；按照应缴纳的土地增值税，贷记“应交税费——应交土地增值税”科目；按照已计提的累计摊销，借记“累计摊销”科目；按照其成本，贷记“无形资产”科目；按照其差额，贷记“营业外收入——非流动资产处置净收益”科目或借记“营业外支出——非流动资产处置净损失”科目。

（4）小企业在项目全部竣工结算前转让房地产取得的收入，按税法规定预交的土地增值税，借记“应交税费——应交土地增值税”科目，贷记“银行存款”等科目；待该项房地产销售收入实现时，再按上述销售业务的会计处理方法进行处理。该项目全部竣工、办理结算后进行清算，收到退回多交的土地增值税，借记“银行存款”等科目，贷记“应交税费——应交土地增值税”科目；补交的土地增值税做相反的会计分录。

（5）小企业缴纳土地增值税时，借记“应交税费——应交土地增值税”科目，贷记“银行存款”等科目。

**【例 10–16】**某小企业出售土地使用权，收入为 520 000 元，款项已存入银行。该土地使用权的账面价值为 380 000 元，已摊销 100 000 元，需缴纳的土地增值税为 57 200 元。该小企业的会计处理如下。

借：银行存款　　520 000

　　累计摊销　　100 000

　　贷：无形资产　　380 000

　　　　应交税费——应交土地增值税　　57 200

　　　　营业外收入——非流动资产处置净收益　　182 800

**5. 其他应交税费**

（1）城市维护建设税、教育费附加。为了加强城市的维护建设，扩大和稳定城市维护建设资金的来源，国家开征了城市维护建设税；而教育费附加的征收目的则是发展地方性教育事业、扩大地方教育经费的资金来源。城市维护建设税和教育费附加都以增值税、消费税的实际缴纳金额之和为计税依据，随增值税、消费税同时附征，本质上属于附加税费。小企业按规定计算出的城市维护建设税和教育费附加，借记“税金及附加”等科目，贷记“应交税费——应交城市维护建设税/应交教育费附加”科目；实际缴纳时，借记“应交税费——应交城市维护建设税/应交教育费附加”科目，贷记“银行存款”科目。

（2）房产税、城镇土地使用税、车船税、矿产资源补偿费。房产税是国家在城市、县城、建制镇和工矿区征收的由产权所有人缴纳的税种；城镇土地使用税是国家为了合理利用城镇土地、调节土地级差收入，提高土地使用效益，加强土地管理而开征的一个税种；车船税是由拥有并且使用车船的小企业缴纳的税种；矿产资源补偿费是国家作为矿产资源的所有者，依法向开采矿产资源的小企业收取的费用。小企业按规定应交的房产税、城镇土地使用税、车船税和矿产资源补偿费，借记“税金及附加”科目，贷记“应交税费——应交房产税、应交城镇土地使用税、应交车船税、应交矿产资源补偿费”科目；缴纳时，借记“应交税费——应交房产税、应交城镇土地使用税、应交车船税、应交矿产资源补偿费”科目，贷记“银行存款”科目。

（3）印花税。印花税是对书立、领受购销合同等凭证行为征收的税款，实行由纳税人根据规定自行计算应纳税额，购买并一次贴足印花税票的缴纳方法。由于一般情况下，企业需要预先购买印花税票，待发生应税行为时，再根据凭证的性质和规定的比例税率或者按件计算应纳税额，将已购买的印花税票粘贴在应纳税凭证上，并在每枚税票的骑缝处盖戳注销或者划销，办理完税手续。企业缴纳印花税，不会发生应付未付税款的情况，不需要预计应纳税额，同时也不存在与税务机关结算或清算的问题。因此，小企业缴纳印花税不需要通过“应交税费”科目核算，于购买印花税票时，直接借记“税金及附加”科目，贷记“银行存款”科目。

（4）耕地占用税、车辆购置税。耕地占用税是国家为了利用土地资源，加强土地管理，保护家用耕地而征收的一种税。耕地占用税以实际占用的耕地面积计税，按照规定税额一次征收。小企业缴纳耕地占用税，不需要通过“应交税费”科目核算。小企业按规定计算缴纳耕地占用税时，借记“在建工程”科目，贷记“银行存款”科目。小企业购置应税车辆，按规定缴纳的车辆购置税，以及购置的减税、免税车辆改制后用途发生变化的，按规定应补交的车辆购置税，借记“固定资产”科目，贷记“银行存款”科目。

（5）代扣代缴的个人所得税。小企业按规定计算应代扣代缴的职工个人所得税，借记“应付职工薪酬”科目，贷记“应交税费——应交个人所得税”科目；缴纳时，借记“应交税费——应交个人所得税”科目，贷记“银行存款”科目。

（6）企业所得税。小企业的生产、经营所得和其他所得，依照有关所得税暂行条例及其细则的规定需要缴纳企业所得税。小企业应缴纳的企业所得税，在“应交税费”科目下设置“应交所得税”明细科目核算；当期应计入损益的企业所得税，作为一项费用，在净收益前扣除。企业按照一定方法计算，计入损益的企业所得税，借记“所得税费用”等科目，贷记“应交税费——应交所得税”科目。

（7）小企业预交的税费，借记“应交税费——应交增值税、应交企业所得税”等明细科目，贷记“银行存款”科目。

【例 10-17】市区某小企业 2×22 年 2 月共应缴纳增值税、消费税 3 200 000 元，于月底用银行存款缴纳。该小企业城市维护建设税、教育费附加适用的税率和征收率分别为 7% 和 3%，小企业的会计处理如下。

应缴纳的城市维护建设税 =3 200 000×7%=224 000（元）

应缴纳的教育费附加 =3 200 000×3%=96 000（元）

借：税金及附加　　320 000

　　贷：应交税费——应交城市维护建设税　　224 000

　　　　　　　　——应交教育费附加　　96 000

借：应交税费——应交城市维护建设税　　224 000

　　　　　　——应交教育费附加　　96 000

　　贷：银行存款　　320 000

【例 10-18】某小企业 2×22 年 3 月代扣代缴当月职工的个人所得税 67 000 元，于月底用银行存款缴纳。该小企业的会计处理如下。

借：应付职工薪酬　　67 000

　　贷：应交税费——应交个人所得税　　67 000

借：应交税费——应交个人所得税　　67 000

　　贷：银行存款　　67 000

【例 10-19】某小企业 2×22 年 7 月应缴纳 300 000 元的企业所得税，于月底用银行存款支付。该小企业的会计处理如下。

借：所得税费用　　300 000

　　贷：应交税费——应交企业所得税　　300 000

借：应交税费——应交企业所得税　　300 000

　　贷：银行存款　　300 000

## 10.2.6 应付利息

应付利息，是指小企业按照合同约定应支付的利息，包括分期付息到期还本的长期借款、企业债券等应支付的利息。

小企业应设置“应付利息”科目核算小企业按照合同约定应支付的利息费用。该科目可按贷款人等进行明细核算，期末余额一般在贷方，反映小企业应付未付的利息费用。

应付利息的主要账务处理如下。

（1）在应付利息日，小企业应当按照短期借款合同利率计算确定的利息费用，借记“财务费用”等科目，贷记“应付利息”等科目。

（2）实际支付的利息，借记“应付利息”科目，贷记“银行存款”等科目。

**【例 10-20】**某小企业 2×22 年 4 月 1 日向银行借入 200 000 元的短期借款，合同上记载的月利率为 5%，4 月 30 日确定应支付利息费用为 10 000 元。该小企业的会计处理如下。

（1）2×22 年 4 月 1 日，借入短期借款。

借：银行存款　　200 000

　　贷：短期借款　　200 000

（2）2×22 年 4 月 30 日，确定利息费用。

借：财务费用　　10 000

　　贷：应付利息　　10 000

### 10.2.7　应付利润

应付利润，是指小企业在接受投资或联营、合作期间，按协议或合同约定应支付给投资者或者合作伙伴的利润。小企业对其实现的经营成果，除了按照税法及有关法规规定缴纳相关税费外，还必须给投资者一定的回报，向投资者分配利润。利润在尚未实际支付以前，构成企业的一项流动负债。

为核算小企业经董事会或股东大会或类似机构决议并经批准分配的利润，小企业应设置“应付利润”科目，核算小企业向投资者分配的利润。“应付利润”科目的贷方表示企业应付给投资者的利润，借方表示企业已经支付给投资者的利润。本科目应按照投资者进行明细核算，其期末贷方余额，反映小企业应付未付的利润。

应付利润的主要账务处理如下。

（1）小企业根据规定或协议确定的应分配给投资者的利润，借记“利润分配”科目，贷记“应付利润”科目。

（2）向投资者实际支付利润时，借记“应付利润”科目，贷记“库存现金”“银行存款”等科目。

【例 10-21】某小企业 2×22 年 12 月根据协议确定应付给 A 企业投资利润 150 000 元。该小企业的会计处理如下。

借：利润分配　　150 000

　　贷：应付利润——A 企业　　150 000

【例 10-22】承接【例 10-21】，该小企业于 2×23 年 1 月用银行存款支付应付给 A 企业的投资利润。其会计处理如下。

借：应付利润——A 企业　　150 000

　　贷：银行存款　　150 000

## 10.2.8 其他应付款

小企业应设置“其他应付款”科目来核算小企业除应付账款、预收账款、应付职工薪酬、应交税费、应付利息、应付利润等以外的其他各项应付、暂收的款项，如应付租入固定资产和包装物的租金、职工未按期领取的工资、存入保证金等。该科目应按照其他应付款的项目和对方单位（或个人）进行明细核算。“其他应付款”科目贷方登记小企业发生的各项应付、暂收款项，借方登记小企业偿付的各项应付、暂收款项，期末贷方余额，反映小企业应付未付的其他应付款项。

其他应付款的主要账务处理如下。

（1）小企业发生的其他各种应付、暂收款项，借记“管理费用”等科目，贷记“其他应付款”科目。

（2）小企业支付的其他各种应付、暂收款项，借记“其他应付款”科目，贷记“银行存款”等科目。

（3）小企业无法支付的其他应付款，借记“其他应付款”科目，贷记“营业外收入”科目。

【例 10-23】新华公司为一家生产包装箱的小型企业。2×22 年 11 月 4 日，新华公司租入一台生产用机器设备，应支付租金 12 000 元，款项于 2×22 年 11 月 10 日用银行存款支付。11 月 17 日，新华公司出租一批包装箱给东方公司，并收到包装箱押金 20 000 元，存入银行。11 月 30 日，新华公司收到东方公司退还的包装箱，并将押金 20 000 元退还给东方公司。新华公司 11 月的会计处理如下。

（1）11 月 4 日，新华公司计算应支付的机器设备租金。

借：生产成本　　　　　　　　　　　　　　12 000

　　贷：其他应付款——设备租金　　　　　　12 000

（2）11月10日，新华公司用银行存款支付机器设备租金。

借：其他应付款——设备租金　　　　　　　12 000

　　贷：银行存款　　　　　　　　　　　　12 000

（3）11月17日，新华公司收到东方公司的包装箱押金。

借：银行存款　　　　　　　　　　　　　20 000

　　贷：其他应付款——包装箱押金　　　　20 000

（4）11月30日，新华公司退还东方公司的包装箱押金。

借：其他应付款——包装箱押金　　　　　20 000

　　贷：银行存款　　　　　　　　　　　　20 000

## 10.3 非流动负债

小企业的非流动负债，是指流动负债以外的负债。小企业的非流动负债包括：递延收益、长期借款、长期应付款等。非流动负债应当按照其实际发生额入账。长期借款应当按照借款本金和借款合同利率在应付利息日计提利息费用，计入相关资产成本或财务费用。

### 10.3.1 递延收益

递延收益，是指尚待确认的收入或收益，也可以说是暂时未确认的收益，它是权责发生制在收益确认上的运用。小企业应设置"递延收益"科目核算小企业已经收到、应在以后期间计入损益的政府补助。本科目应按照相关项目进行明细核算，贷方登记小企业已经收到的、尚待以后期间确认的政府补助，借方登记小企业在以后期间已确认的政府补助；期末贷方余额，反映小企业已经收到，但应在以后期间计入损益的政府补助。

《小企业会计准则》第六十九条指出：政府补助，是指小企业从政府无偿取得货币性资产或非货币性资产，但不含政府作为小企业所有者投入的资本。政府补助的主要形式有财政拨款、财政贴息、税收返还、无偿划拨非货币性资产。

递延收益的主要账务处理如下。

（1）小企业收到与资产相关的政府补助，借记"银行存款"等科目，贷记“递延收益”科目。在相关资产的使用寿命内平均分配递延收益，借记“递延收益”科目，贷记“营业外收入”科目。

（2）小企业收到的其他政府补助，用于补偿本企业以后期间的相关费用或亏损的，应当按照收到的金额，借记“银行存款”等科目，贷记“递延收益”科目。在发生相关费用或亏损的未来期间，应当按照应补偿的金额，借记“递延收益”科目，贷记“营业外收入”科目。

用于补偿本企业已发生的相关费用或亏损的，应当按照收到的金额，借记“银行存款”等科目，贷记“营业外收入”科目。

（3）小企业收到的政府补助为货币性资产的，应当按照收到的金额计量。政府补助为非货币性资产的，政府提供了有关凭据的，应当按照凭据上标明的金额计量；政府没有提供有关凭据的，应当按照同类或类似资产的市场价格或评估价值计量。

（4）小企业按照规定实行企业所得税、增值税、消费税等先征后返的，应当在实际收到返还的企业所得税、增值税（不含出口退税）、消费税时，借记“银行存款”等科目，贷记“营业外收入”科目。

**【例 10-24】**某小企业 2×22 年 7 月 8 日建造一批节能工程，向银行贷款 2 000 000 元，期限 3 年，年利率 8%。当地政府按照贷款额 2 000 000 元向该小企业提供年利率 5% 的财政贴息，共计 300 000 元。2×22 年 7 月 15 日，该小企业收到财政贴息资金。2×23 年 4 月 1 日工程完工，预计使用年限 10 年。该小企业的会计处理如下。

（1）2×22 年 7 月 15 日收到财政贴息。

借：银行存款　　300 000

　　贷：递延收益　　300 000

（2）2×23 年 4 月 1 日该节能工程完工，开始分配递延收益。从 2×23 年 4 月 1 日起，在该节能项目工程的 10 年寿命期内，每月确定政府补助。

月政府补助 =300 000÷（10×12）=2 500（元）

每月的账务处理如下。

借：递延收益　　2 500

　　贷：营业外收入　　2 500

**【例 10-25】**2×22 年 1 月 1 日某小企业收到政府 450 万元财政拨款用于购买科研设备 1 台。该小企业于 1 月 29 日购入无须安装的科研设备并交付使用，实际成本 480 万元，其中 30 万元用自有资金支付。该设备使用寿命为 10 年，采用年限平均法计提折旧，无残值。8 年后的 2 月 1 日出售该设备，收到价款 120 万元。该小企业的会计处理如下。

（1）2×22 年 1 月收到财政拨款。

借：银行存款　　4 500 000

　　贷：递延收益　　4 500 000

（2）2×22 年 1 月 29 日购入该设备。

借：固定资产　　4 800 000

　　贷：银行存款　　4 800 000

（3）自 2×22 年 2 月起每个资产负债表日计提折旧，分摊递延收益。

每月计提折旧 =480÷10÷12=4（万元）

借：研发支出　　40 000

　　贷：累计折旧　　40 000

每月应摊销的递延收益 =450÷10÷12=3.75（万元）

借：递延收益　　37 500

　　贷：营业外收入——政府补助利得　　37 500

（4）8 年后的 2 月 1 日出售该设备，同时转销递延收益余额。

应转入固定资产清理的金额 = 固定资产原值 - 累计折旧 =480-4×12×8=96（万元）

借：固定资产清理　　960 000

　　累计折旧　　3 840 000

　　贷：固定资产　　4 800 000

借：银行存款　　1 200 000

　　贷：固定资产清理　　960 000

　　　　营业外收入——非流动资产处置净收益　　240 000

未摊销的递延收益 =450-3.75×12×8=90（万元）

借：递延收益　　900 000

　　贷：营业外收入——政府补助利得　　900 000

**【例 10-26】**新华公司是一家小型企业，于 2×19 年 1 月 1 日开始一项关于手机芯片的高新技术研发，预计总投资为 2 000 000 元，时间为 4 年，到 2×19 年 12 月，已经投入 400 000 元。新华公司研发资金出现一定困难，所以新华公司针对自身的科技研发，开始向国家政府部门申请财政补贴。这项科技研发项目，还需要 1 600 000 元投资，新华公司决定自行筹集资金 600 000 元、申请财政补贴 1 000 000 元。

2×20 年 1 月 1 日，相关政府部门批准了新华公司的申请，决定拨付新华公司财政补贴 1 000 000 元，批准当天拨付 600 000 元，项目结束时拨付其余 400 000 元。新华公司的相关账务处理如下。

（1）2×20 年 1 月 1 日，新华公司收到财政拨款 600 000 元。

借：银行存款　　600 000

　　贷：递延收益　　600 000

（2）从 2×20 年 1 月 1 日至 2×23 年 1 月 1 日，新华公司在每个资产负债表日，分配递延收益（按年分配）。

借：递延收益　　200 000

　　贷：营业外收入　　200 000

（3）2×23 年 1 月 1 日，项目完工，收到剩余的财政拨款 400 000 元。

借：银行存款　　400 000

　　贷：营业外收入　　400 000

### 10.3.2　长期借款

“长期借款”科目核算小企业向银行或其他金融机构借入的期限在 1 年以上的各项借款本金。与短期借款相比较，长期借款除了期限比较长之外，其不同点还在于对借款费用的会计处理上，短期借款的借款费用记入“财务费用”科目，长期借款的借款费用有资本化和费用化之分。“长期借款”科目应按照借款种类、贷款人和币种进行明细核算，贷方发生额表示小企业借入的长期借款数额，借方发生额表示小企业已偿还的长期借款本金，期末贷方余额，反映小企业尚未偿还的长期借款本金。

长期借款的主要账务处理如下。

（1）小企业借入长期借款，借记“银行存款”科目，贷记“长期借款”科目。

（2）在应付利息日，应当按照借款本金和借款合同利率计提利息费用，借记“财务费用”“在建工程”等科目，贷记“应付利息”科目。

（3）偿还长期借款本金，借记“长期借款”科目，贷记“银行存款”科目。

**【例 10-27】**2×21 年 1 月 1 日，某小企业为新建一条生产线，向银行借入为期 2 年的长期专门借款 400 000 元，款项已存入银行，当天支付工程价款 100 000 元。此次借款年利率为 10%，每年付息一次，2 年后一次性还清本金。2×22 年 1 月 1 日，该小企业用银行存款支付了剩余的工程款 300 000 元。该条生产线于 2×22 年 6 月底完工，达到预定可使用状态。此处无须考虑专门借款资金存款的利息收入或者投资收益。该小企业的会计处理如下。

（1）2×21 年 1 月 1 日。

借：银行存款　　400 000
　　贷：长期借款　　400 000
借：在建工程　　100 000
　　贷：银行存款　　100 000

（2）2×21 年 12 月 31 日，该小企业计算并支付长期借款利息。

借款利息 =400 000×10%=40 000（元）

借：在建工程　　40 000
　　贷：应付利息　　40 000
借：应付利息　　40 000
　　贷：银行存款　　40 000

（3）2×22 年 1 月 1 日。

借：在建工程　　300 000
　　贷：银行存款　　300 000

（4）2×22 年 6 月 30 日，该生产线达到预定可使用状态。

2×22 年应资本化的借款利息 =400 000×10%÷12×6=20 000（元）

借：在建工程　　20 000
　　贷：应付利息　　200 000
借：固定资产　　460 000
　　贷：在建工程　　460 000

（5）2×22 年 7 月 1 日至 2×16 年 12 月 31 日，借款利息应计入财务费用。

2×22 年应费用化的借款利息 =400 000×10%÷12×6=20 000（元）

借：财务费用　　20 000
　　贷：应付利息　　20 000

（6）2×22 年 12 月 31 日，支付借款利息。

借：应付利息　　40 000
　　贷：银行存款　　40 000

（7）2×23年1月1日，偿还长期借款本金。

借：长期借款　　400 000

　　贷：银行存款　　400 000

### 10.3.3　长期应付款

“长期应付款”科目核算小企业除长期借款以外的其他各种长期应付款项，包括：应付融资租入固定资产的租赁费、以分期付款方式购入固定资产发生的应付款项等。本科目应按照长期应付款的种类和债权人进行明细核算。“长期应付款”科目贷方发生额表示小企业发生的长期应付款项，借方发生额表示小企业归还的长期应付款项，期末贷方余额，反映小企业应付未付的长期应付款项。

长期应付款的主要账务处理如下。

（1）小企业融资租入固定资产，在租赁期开始日，按照租赁合同约定的付款总额和在签订租赁合同过程中发生的相关税费等，借记“固定资产”或“在建工程”科目，贷记“长期应付款”等科目。

（2）以分期付款方式购入固定资产，应当按照实际支付的购买价款和相关税费（不包括按照税法规定可抵扣的增值税进项税额），借记“固定资产”或“在建工程”科目，按照税法规定可抵扣的增值税进项税额，借记“应交税费——应交增值税（进项税额）”科目，贷记“长期应付款”科目。

**【例10-28】**某小企业以分期付款方式购入一项机器设备，购买价款为150 000元，约定3年期等额付款，每年年末支付。增值税专用发票上注明的增值税税额为19 500元，已支付。另外用银行存款支付了运输费、途中保险费、调试费等共计3 000元。该小企业的会计处理如下。

（1）购入机器设备时。

借：固定资产　　153 000

　　应交税费——应交增值税（进项税额）　　19 500

　　贷：长期应付款　　150 000

　　　　银行存款　　22 500

（2）每年末偿还该长期应付款项时。

借：长期应付款　　50 000

　　贷：银行存款　　50 000

# 第 11 章
# 所有者权益

## 11.1　所有者权益概述

所有者权益，是指小企业资产扣除负债后由所有者享有的剩余权益。所有者权益是小企业投资人对小企业净资产的所有权。所有者权益受总资产和总负债变动的影响而发生增减变动。小企业的所有者以其出资额比例分享小企业的利润。与此同时，所有者也必须以其出资额承担小企业的经营风险。所有者权益还意味着所有者有法定的管理小企业和委托他人管理小企业的权利。

小企业的所有者权益包括：实收资本（或股本）、资本公积、盈余公积和未分配利润。实收资本和资本公积是所有者直接投入小企业的资产；而盈余公积和未分配利润是小企业在生产经营过程中的利润留存，因此两者合称为留存收益。

小企业的所有者和债权人均是小企业资金的提供者，因而所有者权益和负债（债权人权益）两者均具有对小企业资产的要求权，但两者之间又存在着明显的区别。

（1）债权人对小企业资产的要求权在顺序上优先于所有者，所有者只享有对剩余财产的要求权。

（2）所有者权益在小企业经营期内可供小企业长期、持续地使用，小企业不必向投资人返还资本金；而负债则需按期返还给债权人，成为小企业的负债。

（3）小企业所有者凭其对小企业投入的资本，享有税后分配利润的权利；而债权人除按规定取得利息外，无权分配小企业的盈利。

（4）小企业所有者有权行使小企业的经营管理权，或者授权管理人员行使经营管理权；但债权人并不享有小企业的经营管理权。

（5）小企业的所有者对小企业的债务和亏损负有无限的责任或有限的责任；而债权人与小企业的其他债务无关，一般也不承担小企业的亏损。

## 11.2 实收资本

“实收资本”科目核算小企业收到投资者按照合同或协议约定，或相关规定投入的，构成注册资本的部分。小企业（股份有限公司）应当将本科目的名称改为“股本”科目。投资者可以用现金投资，也可以用现金以外的其他有形资产投资，符合国家规定比例的，还可以用无形资产投资。实收资本的构成比例，即投资者的出资比例或股东的股份比例，通常是确定所有者在小企业所有者权益中所占的份额和参与小企业财务经营决策的基础，也是小企业进行利润分配或股利分配的依据，同时还是小企业清算时确定所有者对净资产的要求权的依据。“实收资本”科目应按照投资者进行明细核算。该科目贷方登记实收资本的增加额，借方登记实收资本的减少额，期末贷方余额，反映小企业实有的注册资本数额。

实收资本的主要账务处理如下。

（1）小企业收到投资者的出资，借记“银行存款”“其他应收款”“固定资产”“无形资产”等科目；按照其在注册资本中所占的份额，贷记“实收资本”（或“股本”，下同）科目；按照其差额，贷记“资本公积”科目。

其中，投资者以非现金资产出资的，如存货、固定资产等，小企业应按双方确认的资产价值，借记“原材料”“库存商品”“固定资产”等有关科目，贷记所有者权益相关科目。

（2）小企业根据有关规定增加注册资本，借记“银行存款”“资本公积”“盈余公积”等科目，贷记“实收资本”科目。

小企业增加注册资本的途径主要有以下 3 种：一是所有者直接投入；二是将资本公积转为实收资本；三是将盈余公积转为实收资本。

小企业根据有关规定减少注册资本，借记“实收资本”“资本公积”等科目，贷记“库存现金”“银行存款”等科目。

小企业注册资本减少的原因一般有以下 3 种：一是资本过剩；二是小企业发生重大亏损而需要减少注册资本；三是股份公司发展到一定时期，资本结构需发生改变，通过股票回购的方式来减少公司注册资本，达到调节资本结构的目的。

（3）小企业（中外合作经营）根据合同约定在合作期间归还投资者的投资，应当按照实际归还投资的金额，借记“实收资本——已归还投资”科目，贷记“银行存款”等科目；同时，借记“利润分配——利润归还投资”科目，贷记“盈余公积——利润归还投资”科目。

【例 11-1】2×22 年 7 月 1 日，新华公司（小企业）收到东方公司投入的一台高新技术生产设备。该生产设备可以折合成新华公司 15% 的股份，计价 150 000 元。自此，东方公司可以参与新华公司的生产过程，分享其发展成果。经协商，这台机器设备可以确认的价值是 180 000 元。新华公司的会计处理如下。

借：固定资产　　180 000
　贷：实收资本——东方公司　　150 000
　　　资本公积——资本溢价　　30 000

## 11.3　资本公积

资本公积，是指小企业收到的投资者出资额超过其在注册资本或股本中所占份额的部分，主要是指资本溢价和股本溢价。

### 1. 资本溢价

投资者依其出资份额对小企业（不含股份有限公司）经营决策享有表决权，依其所认缴的出资额对小企业承担有限责任。明确记录投资者认缴的出资额，真实地反映各投资者对小企业享有的权利与承担的义务，是会计处理应注意的问题。为此，会计上应设置“实收资本”科目，核算小企业投资者按照公司章程等所规定的出资比例实际缴付的出资额。在小企业创立时，出资者认缴的出资额全部记入“实收资本”科目。

在小企业重组并有新的投资者加入时，为了维护原有投资者的权益，新加入的投资者的出资额，并不一定全部作为实收资本处理。这是因为，在小企业正常经营过程中投入的资金虽然与小企业创立时投入的资金在数量上一样，但其获利能力却不相同。小企业创立时，要经过筹建、试生产经营、为产品寻找市场、开辟市场等过程，从投入资金到取得投资回报，中间需要许多时间，并且这种投资具有风险性，在这个过程中资本利润率很低。而小企业进行正常生产经营后，在正常情况下，资本利润率要高于初创阶段。而这高于初创阶段的资本利润率是初创时必要的垫支资本带来的，小企业创办者为此付出了代价。因此，相同数量的投资，由于出资时间不同，其对小企业的影响程度不同，由此而带给投资者的权利也不同，往往早期出资带给投资者的权利要大于后期出资带给投资者的权利。所以，新加入的投资者要付出大于原投资者的出资额，才能取得与原投资者相同的投资比例。另外，不仅原投资者原有投资从质量上发生了变化，而且从数量上也可能发生变化。这是因为小企业经营过程中实现利润的一部分留在企业，形成留存收益，而留存收益也属于所有者权益，但其未转入实收资本。新加入的投资者如与原投资者共享这部分留存收益，也要求其付出大于原投资者的出资额，才能取得与原投资者相同的投资比例。投资者投入的资本中按其投资比例计算的出资额部分，应记入“实收资本”科目，大于部分应记入“资本公积”科目。

**2. 股本溢价**

股份有限公司是以发行股票的方式筹集股本的，股票是小企业签发的证明股东按其所持股份享有权利和承担义务的书面证明。由于股东按其所持小企业股份享有权利和承担义务，为了反映和便于计算各股东所持股份占企业全部股本的比例，小企业的股本总额应按股票的面值与股份总数的乘积计算。为提供小企业股本总额及其构成和注册资本等信息，在采用与股票面值相同的价格发行股票的情况下，小企业发行股票取得的收入，应全部记入“股本”科目；在采用溢价发行股票的情况下，小企业发行股票取得的收入，相当于股票面值的部分记入“股本”科目，超出股票面值的溢价收入记入“资本公积”科目。委托证券商代理发行股票而支付的手续费、佣金等，应从溢价发行收入中扣除，小企业应按扣除手续费、佣金后的数额记入“资本公积”科目。

小企业用资本公积转增资本，应当冲减资本公积。小企业的资本公积不得用于弥补亏损。为了核算小企业资本公积的增减变动情况，企业应该设置“资本公积”科目。该科目贷方发生额表示资本公积的增加数额，借方发生额表示资本公积的减少数额，期末贷方余额反映小企业的资本公积总额。

资本公积的主要账务处理如下。

（1）小企业收到投资者的出资，借记“银行存款”“其他应收款”“固定资产”“无形资产”等科目；按照其在注册资本中所占的份额，贷记“实收资本”科目；按照其差额，贷记“资本公积”科目。

（2）用资本公积转增资本，借记“资本公积”科目，贷记“实收资本”科目。

（3）根据有关规定减少注册资本，借记“实收资本”“资本公积”等科目，贷记“库存现金”“银行存款”等科目。

**【例 11-2】**承接**【例 11-1】**，2×22 年 11 月 1 日，新华公司为扩大经营规模，将资本公积 300 000 元转增资本。新华公司的会计处理如下。

借：资本公积——资本溢价　　　　300 000

　　贷：实收资本　　　　300 000

# 11.4　留存收益

## 11.4.1　盈余公积

盈余公积，是指小企业按照法律规定在税后利润中提取的法定公积金和任意公积金。

### 1. 净利润分配顺序

根据《公司法》等有关法律的规定，小企业当年实现的净利润，一般应当按照如下顺序进行分配。

（1）提取法定公积金。

公司制小企业的法定公积金按照税后利润的 10% 的比例提取（非公司制小企业也可按照超过 10% 的比例提取），在计算提取法定公积金的基数时，不应包括小企业年初未分配利润。公司法定公积金累计额为公司注册资本的 50% 以上时，可以不再提取法定公积金。

公司的法定公积金不足以弥补以前年度亏损的，在提取法定公积金之前，应当先用当年利润弥补亏损。

（2）提取任意公积金。

公司从税后利润中提取法定公积金后，经股东会或者股东大会决议，还可以从税后利润中提取任意公积金。非公司制小企业经类似权力机构批准，也可提取任意公积金。

（3）向投资者分配利润或股利。

公司弥补亏损和提取公积金后所余税后利润，有限责任公司股东按照实缴的出资比例分取红利，但是，全体股东约定不按照出资比例分取红利的除外；股份有限公司按照股东持有的股份比例分配，但股份有限公司章程规定不按持股比例分配的除外。

股东会、股东大会或者董事会违反规定，在公司弥补亏损和提取法定公积金之前向股东分配利润的，股东必须将违反规定分配的利润退还公司。公司持有的本公司股份不得分配利润。

盈余公积，是指企业按照规定从净利润中提取的各种积累资金。公司制小企业的盈余公积分为法定公积金和任意公积金。两者的区别就在于其各自计提的依据不同。法定公积金以国家的法律或行政规章为依据提取，任意公积金则由小企业自行决定提取。

**2. 提取盈余公积的作用**

小企业提取盈余公积主要可以用于以下几个方面。

（1）弥补亏损。

小企业发生亏损时，应由小企业自行弥补。弥补亏损的渠道主要有 3 条。一是用以后年度税前利润弥补。按照现行制度规定，小企业发生亏损时，可以用以后 5 年内实现的税前利润弥补，即税前利润弥补亏损的期间为 5 年。二是用以后年度税后利润弥补。小企业发生的亏损经过 5 年期限未足额弥补的，尚未弥补的亏损应用所得税后的利润弥补。三是以盈余公积弥补亏损。小企业以提取的盈余公积弥补亏损时，应当由公司董事会提议，并经股东大会或类似权力机构批准。

（2）转增资本。

小企业将盈余公积转增资本时，必须经股东大会或类似权力机构决议批准。在实际将盈余公积转增资本时，要按股东原有持股比例结转。

小企业提取的盈余公积，无论是用于弥补亏损，还是用于转增资本，只不过是在小企业所有者权益内部做结构上的调整。比如小企业以盈余公积弥补亏损时，实际是减少盈余公积留存的数额，以此抵补未弥补亏损的数额，并不引起小企业所有者权益总额的变动。

（3）扩大小企业生产经营。

盈余公积的用途，并不是指其实际占用形态，提取盈余公积也并不是单独将这部分资金从小企业资金周转过程中抽出。小企业盈余公积的结存数，实际上只表现为小企业所有者权益的组成部分，表明小企业生产经营资金的一个来源而已。其形成的资金可能表现为一定的货币资金，也可能表现为一定的实物资产，如存货和固定资产等，随同小企业的其他来源所形成的资金进行循环周转，用于小企业的生产经营。

### 3. 会计处理

为了反映盈余公积的形成及使用情况，小企业应设置“盈余公积”科目。本科目核算小企业（公司制）按照公司法规定在税后利润中提取的法定公积金和任意公积金。小企业（外商投资）按照法律规定在税后利润中提取储备基金和企业发展基金也在本科目核算。“盈余公积”科目应当分别以“法定盈余公积”“任意盈余公积”进行明细核算。小企业（外商投资）还应当分别以“储备基金”“企业发展基金”进行明细核算。小企业（中外合作经营）根据合同约定在合作期间归还投资者的投资，应在“盈余公积”科目设置“利润归还投资”明细科目进行核算。“盈余公积”科目贷方发生额表示小企业按照规定提取的各项盈余公积的数额，借方发生额表示小企业盈余公积的减少和使用情况；期末贷方余额，反映小企业（公司制）的法定公积金和任意公积金总额，小企业（外商投资）的储备基金和企业发展基金总额。

盈余公积的主要账务处理如下。

（1）小企业（公司制）按照公司法规定提取法定公积金和任意公积金，借记“利润分配——提取法定盈余公积”“利润分配——提取任意盈余公积”科目，贷记“盈余公积——法定盈余公积”“盈余公积——任意盈余公积”科目。

小企业（外商投资）按照规定提取储备基金、企业发展基金，借记“利润分配——提取储备基金”“利润分配——提取企业发展基金”科目，贷记“盈余公积——储备基金”“盈余公积——企业发展基金”科目。

小企业按照规定提取职工奖励及福利基金，借记“利润分配——提取职工奖励及福利基金”科目，贷记“应付职工薪酬”科目。

（2）用盈余公积弥补亏损或者转增资本，借记“盈余公积”科目，贷记“利润分配——盈余公积补亏”或“实收资本”科目。

（3）小企业（中外合作经营）根据合同规定在合作期间归还投资者的投资，应当按照实际归还投资的金额，借记“实收资本——已归还投资”科目，贷记“银行存款”等科目；同时，借记“利润分配——利润归还投资”科目，贷记“盈余公积——利润归还投资”科目。

**【例 11-3】**某小企业 2×22 年实现税后利润 8 000 000 元，按 10% 的比例提取法定盈余公积，5% 的比例提取任意盈余公积；同时，决定提取 200 000 元作为储备基金，300 000 元作为职工奖励及福利基金。该小企业的会计处理如下。

（1）提取法定及任意盈余公积。

借：利润分配——提取法定盈余公积　　800 000
　　　　　　——提取任意盈余公积　　400 000
　贷：盈余公积——法定盈余公积　　800 000
　　　　　　——任意盈余公积　　400 000

（2）提取储备基金、职工奖励及福利基金。

借：利润分配——提取储备基金　　200 000
　　　　　　——提取职工奖励及福利基金　　300 000
　贷：盈余公积——储备基金　　200 000
　　　应付职工薪酬　　300 000

**【例 11-4】**某小企业 2×22 年归还 A 企业的投资额，共计 350 000 元，用银行存款支付。该小企业的会计处理如下。

借：实收资本——已归还投资　　350 000
　贷：银行存款　　350 000
借：利润分配——利润归还投资　　350 000
　贷：盈余公积——利润归还投资　　350 000

### 11.4.2 未分配利润

未分配利润，是指小企业实现的净利润，经过弥补亏损、提取法定公积金和任意公积金、向投资者分配利润后，留存在本企业的、历年结存的利润。相对于所有者权益的其他部分来讲，小企业对于未分配利润的使用和分配有较大的自主权。从数量上来讲，未分配利润是期初未分配利润，加上本期实现的净利润，减去提取的各种盈余公积和分配利润后的余额。

在会计处理上，未分配利润是通过“利润分配”科目进行核算的，“利润分配”科目应当分别以“提取法定盈余公积”“提取任意盈余公积”“应付现金股利或利润”“转作股本的股利”“盈余公积补亏”“未分配利润”等进行明细核算。

未分配利润有关的会计处理如下。

### 1. 分配股利或利润的会计处理

经股东大会或类似机构决议，分配给股东或投资者的现金股利或利润，借记“利润分配——应付现金股利或利润”科目，贷记“应付股利”科目。经股东大会或类似机构决议，分配给股东的股票股利，应在办理增资手续后，借记“利润分配——转作股本的股利”科目，贷记“股本”科目。

### 2. 期末结转的会计处理

小企业期末结转利润时，应将各损益类科目的余额转入“本年利润”科目，结平各损益类科目。结转后“本年利润”科目的贷方余额为当期实现的净利润，借方余额为当期发生的净亏损。年度终了，应将本年收入和支出相抵后结出的本年实现的净利润或净亏损，转入“利润分配——未分配利润”科目；同时，将“利润分配”科目所属的其他明细科目的余额，转入“未分配利润”明细科目。结转后，“未分配利润”明细科目的贷方余额，就是未分配利润的金额；如出现借方余额，则表示未弥补亏损的金额。“利润分配”科目所属的其他明细科目应无余额。

### 3. 弥补亏损的会计处理

小企业在生产经营过程中既有可能发生盈利，也有可能出现亏损。小企业在当年发生亏损的情况下，与实现利润的情况相同，应当将本年发生的亏损自“本年利润”科目，转入“利润分配——未分配利润”科目，借记“利润分配——未分配利润”科目，贷记“本年利润”科目；结转后“利润分配”科目的借方余额，即为未弥补亏损的数额。

**【例 11–5】**新华公司（小企业）年初未分配利润为 1 000 000 元，本年实现净利润为 500 000 元，本年提取法定盈余公积 50 000 元，宣告发放现金股利 100 000 元。假定不考虑其他因素，新华公司的会计处理如下。

（1）结转本年利润。

借：本年利润　　500 000

　　贷：利润分配——未分配利润　　500 000

（2）提取法定盈余公积、宣告发放现金股利。

借：利润分配——提取法定盈余公积　　50 000

　　　　　　——应付股利　　100 000

　　贷：盈余公积　　50 000

　　　　应付股利　　100 000

借：利润分配——未分配利润　　150 000

　　贷：利润分配——提取法定盈余公积　　50 000

　　　　　　　　——应付股利　　100 000

年末，“利润分配——未分配利润”科目的余额 =1 000 000+500 000−150 000=1 350 000（元）。

# 第 12 章
# 收入

## 12.1　收入的定义及其分类

### 12.1.1　收入的定义

依据《小企业会计准则》第五十八条的规定，收入，是指小企业在日常生产经营活动中形成的、会导致所有者权益增加、与所有者投入资本无关的经济利益的总流入。

分析上述收入的概念，我们认为，小企业的收入具备以下 3 个特点。

（1）收入是在小企业日常经营活动中形成的。日常经营活动是指小企业为完成其生产经营目标所从事的经常性活动以及与之相关的其他活动。例如，工业企业制造并销售商品、商业企业销售商品、安装公司提供安装服务等，都是为完成生产经营目标而从事的经常性活动。小企业处置固定资产、无形资产等活动，不是为完成生产经营目标而从事的经常性活动，由此产生的经济利益的总流入也就不能构成收入的组成部分，而应确认为营业外收入。

（2）与收入相关的经济利益流入应当会导致所有者权益的增加。如果经济利益的流入没有导致所有者权益增加，则该项流入不应当被确认为收入。比如，某小企业向银行借了一笔款项，也会导致企业经济利益的流入。但是，该项流入并不导致所有者权益的增加，反而使小企业的现时义务增加了，应当确认为负债。再比如，为客户代购的旅游门票、飞机票，等等，也不属于收入。

（3）收入是与所有者投入资本无关的经济利益的总流入。例如，小企业销售商品，只有收到现金或者在未来有权收到现金，才说明该交易符合收入的定义。在会计中，由所有者投入资本增加的经济利益的流入应当确认为所有者权益，不应当确认为收入。

### 12.1.2 收入的分类

根据小企业从事日常经营活动的性质，可以将小企业的收入分为销售商品收入和提供劳务收入。其中，销售商品收入，是指小企业销售商品（或产成品、材料，下同）取得的收入。提供劳务收入，是指小企业从事建筑安装、修理修配、交通运输、仓储租赁、邮电通信、咨询经纪、文化体育、科学研究、技术服务、旅游娱乐、加工以及其他劳务服务活动取得的收入。

根据小企业从事日常经营活动在小企业内部的重要性，可以将小企业的收入分为主营业务收入、其他业务收入等。主营业务收入，是指小企业为了完成其生产经营目标从事的经常性活动实现的收入。其他业务收入，是指小企业为了完成其生产经营目标从事的与经常性活动相关的活动实现的收入。

## 12.2 销售商品收入

依据《小企业会计准则》第五十九条的规定，销售商品收入，是指小企业销售商品（或产成品、材料，下同）取得的收入。

### 12.2.1 销售商品收入的确认

根据《小企业会计准则》第五十九条的规定，通常，小企业应当在发出商品且收到货款或取得收款权利时，确认销售商品收入。①销售商品采用托收承付方式的，在办妥托收手续时确认收入。②销售商品采取预收款方式的，在发出商品时确认收入。③销售商品采用分期收款方式的，在合同约定的收款日期确认收入。④销售商品需要安装和检验的，在购买方接受商品以及安装和检验完毕时确认收入。安装程序比较简单的，可在发出商品时确认收入。⑤销售商品采用支付手续费方式委托代销的，在收到代销清单时确认收入。⑥销售商品以旧换新的，销售的商品作为商品销售处理，回收的商品作为购进商品处理。⑦采取产品分成方式取得的收入，在分得产品之日按照产品的市场价格或评估价值确定销售商品收入金额。

这一收入原则表明，小企业确认销售商品收入有两个条件：一是物权的转移，表现为发出商品；二是收到货款或者取得收款权利。这两个条件是经济利益能够流入小企业的最直接的标志。小企业销售商品需要同时满足这两个条件才可以确认销售收入。发出商品通常是指小企业将所销售的商品交付给购买方或者购买方已经提取了所购商品，但所售商品是否离开企业并不是发出商品的必要条件。

需要注意，在收入确认条件方面，《企业会计准则》比《小企业会计准则》更为严格。《企业会计准则》规定，当企业与客户之间的合同同时满足下列条件时，企业应当在客户取得相关商品控制权时确认收入：

（1）合同各方已批准该合同并承诺将履行各自义务；

（2）该合同明确了合同各方与所转让商品或提供劳务（以下简称“转让商品”）相关的权利和义务；

（3）该合同有明确的与所转让商品相关的支付条款；

（4）该合同具有商业实质，即履行该合同将改变企业未来现金流量的风险、时间分布或金额；

（5）企业因向客户转让商品而有权取得的对价很可能收回。

**【例 12-1】**甲企业于 2×22 年 9 月 1 日向乙公司销售了一批货物，该批货物已经发出。在销售前，甲企业就已经知道乙企业资金周转困难的事实。然而，出于减少存货积压，同时维持与乙企业合作关系的考虑，甲企业仍将货物发出，并办妥了托收手续。

在该例中，乙企业资金周转困难，所以甲企业没有收到货款或者取得收款权利，该项销售不符合小企业收入确认的条件。只有当乙企业的资金好转，甲企业才能确认收入。

### 12.2.2　销售商品收入确认的会计处理

#### 1. 通常情况下的销售

小企业实现商品销售收入时，应该按照已经确定的合同或协议价款和代收取的增值税销项税额，借记“银行存款”“应收账款”“应收票据”等科目；按确定的收入金额，贷记“主营业务收入”“其他业务收入”等科目；按照代收取的增值税销项税额，贷记“应交税费——应交增值税（销项税额）”等科目。在确定收入当时或者期末（月末），按已销商品的账面价值结转销售成本，借记“主营业务成本”“其他业务成本”等科目，贷记“库存商品”“原材料”等科目。小企业应缴纳的相关税费，应在销售商品的同时，按相关税费金额，借记“税金及附加”科目，贷记“应交税费”科目。月末，可以将“税金及附加”科目的余额转入“本年利润”科目，结转后“税金及附加”科目应该无余额。

**【例 12-2】**甲公司是一家小企业，于2×22年9月1日向乙企业销售了一批商品，该批商品的生产成本为250 000元，增值税专用发票上记载的价格为320 000元，增值税为41 600元。乙企业收到该商品并已验收入库，但尚未支付款项。甲公司的账务处理如下。

借：应收账款——乙企业　361 600
　贷：主营业务收入　320 000
　　应交税费——应交增值税（销项税额）　41 600
借：主营业务成本　250 000
　贷：库存商品　250 000

**2. 涉及销售折扣、销售折让的销售**

在生产经营过程中，小企业经常会遇到销售折扣、销售折让的问题，当遇到这些问题时，应当分情况处理。

（1）现金折扣，是指债权人为了鼓励债务人在规定的期限内付款而向债务人提供的债务折扣。现金折扣一般用“折扣率 / 付款期限”表示，例如“2/10，1/20，*N*/30”表示：销货方允许客户最长的付款期限是30天；如果客户在10天内付款，销货方可按照商品售价给予客户2%的折扣；如果客户在第11天至20天付款，销货方可按照商品售价给予客户1%的折扣；如果客户在第21天至30天付款，将不能享受现金折扣。

销售商品涉及现金折扣的，应当按照扣除现金折扣前的金额确定销售商品收入金额。现金折扣应当在实际发生时，计入当期损益。购货方实际获得的现金折扣，应当冲减财务费用。小企业应按照收到的金额，借记“银行存款”等科目；按照应给予的现金折扣，借记“财务费用”科目；按应收的账款金额，贷记“应收账款”“应收票据”等科目。

**【例 12-3】**甲企业在2×22年9月1日向乙企业销售一批商品，合同规定的销售价款为100 000元，增值税销项税额为13 000元。甲企业已经开出发票并发出商品。根据合同约定，产品赊销期限为30天，现金折扣条件为“2/10，1/20，*N*/30”，计算现金折扣时不包括增值税。甲企业的账务处理如下。

①甲企业于 9 月 1 日确认销售收入。

借：应收账款——乙企业　　113 000

　　贷：主营业务收入　　100 000

　　　　应交税费——应交增值税（销项税额）　　13 000

②乙企业在 10 天内付款，可按照商品售价的 2% 得到现金折扣。现金折扣 = 100 000×2%=2 000（元）。

借：银行存款　　111 000

　　财务费用　　2 000

　　贷：应收账款——乙企业　　113 000

③乙企业在第 10 天到 20 天付款，可按照商品售价的 1% 得到现金折扣。现金折扣 =100 000×1%=1 000（元）。

借：银行存款　　112 000

　　财务费用　　1 000

　　贷：应收账款——乙企业　　113 000

④乙企业在第 21 天到 30 天付款，无法再得到现金折扣。

借：银行存款　　113 000

　　贷：应收账款——乙企业　　113 000

（2）商业折扣，是指小企业为了促进商品销售而在商品标价上给予的价格折扣。商业折扣通常根据购货方不同的购货数量而给予不同的折扣比率。例如，有些小企业为了鼓励客户多买商品，规定一次性买 10 件及以上可以给予 10% 的折扣；有些小企业为了尽快出售残次品或者即将过期的商品，进行降价打折销售。

由于商品标价扣除折扣后的金额，为双方的实际交易金额，因此小企业销售商品采用商业折扣的，应当按照扣除商业折扣后的金额确定销售商品收入金额，商业折扣并不影响销售业务的会计处理。

**【例 12-4】**甲企业促销一批 A 商品，原价为 50 元 / 件。甲企业规定，如果一次性购买 500 件以上，将提供 10% 的商业折扣，增值税税率为 13%。乙企业一次性购买了 1 000 件 A 商品，符合商业折扣的条件。则甲企业开出发票上的销售价格为 1 000×50×（1-10%）=45 000（元），增值税销项税额为 45 000×13%=5 850（元）。甲企业的账务处理如下。

借：应收账款——乙企业　　50 850

　　贷：主营业务收入　　45 000

　　　　应交税费——应交增值税（销项税额）　　5 850

（3）销售折让，是指小企业因出售商品的质量不合格等原因而在售价上给予的减让。发生在销售确认之前的折让，其处理方式相当于商业折扣，只要按扣除销售折让后的金额确认收入即可。小企业已经确认销售商品收入的售出商品发生的销售折让，应当在发生时冲减当期销售商品收入。发生销售折让时，如按规定允许扣减当期销项税额的，应同时冲减“应交税费——应交增值税（销项税额）”科目。

**【例 12-5】**甲企业向乙企业销售了一批商品，增值税专用发票上注明的销售价格为 50 000 元，增值税为 6 500 元。乙企业在验收过程中，发现甲企业的商品不合格，遂要求甲企业在价格上给予 10% 的折让。甲企业已确认销售收入，取得了税务机关开具的红字增值税专用发票。甲企业的账务处理如下。

（1）销售实现时。

借：应收账款——乙企业　　56 500

　　贷：主营业务收入　　50 000

　　　　应交税费——应交增值税（销项税额）　　6 500

（2）发生销售折让时。

借：主营业务收入　　5 000

　　应交税费——应交增值税（销项税额）　　650

　　贷：应收账款——乙企业　　5 650

**3. 涉及销售退回的销售**

销售退回，是指小企业售出的商品由于质量、品种不符合要求等原因发生的退货。对于销售退回，应当分两种情况处理。

（1）小企业尚未确认销售商品收入，则对于已发出商品的退回，不进行账务处理。

（2）小企业已经确认销售商品收入，则对于售出商品发生的销售退回（不论属于本年度还是以前年度的销售），应当在发生时冲减当期销售商品收入、销售成本等。企业发生销售退回，应按冲减的销售收入额，借记“主营业务收入”科目；按允许扣减的当期增值税销项税额，借记“应交税费——应交增值税（销项税额）”科目；按已收或应收的金额，贷记“应收账款”“银行存款”“应付账款”等科目。

本月发生的销售退回，应单独计算退回商品的成本，借记“库存商品”等科目，贷记“主营业务成本”科目。如果本月销售商品尚未结转成本的，也可以直接从本月的销售商品数量中减去。如果该项销售发生了现金折扣，应在退回当月一并处理。

**【例 12-6】**甲企业在 2×22 年 9 月 10 日向乙企业销售一批 B 商品，增值税专用发票上注明的售价是 50 000 元，增值税税额为 6 500 元，销售成本为 20 000 元，货款已收回，并于 2×19 年 9 月 30 日存入银行。该商品因质量问题被乙企业退回，甲企业当日支付有关款项。甲企业的会计处理如下。

（1）9 月 10 日销售实现时。

借：应收账款——乙企业　　56 500
　　贷：主营业务收入　　50 000
　　　　应交税费——应交增值税（销项税额）　　6 500
借：主营业务成本　　20 000
　　贷：库存商品　　20 000

（2）9 月 30 日发生销售退回时。

借：主营业务收入　　50 000
　　应交税费——应交增值税（销项税额）　　6 500
　　贷：应收账款——乙企业　　56 500
借：库存商品　　20 000
　　贷：主营业务成本　　20 000

#### 4. 托收承付方式下的销售

托收承付，是指企业根据购销合同发货后，委托开户银行向异地付款单位收取款项，由购货方验单或验货后向开户银行承诺付款的销售行为。小企业办妥托收手续时通常表明商品所有权上的主要风险和报酬已经转移给了购货方，因此，销货方应该在办妥了托收手续时确认收入。

**【例 12-7】**甲企业向乙企业销售一批 C 商品，生产成本为 20 000 元，销售价格为 50 000 元，增值税税额为 6 500 元，合同采用托收承付的结算方式。甲企业按合同约定的品种和质量发出商品后，向银行办妥托收手续。甲企业的账务处理如下。

借：应收账款——乙企业　　56 500
　　贷：主营业务收入　　50 000
　　　　应交税费——应交增值税（销项税额）　　6 500
借：主营业务成本　　20 000
　　贷：库存商品　　20 000

**5. 涉及预收款的销售**

预收款销售，是指小企业在商品交付之前按合同约定先收取部分货款作为预收款的销售方式。采用预收款方式销售商品，交付商品和收到货款在时间上不一致，但是我们认为小企业在发出商品时，其商品所有权上的主要风险和报酬都已经转移给购货方，因此应当在小企业发出商品时确认收入，在此之前收到的货款应该确认为负债。

**【例 12-8】**甲企业与乙企业签订了一份协议。根据协议内容，甲企业采用预收款的方式向乙企业销售一批商品，该批商品的实际成本是 50 000 元。根据协议内容约定，该批商品的销售价格为 100 000 元，增值税为 13 000 元；乙企业应该在协议签订日预付 50% 的货款，剩余 50% 的货款于 2 个月后支付，甲企业会在收到全部货款后给乙企业开具增值税专用发票。甲企业的账务处理如下。

（1）预收 50% 货款时。

借：银行存款　　56 500
　　贷：预收账款　　56 500

（2）收到剩余货款并发出商品时。

借：预收账款　　56 500
　　银行存款　　56 500
　　贷：主营业务收入　　100 000
　　　　应交税费——应交增值税（销项税额）　　13 000
借：主营业务成本　　50 000
　　贷：库存商品　　50 000

**6. 委托代销方式下的销售**

小企业委托代销新产品，往往将新产品委托代理商代销，待商品销售后再结算货款。小企业进行委托代销时，往往要事先签订委托代销合同，合同上注明货款的结算方式和时间以及商品的质量和保管责任。委托代销商品分为以下两种情况处理。

（1）视同买断方式。视同买断方式是指，委托方和受托方签订合同或协议，委托方按合同或协议收取代销的货款，实际售价由受托方自定，实际售价与合同或协议价之间的差额归受托方所有。如果受托方和委托方之间的协议明确标明，受托方在取得代销商品后，无论是否能够卖出、是否获利，均与委托方无关，那么，委托方和受托方之间的代销商品交易，与委托方直接销售商品给受托方没有实质区别。这样，在符合销售收入确认条件时，委托方应确认相关销售商品收入。

如果委托方与受托方之间的协议明确标明，将来受托方没有将商品售出时可以将商品退回给委托方，或受托方因代销商品出现亏损时可以要求委托方赔偿，那么，委托方在交付商品时通常不确认收入，受托方也不做购进商品处理；受托方将商品销售后，按实际售价确认销售收入，并向委托方开具代销清单，委托方收到代销清单时，再确认本企业的销售收入。

**【例 12-9】**甲企业委托乙企业销售商品 100 件，协议价是 200 元 / 件，成本为 120 元 / 件。代销协议规定，乙企业在取得代销商品后，无论是否卖出、是否获利，均与甲企业无关。这批商品均已发出，货款尚未收到。甲企业开出的增值税专用发票上注明的增值税税额为 2 600 元。甲企业的账务处理如下。

|  |  |  |
|---|---|---|
| 借：应收账款——乙企业 | 22 600 | |
| 　　贷：主营业务收入 | | 20 000 |
| 　　　　应交税费——应交增值税（销项税额） | | 2 600 |
| 借：主营业务成本 | 12 000 | |
| 　　贷：库存商品 | | 12 000 |

（2）支付手续费方式。支付手续费方式，是指受托方根据代销商品的数量向委托方收取手续费的销售方式。受托方收取的手续费属于劳务收入。在这种销售方式下，委托方应在收到受托方交付的商品代销清单时确认销售收入；受托方则按应收取的手续费确认收入。

**【例 12-10】**甲企业委托丙企业销售商品 200 件，商品已发出，每件成本 60 元。合同约定应按每件 100 元对外销售，甲企业按不含增值税的售价的 10% 向丙企业收取手续费。丙企业实际对外销售 100 件，开出的增值税专用发票上注明的销售价款为 10 000 元，增值税税额为 1 300 元，款项已经收到。甲企业收到丙企业开具的代销清单时，向丙企业开具一张相同金额的增值税专用发票。假定甲企业发出商品时纳税义务尚未发生，甲企业的账务处理如下。

（1）发出商品时不需要进行会计核算。

（2）收到代销清单时。

借：应收账款——丙企业　　11 300

　贷：主营业务收入　　10 000

　　应交税费——应交增值税（销项税额）　　1 300

借：主营业务成本　　6 000

　贷：库存商品　　6 000

借：销售费用　　1 000

　贷：应收账款　　1 000

（3）收到丙企业支付的货款时。

借：银行存款　　10 300

　贷：应收账款　　10 300

**7. 涉及以旧换新的销售**

如果商品涉及以旧换新的方式取得收入，则销售的商品作为商品销售处理，回收的商品作为购进商品处理。销售货物与收回旧货是两项不同的业务活动，销售额与收购额不能相互抵减。

**【例 12-11】**甲企业积极响应我国政府有关部门倡导的家电以旧换新的相关政策，积极开展家电的以旧换新业务。2×19年9月，甲企业共销售洗衣机100台，每台不含增值税销售价格为4 000元，每台销售成本为2 500元。同时回收100台旧型号洗衣机，每台旧洗衣机的回收价格是452元（含增值税），款项均已收付。甲企业的会计处理如下。

（1）2×19年9月，甲企业销售100台洗衣机。

借：银行存款　　452 000

　贷：主营业务收入　　400 000

　　应交税费——应交增值税（销项税额）　　52 000

借：主营业务成本　　250 000

　贷：库存商品——洗衣机　　250 000

（2）2×19年9月，甲企业回收100台旧洗衣机。

借：原材料　　　　　　　　　　　　　　40 000
　　应交税费——应交增值税（进项税额）　　5 200
　　贷：银行存款　　　　　　　　　　　　　　45 200

**8. 特殊方式下的销售**

（1）采用产品分成方式销售。

产品分成，即多家企业在合作进行生产经营的过程中，合作各方对合作生产出的产品按照约定进行分配，并以此作为生产经营收入。由于产品分成是一种以实物代替货币作为收入的销售方式，而产品的价格又随着市场供求关系而波动，因此只有在分得产品的时刻才能确认收入的实现，才能够体现生产经营的真实所得。

采取产品分成方式销售的，按照企业分得产品的日期确认收入的实现，其收入额按照产品的公允价值确定。

（2）分期收款销售。

分期收款销售，是指商品已经销售，货款按期收回的销售方式。销售商品采用分期收款方式的，应当在合同约定的收款日期确认收入。

从理论上讲，企业对这种销售方式形成收入的确认应充分考虑货币时间价值。但从现实条件讲，由于现值确定比较复杂，包括诸多不确定性，因此，企业可以按照约定的收款日期分期确认销售收入。

（3）商品需要安装检验的销售。

如果销售商品需要安装和检验的，应在购买方接受商品以及安装和检验完毕时确认收入。如果安装程序比较简单，可以在发出商品时确认收入。

## 12.3 提供劳务收入

依据《小企业会计准则》第六十二条的规定，小企业提供劳务的收入，是指小企业从事建筑安装、修理修配、交通运输、仓储租赁、邮电通信、咨询经纪、文化体育、科学研究、技术服务、教育培训、餐饮住宿、中介代理、卫生保健、社区服务、旅游、娱乐、加工以及其他劳务服务活动取得的收入。

### 12.3.1 提供劳务收入的确认和计量

小企业提供劳务确认收入，其原则与小企业销售商品确认收入的原则基本相同，除此之外应按以下规定确认收入。

#### 1. 同年度完成的劳务

同年度完成的劳务，是指劳务的开始和完成在同一年度。依据《小企业会计准则》第六十三条的规定，同一会计年度内开始并完成的劳务，应当在提供劳务交易完成且收到款项或取得收款权利时，确认提供劳务收入。提供劳务收入的金额通常为从接受劳务方已收或应收的合同或协议价款。

小企业在取得收入时，应按已收或应收的金额，借记"银行存款""应收账款"等科目；按实现的劳务服务收入，贷记"主营业务收入"科目；按应缴纳的增值税，贷记"应交税费——应交增值税（销项税额）"科目；同时结转成本。如果小企业对外提供的劳务属于企业的主营业务，所实现的收入应作为主营业务收入处理，结转的相关成本应作为主营业务成本处理；如果属于主营业务以外的其他经营活动，所实现的收入应作为其他业务收入处理，结转的相关成本应作为其他业务成本处理。小企业对外提供劳务所发生的支出可以通过"劳务成本"科目核算，待确认为费用时，从"劳务成本"科目转入"主营业务成本"或"其他业务成本"科目。

**【例 12-12】**2×22 年 8 月 9 日，甲企业接受一项安装任务，合同总价款为 100 000元，实际发生安装成本60 000元，均为职工薪酬。假定安装业务属于甲企业的主营业务。甲企业的账务处理如下。

（1）甲企业当月可以完工。

借：应收账款　　100 000

　　贷：主营业务收入　　100 000

借：主营业务成本　　60 000

　　贷：应付职工薪酬　　60 000

（2）甲企业于10月底完工。

8～10月发生成本时。

借：劳务成本　　60 000

　　贷：应付职工薪酬　　60 000

10 月安装完成确认所提供的劳务收入并结转该项劳务总成本时。

借：应收账款　　　　　　　　　　　100 000

　　贷：主营业务收入　　　　　　　　　　100 000

借：主营业务成本　　　　　　　　　　60 000

　　贷：劳务成本　　　　　　　　　　　　60 000

**2. 跨年度完成的劳务**

跨年度完成的劳务，是指劳务的开始和完成在不同的年度。依据《小企业会计准则》第六十三条的规定，劳务的开始和完成分属不同会计年度的，应当按照完工进度确认提供劳务收入。年度资产负债表日，按照提供劳务收入总额乘以完工进度扣除以前年度累计已确认提供劳务收入后的金额，确认本年度的提供劳务收入；同时，按照估计的提供劳务成本总额乘以完工进度扣除以前会计年度累计已确认营业成本后的金额，结转本年度营业成本。用公式表示如下。

劳务的完工进度 = 本年实际发生的成本费用 ÷ 完工总费用 ×100%

本年确认的收入 = 劳务总收入 × 本年末止劳务的完工进度 − 以前年度已确认的收入

本年确认的成本 = 劳务总成本 × 本年末止劳务的完工进度 − 以前年度已确认的成本

完工进度法，是指按照提供劳务交易的完工进度确认收入和成本的方法。在这种方法下，确认的提供劳务收入金额能够提供各个会计期间关于提供劳务交易及其业绩的有用信息。

在跨年度的提供劳务收入的情况下，企业应按计算确定的提供劳务收入的金额，借记“应收账款”“银行存款”等科目，贷记“主营业务收入”科目。结转提供劳务成本时，借记“主营业务成本”科目，贷记“劳务成本”科目。

**【例 12-13】**甲企业在 2×16 年 12 月 1 日接受了一项设备安装服务，并于当天开始安装设备。根据合同规定，设备安装费用总额为 70 000 元。12 月实际发生安装成本 20 000 元，其中支付安装人员薪酬 8 000 元，领用库存原材料 12 000 元。估计下一年 1 月安装完成，发生安装成本 12 000 元。2×17 年 1 月 31 日，设备安装完成。1 月发生安装成本 12 000 元，其中支付安装人员薪酬 6 000 元，领用库存原材料 6 000 元。甲企业按实际发生的劳务成本占总劳务成本的比例确定完工进度。甲企业的账务处理如下。

（1）2×16年12月31日，根据劳务完工进度，确认收入并结转成本。

劳务完工进度=20 000÷（20 000+12 000）×100%=62.5%

应确认的劳务收入=70 000×62.5%=43 750（元）

应结转的劳务成本=（20 000+12 000）×62.5%=20 000（元）

借：应收账款　　43 750

　　贷：主营业务收入　　43 750

借：主营业务成本　　20 000

　　贷：应付职工薪酬　　8 000

　　　　原材料　　12 000

（2）2×17年1月31日，确认剩余收入并结转成本。

应确认的劳务收入=70 000×（1−62.5%）=26 250（元）

应确认的劳务成本=12 000（元）

借：应收账款　　26 250

　　贷：主营业务收入　　26 250

借：主营业务成本　　12 000

　　贷：应付职工薪酬　　6 000

　　　　原材料　　6 000

### 12.3.2　销售商品和提供劳务的拆分

小企业与其他企业签订的合同或协议，有时既包括销售商品又包括提供劳务，如销售电梯的同时负责安装工作、销售软件后续提供技术支持、设计产品的同时负责生产等。

依据《小企业会计准则》第六十四条的规定，小企业与其他企业签订的合同或协议包含销售商品和提供劳务时，销售商品部分和提供劳务部分能够区分且能够单独计量的，应当将销售商品的部分作为销售商品处理，将提供劳务的部分作为提供劳务处理。销售商品部分和提供劳务部分不能够区分，或虽能区分但不能够单独计量的，应当作为销售商品处理。

**【例12-14】**甲企业与乙企业签订合同，向乙企业销售一部电梯并负责安装。甲企业开出的增值税专用发票上注明的价款合计为100 000元，其中电梯的销售价格为98 000元，安装费为2 000元，增值税为13 000元。电梯的成本为56 000元。电梯安装过程中发生的安装费为1 200元，均为安装人员薪酬。假定电梯已经安装完成并经验收合格，款项尚未收到；安装工作是销售合同的重要组成部分。甲企业的账务处理如下。

（1）电梯发出时。

借：发出商品　　56 000

　　贷：库存商品　　56 000

（2）发生安装费用 1 200 元。

借：劳务成本　　1 200

　　贷：应付职工薪酬　　1 200

（3）电梯销售实现确认收入 98 000 元并结转电梯成本。

借：应收账款　　111 000

　　贷：主营业务收入　　98 000

　　　　应交税费——应交增值税（销项税额）　　13 000

借：主营业务成本　　56 000

　　贷：发出商品　　56 000

（4）确认安装收入 2 000 元并结转安装成本 1 200 元。

借：应收账款　　2 000

　　贷：主营业务收入　　2 000

借：主营业务成本　　1 200

　　贷：劳务成本　　1 200

**【例 12-15】**甲企业与乙企业签订合同，向乙企业销售一部电梯并负责安装。甲企业开出的增值税专用发票上注明的价款合计为 100 000 元，包括电梯销售价格和安装费用，但是两者无法区分。增值税为 13 000 元。电梯的成本为 56 000 元。电梯安装过程中发生的安装费为 1 200 元，均为安装人员薪酬。假定电梯已经安装完成并经验收合格，款项尚未收到；安装工作是销售合同的重要组成部分。甲企业的账务处理如下。

（1）电梯发出时。

借：发出商品　　56 000

　　贷：库存商品　　56 000

（2）发生安装费用 1 200 元。

借：劳务成本　　1 200

　　贷：应付职工薪酬　　1 200

（3）销售实现确认收入100 000元并结转电梯成本。

借：应收账款　　113 000

　　贷：主营业务收入　　100 000

　　　　应交税费——应交增值税（销项税额）　　13 000

借：主营业务成本　　57 200

　　贷：劳务成本　　1 200

　　　　发出商品　　56 000

# 第 13 章
# 费用

## 13.1　费用的定义与分类

### 13.1.1　费用的定义

依据《小企业会计准则》第六十五条的规定，费用，是指小企业在日常生产经营活动中发生的、会导致所有者权益减少、与向所有者分配利润无关的经济利益的总流出。

分析上述费用的概念，我们认为，小企业的费用具备以下 3 个特点。

（1）费用是小企业在日常生产经营活动中发生的经济利益的总流出。日常生产经营活动，是指小企业为完成其生产经营目标所从事的经常性活动以及与之相关的其他活动。费用形成于小企业日常活动的特征使其与产生于非日常活动的损失相区分。小企业从事或发生的某些活动或事项也能导致经济利益流出小企业，但不属于小企业的日常活动。如小企业处置固定资产、无形资产等非流动资产的损失，因违约支付罚款、对外捐赠，等等，这些活动或事项形成的经济利益的总流出属于小企业的损失而不是费用。

（2）费用会导致所有者权益的减少。费用可能表现为资产的减少，或者负债的增加，依据“资产 - 负债 = 所有者权益”的会计恒等式，资产的减少或负债的增加最终都会导致所有者权益的减少。费用可能导致资产的减少，如银行存款、库存商品等的减少；也可能导致负债的增加，如应交税费、应付职工薪酬的增加。上述情况都将导致所有者权益的减少。

（3）费用与所有者分配利润无关。向所有者分配利润或股利会导致所有者权益减少，但这种支出并不属于费用的范畴。

### 13.1.2 费用的分类

依据《小企业会计准则》第六十五条的规定，小企业的费用包括：营业成本、税金及附加、销售费用、管理费用、财务费用等。

（1）营业成本，是指小企业所销售商品的成本和所提供劳务的成本。

（2）税金及附加，是指小企业开展日常生产经营活动应负担的消费税、城市维护建设税、资源税、土地增值税、城镇土地使用税、房产税、车船税、印花税和教育费附加、矿产资源补偿费、排污费等。

（3）销售费用，是指小企业在销售商品或提供劳务过程中发生的各种费用，包括：销售人员的职工薪酬、商品维修费、运输费、装卸费、包装费、保险费、广告费、业务宣传费、展览费等费用。

小企业（批发业、零售业）在购买商品过程中发生的费用（包括：运输费、装卸费、包装费、保险费、运输途中的合理损耗和入库前的挑选整理费等）也构成销售费用。

（4）管理费用，是指小企业为组织和管理生产经营发生的其他费用，包括：小企业在筹建期间内发生的开办费、行政管理部门发生的费用（包括：固定资产折旧费、修理费、办公费、水电费、差旅费、管理人员的职工薪酬等）、业务招待费、研究费用、技术转让费、相关长期待摊费用摊销、财产保险费、聘请中介机构费、咨询费（含顾问费）、诉讼费等费用。

（5）财务费用，是指小企业为筹集生产经营所需资金发生的筹资费用，包括：利息费用（减利息收入）、汇兑损失、银行相关手续费、小企业给予的现金折扣（减享受的现金折扣）等费用。

## 13.2 营业成本

依据《小企业会计准则》第六十五条的规定，营业成本，是指小企业所销售商品的成本和所提供劳务的成本。

营业成本又分为主营业务成本和其他业务成本，它们是与主营业务收入和其他业务收入相对应的一组概念。小企业在确认销售商品收入、提供劳务收入时，将已销售商品、已提供劳务的成本计入当期损益。营业成本应当与所销售商品或者所提供劳务而取得的收入进行配比。

## 13.2.1 主营业务成本

### 1. 主营业务成本的主要内容

主营业务成本是小企业销售商品、提供劳务等经常性活动所发生的成本。小企业一般在销售商品、提供劳务等主营业务收入确认的同时或月末，将已销售商品、已提供劳务的成本转入主营业务成本。

### 2. 主营业务成本的账务处理

（1）月末，小企业应根据本月销售各种商品、提供各种劳务等的实际成本，计算应结转的主营业务成本，借记“主营业务成本”科目，贷记“库存商品”“劳务成本”“生产成本”“工程施工”等科目。

采用计划成本或售价核算库存商品的，平时的营业成本按计划成本或售价结转，月末，还应结转本月销售商品应分摊的产品成本差异或商品进销差价。

小企业以库存商品进行非货币性资产交换（在非货币性资产交换具有商业实质且公允价值能够可靠计量的情况下）或债务重组，应按照该用于交换或抵债的库存商品的账面余额，借记“主营业务成本”科目，贷记“库存商品”科目。已计提存货跌价准备的，还应同时结转已计提的存货跌价准备。

（2）小企业本月发生的销售退回，一般可以直接从本月的销售商品数量中减去，得出本月销售的净数量，然后计算出应结转的主营业务成本；也可以单独计算本月销售退回商品成本，借记“库存商品”等科目，贷记“主营业务成本”科目。

（3）根据《小企业会计准则》确认合同收入时，按应确认的合同费用，借记“主营业务成本”科目；按应确认的合同收入，贷记“主营业务收入”科目；按其差额，借记或贷记“工程施工——合同毛利”科目。

合同完工时，还应按相关建造合同已计提的预计损失准备，借记“存货跌价准备——合同预计损失准备”科目，贷记“主营业务成本”科目。

（4）期末，应将“主营业务成本”科目的余额转入“本年利润”科目，结转后“主营业务成本”科目应无余额。

**【例 13-1】**甲企业是一家小企业，于 2×22 年 9 月 1 日向乙企业销售了一批商品，该批商品的生产成本为 250 000 元，增值税专用发票上记载的价款为 320 000 元，增值税为41 600元。乙企业收到该批商品并已验收入库，但尚未支付款项。甲企业的账务处理如下。

借：应收账款——乙企业　　361 600

　　贷：主营业务收入　　320 000

　　　　应交税费——应交增值税（销项税额）　　41 600

借：主营业务成本　　250 000

　　贷：库存商品　　250 000

不考虑其他因素，甲企业在期末结转损益时。

借：本年利润　　250 000

　　贷：主营业务成本　　250 000

借：主营业务收入　　320 000

　　贷：本年利润　　320 000

## 13.2.2　其他业务成本

### 1. 其他业务成本的主要内容

“其他业务成本”科目核算企业确认的除主营业务活动以外的其他经营活动所发生的支出，包括销售材料的成本、出租固定资产的折旧额、出租无形资产的摊销额、出租包装物的成本或摊销额等。

### 2. 其他业务成本的账务处理

（1）企业发生的其他业务成本，借记“其他业务成本”科目，贷记“原材料”“周转材料”“累计折旧”“累计摊销”“应付职工薪酬”“银行存款”等科目。

（2）其他业务成本，在月末需要结转入“本年利润”科目，借记“本年利润”科目，贷记“其他业务成本”科目。

**【例13–2】**甲企业于2×22年8月1日，向乙企业销售了一批固定资产，开具的增值税专用发票上注明售价是100 000元，增值税税额是13 000元，款项已经由银行收妥；该批固定资产的实际成本为60 000元。甲企业的账务处理如下。

（1）销售实现时。

借：银行存款　　113 000

贷：其他业务收入　　　　　　　　　　　　　　100 000

　　应交税费——应交增值税（销项税额）　　　　13 000

借：其他业务成本　　　　　　　　　　　60 000

　　贷：固定资产　　　　　　　　　　　　　　60 000

（2）不考虑其他因素，甲企业在期末结转损益时。

借：本年利润　　　　　　　　　　　　　60 000

　　贷：其他业务成本　　　　　　　　　　　　60 000

借：其他业务收入　　　　　　　　　　　100 000

　　贷：本年利润　　　　　　　　　　　　　　100 000

## 13.3 税金及附加

税金及附加，是指小企业开展日常生产经营活动应负担的消费税、城市维护建设税和教育费附加、资源税、土地增值税、城镇土地使用税、房产税、车船税、印花税、矿产资源补偿费、排污费等。

消费税，是指我国境内从事生产、委托加工和进口应税消费品的单位和个人就其应税消费品征收的一种税。国家为了调节消费结构，正确引导消费方向，在普遍征收增值税的基础上，选择部分消费品，再征收一道消费税。消费税实行价内征收，企业缴纳的消费税计入税金及附加，抵减产品销售收入。

城市维护建设税，是为了加强城市的维护建设，扩大和稳定城市维护建设资金的来源，对从事工商经营，缴纳增值税、消费税的单位和个人征收的一种税。

教育费附加，是对缴纳增值税、消费税的单位和个人征收的一种附加费。其作用是发展地方性教育事业，扩大地方教育经费的资金来源。

资源税，是国家对在我国境内开采矿产品或者生产盐的单位和个人征收的税种，属于对自然资源占用课税的范畴。

土地增值税，是指转让国有土地使用权、地上的建筑物及其附着物并取得收入的单位和个人，以转让所取得的收入，包括货币收入、实物收入和其他收入为计税依据向国家缴纳的一种税，不包括以继承、赠与方式无偿转让房地产的行为。

城镇土地使用税，是以开征范围的土地为征税对象，以实际占用的土地面积为计税标准，按规定税额对拥有土地使用权的单位和个人征收的一种行为税。

房产税，是以房屋为征税对象，按房屋的计税余值或租金收入为计税依据，向产权所有人征收的一种财产税。

车船税，是指对在我国境内应依法到公安、交通、农业、渔业、军事等管理部门办理登记的车辆、船舶，根据其种类，按照规定的计税依据和年税额标准计算征收的一种财产税。

印花税，是对经济活动和经济交往中书立、领受具有法律效力的凭证的行为所征收的一种税。印花税因采用在应税凭证上粘贴印花税票作为完税的标志而得名。印花税的纳税人在中华人民共和国境内书立应税凭证、进行证券交易的单位和个人。

小企业应设置“税金及附加”科目，核算小企业开展日常生产经营活动应负担的相关税费。与最终确认营业外收入或营业外支出相关的税费，在“固定资产清理”“无形资产”等科目核算，不在该科目核算。该科目应按照税费种类进行明细核算。月末，可将该科目的余额转入“本年利润”科目，结转后该科目应无余额。税金及附加的主要账务处理如下。

（1）小企业按照规定计算确定的与其日常生产经营活动相关的税费，借记“税金及附加”科目，贷记“应交税费”等科目。

（2）月末，可将“税金及附加”科目余额转入“本年利润”科目，结转后“税金及附加”科目应无余额。

**【例13-3】**甲企业所设门市部对外零售应税消费品，含增值税销售额为45 200元（含增值税）。增值税税率为13%，应交增值税为5 200元；消费税税率为10%，应交消费税为4 000元；城市维护建设税税率为7%，应交城市维护建设税为644元[（5 200+4 000）×7%]元；教育费附加的征收率为3%，应交教育费附加为276[（5 200+4 000）×3%]元。销售收入已全部存入银行。甲企业的账务处理如下。

（1）销售实现时。

借：银行存款　　45 200

　贷：主营业务收入　　40 000

　　　应交税费——应交增值税（销项税额）　　5 200

（2）计算相关税费时。

借：税金及附加　　4 920

　贷：应交税费——应交消费税　　4 000

　　　　　　　——应交城市维护建设税　　644

——应交教育费附加 276

（3）缴纳各项税费时。

借：应交税费——应交消费税 4 000

——应交城市维护建设税 644

——应交教育费附加 276

贷：银行存款 4 920

（4）期末结转“税金及附加”时。

借：本年利润 4 920

贷：税金及附加 4 920

# 13.4 期间费用

期间费用，是指企业本期发生的、不能直接或间接归入营业成本，而是直接计入当期损益的各项费用。

期间费用是不能直接归属于某个特定产品成本的费用。它是随着时间推移而发生的与当期产品的管理和产品销售直接相关，而与产品的产量、产品的制造过程无直接关系的费用。期间费用容易确定其发生的期间，而难以判别其所应归属的产品，因而不能列入产品制造成本，而在发生的当期从损益中扣除。期间费用包括直接从企业的当期产品销售收入中扣除的销售费用、管理费用和财务费用。

## 13.4.1 销售费用

依据《小企业会计准则》第六十五条的规定，销售费用，是指小企业在销售商品或提供劳务过程中发生的各种费用，包括：销售人员的职工薪酬、商品维修费、运输费、装卸费、包装费、保险费、广告费、业务宣传费、展览费等费用。小企业（批发业、零售业）在购买商品过程中发生的费用（包括：运输费、装卸费、包装费、保险费、运输途中的合理损耗和入库前的挑选整理费等）也构成销售费用。

销售费用的主要账务处理如下。

（1）小企业在销售商品过程中发生的包装费、保险费、展览费和广告费、运输费、装卸费等费用，借记“销售费用”科目，贷记“库存现金”“银行存款”

等科目。

（2）小企业发生的为销售本企业商品而专设的销售机构的职工薪酬、业务费等经营费用，借记“销售费用”科目，贷记“应付职工薪酬”“银行存款”“累计折旧”等科目。

（3）期末，应将“销售费用”科目余额转入“本年利润”科目，结转后“销售费用”科目无余额。

**【例 13-4】**甲企业 2×22 年 9 月与销售费用有关的经济业务及编制的会计分录如下。

（1）以银行存款支付产品广告费 5 000 元，展览费 4 000 元。

借：销售费用——广告费　　5 000
　　　　　　——展览费　　4 000
　贷：银行存款　　9 000

（2）为销售产品以银行存款支付运输费 1 200 元，运输途中的保险费 350 元，装卸费 650 元。

借：销售费用　　2 200
　贷：银行存款　　2 200

（3）专设销售机构发生下列费用：销售机构人员的工资 4 000 元，提取职工福利费 560 元，固定资产的折旧费 460 元，以银行存款支付办公费 200 元。

借：销售费用　　5 220
　贷：应付职工薪酬　　4 560
　　　累计折旧　　460
　　　银行存款　　200

（4）按规定将本月发生的销售费用 16 420 元予以结转。

借：本年利润　　16 420
　贷：销售费用　　16 420

### 13.4.2 管理费用

依据《小企业会计准则》第六十五条的规定，管理费用，是指小企业为组织和管理生产经营发生的其他费用，包括：小企业在筹建期间内发生的开办费、行政管理部门发生的费用（包括：固定资产折旧费、修理费、办公费、水电费、差旅费、管理人员的职工薪酬等）、业务招待费、研究费用、技术转让费、相关长期待摊费用摊销、财产保险费、聘请中介机构费、咨询费（含顾问费）、诉讼费等费用。

管理费用的主要账务处理如下。

（1）企业在筹建期间内发生的开办费，包括人员工资、办公费、培训费、差旅费、印刷费、注册登记费以及不计入固定资产成本的借款费用等在实际发生时，借记“管理费用”科目，贷记“银行存款”等科目。

（2）行政管理部门人员的职工薪酬，借记“管理费用”科目，贷记“应付职工薪酬”科目。行政管理部门计提的固定资产折旧，借记“管理费用”科目，贷记“累计折旧”科目。

（3）发生的办公费、水电费、业务招待费、聘请中介机构费、咨询费、诉讼费、技术转让费等，借记“管理费用”科目，贷记“银行存款”等科目。

（4）小企业自行研发无形资产发生的研究费用的费用化部分，借记“管理费用”科目，贷记“研发支出”科目。

（5）月末，可将“管理费用”科目的余额转入“本年利润”科目，结转后“管理费用”科目无余额。

**【例 13-5】**甲企业 2×22 年 7 月发生的部分管理费用如下：行政管理部门计提的固定资产折旧 100 万元，行政管理部门支付的办公费、修理费、水电费等合计 10 万元。款项均通过银行支付。期末，将“管理费用”科目的余额转入“本年利润”科目。甲企业的账务处理如下。

（1）计提固定资产折旧。

借：管理费用——累计折旧　　1 000 000

　　贷：累计折旧　　1 000 000

（2）支付办公费、修理费、水电费等。

借：管理费用　　100 000

　　贷：银行存款　　100 000

（3）结转本年利润。

结转本年利润 =1 000 000+100 000=1 100 000（元）

借：本年利润　　1 100 000

　　贷：管理费用　　1 100 000

### 13.4.3 财务费用

依据《小企业会计准则》第六十五条的规定，财务费用，是指小企业为筹集生产经营所需资金发生的筹资费用，包括：利息费用（减利息收入）、汇兑损失、银行相关手续费、小企业给予的现金折扣（减享受的现金折扣）等费用。但在企业筹建期间发生的利息支出，应计入开办费；为购建或生产满足资本化条件的资产发生的应予以资本化的借款费用，在“在建工程”“制造费用”等科目核算。

需要注意的是，《小企业会计准则》与《企业会计准则》在费用核算范围、利息收支的计算标准、借款费用资本化的条件和范围等方面存在差别。

财务费用的主要账务处理如下。

（1）小企业发生的利息费用、汇兑损失、银行相关手续费、给予的现金折扣等，借记“财务费用”科目，贷记“应付利息”“银行存款”等科目。

（2）持未到期的商业汇票向银行贴现，应当按照实际收到的金额（即减去贴现息后的净额），借记“银行存款”科目；按照贴现息，借记“财务费用”科目；按照商业汇票的票面金额，贷记“应收票据”科目（银行无追索权的情况下）或“短期借款”科目（银行有追索权的情况下）。

（3）发生的应冲减财务费用的利息收入、享受的现金折扣等，借记“银行存款”等科目，贷记“财务费用”科目。

（4）期末，应将“财务费用”科目余额转入“本年利润”科目，结转后“财务费用”科目无余额。

**【例 13-6】**甲企业于2×16年7月1日向银行借入生产经营用短期借款360 000元，期限6个月，年利率5%，该借款本金到期后一次归还，利息分月预提，按季支付。假定7月将其中120 000元暂时作为闲置资金存入银行，并获得利息收入400元，假定所有利息均不符合利息资本化条件。甲企业的账务处理如下。

7月末，预提当月应计利息＝360 000×5%÷12=1 500（元）

借：财务费用——利息支出　　1 500

　　贷：应付利息　　1 500

同时，当月取得的利息收入400元应做冲减财务费用处理。

借：银行存款　　400

　　贷：财务费用——利息收入　　400

**【例 13-7】** 甲企业 2×16 年 11 月发生财务费用情况及会计处理如下。

（1）收到开户行通知，已从企业存款账户扣收银行结算业务手续费 500 元。

借：财务费用——手续费　　500

　　贷：银行存款　　500

（2）计提本月应负担短期借款利息 24 000 元。

借：财务费用——利息支出　　24 000

　　贷：应付利息　　24 000

（3）发生银行存款利息收入 500 元。

借：银行存款　　500

　　贷：财务费用——利息收入　　500

（4）月末结转财务费用。

借：本年利润　　24 000

　　财务费用——利息收入　　500

　　贷：财务费用——手续费　　500

　　　　　　　　——利息支出　　24 000

# 第 14 章 利润和利润分配

## 14.1 利润的定义及其构成

### 14.1.1 利润的定义

依据《小企业会计准则》第六十七条的规定，利润，是指小企业在一定会计期间的经营成果，包括：营业利润、利润总额和净利润。

营业利润，是指营业收入减去营业成本、税金及附加、销售费用、管理费用、财务费用，加上投资收益（或减去投资损失）后的金额。

利润总额，是指营业利润加上营业外收入，减去营业外支出后的金额。

净利润，是指利润总额减去所得税费用后的净额。

### 14.1.2 利润的构成

**1. 营业利润**

营业利润，是指营业收入减去营业成本、税金及附加、销售费用、管理费用、财务费用，加上投资收益（或减去投资损失）后的金额。其计算公式如下。

营业利润＝营业收入－营业成本－税金及附加－销售费用－管理费用－财务费用＋投资收益（－投资损失）

营业收入，是指小企业销售商品和提供劳务实现的收入总额，包括主营业务收入和其他业务收入。营业成本，是指小企业销售商品和提供劳务所发生的成本总额。税金及附加，是指小企业开展日常生产经营活动应负担的消费税、城市维护建设税和教育费附加、资源税、土地增值税、城镇土地使用税、房产税、车船税、印花税、矿产资源补偿费、排污费等。投资收益，由小企业股权投资取得的现金股利（或利润）、债券投资取得的利息收入和处置股权投资和债券投资取得的处置价款扣除成本或账面余额、相关税费后的净额 3 部分构成。

### 2. 利润总额

利润总额，是指营业利润加上营业外收入，减去营业外支出后的金额。其计算公式如下。

利润总额 = 营业利润 + 营业外收入 − 营业外支出

（1）营业外收入及其账务处理。

小企业的营业外收入，是指小企业非日常生产经营活动形成的、应当计入所有者权益、会导致所有者权益增加、与所有者投入资本无关的经济利益的净流入，具体包括：非流动资产处置净收益、政府补助、捐赠收益、盘盈收益、汇兑收益、出租包装物和商品的租金收入、逾期未退包装物押金收入、确实无法偿还的应付款项、违约金收益等。

营业外收入的主要账务处理如下。

①小企业处置固定资产，应当按照该项固定资产的净值，借记“固定资产清理”科目；按照已计提的累计折旧，借记“累计折旧”科目；按照固定资产原价，贷记“固定资产”科目。

清理过程中应支付的相关税费及其他费用，借记“固定资产清理”科目，贷记“银行存款”等科目。收回出售固定资产的价款、残料价值和变价收入等，借记“银行存款”“原材料”等科目，贷记“固定资产清理”科目。

固定资产清理完成后，如为贷方余额，按照余额，借记“固定资产清理”科目，贷记“营业外收入”科目。

②处置无形资产，应按照实际收到的价款，借记“银行存款”等科目；按照应支付的相关税费及其他费用，贷记“银行存款”等科目；按照无形资产账面余额，贷记“无形资产”科目；如果借方余额大于贷方余额，按照差额贷记“营业外收入”科目。

③小企业收到政府补助符合政府补助确认条件的，借记“银行存款”科目，贷记“营业外收入”科目。

小企业收到政府补助不符合政府补助确认条件的，借记“银行存款”科目，贷记“递延收益”科目。小企业在以后期间符合政府补助确认条件时，借记“递延收益”科目，贷记“营业外收入”科目。

④盘盈存货实现的收益按照存货的实际成本（或估计价值），借记“原材料”或“库存商品”科目，贷记“营业外收入”科目。

⑤小企业按照规定实行企业所得税、增值税、消费税等先征后返的，应当在实际收到返还的企业所得税、增值税、消费税时，借记“银行存款”或“其他应收款”项目，贷记“营业外收入”科目。

（2）营业外支出及其账务处理。

小企业的营业外支出，是指小企业非日常生产经营活动形成的、应当计入当期损益、会导致所有者权益减少、与向所有者分配利润无关的经济利益的净流出，具体包括：存货的盘亏、毁损、报废损失，非流动资产处置损失，坏账损失，无法收回的长期债券投资损失，无法收回的长期股权投资损失，自然灾害等不可抗力因素造成的损失、税收滞纳金、捐赠支出等。

营业外支出的主要账务处理如下。

①小企业处置固定资产，应当按照该项固定资产的净值，借记“固定资产清理”科目；按照已计提的累计折旧，借记“累计折旧”科目；按照固定资产原价，贷记“固定资产”科目。

清理过程中应支付的相关税费及其他费用，借记“固定资产清理”科目，贷记“银行存款”等科目。收回出售固定资产的价款、残料价值和变价收入等，借记“银行存款”“原材料”等科目，贷记“固定资产清理”科目。应由保险公司或过失人赔偿的损失，借记“其他应收款”等科目，贷记“固定资产清理”科目。

固定资产清理完成后，如为借方余额，按照余额，借记“营业外支出”科目，贷记“固定资产清理”科目。

②处置无形资产，应按照实际收到的价款，借记“银行存款”等科目；按照应支付的相关税费及其他费用，贷记“银行存款”等科目；按照无形资产账面余额，贷记“无形资产”科目。如果贷方余额大于借方余额，按照差额借记“营业外支出”科目。

③盘亏存货造成的损失应当计入管理费用，但属于自然灾害等原因造成的非常损失，应当计入营业外支出。

由于自然灾害造成的盘亏存货，按照存货的账面价值，借记“营业外支出”

科目，贷记“原材料”“库存商品”等科目。

### 3. 净利润

净利润，是指利润总额减去所得税费用后的净额。

净利润 = 利润总额 − 所得税费用

小企业应当按照税法规定计算的当期应缴纳给税务机关的企业所得税金额，确认所得税费用。

小企业应当在利润总额的基础上，按照税法规定进行适当的纳税调整，计算出当期应纳税所得额，按照应纳税所得额与其适用的企业所得税税率计算出当期应缴纳的企业所得税税额。

**【例 14–1】**甲企业 2×22 年度结转前损益类科目的余额如表 14–1 所示。

**表 14–1　　甲企业 2×22 年度结转前损益类科目余额**　　单位：元

| 会计科目 | 借方余额 | 贷方余额 |
|---|---|---|
| 主营业务收入 | | 200 000 |
| 主营业务成本 | 140 000 | |
| 其他业务收入 | | 20 000 |
| 其他业务成本 | 12 000 | |
| 税金及附加 | 5 000 | |
| 投资收益 | | 15 000 |
| 销售费用 | 7 000 | |
| 管理费用 | 16 300 | |
| 财务费用 | 2 000 | |
| 营业外收入 | | 11 000 |
| 营业外支出 | 5 000 | |
| 所得税费用 | 14 700 | |

要求：根据上述资料，计算营业利润、利润总额、净利润和期末未分配利润。

营业利润 = 营业收入 − 营业成本 − 税金及附加 − 销售费用 − 财务费用 − 管理费用 + 投资收益（− 投资损失）=（200 000+20 000）−（140 000+12 000）−5 000−7 000−16 300−2 000+15 000=52 700（元）

利润总额＝营业利润＋营业外收入－营业外支出=52 700+11 000-5 000=58 700（元）

净利润＝利润总额－所得税费用=58 700-14 700=44 000（元）

【例14-2】甲企业于2×22年年末对存货进行盘点，盘点情况如下。

（1）盘盈A材料10万元。

（2）由于收发过程中的差错，B材料盘亏20万元，原进项税额3.2万元。

（3）由于变质，C材料损失30万元，原进项税额3.9万元。

（4）由于洪灾，D材料损失40万元，原进项税额5.2万元。

（5）由于管理不善E材料被盗，损失50万元，原进项税额6.5万元。

计算甲企业应计入营业外支出的金额是多少元。（单位：万元）

（1）甲企业对A材料的账务处理如下。

| | | |
|---|---|---|
| 借：原材料——A材料 | 10 | |
| 贷：待处理财产损溢 | | 10 |
| 借：待处理财产损溢 | 10 | |
| 贷：管理费用 | | 10 |

（2）甲企业对B材料的账务处理如下。

| | | |
|---|---|---|
| 借：待处理财产损溢 | 20 | |
| 贷：原材料——B材料 | | 20 |
| 借：管理费用 | 20 | |
| 贷：待处理财产损溢 | | 20 |

（3）甲企业对C材料的账务处理如下。

| | | |
|---|---|---|
| 借：待处理财产损溢 | 33.9 | |
| 贷：原材料——C材料 | | 30 |
| 应交税费——应交增值税（进项税额转出） | | 3.9 |
| 借：管理费用 | 33.9 | |
| 贷：待处理财产损溢 | | 33.9 |

（4）甲企业对D材料的账务处理如下。

| | | |
|---|---|---|
| 借：待处理财产损溢 | 40 | |
| 贷：原材料——D材料 | | 40 |
| 借：营业外支出 | 40 | |
| 贷：待处理财产损溢 | | 40 |

（5）甲企业对 E 材料的账务处理如下。

借：待处理财产损溢 56.5

　　贷：原材料——E 材料 50

　　　　应交税费——应交增值税（进项税额转出） 6.5

借：管理费用 56.5

　　贷：待处理财产损溢 56.5

综合可以看出。

影响应交税费——应交增值税（进项税转出）的金额 =3.9+6.5=10.4（万元）

影响管理费用的金额 =-10+20+33.9+56.5=100.4（万元）

影响营业外支出的金额 =40（万元）

# 14.2 利润的结转与分配

## 14.2.1 利润的结转

小企业应设置“本年利润”科目，核算小企业当期实现的净利润（或发生的净亏损）。年度终了，应当将本年实现的净利润或发生的净亏损，转入“利润分配”科目，结转后“本年利润”科目应无余额。本年利润的主要账务处理如下。

期（月）末结转利润时，小企业可以将“主营业务收入”“其他业务收入”“营业外收入”科目的余额，转入“本年利润”科目，借记“主营业务收入”“其他业务收入”“营业外收入”科目，贷记“本年利润”科目；将“主营业务成本”“其他业务成本”“税金及附加”“销售费用”“管理费用”“财务费用”“营业外支出”“所得税费用”科目的余额，转入“本年利润”科目，借记“本年利润”科目，贷记“主营业务成本”“其他业务成本”“税金及附加”“销售费用”“管理费用”“财务费用”“营业外支出”“所得税费用”科目。将“投资收益”科目的贷方余额，转入“本年利润”科目，借记“投资收益”科目，贷记“本年利润”科目；如“投资收益”科目为借方余额，做相反的会计分录。

结转后“本年利润”科目的贷方余额为当期实现的净利润，借方余额为当期发生的净亏损。

年度终了，应当将本年收入和支出相抵后结出的本年实现的净利润，转入

“利润分配”科目，借记“本年利润”科目，贷记“利润分配——未分配利润”科目；如为净亏损，做相反的会计分录。

【例 14–3】乙企业在编制利润表时，采用表结法年末一次结转损益类科目，2×22 年有关损益类科目的年末余额如表 14–2 所示。

表 14–2　　乙企业 2×22 年有关损益类科目年末余额

| 科目名称 | 余额方向 | 结账前科目余额（元） |
|---|---|---|
| 主营业务收入 | 贷 | 1 080 000 |
| 其他业务收入 | 贷 | 700 |
| 投资收益 | 贷 | 0 |
| 营业外收入 | 贷 | 0 |
| 主营业务成本 | 借 | 810 000 |
| 其他业务成本 | 借 | 400 |
| 税金及附加 | 借 | 70 000 |
| 销售费用 | 借 | 5 000 |
| 管理费用 | 借 | 10 600 |
| 财务费用 | 借 | 4 000 |
| 营业外支出 | 借 | 0 |

（1）结转各项费用，乙企业的账务处理如下。

借：本年利润　　900 000
　贷：主营业务成本　　810 000
　　其他业务成本　　400
　　税金及附加　　70 000
　　销售费用　　5 000
　　管理费用　　10 600
　　财务费用　　4 000

（2）结转各项收入，乙企业的账务处理如下。

借：主营业务收入　　1 080 000
　其他业务收入　　700
　贷：本年利润　　1 080 700

（3）结转本年利润，乙企业的账务处理如下。

借：本年利润　　180 700

　　贷：利润分配——未分配利润　　180 700

### 14.2.2 利润的分配

利润分配，是指小企业根据国家有关规定和企业章程、投资者的决议等，对小企业当年可供分配的利润进行的分配。小企业应该设置“利润分配”科目，核算小企业利润的分配（或亏损的弥补）和历年分配（或弥补）后的余额。

“利润分配”科目下应当分别设置“提取法定盈余公积”“提取任意盈余公积”“应付现金股利”“盈余公积补亏”“未分配利润”等明细科目进行核算。

利润分配的顺序依次是：提取法定盈余公积；提取任意盈余公积；向投资者分配利润。

利润分配的主要账务处理如下。

①小企业按规定提取的盈余公积，借记“利润分配——提取法定盈余公积、提取任意盈余公积”科目，贷记“盈余公积——法定盈余公积、任意盈余公积”科目。

外商投资企业按规定提取的储备基金、企业发展基金、职工奖励及福利基金，借记“利润分配——提取储备基金、提取企业发展基金、提取职工奖励及福利基金”科目，贷记“盈余公积——储备基金、企业发展基金”“应付职工薪酬”等科目。

②经股东大会或类似机构决议，分配给股东或投资者的现金股利或利润，借记“利润分配——应付现金股利或利润”科目，贷记“应付股利”科目。

经股东大会或类似机构决议，分配给股东的股票股利，应在办理增资手续后，借记“利润分配——转作股本的股利”科目，贷记“股本”科目。

③用盈余公积弥补亏损，借记“盈余公积——法定盈余公积、任意盈余公积”科目，贷记“利润分配——盈余公积补亏”科目。

④结转后，“未分配利润”明细科目如为贷方余额，表示累积未分配的利润数额；如为借方余额，则表示累积未弥补的亏损数额。结转后，“利润分配”科目除“未分配利润”明细科目外，其他明细科目应无余额。

“利润分配”科目年末余额，反映企业的未分配利润（或未弥补亏损）。

**【例 14–4】**丙企业 2×16 年初未分配利润为 300 000 元，本年实现净利润

1 100 000元，本年提取法定盈余公积110 000元，宣告发放现金股利120 000元。假定不考虑其他因素，丙企业的账务处理如下。

（1）结转本年利润。

借：本年利润　　1 100 000

　　贷：利润分配——未分配利润　　1 100 000

（2）提取法定盈余公积、宣告发放现金股利。

借：利润分配——提取法定盈余公积　　110 000

　　　　　　——应付现金股利　　120 000

　　贷：盈余公积　　110 000

　　　　应付股利　　120 000

借：利润分配——未分配利润　　230 000

　　贷：利润分配——提取法定盈余公积　　110 000

　　　　　　　　——应付现金股利　　120 000

# 第 15 章
# 外币业务

## 15.1　外币业务概述

在经济全球化的大背景下，资本的跨国流动和国际贸易不断发展。一方面，外币资本参股内资银行，外资企业在我国开办外商独资企业、合资企业，向内资企业或国内市场不断注入外币资本；另一方面，内资企业与国际市场之间的业务往来不断增加，逐步向国际市场拓展业务，参与国际资本市场竞争的程度不断加深，规模呈增长趋势，正在由资本输入向资本输出转变，在这种情况下，企业经常会涉及外币业务。

小企业的外币业务由外币交易和外币财务报表折算构成。

这里所称外币，是指小企业记账本位币以外的货币。记账本位币，是指小企业经营所处的主要经济环境中的货币。会计以货币作为统一的计量尺度，但由于企业的经济活动往往涉及多种货币，这就要求会计核算选择某一种具体的货币来统一反映企业的财务状况与经营成果，综合披露企业的各项信息。会计主体确定记账本位币后，其他的货币币种为非记账本位币，即会计概念上的外币。

### 15.1.1　外币交易

《小企业会计准则》第七十四条规定：外币交易，是指小企业以外币计价或者结算的交易。小企业的外币交易包括：买入或者卖出以外币计价的商品或者劳务、借入或者借出外币资金和其他以外币计价或者结算的交易。例如，国内某做服装贸易的小企业向国外一家企业出口商品，以美元结算货款；为从英国购入一批原材料，该企业向银行借入一定金额的英镑；该企业接受外币现金捐赠；等等。这些都属于外币交易。

### 15.1.2 外币财务报表折算

外币财务报表折算，是指将以外币表示的财务报表换算为以记账本位币表示的财务报表。《小企业会计准则》第七十五条规定：小企业应当选择人民币作为记账本位币。业务收支以人民币以外的货币为主的小企业，可以选定其中一种货币作为记账本位币，但编报的财务报表应当折算为人民币财务报表。

## 15.2 记账本位币

记账本位币，是指小企业经营所处的主要经济环境中的货币。这一货币最能反映小企业主要交易业务的经济结果。在一般情况下，企业采用的记账本位币都是企业所在国使用的货币，记账本位币是与外币相对而言的，凡是记账本位币以外的货币都是外币。

### 15.2.1 记账本位币的确定

小企业选定记账本位币，应当考虑下列因素。

（1）该货币主要影响商品和劳务的销售价格，通常以该货币进行商品和劳务的计价及结算。如国内甲公司为从事贸易的小企业，90% 以上的销售收入以人民币计价和结算，故人民币是主要影响甲公司商品和劳务销售价格的货币。

（2）该货币主要影响商品和劳务所需人工、材料和其他费用，通常以该货币进行上述费用的计价和结算。如国内乙公司为工业小企业，所需机器设备、厂房、人工以及原材料等在国内采购，以人民币计价和结算，故人民币是主要影响乙公司商品和劳务所需人工、材料和其他费用的货币。

实务中，小企业选定记账本位币，通常应综合考虑上述两项因素，而不是仅考虑其中一项，因为小企业的经营活动往往是收支并存的。

（3）该货币是融资活动获得的货币以及保存从经营活动中收取款项所使用的货币。

在有些情况下，小企业根据收支情况难以确定记账本位币，需要在收支基础上结合融资活动获得的货币或保存从经营活动中收取款项时所使用的货币，进行综合分析后做出判断。但这并不意味着小企业管理层可以根据需要随意选择记账本位币，小企业管理层根据实际情况只能确定一种货币作为记账本位币。

应当注意的是，记账本位币的选择必须以会计信息的相关性、可靠性为归宿。选择记账本位币，其实质就在于为实体确定一种能够真实、公允地反映其财务状况、经营成果和现金流量的统一的计量尺度，为决策者提供相关可靠的会计信息。相关性、可靠性理所当然地成为企业选择记账本位币应当考虑的因素。不仅如此，相关性、可靠性还是评价企业记账本位币的选择是否恰当的最终标准。如果一个以人民币为主要货币环境的企业选择以美元为记账本位币，这不仅会给投资者使用会计信息带来诸多不便，甚至会使提供的会计信息失去相关性，而且会给企业管理当局的决策造成误导。

**【例 15–1】**丙公司为国内一家婴儿配方奶粉的加工企业，其生产的婴儿配方奶粉主要面向国内出售，销售收入主要以人民币计价。如果丙公司的原材料牛奶主要来自国内牧场，并且加工技术、机器设备和主要技术人员均由国内企业提供。则根据上述标准（1）和（2），丙公司的记账本位币为人民币。如果丙公司的原材料牛奶全部来自新西兰，主要加工技术、机器设备及主要技术人员均由新西兰方面提供，那么根据上述标准（1）和（2），难以确定丙公司的记账本位币。这时需要考虑标准（3）。假定丙公司为满足采购原材料牛奶等所需新西兰元的需要，向新西兰某银行借入 20 亿新西兰元，期限 25 年，该借款是丙公司当期流动资金净额的 5 倍。由于丙公司原材料采购以新西兰元结算，并且丙公司经营所需要的营运资金，即融资获得的资金也使用新西兰元，所以，丙公司应当以新西兰元为记账本位币。

### 15.2.2　记账本位币的变更

《小企业会计准则》第七十五条规定：小企业记账本位币一经确定，不得随意变更，但小企业经营所处的主要经济环境发生重大变化除外。主要经济环境发生重大变化，通常是指小企业主要产生和支出现金的环境发生重大变化，使用该环境中的货币最能反映小企业的主要交易业务的经济结果。小企业需要提供确凿的证据证明小企业所处的主要经济环境确实发生了重大变化，并且需要在附注中披露变更的理由。

小企业因经营所处的主要经济环境发生重大变化，确需变更记账本位币的，应当采用变更当日的即期汇率将所有项目折算为变更后的记账本位币。这里所称即期汇率，是指中国人民银行公布的当日人民币外汇牌价的中间价。折算后的金额作为以新的记账本位币计量的历史成本，由于采用同一即期汇率进行折算，所以并不会产生汇兑差额。

# 15.3 外币交易的会计处理

《小企业会计准则》第七十四条规定：外币交易，是指小企业以外币计价或者结算的交易。小企业的外币交易包括：买入或者卖出以外币计价的商品或者劳务、借入或者借出外币资金和其他以外币计价或者结算的交易。小企业对于发生的外币交易，应当将外币金额折算为记账本位币金额。

外币交易折算的会计处理主要涉及两个环节：一是在交易日对外币交易进行初始确认，将外币金额折算为记账本位币金额；二是在资产负债表日对相关项目进行折算，因汇率变动产生的差额计入当期损益。

## 15.3.1 折算汇率

小企业在交易日对外币交易进行初始确认时，涉及折算汇率的选择，《小企业会计准则》规定了两种折算汇率，即期汇率和交易当期平均汇率。

### 1. 即期汇率

汇率，是指两种货币相兑换的比率，是一种货币单位用另一种货币单位所表示的价格。根据表示方式的不同，汇率可以分为直接汇率和间接汇率。直接汇率，是指一定数量的其他货币折算为本国货币的金额；间接汇率，是指一定数量的本国货币折算为其他货币的金额。通常情况下，人民币汇率以直接汇率表示。银行的汇率有3种表示方式，即买入价、卖出价和中间价。买入价指银行买入其他货币的价格，卖出价指银行出售其他货币的价格，中间价是银行买入价与卖出价的平均价，银行的卖出价一般高于买入价，以获取其中的差价。

上述无论买入价还是卖出价，均为立即交付的结算价格，也就是即期汇率。即期汇率是相对于远期汇率而言的，远期汇率是在未来某一日交付时的结算价格。即期汇率一般是指中国人民银行公布的当日人民币外汇牌价的中间价。企业发生单纯的货币兑换交易或涉及货币兑换交易时，仅用中间价不能反映货币买卖的损益，需要使用买入价或卖出价折算。

### 2. 交易当期平均汇率

当汇率变动不大时，为简化核算，企业在外币交易日或对外币报表的某些项目进行折算时也可选择交易当期平均汇率折算。例如，以欧元兑人民币的周平均汇率为例，假定欧元兑人民币每天的即期汇率为：周一 8.60，周二 8.65，周三 8.70，周四 8.60，周五 8.55，周平均汇率为（8.60+8.65+8.70+8.60+8.55）÷5=8.62。月平均汇率的计算方法与周平均汇率的计算方法相同。

如果汇率波动使得交易当期平均汇率折算不适当，则应当采用交易发生日的即期汇率折算。

## 15.3.2　外币交易发生日的会计处理

外币交易在初始确认时，采用交易发生日的即期汇率将外币金额折算为记账本位币金额，也可以采用交易当期平均汇率折算。

小企业收到投资者以外币投入的资本，应当采用交易发生日的即期汇率折算，不得采用合同约定汇率和交易当期平均汇率折算。

**【例 15-2】**新华公司（小企业）的记账本位币为人民币，其外币交易采用交易日即期汇率折算。新华公司于 2×22 年 9 月 1 日从国外甲公司进口一批原材料 N，货款共计 50 000 美元，当日中国人民银行公布的人民币外汇牌价的中间价为 1 美元 = 6.38 元人民币。新华公司以银行存款支付进口原材料的增值税 41 470 元人民币，货款尚未支付。新华公司的账务处理如下。

借：原材料——N　（50 000×6.38）　319 000
　　应交税费——应交增值税（进项税额）　41 470
　　贷：银行存款　41 470
　　　　应付账款——甲公司　319 000

**【例 15-3】**承接**【例 15-2】**，新华公司于 2×22 年 10 月 17 日，从银行借入 100 000 美元，期限 3 个月，年利率 6%（等于实际利率），借入的美元暂存银行。借入当日的即期汇率为 1 美元 =6.43 元人民币。新华公司的账务处理如下。

借：银行存款——人民币　（100 000×6.43）　643 000
　　贷：短期借款——人民币　643 000

**【例 15-4】**承接**【例 15-2】**，2×22 年 11 月 14 日，新华公司与某外商乙公司签订投资合同，当日收到乙公司投入资本 10 000 美元，当日的即期汇率为 1 美元 =6.7 元人民币，假定投资合同约定汇率为 1 美元 =6.9 元人民币。新华公司的账务处理如下。

借：银行存款　（10 000×6.7）　67 000
　　贷：实收资本　67 000

### 15.3.3 资产负债表日的会计处理

《小企业会计准则》第七十七条规定：小企业在资产负债表日，应当按照下列规定对外币货币性项目和外币非货币性项目进行会计处理。

（1）外币货币性项目，采用资产负债表日的即期汇率折算。因资产负债表日即期汇率与初始确认时或者前一资产负债表日即期汇率不同而产生的汇兑差额，计入当期损益。

在《小企业会计准则》下，汇兑损失计入财务费用，汇兑收益则计入营业外收入。

（2）以历史成本计量的外币非货币性项目，仍采用交易发生日的即期汇率折算，不改变其记账本位币金额。

这里所说的货币性项目，是指小企业持有的货币资金和将以固定或可确定的金额收取的资产或者偿付的负债。货币性项目分为货币性资产和货币性负债。货币性资产包括：库存现金、银行存款、应收账款、其他应收款等。货币性负债包括：短期借款、应付账款、其他应付款、长期借款、长期应付款等。非货币性项目，是指货币性项目以外的项目，包括：存货、长期股权投资、固定资产、无形资产等。

**【例 15-5】**承接**【例 15-2】**，新华公司至年末未支付上述从甲公司进口原材料N的款项50 000美元。2×22年12月14日，新华公司向国外丙公司出口一批商品，货款共计20 000美元，货款尚未收到，当日即期汇率为1美元=6.42元人民币。假定2×22年12月31日的即期汇率为1美元=6.50元人民币，则新华公司2×22年年末相关的账务处理如下。

（1）应收丙公司货款的外汇损益=20 000×（6.50-6.42）=1 600（元人民币）

借：应收账款——丙公司　　1 600

　　贷：营业外收入——汇兑收益　　1 600

（2）应付甲公司材料采购款的外汇损益=50 000×（6.38-6.50）=-6 000（元人民币）

借：财务费用——汇兑损失　　6 000

　　贷：应付账款——甲公司　　6 000

**【例 15-6】**承接**【例 15-2】**，2×22年12月31日，新华公司在编制年度财务报表时，发现存货仅剩原材料N，历史成本为50 000美元，交易日折合

319 000 元人民币。2×22 年 12 月 31 日，中国人民银行公布的外汇牌价中间价为 1 美元 =6.50 元人民币。但由于原材料 N 为外币非货币性项目，所以新华公司不需对资产负债表中的存货余额做调整，仍然为 319 000 元人民币。

## 15.4　外币财务报表的折算

《小企业会计准则》第七十五条规定：小企业应当选择人民币作为记账本位币。业务收支以人民币以外的货币为主的小企业，可以选定其中一种货币作为记账本位币，但编报的财务报表应当折算为人民币财务报表。《小企业会计准则》第七十八条规定：小企业对外币财务报表进行折算时，应当采用资产负债表日的即期汇率对外币资产负债表、利润表和现金流量表的所有项目进行折算。

**【例 15-7】**博美公司为国内设立的一家专门从事外贸自营出口的小企业。博美公司超过 70% 的营业收入来自对英国的商品出口，其商品销售价格主要受英镑的影响，以英镑计价。博美公司除厂房设施、20% 的人工成本在国内以人民币支付外，生产所需原材料、机器设备及 80% 的人工成本均以英镑在英国采购或以英镑支付。此外，为应付日常货物购销的需要，博美公司所需营运资金大部分来自从银行贷入的英镑。因此，根据记账本位币的选择确定原则，博美公司的记账本位币应为英镑。2×22 年 12 月 31 日，博美公司需要将以英镑列示的财务报表折算为以人民币列示。博美公司的有关资料如下。

2×22 年 12 月 31 日的即期汇率为 1 英镑 =10.45 元人民币，2×16 年的平均汇率为 1 英镑 =10.42 元人民币。

博美公司相关的资产负债表、利润表、现金流量表分别如表 15-1、表 15-2、表 15-3 所示。

表 15-1　　　　资产负债表

编制单位：博美公司　　　　2×22 年 12 月 31 日

| 资产 | 期末数（英镑） | 汇率 | 折算为人民币金额（元） | 负债和所有者权益 | 期末数（英镑） | 汇率 | 折算为人民币金额（元） |
|---|---|---|---|---|---|---|---|
| 流动资产： | | | | 流动负债： | | | |
| 货币资金 | 400 | 10.45 | 4 180 | 短期借款 | 180 | 10.45 | 1 881 |
| 应收票据 | 100 | 10.45 | 1 045 | 应付账款 | 320 | 10.45 | 3 344 |
| 应收账款 | 200 | 10.45 | 2 090 | 应付职工薪酬 | 200 | 10.45 | 2 090 |
| 存货 | 500 | 10.45 | 5 225 | 应交税费 | 100 | 10.45 | 1 045 |
| 流动资产合计 | 1 200 | | 12 540 | 流动负债合计 | 800 | | 8 360 |
| 非流动资产： | | | | 非流动负债： | | | |
| 固定资产 | 1 500 | 10.45 | 15 675 | 长期借款 | 350 | 10.45 | 3 657.5 |
| 无形资产 | 300 | 10.45 | 3 135 | 长期应付款 | 250 | 10.45 | 2 612.5 |
| 非流动资产合计 | 1 800 | | 18 810 | 非流动负债合计 | 600 | | 6 270 |
| | | | | 负债合计 | 1 400 | | 14 630 |
| | | | | 所有者权益： | | | |
| | | | | 实收资本 | 1 000 | 10.45 | 10 450 |
| | | | | 盈余公积 | 200 | 10.45 | 2 090 |
| | | | | 未分配利润 | 400 | 10.45 | 4 180 |
| | | | | 所有者权益合计 | 1 600 | | 16 720 |
| 资产合计 | 3 000 | | 31 350 | 负债和所有者权益合计 | 3 000 | | 31 350 |

表 15-2　　　　利润表

编制单位：博美公司　　　　2×22 年度

| 项目 | 本年累计数（英镑） | 汇率 | 折算为人民币金额（元） |
|---|---|---|---|
| 一、营业收入 | 1 800 | 10.45 | 18 810 |
| 减：营业成本 | 500 | 10.45 | 5 225 |
| 税金及附加 | 60 | 10.45 | 627 |

续表

| 项目 | 本年累计数（英镑） | 汇率 | 折算为人民币金额(元) |
|---|---|---|---|
| 销售费用 | 120 | 10.45 | 1 254 |
| 管理费用 | 150 | 10.45 | 1 567.5 |
| 财务费用 | 210 | 10.45 | 2 194.5 |
| 二、营业利润 | 760 | | 7 942 |
| 加：营业外收入 | 80 | 10.45 | 836 |
| 减：营业外支出 | 40 | 10.45 | 418 |
| 三、利润总额 | 800 | | 8 360 |
| 减：所得税费用 | 200 | 10.45 | 2 090 |
| 四、净利润 | 600 | | 6 270 |
| 五、每股收益 | | | |

**表 15-3　　现金流量表**

编制单位：博美公司　　2×22 年度

| 项目 | 本年累计数（英镑） | 汇率 | 折算为人民币金额(元) |
|---|---|---|---|
| 一、经营活动产生的现金流量： | | | |
| 销售产成品、商品、提供劳务收到的现金 | 1 200 | 10.45 | 12 540 |
| 收到其他与经营活动有关的现金 | 200 | 10.45 | 2 090 |
| 购买原材料、商品、接受劳务支付的现金 | 900 | 10.45 | 9 405 |
| 支付的职工薪酬 | 140 | 10.45 | 1 463 |
| 支付的税费 | 180 | 10.45 | 1 881 |
| 支付其他与经营活动有关的现金 | 60 | 10.45 | 627 |
| 经营活动产生的现金流量净额 | 120 | | 1 254 |
| 二、投资活动产生的现金流量： | | | |
| 收回短期投资、长期债券投资和长期股权投资收到的现金 | 500 | 10.45 | 5 225 |
| 取得投资收益收到的现金 | 40 | 10.45 | 418 |
| 处置固定资产、无形资产和其他长期资产收回的现金净额 | 100 | 10.45 | 1 045 |

续表

| 项目 | 本年累计数（英镑） | 汇率 | 折算为人民币金额(元) |
| --- | --- | --- | --- |
| 短期投资、长期债券投资和长期股权投资支付的现金 | 280 | 10.45 | 2 926 |
| 构建固定资产、无形资产和其他长期资产支付的现金 | 300 | 10.45 | 3 135 |
| 投资活动产生的现金流量净额 | 60 | | 627 |
| 三、筹资活动产生的现金流量： | | | |
| 取得借款收到的现金 | 300 | 10.45 | 3 135 |
| 吸收投资者投资收到的现金 | 120 | 10.45 | 1 254 |
| 偿还借款本金支付的现金 | 240 | 10.45 | 2 508 |
| 偿还借款利息支付的现金 | 70 | 10.45 | 731.5 |
| 分配利润支付的现金 | 40 | 10.45 | 418 |
| 筹资活动产生的现金流量净额 | 70 | | 731.5 |
| 四、现金净增加额 | 250 | | 2 612.5 |
| 加：期初现金余额 | 150 | 10.32 | 1 548 |
| 五、期末现金余额 | 400 | | 4 160.5 |

# 第 16 章
# 财务报表

## 16.1　财务报表概述

《小企业会计准则》第七十九条指出，财务报表，是指对小企业财务状况、经营成果和现金流量的结构性表述。小企业的财务报表至少应当包括下列组成部分：资产负债表；利润表；现金流量表；附注。

小企业在生产经营过程中通过应用会计准则实现发展战略，需要经过一套完整的结构化的报表体系，进行科学列报。财务报表所提供的会计信息具有重要作用，主要体现在以下几个方面。

（1）全面系统地揭示小企业一定时期的财务状况、经营成果和现金流量，有利于经营管理人员了解本单位各项任务指标的完成情况，评价管理人员的经营业绩，以便及时发现问题，调整经营方向，制定措施改善经营管理水平，提高经济效益，为经济预测和决策提供依据。

（2）有利于国家经济管理部门了解我国小企业经济的运行状况。国家经济管理部门通过对各单位提供的财务报表资料进行汇总和分析，了解和掌握各行业、各地区的经济发展情况，以便宏观调控经济运行，优化资源配置，保证国民经济持续稳定发展。

（3）有利于投资者、债权人和其他有关各方掌握小企业的财务状况、经营成果和现金流量情况，进而分析小企业的盈利能力、偿债能力、投资收益、发展前景等，为他们投资、贷款和贸易提供决策依据。

（4）有利于满足财政、税务、工商、审计等部门监督小企业的经营管理。这些部门通过财务报表，检查、监督各小企业是否遵守国家的各项法律、法规和制度，有无偷税漏税的行为。

财务报表按编报期间的不同，可以分为月度财务报表、季度财务报表和年度财务报表。月度财务报表和季度财务报表分别是以一个月度或者一个季度的报告期间为基础编制的财务报表。小企业应当根据实际发生的交易或事项，按照《小企业会计准则》的规定进行确认和计量，在此基础上按月或者按季编制财务报表。

## 16.2 资产负债表

### 16.2.1 资产负债表概述

**1. 资产负债表的定义和作用**

《小企业会计准则》第八十条指出，资产负债表是指反映小企业在某一特定日期的财务状况的报表。

资产负债表是反映小企业在某一特定日期（如月末、季末、年末）全部资产、负债和所有者权益情况的会计报表。它是一张揭示小企业在一定时点财务状况的静态报表。资产负债表利用会计平衡原则，将合乎会计原则的资产、负债、所有者权益科目分为“资产”和“负债和所有者权益”两大区块，在经过分录、转账、分类账、试算、调整等会计程序后，以特定日期的静态企业情况为基准，浓缩成一张报表。资产负债表的作用有以下几个。

第一，提供小企业在某一特定日期的资产总额及其结构，表明小企业拥有或控制的资源及其分布情况，使用者可以一目了然地从资产负债表上了解小企业在某一日期的资产情况。

第二，提供小企业在某一特定日期的负债总额及其结构，表明小企业未来需要用多少资产或劳务清偿债务以及清偿所需时间。

第三，反映所有者所拥有的权益，使用者据此判断资本保值、增值的情况以及对负债的保障程度。

此外，资产负债表还可以提供财务分析的基本资料。如使用者将流动资产与流动负债进行比较，计算出流动比率；将速动资产与流动负债进行比较，计算出速动比率等。

**2. 资产负债表的编制要求**

小企业编制资产负债表的总体要求如下。

（1）分类别编制。

小企业编制资产负债表，最根本的目标就是如实反映小企业在资产负债表日所拥有的资源、所承担的负债以及所拥有的权益。因此，资产负债表应当按照资产、负债和所有者权益三大类别分类编制。

（2）资产和负债按流动性列示。

流动性，通常按资产的变现或耗用时间长短或者负债的偿还时间长短来确定。因而，资产按照流动性可分为流动资产和非流动资产，负债按照流动性可分为流动负债和非流动负债。

具体来说，资产或负债满足表 16-1 所列条件之一的，应当归为流动资产和流动负债。

**表 16-1　　　　流动资产和流动负债确认条件**

| | 满足下列条件之一 |
|---|---|
| 流动资产 | ①预计在一个正常营业周期内变现、出售或耗用。这主要包括存货、应收账款等资产。需要指出的是，变现一般针对应收账款而言，指将资产变为现金；出售一般针对产品等存货而言；耗用一般指将存货（如原材料）转变为另一种形态（如产成品）<br>②主要为交易目的而持有<br>③预计在资产负债表日起 1 年内（含 1 年）变现<br>④自资产负债表日起 1 年内，交换其他资产或清偿负债的能力不受限制的现金或现金等价物 |
| 流动负债 | ①预计在一个正常营业周期内清偿<br>②主要为交易目的而持有<br>③自资产负债表日起 1 年内到期应予以清偿<br>④小企业无权自主地将清偿推迟至资产负债表日后 1 年以上 |

按照财务报表列报准则的规定，应先列报流动性强的资产或负债，再列报流动性弱的资产或负债。

（3）相关的合计、总计项目。

资产负债表中的资产类应当包括流动资产和非流动资产的合计项目，负债类应当包括流动负债、非流动负债和负债的合计项目，所有者权益类应当包括所有者权益的合计项目。

资产负债表遵循了“资产 = 负债 + 所有者权益”这一会计恒等式，把小企业在特定时日所拥有的经济资源和与之相对应的小企业所承担的债务及偿债以后属于所有者的权益充分反映出来。因此，资产负债表应当列示资产总计项目、负债和所有者权益总计项目，并且这两者的金额应当相等。

根据《小企业会计准则》第八十条的规定，资产负债表中的资产类至少应当单独列示反映的项目有：货币资金、应收及预付款项、存货、长期债券投资、长期股权投资、固定资产、生产性生物资产、无形资产、长期待摊费用。资产负债表中的负债类至少应当单独列示反映的项目有：短期借款、应付及预收款项、应付职工薪酬、应交税费、应付利息、长期借款、长期应付款。资产负债表中的所有者权益类至少应当单独列示反映的项目有：实收资本、资本公积、盈余公积、未分配利润。

## 16.2.2 资产负债表格式及编报说明

资产负债表格式如表 16-2 所示。

表 16-2　　资产负债表　　会小企 01 表

编制单位：　　年　月　日　　单位：元

| 资产 | 行次 | 期末余额 | 年初余额 | 负债和所有者权益 | 行次 | 期末余额 | 年初余额 |
|---|---|---|---|---|---|---|---|
| 流动资产： | | | | 流动负债： | | | |
| 货币资金 | 1 | | | 短期借款 | 31 | | |
| 短期投资 | 2 | | | 应付票据 | 32 | | |
| 应收票据 | 3 | | | 应付账款 | 33 | | |
| 应收账款 | 4 | | | 预收账款 | 34 | | |
| 预付账款 | 5 | | | 应付职工薪酬 | 35 | | |
| 应收股利 | 6 | | | 应交税费 | 36 | | |
| 应收利息 | 7 | | | 应付利息 | 37 | | |
| 其他应收款 | 8 | | | 应付利润 | 38 | | |
| 存货 | 9 | | | 其他应付款 | 39 | | |
| 其中：原材料 | 10 | | | 其他流动负债 | 40 | | |
| 在产品 | 11 | | | 流动负债合计 | 41 | | |
| 库存商品 | 12 | | | 非流动负债： | | | |

续表

| 资产 | 行次 | 期末余额 | 年初余额 | 负债和所有者权益 | 行次 | 期末余额 | 年初余额 |
|---|---|---|---|---|---|---|---|
| 周转材料 | 13 | | | 长期借款 | 42 | | |
| 其他流动资产 | 14 | | | 长期应付款 | 43 | | |
| 流动资产合计 | 15 | | | 递延收益 | 44 | | |
| 非流动资产： | | | | 其他非流动负债 | 45 | | |
| 长期债券投资 | 16 | | | 非流动负债合计 | 46 | | |
| 长期股权投资 | 17 | | | 负债合计 | 47 | | |
| 固定资产原价 | 18 | | | | | | |
| 减：累计折旧 | 19 | | | | | | |
| 固定资产账面价值 | 20 | | | | | | |
| 在建工程 | 21 | | | | | | |
| 工程物资 | 22 | | | | | | |
| 固定资产清理 | 23 | | | | | | |
| 生产性生物资产 | 24 | | | 所有者权益（或股东权益）： | | | |
| 无形资产 | 25 | | | 实收资本（或股本） | 48 | | |
| 开发支出 | 26 | | | 资本公积 | 49 | | |
| 长期待摊费用 | 27 | | | 盈余公积 | 50 | | |
| 其他非流动资产 | 28 | | | 未分配利润 | 51 | | |
| 非流动资产合计 | 29 | | | 所有者权益（或股东权益）合计 | 52 | | |
| 资产合计 | 30 | | | 负债和所有者权益（或股东权益）合计 | 53 | | |

注：小企业（中外合作经营）根据合同规定在合作期间归还投资者的投资，应在“实收资本（或股本）”项目下增加“减：已归还投资”项目单独列示。

表 16-2 反映小企业某一特定日期全部资产、负债和所有者权益（或股东权益）的情况。

表 16-2“年初余额”栏内各项数字，应根据上年末资产负债表“期末余额”栏内所列数字填列。

表16–2“期末余额”各项目的内容和填列方法如下。

（1）“货币资金”项目，反映小企业库存现金、银行存款、其他货币资金的合计数。本项目应根据“库存现金”“银行存款”“其他货币资金”科目的期末余额合计填列。

（2）“短期投资”项目，反映小企业购入的能随时变现并且持有时间不准备超过1年的股票、债券和基金投资的余额。本项目应根据“短期投资”科目的期末余额填列。

（3）“应收票据”项目，反映小企业收到的未到期收款也未向银行贴现的应收票据（银行承兑汇票和商业承兑汇票）。本项目应根据“应收票据”科目的期末余额填列。

（4）“应收账款”项目，反映小企业因销售商品、提供劳务等日常生产经营活动应收取的款项。本项目应根据“应收账款”的期末余额分析填列。如“应收账款”科目期末为贷方余额，应当在“预收账款”项目列示。

（5）“预付账款”项目，反映小企业按照合同规定预付的款项。预付账款包括：根据合同规定预付的购货款、租金、工程款等。本项目应根据“预付账款”科目的期末借方余额填列；如“预付账款”科目期末为贷方余额，应当在“应付账款”项目列示。

属于超过1年期以上的预付账款的借方余额应当在“其他非流动资产”项目列示。

（6）“应收股利”项目，反映小企业应收取的现金股利或利润。本项目应根据“应收股利”科目的期末余额填列。

（7）“应收利息”项目，反映小企业债券投资应收取的利息。小企业购入一次还本付息债券应收的利息，不包括在本项目内。本项目应根据“应收利息”科目的期末余额填列。

（8）“其他应收款”项目，反映小企业除应收票据、应收账款、预付账款、应收股利、应收利息等以外的其他各种应收及暂付款项。包括：各种应收的赔款、应向职工收取的各种垫付款项等。本项目应根据“其他应收款”科目的期末余额填列。

（9）“存货”项目，反映小企业期末在库、在途和在加工中的各项存货的成本。存货包括：各种原材料、在产品、半成品、产成品、商品、周转材料（包装物、低值易耗品等）、消耗性生物资产等。本项目应根据“材料采购”“在途物资”“原材料”“材料成本差异”“生产成本”“库存商品”“商品进销差价”“委托加工物资”“周转材料”“消耗性生物资产”等科目的期末余额分析填列。

（10）“其他流动资产”项目，反映小企业除以上流动资产项目外的其他流动资产（含1年内到期的非流动资产）。本项目应根据有关科目的期末余额分析填列。

（11）“长期债券投资”项目，反映小企业准备长期持有的债券投资的本息。本项目应根据“长期债券投资”科目的期末余额分析填列。

（12）“长期股权投资”项目，反映小企业准备长期持有的权益性投资的成本。本项目应根据“长期股权投资”科目的期末余额填列。

（13）“固定资产原价”和“累计折旧”项目，反映小企业固定资产的原价（成本）及累计折旧。这两个项目应根据“固定资产”科目和“累计折旧”科目的期末余额填列。

（14）“固定资产账面价值”项目，反映小企业固定资产原价扣除累计折旧后的余额。本项目应根据“固定资产”科目的期末余额减去“累计折旧”科目的期末余额后的金额填列。

（15）“在建工程”项目，反映小企业尚未完工或虽已完工，但尚未办理竣工决算的工程成本。本项目应根据“在建工程”科目的期末余额填列。

（16）“工程物资”项目，反映小企业为在建工程准备的各种物资的成本。本项目应根据“工程物资”科目的期末余额填列。

（17）“固定资产清理”项目，反映小企业因出售、报废、毁损、对外投资等原因处置固定资产所转出的固定资产账面价值以及在清理过程中发生的费用等。本项目应根据“固定资产清理”科目的期末借方余额填列；如“固定资产清理”科目期末为贷方余额，以“-”号填列。

（18）“生产性生物资产”项目，反映小企业生产性生物资产的账面价值。本项目应根据“生产性生物资产”科目的期末余额减去“生产性生物资产累计折旧”科目的期末余额后的金额填列。

（19）“无形资产”项目，反映小企业无形资产的账面价值。本项目应根据“无形资产”科目的期末余额减去“累计摊销”科目的期末余额后的金额填列。

（20）“开发支出”项目，反映小企业正在进行的无形资产研究开发项目满足资本化条件的支出。本项目应根据“研发支出”科目的期末余额填列。

（21）“长期待摊费用”项目，反映小企业尚未摊销完毕的已提足折旧的固定资产的改建支出、经营租入固定资产的改建支出、固定资产的大修理支出和其他长期待摊费用。本项目应根据“长期待摊费用”科目的期末余额分析填列。

（22）“其他非流动资产”项目，反映小企业除以上非流动资产以外的其他非流动资产。本项目应根据有关科目的期末余额分析填列。

（23）“短期借款”项目，反映小企业向银行或其他金融机构等借入的期限在 1 年内的、尚未偿还的各种借款本金。本项目应根据“短期借款”科目的期末余额填列。

（24）“应付票据”项目，反映小企业因购买材料、商品和接受劳务等日常生产经营活动开出、承兑的商业汇票（银行承兑汇票和商业承兑汇票）尚未到期的票面金额。本项目应根据“应付票据”科目的期末余额填列。

（25）“应付账款”项目，反映小企业因购买材料、商品和接受劳务等日常生产经营活动尚未支付的款项。本项目应根据“应付账款”科目的期末余额填列。如“应付账款”科目期末为借方余额，应当在“预付账款”项目列示。

（26）“预收账款”项目，反映小企业根据合同规定预收的款项。预收账款包括：预收的购货款、工程款等。本项目应根据“预收账款”科目的期末贷方余额填列；如“预收账款”科目期末为借方余额，应当在“应收账款”项目列示。

属于超过 1 年期以上的预收账款的贷方余额应当在“其他非流动负债”项目列示。

（27）“应付职工薪酬”项目，反映小企业应付未付的职工薪酬。本项目应根据“应付职工薪酬”科目期末余额填列。

（28）“应交税费”项目，反映小企业期末未交、多交或尚未抵扣的各种税费。本项目应根据“应交税费”科目的期末贷方余额填列；如“应交税费”科目期末为借方余额，以“-”号填列。

（29）“应付利息”项目，反映小企业尚未支付的利息费用。本项目应根据“应付利息”科目的期末余额填列。

（30）“应付利润”项目，反映小企业尚未向投资者支付的利润。本项目应根据“应付利润”科目的期末余额填列。

（31）“其他应付款”项目，反映小企业除应付账款、预收账款、应付职工薪酬、应交税费、应付利息、应付利润等以外的其他各项应付、暂收的款项。其他应付款包括：应付租入固定资产和包装物的租金、存入保证金等。本项目应根据“其他应付款”科目的期末余额填列。

（32）“其他流动负债”项目，反映小企业除以上流动负债以外的其他流动负债(含1年内到期的非流动负债)。本项目应根据有关科目的期末余额填列。

（33）“长期借款”项目，反映小企业向银行或其他金融机构借入的期限在1年以上的、尚未偿还的各项借款本金。本项目应根据“长期借款”科目的期末余额分析填列。

（34）“长期应付款”项目，反映小企业除长期借款以外的其他各种应付未付的长期应付款项。长期应付款包括：应付融资租入固定资产的租赁费、以分期付款方式购入固定资产发生的应付款项等。本项目应根据“长期应付款”科目的期末余额分析填列。

（35）“递延收益”项目，反映小企业收到的、应在以后期间计入损益的政府补助。本项目应根据“递延收益”科目的期末余额分析填列。

（36）“其他非流动负债”项目，反映小企业除以上非流动负债项目以外的其他非流动负债。本项目应根据有关科目的期末余额分析填列。

（37）“实收资本（或股本）”项目，反映小企业收到投资者按照合同或协议约定，或相关规定投入的，构成小企业注册资本的部分。本项目应根据“实收资本（或股本）”科目的期末余额分析填列。

（38）“资本公积”项目，反映小企业收到投资者投入资本超出其在注册资本中所占份额的部分。本项目应根据“资本公积”科目的期末余额填列。

（39）“盈余公积”项目，反映小企业（公司制）的法定公积金和任意公积金，小企业（外商投资）的储备基金和企业发展基金。本项目应根据“盈余公积”科目的期末余额填列。

（40）“未分配利润”项目，反映小企业尚未分配的历年结存的利润。本项目应根据“利润分配”科目的期末余额填列。未弥补的亏损，在本项目内以“-”号填列。

表16-2中各项目之间的勾稽关系为：

行15=行1+行2+行3+行4+行5+行6+行7+行8+行9+行14；

行9 ≥行10+行11+行12+行13；

行29=行16+行17+行20+行21+行22+行23+行24+行25+行26+行27+行28；

行20=行18-行19；

行30=行15+行29；

行 41= 行 31+ 行 32+ 行 33+ 行 34+ 行 35+ 行 36+ 行 37+ 行 38+ 行 39+ 行 40；

行 46= 行 42+ 行 43+ 行 44+ 行 45；

行 47= 行 41+ 行 46；

行 52= 行 48+ 行 49+ 行 50+ 行 51；

行 53= 行 47+ 行 52= 行 30。

### 16.2.3 资产负债表编制示例

【例 16–1】新华公司为增值税一般纳税人，适用的增值税税率为 13%，企业所得税税率为 25%。新华公司 2×22 年 1 月 1 日，有关科目的余额见表 16–3。

表 16–3　　科目余额表

2×22 年 1 月 1 日　　单位：元

| 科目名称 | 借方余额 | 科目名称 | 贷方余额 |
|---|---|---|---|
| 库存现金 | 40 000 | 短期借款 | 400 000 |
| 银行存款 | 18 252 000 | 应付账款 | 936 000 |
| 短期投资 | 300 000 | 应付职工薪酬 | 600 000 |
| 应收票据 | 468 000 | 应交税费 | 80 000 |
| 应收账款 | 2 000 000 | 应付利息 | |
| 预付账款 | | 长期借款 | 2 000 000 |
| 在途物资 | 500 000 | 实收资本 | 10 000 000 |
| 原材料 | 340 000 | 资本公积 | 6 000 000 |
| 低值易耗品 | 80 000 | 利润分配 | 19 964 000 |
| 库存商品 | 2 800 000 | | |
| 长期股权投资 | 1 600 000 | | |
| 长期债券投资 | | | |
| 固定资产 | 12 600 000 | | |
| 累计折旧 | –2 000 000 | | |
| 在建工程 | 3 000 000 | | |
| 合计 | 39 980 000 | 合计 | 39 980 000 |

新华公司 2×22 年发生的经济业务如下。

（1）用银行存款支付应付购货款 936 000 元。

（2）收到原材料一批，实际成本 500 000 元，材料已经验收入库，货款已于上年支付。

（3）销售产品一批，销售价款 1 400 000 元（不含应收取的增值税），该批产品实际成本为 600 000 元，产品已经发出，货款已存入银行。

（4）购入原材料一批，实际成本 600 000 元，材料已经验收入库，货款于当月支付。

（5）商业承兑汇票到期，收到银行存款 468 000 元。

（6）工程完工，交付生产使用，已办理竣工手续，固定资产价值为 1 800 000 元。

（7）销售产品一批，销售价款 4 000 000 元（不含应收取的增值税），该批产品实际成本 2 400 000 元，产品已经发出，货款尚未收回。

（8）用银行存款支付销售费用 800 000 元。

（9）收到上期应收账款 800 000 元。

（10）归还短期借款 400 000 元，利息 30 000 元。

（11）购入原材料一批，实际成本 2 400 000 元，材料已经验收入库，货款尚未支付。

（12）提取现金 1 200 000 元，用现金支付工资 1 200 000 元。

（13）分配应支付的工资 600 000 元，其中生产人员工资 360 000 元，行政管理人员工资 240 000 元。

（14）领用原材料 1 600 000 元，领用低值易耗品 60 000 元，采用一次转销法摊销。

（15）收到应收账款 2 280 000 元。

（16）计提固定资产累计折旧 1 200 000 元，全部计入制造费用。

（17）计算并结转本期完工产品成本 3 220 000 元。

（18）用银行存款缴纳增值税 208 000 元。

（19）结转本期产品销售成本 3 000 000 元。

（20）将各收支科目结转至本年利润。

（21）计算并结转应缴纳的企业所得税，并将利润分配各明细科目的余额转入“未分配利润”明细科目，结转本年利润。

（22）公司按照 10% 提取法定盈余公积，自行按照 5% 提取任意盈余公积。

（23）用银行存款缴纳企业所得税。

1.编制会计分录如下。

（1）借：应付账款　936 000
　　贷：银行存款　936 000
（2）借：原材料　500 000
　　贷：在途物资　500 000
（3）借：银行存款　1 582 000
　　贷：主营业务收入　1 400 000
　　　　应交税费——应交增值税（销项税额）　182 000
（4）借：原材料　600 000
　　应交税费——应交增值税（进项税额）　78 000
　　贷：银行存款　678 000
（5）借：银行存款　468 000
　　贷：应收票据　468 000
（6）借：固定资产　1 800 000
　　贷：在建工程　1 800 000
（7）借：应收账款　4 520 000
　　贷：主营业务收入　4 000 000
　　　　应交税费——应交增值税（销项税额）　520 000
（8）借：销售费用　800 000
　　贷：银行存款　800 000
（9）借：银行存款　800 000
　　贷：应收账款　800 000
（10）借：短期借款　400 000
　　财务费用　30 000
　　贷：银行存款　430 000
（11）借：原材料　2 400 000
　　应交税费——应交增值税（进项税额）　312 000
　　贷：应付账款　2 712 000
（12）借：库存现金　1 200 000
　　贷：银行存款　1 200 000

借：应付职工薪酬　　1 200 000

　　贷：库存现金　　1 200 000

（13）借：生产成本　　360 000

　　管理费用　　240 000

　　贷：应付职工薪酬　　600 000

（14）借：生产成本　　1 600 000

　　贷：原材料　　1 600 000

借：制造费用　　60 000

　　贷：低值易耗品　　60 000

（15）借：银行存款　　2 280 000

　　贷：应收账款　　2 280 000

年末应收账款余额 =2 000 000+4 520 000−800 000−2 280 000=3 440 000（元）

（16）借：制造费用　　1 200 000

　　贷：累计折旧　　1 200 000

（17）借：库存商品　　3 220 000

　　贷：生产成本　　3 220 000

（18）借：应交税费——应交增值税（已交税费）　　208 000

　　贷：银行存款　　208 000

（19）借：主营业务成本　　3 000 000

　　贷：库存商品　　3 000 000

（20）借：主营业务收入　　5 400 000

　　贷：本年利润　　5 400 000

借：本年利润　　4 070 000

　　贷：主营业务成本　　3 000 000

　　　　财务费用　　30 000

　　　　销售费用　　800 000

　　　　管理费用　　240 000

（21）本年应交企业所得税 =（5 400 000−4 070 000）×25%=332 500（元）

借：所得税费用　　332 500

　　贷：应交税费——应交企业所得税　　332 500

本年未分配利润 =5 400 000−4 070 000−332 500=997 500（元）

借：本年利润　　997 500

　　贷：利润分配——未分配利润　　997 500

（22）本年应计提法定盈余公积 =997 500×10%=99 750（元）

本年应计提任意盈余公积 =997 500×5%=49 875（元）

借：利润分配——提取法定盈余公积　　99 750

　　贷：盈余公积——法定盈余公积　　99 750

借：利润分配——提取任意盈余公积　　49 875

　　贷：盈余公积——任意盈余公积　　49 875

借：利润分配——未分配利润　　149 625

　　贷：利润分配——提取法定盈余公积　　99 750

　　　　　　　　——提取任意盈余公积　　49 875

（23）借：应交税费——应交企业所得税　　332 500

　　　　贷：银行存款　　332 500

2.根据以上会计分录以及年初科目余额表，编制新华公司资产负债表，如表16-4 所示。

**表 16-4**　　**资产负债表**　　会小企 01 表

编制单位：新华公司　　2×22 年 12 月 31 日　　单位：元

| 资产 | 期末余额 | 年初余额 | 负债和所有者权益 | 期末余额 | 年初余额 |
|---|---|---|---|---|---|
| 流动资产： | | | 流动负债： | | |
| 货币资金 | 18 837 500 | 18 292 000 | 短期借款 | 0 | 400 000 |
| 短期投资 | 300 000 | 300 000 | 应付账款 | 2 712 000 | 936 000 |
| 应收票据 | 0 | 468 000 | 预收账款 | 0 | 0 |
| 应收账款 | 3 440 000 | 2 000 000 | 应付职工薪酬 | 0 | 600 000 |
| 预付账款 | 0 | 0 | 应交税费 | 184 000 | 80 000 |
| 应收股利 | 0 | 0 | 应付利息 | 0 | 0 |
| 应收利息 | 0 | 0 | 应付利润 | 0 | 0 |
| 其他应收款 | 0 | 0 | 其他应付款 | 0 | 0 |
| 存货 | 5 280 000 | 3 720 000 | 其他流动负债 | 0 | 0 |
| 其他流动资产 | 0 | 0 | 流动负债合计 | 2 896 000 | 2 016 000 |
| 流动资产合计 | 27 857 500 | 24 780 000 | 非流动负债： | | |

续表

| 资产 | 期末余额 | 年初余额 | 负债和所有者权益 | 期末余额 | 年初余额 |
|---|---|---|---|---|---|
| 非流动资产： | | | 长期借款 | 2 000 000 | 2 000 000 |
| 长期债券投资 | 0 | 0 | 长期应付款 | 0 | 0 |
| 长期股权投资 | 1 600 000 | 1 600 000 | 递延收益 | 0 | 0 |
| 固定资产原价 | 14 400 000 | 12 600 000 | 其他非流动负债 | 0 | 0 |
| 减：累计折旧 | 3 200 000 | 2 000 000 | 非流动负债合计 | 2 000 000 | 2 000 000 |
| 固定资产净值 | 11 200 000 | 10 600 000 | 负债合计 | 4 896 000 | 4 016 000 |
| 工程物资 | 0 | 0 | | | |
| 在建工程 | 1 200 000 | 3 000 000 | | | |
| 固定资产清理 | 0 | 0 | 所有者权益（或股东权益）： | | |
| 固定资产合计 | 12 400 000 | 13 600 000 | 实收资本（或股本） | 10 000 000 | 10 000 000 |
| 生产性生物资产 | 0 | 0 | 资本公积 | 6 000 000 | 6 000 000 |
| 无形资产 | 0 | 0 | 盈余公积 | 149 625 | 0 |
| 长期待摊费用 | 0 | 0 | 其中：法定盈余公积 | 99 750 | 0 |
| 其他非流动资产 | 0 | 0 | 未分配利润 | 20 811 875 | 19 964 000 |
| 非流动资产合计 | 14 000 000 | 15 200 000 | 所有者权益（或股东权益）合计 | 36 961 500 | 35 964 000 |
| 资产合计 | 41 857 500 | 39 980 000 | 负债和所有者权益（或股东权益）合计 | 41 857 500 | 39 980 000 |

## 16.3　利润表

### 16.3.1　利润表概述

#### 1. 利润表的定义和作用

利润表，是指反映小企业在一定会计期间的经营成果的报表。例如，某小企业的年度利润表反映的就是该小企业从 1 月 1 日至 12 月 31 日的经营成果。

利润表的列报必须充分反映小企业经营业绩的主要来源和构成，有助于使用者判断净利润的质量及其风险，预测净利润的持续性，从而做出正确的决策。通过利润表，报表使用者可以了解小企业的经营状况，具体表现在以下几点。

（1）利润表可以反映小企业一定会计期间的收入实现情况，即实现的营业收入有多少、实现的投资收益有多少、实现的营业外收入有多少等。

（2）利润表可以反映小企业一定会计期间的费用耗费情况，即耗费的营业成本有多少，税金及附加有多少，销售费用、管理费用、财务费用各有多少，营业外支出有多少等。

（3）利润表可以反映小企业生产经营活动的成果，如反映净利润的实现情况，有助于使用者据以判断资本的保值、增值情况。

（4）利润表中的信息与资产负债表中的信息相结合，还可以提供财务分析所需的基本资料。

如将赊销收入净额与应收账款平均余额进行比较，计算出应收账款周转率；将销货成本与存货平均余额进行比较，计算出存货周转率；将净利润与资产总额进行比较，计算出资产收益率等。利润表可以表现小企业资金周转情况以及小企业的盈利能力和水平，便于报表使用者判断小企业未来的发展趋势，做出经济决策。

### 2. 利润表的内容

按照《小企业会计准则》的规定，利润表中的费用应当按照功能分类，分为营业成本、税金及附加、销售费用、管理费用和财务费用等。就小企业而言，其经营活动通常可以划分为生产、销售、管理、融资等，每一种活动中发生的费用其所发挥的功能并不相同，因此，费用应当按照功能分类，有助于使用者了解费用发生的活动领域。例如，报表使用者通过销售费用可以了解小企业为销售产品发生了多少费用，管理费用反映小企业为一般行政管理发生了多少费用，财务费用表示小企业为筹措资金发生了多少费用，等等。利润表通常能向报表使用者提供结构性的信息，能清楚地揭示小企业经营业绩的主要来源和构成，向报表使用者提供与决策相关的信息。

利润表至少应当单独列示反映下列信息的项目：营业收入、营业成本、税金及附加、销售费用、管理费用、财务费用、所得税费用、净利润等。

## 16.3.2 利润表格式及编报说明

利润表格式如表 16-5 所示。

表 16-5 利润表 会小企 02 表

编制单位： 年 月 单位：元

| 项目 | 行次 | 本年累计金额 | 本月金额 |
|---|---|---|---|
| 一、营业收入 | 1 | | |
| 减：营业成本 | 2 | | |
| 税金及附加 | 3 | | |
| 其中：消费税 | 4 | | |
| 城市维护建设税 | 5 | | |
| 资源税 | 6 | | |
| 土地增值税 | 7 | | |
| 城镇土地使用税、房产税、车船税、印花税 | 8 | | |
| 教育费附加、矿产资源补偿费、排污费 | 9 | | |
| 销售费用 | 10 | | |
| 其中：商品维修费 | 11 | | |
| 广告费和业务宣传费 | 12 | | |
| 管理费用 | 13 | | |
| 其中：开办费 | 14 | | |
| 业务招待费 | 15 | | |
| 研究费用 | 16 | | |
| 财务费用 | 17 | | |
| 其中：利息费用（收入以“-”号填列） | 18 | | |
| 加：投资收益（损失以“-”号填列） | 19 | | |
| 二、营业利润（亏损以“-”号填列） | 20 | | |
| 加：营业外收入 | 21 | | |

续表

| 项目 | 行次 | 本年累计金额 | 本月金额 |
|---|---|---|---|
| 其中：政府补助 | 22 | | |
| 减：营业外支出 | 23 | | |
| 其中：坏账损失 | 24 | | |
| 无法收回的长期债券投资损失 | 25 | | |
| 无法收回的长期股权投资损失 | 26 | | |
| 自然灾害等不可抗力因素造成的损失 | 27 | | |
| 税收滞纳金 | 28 | | |
| 三、利润总额（亏损总额以“–”号填列） | 29 | | |
| 减：所得税费用 | 30 | | |
| 四、净利润（净亏损以“–”号填列） | 31 | | |

表16–5反映小企业在一定会计期间内利润（亏损）的实现情况。

表16–5“本年累计金额”栏反映各项目自年初起至报告期末止的累计实际发生额。

表16–5“本月金额”栏反映各项目的本月实际发生额；在编报年度财务报表时，应将“本月金额”栏改为“上年金额”栏，填列上年全年实际发生额。

表16–5各项目的内容及其填列方法如下。

（1）“营业收入”项目，反映小企业销售商品和提供劳务所实现的收入总额。本项目应根据“主营业务收入”科目和“其他业务收入”科目的发生额合计填列。

（2）“营业成本”项目，反映小企业所销售商品的成本和所提供劳务的成本。本项目应根据“主营业务成本”科目和“其他业务成本”科目的发生额合计填列。

（3）“税金及附加”项目，反映小企业开展日常生产活动应负担的消费税、城市维护建设税、资源税、土地增值税、城镇土地使用税、房产税、车船税、印花税和教育费附加、矿产资源补偿费、排污费等。本项目应根据“税金及附加”科目的发生额填列。

（4）“销售费用”项目，反映小企业销售商品或提供劳务过程中发生的费用。本项目应根据“销售费用”科目的发生额填列。

（5）“管理费用”项目，反映小企业为组织和管理生产经营发生的其他费用。本项目应根据“管理费用”科目的发生额填列。

（6）“财务费用”项目，反映小企业为筹集生产经营所需资金发生的筹资费用。本项目应根据“财务费用”科目的发生额填列。

（7）“投资收益”项目，反映小企业股权投资取得的现金股利（或利润）、债券投资取得的利息收入和处置股权投资和债券投资取得的处置价款扣除成本或账面余额、相关税费后的净额。本项目应根据“投资收益”科目的发生额填列；如为投资损失，以“–”号填列。

（8）“营业利润”项目，反映小企业当期开展日常生产经营活动实现的利润。本项目应根据营业收入扣除营业成本、税金及附加、销售费用、管理费用和财务费用，加上投资收益后的金额填列。如为亏损，以“–”号填列。

（9）“营业外收入”项目，反映小企业实现的各项营业外收入金额。营业外收入包括：非流动资产处置净收益、政府补助、捐赠收益、盘盈收益、汇兑收益、出租包装物和商品的租金收入、逾期未退包装物押金收益、确实无法偿付的应付款项、已做坏账损失处理后又收回的应收款项、违约金收益等。本项目应根据“营业外收入”科目的发生额填列。

（10）“营业外支出”项目，反映小企业发生的各项营业外支出金额。营业外支出包括：存货的盘亏、毁损、报废损失，非流动资产处置净损失，坏账损失，无法收回的长期债券投资损失，无法收回的长期股权投资损失，自然灾害等不可抗力因素造成的损失，税收滞纳金，罚金，罚款，被没收财物的损失，捐赠支出，赞助支出，等等。本项目应根据“营业外支出”科目的发生额填列。

（11）“利润总额”项目，反映小企业当期实现的利润总额。本项目应根据营业利润加上营业外收入减去营业外支出后的金额填列。如为亏损总额，以“–”号填列。

（12）“所得税费用”项目，反映小企业根据企业所得税法确定的应从当期利润总额中扣除的所得税费用。本项目应根据“所得税费用”科目的发生额填列。

（13）“净利润”项目，反映小企业当期实现的净利润。本项目应根据利润总额扣除所得税费用后的金额填列。如为净亏损，以“–”号填列。

表 16–5 中各项目之间的勾稽关系为：

行 21= 行 1– 行 2– 行 3– 行 11– 行 14– 行 18+ 行 20；

行 3 ≥行 4+ 行 5+ 行 6+ 行 7+ 行 8+ 行 9+ 行 10；

行 11 ≥行 12+ 行 13；

行 14 ≥行 15+ 行 16+ 行 17；

行 18 ≥行 19；

行 30= 行 21+ 行 22- 行 24；

行 22 ≥行 23；

行 24 ≥行 25+ 行 26+ 行 27+ 行 28+ 行 29；

行 32= 行 30- 行 31。

### 16.3.3 利润表编制示例

**【例 16-2】**承接**【例 16-1】**，新华公司 2×22 年损益类科目的发生额见表 16-6。要求：编制新华公司 2×22 年度的利润表。

**表 16-6　　新华公司 2×22 年损益类科目发生额**

| 科目名称 | 借方发生额 | 贷方发生额 |
|---|---|---|
| 主营业务收入 | | 5 400 000 |
| 主营业务成本 | 3 000 000 | |
| 销售费用 | 800 000 | |
| 管理费用 | 240 000 | |
| 财务费用 | 30 000 | |
| 所得税费用 | 332 500 | |

新华公司 2×22 年的利润表如表 16-7 所示。

**表 16-7　　利润表　　会小企 02 表**

编制单位：新华公司　　2×22 年　　单位：元

| 项目 | 行次 | 本期金额 | 上期金额 |
|---|---|---|---|
| 一、营业收入 | 1 | 5 400 000 | |
| 减：营业成本 | 2 | 3 000 000 | |
| 税金及附加 | 3 | 0 | |
| 销售费用 | 4 | 800 000 | |

续表

| 项目 | 行次 | 本期金额 | 上期金额 |
| --- | --- | --- | --- |
| 管理费用 | 5 | 240 000 | |
| 财务费用 | 6 | 30 000 | |
| 加：投资收益 | 7 | 0 | |
| 二、营业利润 | 8 | 1 330 000 | |
| 加：营业外收入 | 9 | 0 | |
| 减：营业外支出 | 10 | 0 | |
| 三、利润总额 | 11 | 1 330 000 | |
| 减：所得税费用 | 12 | 332 500 | |
| 四、净利润 | 13 | 997 500 | |

# 16.4　现金流量表

## 16.4.1　现金流量表概述

### 1. 现金流量表的定义和作用

现金流量表，是指反映小企业在一定会计期间现金流入和流出情况的报表。这里所说的现金，是指小企业的库存现金以及可以随时用于支付的存款和其他货币资金。

小企业编制现金流量表的主要目的是为财务报表使用者提供小企业在一定会计期间内现金和现金等价物流入和流出的信息，以便于报表使用者了解和评价小企业获取现金和现金等价物的能力，并据以预测小企业未来现金流量。现金流量表的作用主要体现在以下几个方面。

（1）现金流量表能够说明小企业一定期间内现金流入和流出的原因。

现金流量表将现金流量划分为经营活动、投资活动和筹资活动所产生的现金流量，并按照流入现金和流出现金项目分别反映。例如，小企业当期从银行借入 500 万元，偿还银行利息 3 万元，在现金流量表的筹资活动产生的现金流量中分别反映“借款收到的现金 500 万元”“偿付利息支付的现金 3 万元”。因此，现金流量表能够清晰地反映企业现金流入和流出的原因，即现金从哪里来，又用到哪里去。这些信息是资产负债表和利润表所不能提供的。

（2）现金流量表能够说明小企业的偿债能力和支付股利的能力。

投资者投入资金、债权人提供小企业短期或长期使用的资金，其目的主要是获利。通常情况下，报表阅读者比较关注小企业的获利情况，并且往往以获得利润的多少作为衡量标准。小企业获利多少在一定程度上表明了小企业具有的现金支付能力。但是，小企业一定期间内获得的利润并不代表小企业真正具有偿债或支付能力。在某些情况下，虽然小企业利润表上反映的经营业绩很可观，但财务困难，不能偿还到期债务；还有些小企业虽然利润表上反映的经营成果并不可观，但却有足够的偿付能力。产生这种情况有诸多原因，其中会计核算采用的权责发生制、配比原则等所含的估计因素也是其主要原因之一。现金流量表完全以现金的收支为基础，消除了会计核算中由于会计估计等所产生的获利能力和支付能力。通过现金流量表，投资者和债权人能够了解小企业现金流入的构成，分析小企业偿债和支付股利的能力；通过现金流量表，投资者和债权人可以了解小企业获取现金的能力和现金偿付的能力，从而使有限的社会资源流向最能产生效益的地方。

（3）现金流量表可以用来分析小企业未来获取现金的能力。

现金流量表反映小企业一定期间内的现金流入和流出的整体情况，说明小企业现金从哪里来，又运用到哪里去。现金流量表中的经营活动产生的现金流量，代表小企业运用其经济资源创造现金流量的能力；投资活动产生的现金流量，代表小企业运用资金产生现金流量的能力；筹资活动产生的现金流量，代表小企业筹资获得现金流量的能力。使用者通过现金流量表及其他财务信息，可以分析小企业未来获取或支付现金的能力。例如，小企业通过银行借款筹得资金，本期现金流量表中反映为现金流入，但却意味着未来偿还借款时要流出现金。又如，小企业本期应收未收的款项，在本期现金流量表中虽然没有反映为现金流入，但意味着未来将会有现金流入。

（4）现金流量表可以用来分析小企业投资和理财活动对经营成果和财务状况的影响。

资产负债表能够反映小企业在特定日期的财务状况，它所提供的是静态的财务信息；但并不能反映财务状况变动的原因，也不能表明这些资产、负债给企业带来多少现金，又用掉多少现金。利润表虽然反映小企业一定期间的经营成果，提供动态的财务信息；但利润表只能反映利润的构成，不能反映经营活动、投资活动和筹资活动给小企业带来多少现金，又用掉多少现金，而且利润表不能反映投资活动和筹资活动的全部事项。现金流量表提供一定时期现金流入和流出的动态财务信息，表明小企业在报告期内由经营活动、投资活动和筹资活动获得多少现金，小企业获得的这些现金是如何运用的，能够说明资产、负债、净资产变动的原因，对资产负债表和利润表起到补充说明的作用。现金流量表是连接资产负债表和利润表的桥梁。

（5）现金流量表可以用来预测小企业未来的发展情况。

使用者通过现金流量表，不但可以了解小企业当前的财务状况，还可以预测小企业未来的发展情况。如果现金流量表中各部分现金流量结构合理，现金流入和流出无重大异常波动，一般来说小企业的财务状况良好。另外，小企业常见的失败原因、问题也可以在现金流量表中得到反映。比如从投资活动流出的现金、筹资活动流入的现金和筹资活动流出的现金中，可以分析出小企业是否过度扩大经营规模；通过比较当期净利润与当期净现金流量，可以看出非流动资产吸收利润的情况，评价小企业产生净现金流量的能力。

### 2. 现金流量表的内容

现金流量表应当分别经营活动、投资活动和筹资活动列报现金流量。现金流量应当分别按照现金流入和现金流出总额列报。

（1）经营活动现金流量。

经营活动，是指小企业投资活动和筹资活动以外的所有交易和事项。

小企业经营活动产生的现金流量应当单独列示反映下列信息的项目。

①销售产成品、商品、提供劳务收到的现金。

②购买原材料、商品、接受劳务支付的现金。

③支付的职工薪酬。

④支付的税费。

（2）投资活动现金流量。

投资活动，是指小企业固定资产、无形资产、其他非流动资产的购建和短期投资、长期债券投资、长期股权投资及其处置活动。

小企业投资活动产生的现金流量应当单独列示反映下列信息的项目。

①收回短期投资、长期债券投资和长期股权投资收到的现金。

②取得投资收益收到的现金。

③处置固定资产、无形资产和其他非流动资产收回的现金净额。

④短期投资、长期债券投资和长期股权投资支付的现金。

⑤购建固定资产、无形资产和其他非流动资产支付的现金。

（3）筹资活动现金流量。

筹资活动，是指导致小企业资本及债务规模和构成发生变化的活动。

小企业筹资活动产生的现金流量应当单独列示反映下列信息的项目。

①取得借款收到的现金。

②吸收投资者投资收到的现金。

③偿还借款本金支付的现金。

④偿还借款利息支付的现金。

⑤分配利润支付的现金。

## 16.4.2 现金流量表格式及编报说明

表 16-8　　　　现金流量表　　　　会小企 03 表

编制单位：　　　　年　　月　　　　单位：元

| 项目 | 行次 | 本年累计金额 | 本月金额 |
| --- | --- | --- | --- |
| 一、经营活动产生的现金流量： | | | |
| 销售产成品、商品、提供劳务收到的现金 | 1 | | |
| 收到其他与经营活动有关的现金 | 2 | | |
| 购买原材料、商品、接受劳务支付的现金 | 3 | | |
| 支付的职工薪酬 | 4 | | |
| 支付的税费 | 5 | | |
| 支付其他与经营活动有关的现金 | 6 | | |
| 经营活动产生的现金流量净额 | 7 | | |
| 二、投资活动产生的现金流量： | | | |
| 收回短期投资、长期债券投资和长期股权投资收到的现金 | 8 | | |
| 取得投资收益收到的现金 | 9 | | |
| 处置固定资产、无形资产和其他非流动资产收回的现金净额 | 10 | | |

续表

| 项目 | 行次 | 本年累计金额 | 本月金额 |
| --- | --- | --- | --- |
| 短期投资、长期债券投资和长期股权投资支付的现金 | 11 | | |
| 购建固定资产、无形资产和其他非流动资产支付的现金 | 12 | | |
| 投资活动产生的现金流量净额 | 13 | | |
| 三、筹资活动产生的现金流量： | | | |
| 取得借款收到的现金 | 14 | | |
| 吸收投资者投资收到的现金 | 15 | | |
| 偿还借款本金支付的现金 | 16 | | |
| 偿还借款利息支付的现金 | 17 | | |
| 分配利润支付的现金 | 18 | | |
| 筹资活动产生的现金流量净额 | 19 | | |
| 四、现金净增加额 | 20 | | |
| 加：期初现金余额 | 21 | | |
| 五、期末现金余额 | 22 | | |

表 16-8 反映小企业一定会计期间内有关现金流入和流出的信息。

表 16-8“本年累计金额”栏反映各项目自年初起至报告期末止的累计实际发生额。

表 16-8“本月金额”栏反映各项目的本月实际发生额；在编报年度财务报表时，应将“本月金额”栏改为“上年金额”栏，填列上年全年实际发生额。

表 16-8 各项目的内容及填列方法如下。

（1）经营活动产生的现金流量。

①“销售产成品、商品、提供劳务收到的现金”项目，反映小企业本期销售产成品、商品、提供劳务收到的现金。本项目可以根据“库存现金”“银行存款”“主营业务收入”等科目的本期发生额分析填列。

②“收到其他与经营活动有关的现金”项目，反映小企业本期收到的其他与经营活动有关的现金。本项目可以根据“库存现金”和“银行存款”等科目的本期发生额分析填列。

③“购买原材料、商品、接受劳务支付的现金”项目，反映小企业本期购

买原材料、商品、接受劳务支付的现金。本项目可以根据“库存现金”“银行存款”“其他货币资金”“原材料”“库存商品”等科目的本期发生额分析填列。

④“支付的职工薪酬”项目，反映小企业本期向职工支付的薪酬。本项目可以根据“库存现金”“银行存款”“应付职工薪酬”科目的本期发生额填列。

⑤“支付的税费”项目，反映小企业本期支付的税费。本项目可以根据“库存现金”“银行存款”“应交税费”等科目的本期发生额填列。

⑥“支付其他与经营活动有关的现金”项目，反映小企业本期支付的其他与经营活动有关的现金。本项目可以根据“库存现金”“银行存款”等科目的本期发生额分析填列。

（2）投资活动产生的现金流量。

①“收回短期投资、长期债券投资和长期股权投资收到的现金”项目，反映小企业出售、转让或到期收回短期投资、长期股权投资而收到的现金，以及收回长期债券投资本金而收到的现金，不包括长期债券投资收回的利息。本项目可以根据“库存现金”“银行存款”“短期投资”“长期股权投资”“长期债券投资”等科目的本期发生额分析填列。

②“取得投资收益收到的现金”项目，反映小企业因权益性投资和债权性投资取得的现金股利或利润和利息收入。本项目可以根据“库存现金”“银行存款”“投资收益”等科目的本期发生额分析填列。

③“处置固定资产、无形资产和其他非流动资产收回的现金净额”项目，反映小企业处置固定资产、无形资产和其他非流动资产取得的现金，减去为处置这些资产而支付的有关税费等后的净额。本项目可以根据“库存现金”“银行存款”“固定资产清理”“无形资产”“生产性生物资产”等科目的本期发生额分析填列。

④“短期投资、长期债券投资和长期股权投资支付的现金”项目，反映小企业进行权益性投资和债权性投资支付的现金。其包括：企业取得短期股票投资、短期债券投资、短期基金投资、长期债券投资、长期股权投资支付的现金。本项目可以根据“库存现金”“银行存款”“短期投资”“长期债券投资”“长期股权投资”等科目的本期发生额分析填列。

⑤“购建固定资产、无形资产和其他非流动资产支付的现金”项目，反映小企业购建固定资产、无形资产和其他非流动资产支付的现金。其包括：购买机器设备、无形资产、生产性生物资产支付的现金，建造工程支付的现金等现

金支出，不包括为购建固定资产、无形资产和其他非流动资产而发生的借款费用资本化部分和支付给在建工程和无形资产开发项目人员的薪酬。为购建固定资产、无形资产和其他非流动资产而发生借款费用资本化部分，在“偿还借款利息支付的现金”项目反映；支付给在建工程和无形资产开发项目人员的薪酬，在“支付的职工薪酬”项目反映。本项目可以根据“库存现金”“银行存款”“固定资产”“在建工程”“无形资产”“研发支出”“生产性生物资产”“应付职工薪酬”等科目的本期发生额分析填列。

（3）筹资活动产生的现金流量。

①“取得借款收到的现金”项目，反映小企业举借各种短期、长期借款收到的现金。本项目可以根据“库存现金”“银行存款”“短期借款”“长期借款”等科目的本期发生额分析填列。

②“吸收投资者投资收到的现金”项目，反映小企业收到的投资者作为资本投入的现金。本项目可以根据“库存现金”“银行存款”“实收资本”“资本公积”等科目的本期发生额分析填列。

③“偿还借款本金支付的现金”项目，反映小企业以现金偿还各种短期、长期借款的本金。本项目可以根据“库存现金”“银行存款”“短期借款”“长期借款”等科目的本期发生额分析填列。

④“偿还借款利息支付的现金”项目，反映小企业以现金偿还各种短期、长期借款的利息。本项目可以根据“库存现金”“银行存款”“应付利息”等科目的本期发生额分析填列。

⑤“分配利润支付的现金”项目，反映小企业向投资者实际支付的利润。本项目可以根据“库存现金”“银行存款”“应付利润”等科目的本期发生额分析填列。

表 16-8 中各项目之间的勾稽关系为：

行 7= 行 1+ 行 2- 行 3- 行 4- 行 5- 行 6；

行 13= 行 8+ 行 9+ 行 10- 行 11- 行 12；

行 19= 行 14+ 行 15- 行 16- 行 17- 行 18；

行 20= 行 7+ 行 13+ 行 19；

行 22= 行 20+ 行 21。

### 16.4.3 现金流量表编制示例

**【例 16-3】**新华公司 2×22 年有关资料如下（增值税税率为 13%）。

（1）本期主营业务收入为 2 000 万元；收回应收账款 240 万元；预收甲公司货款 100 万元。

（2）本期现购材料成本为 1 400 万元；支付去年应付账款 100 万元；预付材料供应商乙公司货款 220 万元。

（3）本期发放的职工工资总额为 200 万元，其中生产经营及管理人员的工资 140 万元，奖金 30 万元；在建工程人员的工资 24 万元，奖金 6 万元。工资及奖金全部从银行提取现金发放。

（4）本期所得税费用为 320 万元；未交企业所得税的年初数为 240 万元，年末数为 200 万元。（无调整事项）

（5）为建造厂房，本期以银行存款购入固定资产 200 万元，支付增值税税额 26 万元。

（6）购入股票 200 万股，每股价格 5.2 元，其中包含的已宣告但尚未领取的现金股利每股 0.2 元，作为短期投资核算。

（7）到期收回长期债券投资，面值 200 万元，3 年期，年利率 3%，一次还本付息。

（8）对一台管理用设备进行清理，该设备账面原价 240 万元，已提折旧 160 万元，以银行存款支付清理费用 4 万元，收到变价收入 26 万元，该设备已清理完毕。

（9）借入短期借款 480 万元，借入长期借款 920 万元，当年以银行存款支付利息 60 万元。

（10）向股东支付上年现金股利 100 万元。

1. 相关计算如下。

（1）“销售产成品、商品、提供劳务收到的现金”项目 =2 000×（1+13%）+240+100=2 600（万元）

（2）“购买原材料、商品、接受劳务支付的现金”项目 =1 400×（1+13%）+100+220=1 902（万元）

（3）“支付的职工薪酬”项目 =140+30+24+6=200（万元）

（4）“支付的税费”项目 =320+240−200=360（万元）

（5）“收回短期投资、长期债券投资和长期股权投资收到的现金”项目 =200（万元）

（6）“取得投资收益收到的现金”项目 =200×3%×3=18（万元）

（7）“处置固定资产、无形资产和其他非流动资产收回的现金净额”项目 =26-4=22（万元）

（8）“短期投资、长期债券投资和长期股权投资支付的现金”项目 =200×5.2=1 040（万元）

（9）“购建固定资产、无形资产和其他非流动资产支付的现金”项目 =200+26=226（万元）

（10）“取得借款收到的现金”项目 =480+920=1 400（万元）

（11）“偿还借款利息支付的现金”项目 =60（万元）

（12）“分配利润支付的现金”项目 =100（万元）

2. 据此，编制新华公司的现金流量表，如表 16-9 所示。

**表 16-9**　　**现金流量表**　　会小企 03 表

编制单位：新华公司　　2×22 年　　单位：万元

| 项目 | 行次 | 本期金额 | 上期金额 |
|---|---|---|---|
| 一、经营活动产生的现金流量： | | | |
| 销售产成品、商品、提供劳务收到的现金 | 1 | 2 600 | |
| 收到其他与经营活动有关的现金 | 2 | 0 | |
| 购买原材料、商品、接受劳务支付的现金 | 3 | 1 902 | |
| 支付的职工薪酬 | 4 | 200 | |
| 支付的税费 | 5 | 360 | |
| 支付其他与经营活动有关的现金 | 6 | 0 | |
| 经营活动产生的现金流量净额 | 7 | 138 | |
| 二、投资活动产生的现金流量： | | | |
| 收回短期投资、长期债券投资和长期股权投资收到的现金 | 8 | 200 | |
| 取得投资收益收到的现金 | 9 | 18 | |
| 处置固定资产、无形资产和其他非流动资产收回的现金净额 | 10 | 22 | |
| 短期投资、长期债券投资和长期股权投资支付的现金 | 11 | 1 040 | |
| 购建固定资产、无形资产和其他非流动资产支付的现金 | 12 | 226 | |
| 投资活动产生的现金流量净额 | 13 | –1 026 | |
| 三、筹资活动产生的现金流量： | | | |

续表

| 项目 | 行次 | 本期金额 | 上期金额 |
|---|---|---|---|
| 取得借款收到的现金 | 14 | 1 400 | |
| 吸收投资者投资收到的现金 | 15 | 0 | |
| 偿还借款本金支付的现金 | 16 | 0 | |
| 偿还借款利息支付的现金 | 17 | 60 | |
| 分配利润支付的现金 | 18 | 100 | |
| 筹资活动产生的现金流量净额 | 19 | 1 240 | |
| 四、现金净增加额 | 20 | 352 | |
| 加：期初现金余额 | 21 | | |
| 五、期末现金余额 | 22 | | |

# 16.5 附注

## 16.5.1 附注概述

《小企业会计准则》第八十六条指出，附注，是指对在资产负债表、利润表和现金流量表等报表中列示项目的文字描述或明细资料，以及对未能在这些报表中列示项目的说明，等等。附注是财务报表的重要组成部分，附注应当按照下列顺序披露。

（1）遵循《小企业会计准则》的声明。

（2）短期投资、应收账款、存货、固定资产项目的说明。

（3）应付职工薪酬、应交税费项目的说明。

（4）利润分配的说明。

（5）用于对外担保的资产名称、账面余额及形成的原因；未决诉讼、未决仲裁以及对外提供担保所涉及的金额。

（6）发生严重亏损的，应当披露持续经营的计划、未来经营的方案。

（7）对已在资产负债表和利润表中列示项目与企业所得税法规定存在差异的纳税调整过程。

（8）其他需要在附注中说明的事项。

## 16.5.2 附注格式及编报说明

### 1. 遵循《小企业会计准则》的声明

小企业应当声明编制的财务报表符合《小企业会计准则》的要求，真实、完整地反映了小企业的财务状况、经营成果和现金流量等有关信息。

### 2. 短期投资、应收账款、存货、固定资产项目的说明

（1）短期投资的披露格式如表 16-10 所示。

**表 16-10　　短期投资的披露格式**　　单位：元

| 项目 | 期末账面余额 | 期末市价 | 期末账面余额与市价的差额 |
| --- | --- | --- | --- |
| 1. 股票 | | | |
| 2. 债券 | | | |
| 3. 基金 | | | |
| 4. 其他 | | | |
| 合计 | | | |

（2）应收账款按账龄结构披露的格式如表 16-11 所示。

**表 16-11　　应收账款按账龄结构披露的格式**　　单位：元

| 账龄结构 | 期末账面余额 | 年初账面余额 |
| --- | --- | --- |
| 1 年以内（含 1 年） | | |
| 1 年至 2 年（含 2 年） | | |
| 2 年至 3 年（含 3 年） | | |
| 3 年以上 | | |
| 合计 | | |

（3）存货的披露格式如表 16-12 所示。

表 16–12　　存货的披露格式　　单位：元

| 存货种类 | 期末账面余额 | 期末市价 | 期末账面余额与市价的差额 |
|---|---|---|---|
| 1. 原材料 | | | |
| 2. 在产品 | | | |
| 3. 库存商品 | | | |
| 4. 周转材料 | | | |
| 5. 消耗性生物资产 | | | |
| …… | | | |
| 合计 | | | |

（4）固定资产的披露格式如表 16–13 所示。

表 16–13　　固定资产的披露格式　　单位：元

| 项目 | 原价 | 累计折旧 | 期末账面价值 |
|---|---|---|---|
| 1. 房屋、建筑物 | | | |
| 2. 机器 | | | |
| 3. 机械 | | | |
| 4. 运输工具 | | | |
| 5. 设备 | | | |
| 6. 器具 | | | |
| 7. 工具 | | | |
| …… | | | |
| 合计 | | | |

**3. 应付职工薪酬、应交税费项目的说明**

（1）应付职工薪酬的披露格式如表 16–14 所示。

表 16–14　　应付职工薪酬明细

编制单位：　　　　年　　月　　日　　　　单位：元

| 项目 | 期末账面余额 | 年初账面余额 |
| --- | --- | --- |
| 1. 职工工资 | | |
| 2. 奖金、津贴和补贴 | | |
| 3. 职工福利费 | | |
| 4. 社会保险费 | | |
| 5. 住房公积金 | | |
| 6. 工会经费 | | |
| 7. 职工教育经费 | | |
| 8. 非货币性福利 | | |
| 9. 辞退福利 | | |
| 10. 其他 | | |
| 合计 | | |

（2）应交税费的披露格式如表 16–15 所示。

表 16–15　　应交税费明细

编制单位：　　　　年　　月　　日　　　　单位：元

| 项目 | 期末账面余额 | 年初账面余额 |
| --- | --- | --- |
| 1. 增值税 | | |
| 2. 消费税 | | |
| 3. 城市维护建设税 | | |
| 4. 企业所得税 | | |
| 5. 资源税 | | |
| 6. 土地增值税 | | |
| 7. 城镇土地使用税 | | |
| 8. 房产税 | | |
| 9. 车船税 | | |
| 10. 教育费附加 | | |

续表

| 项目 | 期末账面余额 | 年初账面余额 |
|---|---|---|
| 11. 矿产资源补偿费 | | |
| 12. 排污费 | | |
| 13. 代扣代缴的个人所得税 | | |
| …… | | |
| 合计 | | |

## 4. 利润分配的说明

利润分配的披露格式如表 16-16 所示。

表 16-16　　利润分配

编制单位：　　年　月　日　　单位：元

| 项目 | 行次 | 期末账面余额 | 年初账面余额 |
|---|---|---|---|
| 一、净利润 | 1 | | |
| 加：年初未分配利润 | 2 | | |
| 其他转入 | 3 | | |
| 二、可供分配的利润 | 4 | | |
| 减：提取法定盈余公积 | 5 | | |
| 提取任意盈余公积 | 6 | | |
| 提取职工奖励及福利基金 | 7 | | |
| 提取储备基金 | 8 | | |
| 提取企业发展基金 | 9 | | |
| 利润归还投资 | 10 | | |
| 三、可供投资者分配的利润 | 11 | | |
| 减：应付利润 | 12 | | |
| 四、未分配利润 | 13 | | |

注：①“提取职工奖励及福利基金”“提取储备基金”“提取企业发展基金”这三个项目仅适用于小企业（外商投资）按照相关法律规定提取的三项基金；②“利润归还投资”这个项目仅适用于小企业（中外合作经营）根据合同规定在合作期间归还投资者的投资。

**5. 其他项目**

其他应披露的项目如下。

（1）用于对外担保的资产名称、账面余额及形成的原因；未决诉讼、未决仲裁以及对外提供担保所涉及的金额。

（2）发生严重亏损的，应当披露持续经营的计划、未来经营的方案。

（3）对已在资产负债表和利润表中列示项目与企业所得税法规定存在差异的纳税调整过程。

（4）其他需要在附注中说明的事项。

## 16.6　会计政策、会计估计变更和会计差错更正

### 16.6.1　会计政策、会计估计变更和会计差错更正概述

《小企业会计准则》第八十八条规定：小企业对会计政策变更、会计估计变更和会计差错更正应当采用未来适用法进行会计处理。

### 16.6.2　会计政策变更

**1. 会计政策概述**

会计政策，是指小企业在会计确认、计量和报告中所采用的原则、基础和会计处理方法。原则，是指按照《小企业会计准则》规定的、适合于小企业会计核算所采用的具体会计原则。基础，是指为了将会计原则应用于交易或者事项而采用的基础。会计处理方法，是指小企业在会计核算中按照法律、行政法规或者国家统一的会计制度等规定采用或者选择的，适合于本企业的具体会计处理方法。

具体来说，在资产方面，存货的取得和发出计价的处理方法，长期股权投资的取得及后续计量中的成本法和权益法，固定资产、无形资产的确认条件等属于资产要素的会计政策；在负债方面，借款费用资本化的条件、应付职工薪酬的确认和计量等，属于负债要素的会计政策；在所有者权益方面，权益工具的确认和计量等，属于所有者权益要素的会计政策；在收入方面，商品销售收

入和提供劳务的确认条件、合同收入的确认与计量方法，属于收入要素的会计政策；在费用方面，商品销售成本及劳务成本的结转、期间费用的划分等，属于费用要素的会计政策。此外，财务报表编制方面所涉及的编制现金流量表的方法也属于会计政策。

会计政策具有以下特点。

第一，会计政策的选择性。会计政策是在允许的会计原则、计量基础和会计处理方法中做出指定或具体选择。由于小企业经济业务的复杂性和多样化，某些经济业务在符合会计原则和计量基础的要求下，可以有多种会计处理方法，即存在不止一种可供选择的会计政策。例如，确定发出存货的实际成本时可以在先进先出法、加权平均法或者个别计价法中进行选择。

第二，会计政策的强制性。在我国，会计准则和会计制度属于行政法规，会计政策所包括的具体会计原则、计量基础和具体会计处理方法由会计准则或会计制度规定，具有一定的强制性。小企业必须在法规所允许的范围内选择适合本企业实际情况的会计政策。即小企业在发生某项经济业务时，必须从允许的会计原则、计量基础和会计处理方法中选择适合本企业特点的会计政策。

第三，会计政策的层次性。会计政策包括会计原则、计量基础和会计处理方法三个层次。其中：会计原则是指导小企业会计核算的具体原则；计量基础是为将会计原则体现在会计核算上而采用的基础；会计处理方法是按照会计原则和计量基础的要求，由小企业在会计核算中采用或者选择的，适合于本企业的具体会计处理方法。会计原则、计量基础和会计处理方法三者是一个具有逻辑性的、密不可分的整体，通过这个整体，会计政策才能得以应用和落实。

**2. 会计政策变更概述**

会计政策变更，是指小企业对相同的交易或者事项由原来采用的会计政策改用另一会计政策的行为。为保证会计信息的可比性，使财务报表使用者在比较小企业一个以上期间的财务报表时，能够正确判断企业的财务状况、经营成果和现金流量的趋势，一般情况下，小企业采用的会计政策，在每一会计期间和前后各期应当保持一致，不得随意变更，否则势必削弱会计信息的可比性。但是，在下述两种情形下，小企业可以变更会计政策。

第一，法律、行政法规或者国家统一的会计制度等要求变更。这种情况是指，按照法律、行政法规以及国家统一的会计制度的规定，要求小企业采用新的会计政策，则小企业应当按照法律、行政法规以及国家统一的会计制度的规定改变原会计政策，按照新的会计政策执行。例如，《小企业会计准则》第十三条规定，小企业应当采用先进先出法、加权平均法或者个别计价法确定发出存货的实际成本。因此，原先采用后进先出法核算发出存货成本的就应改为准则规定可以采用的会计政策。

第二，会计政策变更能够提供更可靠、更相关的会计信息。经济环境、客观情况的改变，使小企业原采用的会计政策所提供的会计信息，已不能准确地反映该小企业的财务状况、经营成果和现金流量等情况。在这种情况下，小企业应改变原有会计政策，按变更后新的会计政策进行会计处理，以便对外提供更可靠、更相关的会计信息。但是小企业因此需要变更会计政策时，必须有充分、合理的证据证明其变更的合理性，并说明变更会计政策后，能够提供关于小企业财务状况、经营成果和现金流量等更可靠、更相关的会计信息的理由。

对会计政策变更的认定，直接影响会计处理方法的选择。因此，在会计实务中，小企业应当正确认定属于会计政策变更的情形。以下两种情况不属于会计政策变更。

第一，本期发生的交易或者事项与以前相比具有本质差别而采用新的会计政策。这是因为，会计政策是针对特定类型的交易或事项，如果发生的交易或事项与其他交易或事项有本质区别，那么，小企业实际上是为新的交易或事项选择适当的会计政策，并没有改变原有的会计政策。例如，某小企业以往租入的设备均为满足临时需要而租入的，小企业按经营租赁会计处理方法核算，但自本年度起租入的设备均采用融资租赁方式，则该小企业自本年度起对新租赁的设备采用融资租赁会计处理方法核算。由于该企业原租入的设备均为经营租赁，本年度起租赁的设备均改为融资租赁，经营租赁和融资租赁有着本质差别，因而改变会计政策不属于会计政策变更。

第二，对初次发生的或不重要的交易或者事项采用新的会计政策。对初次发生的某类交易或事项采用适当的会计政策，并未改变原有的会计政策。至于对不重要的交易或事项采用新的会计政策，不按会计政策变更做出会计处理，并不影响会计信息的可比性，所以也不作为会计政策变更。

### 16.6.3 会计估计变更

#### 1. 会计估计概述

会计估计，是指小企业对结果不确定的交易或者事项以最近可利用的信息为基础所做的判断。

由于商业活动中内在的不确定因素影响，许多财务报表中的项目不能精确地计量，而只能加以估计。估计涉及以最近可利用的、可靠的信息为基础所做的判断。例如，以下项目可能需要进行估计：①坏账；②陈旧过时的存货；③应折旧资产的使用寿命或者体现在应折旧资产中的未来经济利益的预期消耗方式等。

会计估计具有如下特点。

第一，会计估计的存在是由于经济活动中内在的不确定性因素的影响。在会计核算中，小企业总是力求保持会计核算的准确性，但有些经济业务本身具有不确定性。例如，坏账、固定资产折旧年限、固定资产残余价值、无形资产摊销年限等，因而需要根据经验做出估计。可以说，在进行会计核算和相关信息披露的过程中，会计估计是不可避免的。

第二，进行会计估计时，往往以最近可利用的信息或资料为基础。小企业在会计核算中，由于经营活动中内在的不确定性，不得不经常进行估计。一些估计的主要目的是确定资产或负债的账面价值，例如，坏账准备引起的负债；另一些估计的主要目的是确定将在某一期间记录的收益或费用的金额，例如，某一期间的折旧、摊销的金额。小企业在进行会计估计时，通常应根据当时的情况和经验，以一定的信息或资料为基础进行。但是，随着时间的推移、环境的变化，进行会计估计的基础可能会发生变化。因此，进行会计估计所依据的信息或者资料不得不经常发生变化。由于最新的信息是最接近目标的信息，以其为基础所做的估计最接近实际，所以进行会计估计时，应以最近可利用的信息或资料为基础。

第三，进行会计估计并不会削弱会计确认和计量的可靠性。小企业为了定期、及时地提供有用的会计信息，将延续不断的经营活动人为地划分为一定的期间，并在权责发生制的基础上对小企业的财务状况和经营成果进行定期确认和计量。例如，在会计分期的情况下，许多小企业的交易跨越若干会计年度，以致需要在一定程度上做出决定：某一年度发生的开支，哪些可以合理地预期能够产生其他年度以收益形式表示的利益，从而全部或部分向后递延，哪些可以合理地预期在当期能够得到补偿，从而确认为费用。由于会计分期和货币计量的前提，在会计确认和计量过程中，不得不对许多尚在延续中、其结果尚未确定的交易或事项予以估计入账。

**2. 会计估计变更概述**

会计估计变更，是指由于资产和负债的当前状况及预期经济利益和义务发生了变化，从而对资产或负债的账面价值或者资产的定期消耗金额进行调整。

由于小企业经营活动中内在的不确定因素，许多财务报表项目不能准确地计量，只能加以估计，估计过程涉及以最近可以得到的信息为基础所做的判断。但是，估计毕竟是就现有资料对未来所做的判断，随着时间的推移，如果赖以进行估计的基础发生变化，或者由于取得了新的信息、积累了更多的经验或后来的发展可能不得不对估计进行修订，此时进行会计估计变更的依据也应当真实、可靠。会计估计变更包括以下情形。

第一，赖以进行估计的基础发生了变化。小企业进行会计估计，总是依赖于一定的基础。如果其所依赖的基础发生了变化，则会计估计也应相应发生变化。例如，小企业的某项无形资产摊销年限原定为 10 年，以后发生的情况表明，该资产的受益年限已不足 10 年，应相应调减摊销年限。

第二，取得了新的信息、积累了更多的经验。小企业进行会计估计是就现有资料对未来所做的判断，随着时间的推移，小企业有可能取得新的信息、积累更多的经验，在这种情况下，小企业可能不得不对会计估计进行修订，即发生会计估计变更。例如，小企业根据当时能够得到的信息，对应收账款每年按其余额的 5%计提坏账准备。现在掌握了新的信息，判定不能收回的应收账款比例已达 15%，小企业改按 15%的比例计提坏账准备。

会计估计变更，并不意味着以前期间会计估计是错误的，只是由于情况发生变化，或者掌握了新的信息，积累了更多的经验，使得变更会计估计能够更好地反映小企业的财务状况和经营成果。如果以前期间的会计估计是错误的，则属于会计差错，应按会计差错更正的会计处理办法进行处理。

### 16.6.4 前期差错

前期差错包括：计算错误、应用会计政策错误、应用会计估计错误等。前期差错，是指由于没有运用或错误运用下列两种信息，而对前期财务报表造成省略或错报。

（1）编报前期财务报表时预期能够取得并加以考虑的可靠信息。

（2）前期财务报表批准报出时能够取得的可靠信息。

### 16.6.5 未来适用法

未来适用法，是指将变更后的会计政策和会计估计应用于变更日及以后发生的交易或者事项，或者在会计差错发生或发现的当期更正差错的方法。

在未来适用法下，不需要计算会计政策变更产生的累积影响数，也无须重编以前年度的财务报表。小企业会计账簿记录及财务报表上反映的金额，变更之日仍保留原有的金额，不因会计政策变更而改变以前年度的既定结果，但以后要在现有金额的基础上按新的会计政策进行核算。

**【例 16-4】**新华公司有一台管理用设备，原始价值为 6 400 元，预计使用寿命为 6 年，净残值为 400 元，自 2×13 年 1 月 1 日起按直线法计提折旧。2×15 年 1 月，由于新技术的发展等原因，需要对原预计使用寿命和净残值做出修正，修正后的预计使用寿命为 4 年，净残值为 200 元。假定税法允许按变更后的折旧额在税前扣除。新华公司对上述会计估计变更的会计处理如下。

（1）不调整以前各期折旧，也不计算累积影响数。

（2）变更日以后发生的经济业务改按新估计使用寿命提取折旧。

按原估计，每年折旧额为 1 000 元，已提折旧 2 年，共计 2 000 元，第 3 年期初固定资产净值为 4 400 元。

改变估计使用寿命后，2×15 年 1 月 1 日起每年计提的折旧费用为 2 100［（4 400-200）÷（4-2）］元。2×15 年不必对以前年度已提折旧进行调整，只需按重新预计的尚可使用寿命和净残值计算年折旧费用，编制会计分录如下。

借：管理费用　　2 100

　　贷：累计折旧　　2 100

# 第 17 章 小企业会计科目使用规则

## 17.1 资产类会计科目使用规则

### 17.1.1 库存现金

☆**科目释义**

库存现金，是指通常存放于企业财会部门、由出纳人员经管的货币，是企业流动性最强的资产。企业应当严格遵守国家有关现金的管理制度，正确进行现金收支的核算，监督现金使用的合法性与合理性。

☆**科目综述**

“库存现金”科目核算存放于小企业财会部门、由出纳人员经管的货币的收入、支出和结存。本科目借方登记现金的增加，贷方登记现金的减少，期末余额在借方，反映小企业实际持有的库存现金的金额。小企业内部各部门周转使用的备用金，可以单独设置“备用金”科目进行核算。有外币现金的小企业，应当按照人民币和各种外币进行明细核算。

☆**主要业务的账务处理**

（1）库存现金收支业务的核算。当库存现金增加时，借记“库存现金”科目，贷记“银行存款”等相关科目；当库存现金减少时，做相反分录。编制会计分录如下。

借：库存现金

　　贷：银行存款

（2）库存现金清查业务的核算。如果账款不符，发现有待查明原因的现金短缺或溢余，应先通过“待处理财产损溢”科目核算。按管理权限报经批准后，分别以下列情况处理。

如为现金短缺，属于应由责任人赔偿或保险公司赔偿的部分，计入其他应收款；属于无法查明的其他原因，计入管理费用。如为现金溢余，属于应支付给有关人员或单位的，计入其他应付款；属于无法查明原因的，计入营业外收入。现金溢余的会计处理如图17-1所示。

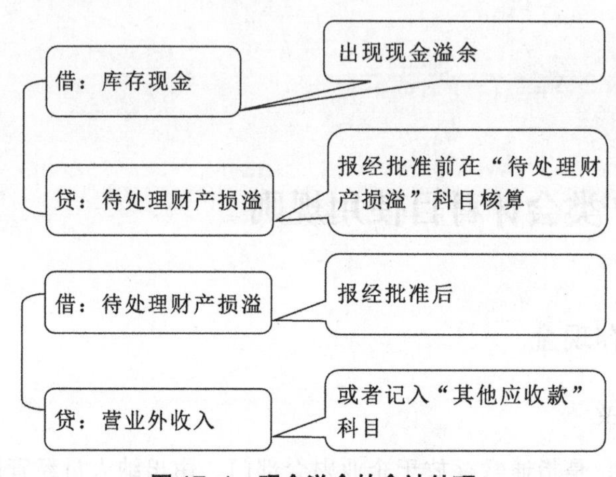


**图17-1 现金溢余的会计处理**

**☆案例分析**

**【例17-1】**某小企业为增值税一般纳税人，采用小企业会计准则进行会计核算（下同）。该企业在盘点现金时发现长款10元，经核查未能发现其实际原因，经财务主管同意，作为营业外收入处理。应编制如下会计分录，反映清查结果。

（1）发现现金长款时。

借：库存现金　　10

　　贷：待处理财产损溢　　10

（2）报经批准后，处理长款。

借：待处理财产损溢　　10

　　贷：营业外收入　　10

## 17.1.2 银行存款

**☆科目释义**

银行存款，是指企业存入银行或其他金融机构的各种款项。外埠存款、银行本票存款、银行汇票存款、信用卡存款、信用证保证金存款、存出投资款等，在“其他货币资金”科目核算。

☆**科目综述**

“银行存款”科目核算小企业存入银行或其他金融机构的各种款项的收支和结存情况。本科目属于资产类科目，借方登记银行存款的增加数，贷方登记银行存款的减少数，借方余额表示小企业银行存款的结余数额。有外币业务的小企业，应在“银行存款”科目下分别人民币和各种外币进行明细核算。

☆**主要业务的账务处理**

小企业在不同的结算方式下，根据有关的原始凭证编制银行存款的收付款凭证，记入小企业的“银行存款”科目。小企业将款项存入银行或其他金融机构时，借记“银行存款”科目，贷记“库存现金”或有关科目；提取或支付在银行或其他金融机构中的存款时，借记“库存现金”或有关科目，贷记“银行存款”科目。小企业将款项存入银行或其他金融机构的会计分录如下。

借：银行存款

　　贷：库存现金

☆**案例分析**

**【例 17-2】**某小企业于 2×16 年 1 月 1 日将现金 5 000 元送存银行。该小企业当日的账务处理如下。

| | | |
|---|---|---|
| 借：银行存款 | 5 000 | |
| 　　贷：库存现金 | | 5 000 |

同年 12 月 20 日，该小企业的出纳提取现金 3 000 元备用。持支票办理完手续后，根据支票存根，编制记账凭证。

该小企业 2×16 年 12 月 20 日的账务处理如下。

| | | |
|---|---|---|
| 借：库存现金 | 3 000 | |
| 　　贷：银行存款 | | 3 000 |

### 17.1.3　其他货币资金

☆**科目释义**

其他货币资金，是指企业的外埠存款、银行汇票存款、银行本票存款、信用卡存款、信用证保证金存款、存出投资款等各种其他货币资金。

☆**科目综述**

“其他货币资金”科目核算小企业的银行汇票存款、银行本票存款、信用卡存款、信用证保证金存款、外埠存款等。小企业设置的“其他货币资金”科目可按银行汇票或本票、信用证的收款单位，外埠存款的开户银行，分别“银行汇票”“银行本票”“信用卡”“信用证保证金”“存出投资款”“外埠存款”等进行明细核算。小企业增加其他货币资金，借记“其他货币资金”科目，贷记“银行存款”科目；减少其他货币资金，借记有关科目，贷记“其他货币资金”科目。该科目期末借方余额，反映小企业持有的其他货币资金。

☆**主要业务的账务处理**

企业将银行存款转作其他货币资金时，借记“其他货币资金”明细科目，贷记“银行存款”科目；将多余资金从其他货币资金账户转回时，借记“银行存款”科目，贷记“其他货币资金”明细科目。

☆**案例分析**

**【例 17-3】**某小企业要委托某证券公司从深圳证券交易所购入A上市公司股票，先在该公司以企业名义开立证券资金户头并存入资金800万元。编制会计分录如下。

借：其他货币资金——存出投资款　　8 000 000

　　贷：银行存款　　8 000 000

证券公司从深圳证券交易所购入A上市公司股票50万股(假设价值为600万元)，并将其划分为交易性金融资产。编制会计分录如下。

借：交易性金融资产　　6 000 000

　　贷：其他货币资金——存出投资款　　6 000 000

该小企业将多余的资金转回原开户银行。编制会计分录如下。

借：银行存款　　2 000 000

　　贷：其他货币资金——存出投资款　　2 000 000

### 1. 银行汇票

☆**科目释义**

银行汇票，是指由出票银行签发的，由其在见票时按照实际结算金额无条件支付给收款人或者持票人的票据。银行汇票的出票银行为银行汇票的付款人。单位和个人各种款项的结算，均可使用银行汇票。银行汇票可以用于转账，填明“库存现金”字样的银行汇票也可以用于支取现金。

☆**科目综述**

“银行汇票”科目核算小企业用银行汇票结算时，存入银行的银行汇票存款的收支和结存情况。本科目是“其他货币资金”科目的二级科目，借方登记银行汇票存款的增加数，贷方登记银行汇票存款的减少数，借方余额表示小企业银行汇票存款的结余数额。

☆**主要业务的账务处理**

小企业在填送“银行汇票申请书”并将款项交存银行，取得银行汇票后，根据银行签章退回的申请书存根联编制付款凭证，借记“其他货币资金——银行汇票”科目，贷记“银行存款”科目；小企业使用银行汇票后，根据发票账单等有关凭证编制转账凭证，借记“物资采购”或“原材料”“库存商品”“应交税费——应交增值税（进项税额）”等科目，贷记“其他货币资金——银行汇票”科目；如有多余款或因汇票超过付款期限等原因而退回款项，小企业应根据银行转来的银行汇票第四联（多余款收账通知），借记“银行存款”科目，贷记“其他货币资金——银行汇票”科目。银行汇票的相关会计处理如图 17-2 所示。

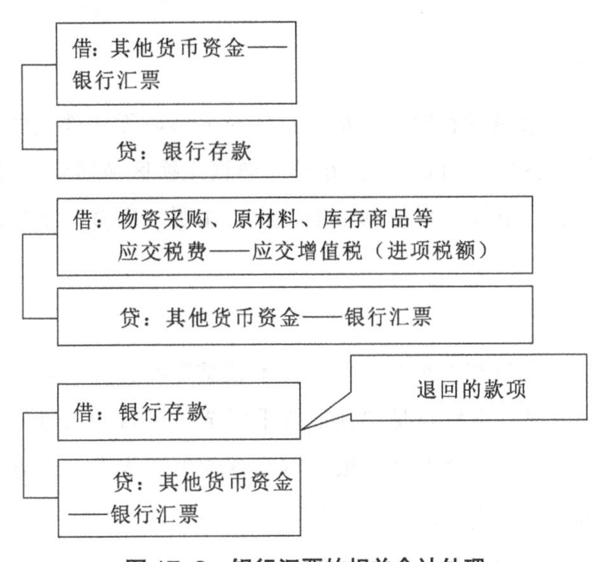


**图 17-2　银行汇票的相关会计处理**

☆**案例分析**

**【例 17-4】**2×22 年 9 月 2 日，某小企业向银行申请办理银行汇票用以购买原材料，将款项250 000元交存银行转作银行汇票存款。9月12日，该企业购入原材料一批，取得的增值税专用发票上的原材料价款为200 000元，增值税税额为26 000元，用银行汇票办理结算。9月13日，企业已收到开户银行转来的银行汇票第四联（多余款收账通知）。

该企业编制如下会计分录。

（1）9月2日，申请银行汇票。

借：其他货币资金——银行汇票　　250 000

　　贷：银行存款　　250 000

（2）9月12日，购买原材料。

借：原材料　　200 000

　　应交税费——应交增值税（进项税额）　　26 000

　　贷：其他货币资金——银行汇票　　226 000

（3）9月13日，收到多余款项。

借：银行存款　　24 000

　　贷：其他货币资金——银行汇票　　24 000

### 2. 银行本票

#### ☆科目释义

银行本票，是指银行签发的，承诺自己在见票时无条件支付确定的金额给收款人或持票人的票据。单位和个人在同一票据交换区域需要支付的各种款项，均可使用银行本票。银行本票可以用于转账，注明“现金”字样的银行本票可以用于支取现金。

#### ☆科目综述

“银行本票”科目核算小企业用银行本票结算时，存入银行的银行本票存款的收支和结存情况。本科目是“其他货币资金”科目的二级科目，借方登记银行本票存款的增加数，贷方登记银行本票存款的减少数，借方余额表示小企业银行本票存款的结余数额。

#### ☆主要业务的账务处理

小企业向银行提交“银行本票申请书”并将款项交给银行，取得银行签发的银行本票后，应根据银行签章退回的“银行本票申请书”存根联编制付款凭证，借记“其他货币资金——银行本票”科目，贷记“银行存款”科目；小企业使用银行本票后，应根据发票账单等有关单据编制转账凭证，借记“物资采购”或“原材料”“库存商品”“应交税费——应交增值税（进项税额）”等科目，贷记“其他货币资金——银行本票”科目。若本票因超过付款期等原因要求退款时，应填写进账单一式两联，连同本票一并送交银行，根据银行盖章退回的进账单第一联编制收款凭证，借记“银行存款”科目，贷记“其他货币资金——银行本票”科目。

（1）借：其他货币资金——银行本票

　　贷：银行存款

（2）借：原材料等

　　应交税费——应交增值税（进项税额）

　　贷：其他货币资金——银行本票

（3）借：银行存款

　　贷：其他货币资金——银行本票

### 3. 信用卡存款

#### ☆科目释义

信用卡存款，是指企业为取得信用卡而存入银行信用卡专户的款项。信用卡是银行卡的一种，信用卡按使用对象分为单位卡和个人卡，按信用等级分为金卡和普通卡。

#### ☆科目综述

“信用卡存款”科目核算小企业用信用卡结算时，存入银行的信用卡存款的收支和结存情况。本科目是“其他货币资金”科目的二级科目，借方登记信用卡存款的增加数，贷方登记信用卡存款的减少数，借方余额表示小企业信用卡存款的结余数额。

#### ☆主要业务的账务处理

小企业应按规定填制申请表，连同支票和有关资料一并送交发卡银行，根据银行盖章退回的进账单第一联，借记“其他货币资金——信用卡存款”科目，贷记“银行存款”科目；小企业用信用卡购物或支付有关费用，借记有关科目，贷记“其他货币资金——信用卡存款”科目；在使用过程中，小企业需要向其账户续存资金的，借记“其他货币资金——信用卡存款”科目，贷记“银行存款”科目。

（1）借：其他货币资金——信用卡存款

贷：银行存款

（2）借：原材料

应交税费——应交增值税（进项税额）

贷：其他货币资金——信用卡存款

**4. 信用证保证金存款**

**☆科目释义**

信用证保证金存款，是指采用信用证结算方式的企业为取得信用证而按规定存入银行信用证保证金专户的款项。企业向银行申请开立信用证，应按规定向银行提交开证申请书、信用证申请人承诺书和购销合同。

**☆科目综述**

“信用证保证金存款”科目核算小企业用信用证保证金存款结算时，存入银行的信用证保证金存款的收支和结存情况。本科目是“其他货币资金”科目的二级科目，借方登记信用证保证金存款的增加数，贷方登记信用证保证金存款的减少数，借方余额表示小企业信用证保证金存款的结余数额。

**☆主要业务的账务处理**

小企业向银行申请开立信用证，应按规定向银行提交开证申请书、信用证申请人承诺书和购销合同。小企业向银行缴纳保证金，根据银行退回的进账单第一联编制付款凭证，借记“其他货币资金——信用证保证金存款”科目，贷记“银行存款”科目；根据开证行交来的信用证通知书及有关单据标明的金额，借记“物资采购”或“原材料”“库存商品”“应交税费——应交增值税（进项税额）”等科目，贷记“其他货币资金——信用证保证金存款”科目；小企业未用完的信用证保证金余额转回开户银行时，根据收款通知编制收款凭证，借记“银行存款”科目，贷记“其他货币资金——信用证保证金存款”科目。

（1）借：其他货币资金——信用证保证金存款

贷：银行存款

（2）借：原材料等

应交税费——应交增值税（进项税额）

贷：其他货币资金——信用证保证金存款

（3）借：银行存款

　　贷：其他货币资金——信用证保证金存款

**5. 存出投资款**

**☆科目释义**

存出投资款，是指企业已存入证券公司但尚未进行投资的资金。

**☆科目综述**

“存出投资款”科目核算小企业用存出投资款结算时，存入银行的存出投资款的收支和结存情况。本科目是“其他货币资金”科目的二级科目，借方登记存出投资款的增加数，贷方登记存出投资款的减少数，借方余额表示小企业存出投资款的结余数额。

**☆主要业务的账务处理**

小企业向证券公司划出资金时，应按实际划出的金额，借记“其他货币资金——存出投资款”科目，贷记“银行存款”科目；购买股票、债券等时，借记“交易性金融资产”等科目，贷记“其他货币资金——存出投资款”科目。

（1）借：其他货币资金——存出投资款

　　贷：银行存款

（2）借：交易性金融资产

　　贷：其他货币资金——存出投资款

**6. 外埠存款**

**☆科目释义**

外埠存款，是指小企业为了到外地进行临时或零星采购，而汇往采购地银行开立采购专户的款项。该账户的存款不计利息、只付不收、付完清户，除了采购人员可从中提取少量现金外，一律采用转账结算。

**☆科目综述**

“外埠存款”科目核算小企业用外埠存款结算时，存入银行的外埠存款的收支和结存情况。本科目是“其他货币资金”科目的二级科目，借方登记外埠存款的增加数，贷方登记外埠存款的减少数，借方余额表示小企业外埠存款的结余数额。

☆**主要业务的账务处理**

小企业将款项委托当地银行汇往采购地开立专户时，根据汇出款项凭证编制付款凭证，借记“其他货币资金——外埠存款”科目，贷记“银行存款”科目；小企业收到采购人员交来的供货单位发货票、账单等报销凭证时，据以编制转账凭证，借记“物资采购”或“原材料”“库存商品”“应交税费——应交增值税（进项税额）”等科目，贷记“其他货币资金——外埠存款”科目；用外埠存款采购结束将多余资金转回时，根据银行的收账通知编制收款凭证，借记“银行存款”科目，贷记“其他货币资金——外埠存款”科目。

（1）借：其他货币资金——外埠存款

贷：银行存款

（2）借：物资采购等

应交税费——应交增值税（进项税额）

贷：其他货币资金——外埠存款

（3）借：银行存款

贷：其他货币资金——外埠存款

## 17.1.4 短期投资

☆**科目释义**

短期投资，是指小企业购入的能随时变现并且持有时间不准备超过1年（含1年，下同）的投资，如小企业以赚取差价为目的从二级市场购入的股票、债券、基金等。

☆**科目综述**

为核算短期投资的取得、持有、处置等，小企业应设置“短期投资”科目以及“投资收益”“应收股利”“应收利息”等相关科目。

“短期投资”科目核算购入的能随时变现并且持有时间不准备超过1年的投资，并按照股票、债券、基金等短期投资种类进行明细核算。本科目借方登记短期投资的增加，贷方登记短期投资的减少，期末借方余额，反映小企业持有的短期投资成本。

“投资收益”科目核算持有短期投资期间取得的现金股利或债券利息以及处置损益。

“应收股利”科目核算购入股票取得的现金股利。

“应收利息”科目核算购入债券取得的债券利息。

☆主要业务的账务处理

**1. 短期投资的取得**

小企业购入的各种股票、债券、基金等短期投资，按照实际支付的购买价款和相关税费，借记“短期投资”科目，贷记“银行存款”科目。

借：短期投资

　　贷：银行存款

如果购入股票实际支付的购买价款中包含已宣告但尚未发放的现金股利，应按照实际支付的购买价款和相关税费扣除已宣告但尚未发放的现金股利后的金额，借记“短期投资”科目；按照应收的现金股利，借记“应收股利”科目；按照实际支付的购买价款和相关税费，贷记“银行存款”科目。购入股票包含现金股利的会计处理如图 17-3 所示。

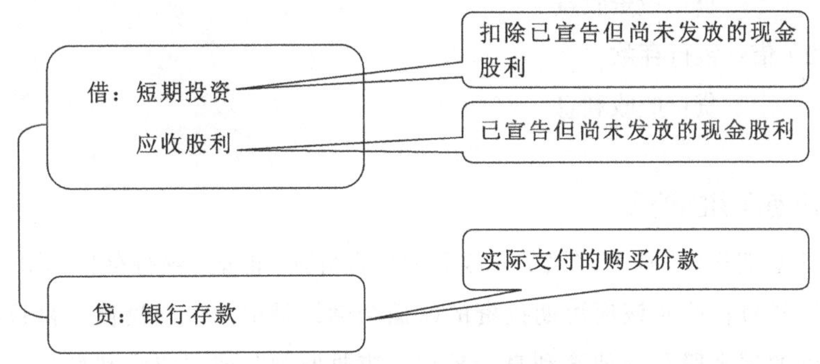


**图 17-3　购入股票包含现金股利的会计处理**

如果购入债券实际支付的购买价款中包含已到付息期但尚未领取的债券利息，应按照实际支付的购买价款和相关税费扣除已到付息期但尚未领取的债券利息后的金额，借记“短期投资”科目；按照应收的债券利息，借记“应收利息”科目；按照实际支付的购买价款和相关税费，贷记“银行存款”科目。

借：短期投资

　　应收利息

　　贷：银行存款

**2. 短期投资持有期间取得的现金股利和利息**

在短期投资持有期间，被投资单位宣告分派的现金股利，借记“应收股利”

科目，贷记“投资收益”科目。收到现金股利时，借记“银行存款”科目，贷记“应收股利”科目。分派现金股利的会计处理如图 17-4 所示。

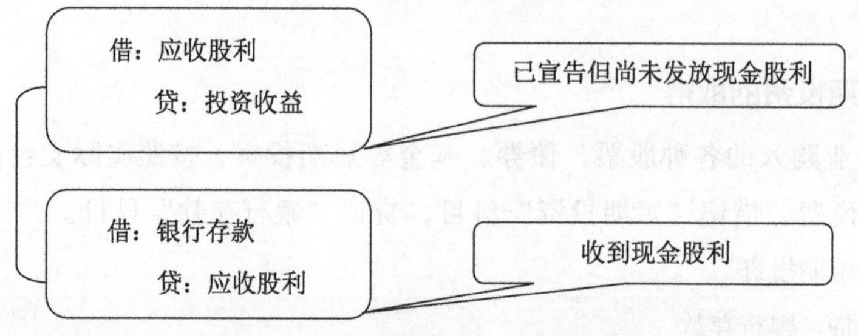


**图 17-4　分派现金股利的会计处理**

在债务人应付利息日，按照分期付息、一次还本债券投资的票面利率计算的利息收入，借记“应收利息”科目，贷记“投资收益”科目。收到债券利息时，借记“银行存款”科目，贷记“应收利息”科目。

（1）借：应收利息

　　　贷：投资收益

（2）借：银行存款

　　　贷：应收利息

### 3. 短期投资的处置

出售短期投资，应当按照实际收到的出售价款，借记“银行存款”科目或“库存现金”科目；按照该项短期投资的账面余额，贷记“短期投资”科目；按照尚未收到的现金股利或债券利息，贷记“应收股利”或“应收利息”科目；按照其差额借记或贷记“投资收益”科目。短期投资处置的会计处理如图 17-5 所示。

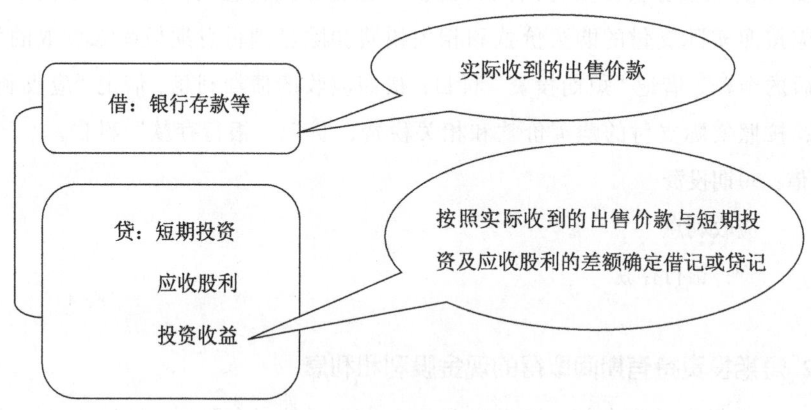


**图 17-5　短期投资处置的会计处理**

☆**案例分析**

**【例 17-5】** 2×22 年 1 月 13 日，某小企业支付价款 1 260 000 元从二级市场购入 A 公司发行的股票 100 000 股，每股价格 12.60 元（含已宣告但尚未发放的现金股利 0.60 元），另支付交易费用 1 000 元。该小企业的其他相关资料如下。

（1）1 月 23 日，收到 A 公司发放的现金股利。

（2）7 月 30 日，A 公司宣告发放现金股利 0.3 元 / 股。

（3）8 月 15 日，将持有的 A 公司股票全部售出，每股售价 17 元。

假定不考虑其他因素，该小企业的账务处理如下。

（1）1 月 13 日，购入 A 公司股票。

借：短期投资　1 201 000
　　应收股利　60 000
　贷：银行存款　1 261 000

（2）1 月 23 日，收到 A 公司发放的现金股利。

借：银行存款　60 000
　贷：应收股利　60 000

（3）7 月 30 日，确认投资收益。

借：应收股利　30 000
　贷：投资收益　30 000

（4）8 月 15 日，将 A 公司股票全部售出。

借：银行存款　1 700 000
　贷：短期投资　1 201 000
　　　应收股利　30 000
　　　投资收益　469 000

## 17.1.5　应收票据

☆**科目释义**

应收票据，是指小企业因销售商品、提供劳务等而收到的商业汇票。商业汇票是出票人签发的，委托付款人在见票时或者在指定日期，无条件支付确定的金额给收款人或者持票人的票据。商业汇票按承兑人的不同，分为商业承兑汇票和银行承兑汇票。前者指由收款人签发，经付款人承兑，或由付款人签发并承兑的票据；后者指由收款人或承兑申请人签发，并由承兑申请人向开户银行申请，经银行审查同意承兑的票据。

☆科目综述

为了反映和监督应收票据取得、票款收回等经济业务，小企业应当设置“应收票据”科目，借方登记取得的应收票据的面值，贷方登记到期收回票款或到期前向银行贴现的应收票据的票面余额，期末余额在借方，反映企业持有的商业汇票的票面金额。

“应收票据”科目可按开出、承兑商业汇票的单位进行明细核算，并设置“应收票据备查簿”，逐笔登记每一商业汇票的种类、号数、出票日期、票面金额、交易合同号，付款人、承兑人、背书人的姓名或单位名称，到期日期、利率、收款日期、收回金额等，商业汇票到期结清票款后，应在备查簿内逐笔注销。

☆主要业务的账务处理

**1. 取得应收票据**

企业因销售商品、提供劳务等而收到开出、承兑的商业汇票，按商业汇票的票面金额，借记“应收票据”科目；按确认的营业收入，贷记“主营业务收入”等科目。涉及增值税销项税额的，还应当贷记“应交税费——应交增值税（销项税额）”科目。

借：应收票据

　　贷：主营业务收入

　　　　应交税费——应交增值税（销项税额）

**2. 贴现应收票据**

票据贴现，是指企业以未到期票据向银行融通资金，银行按票据的应收金额扣除一定期间的利息后的余额付给企业的融资行为。企业持未到期的商业汇票向银行贴现，应按实际收到的金额（即减去贴现息后的净额），借记“银行存款”等科目；按贴现息部分的金额，借记“财务费用”等科目；按商业汇票的票面金额，贷记“应收票据”科目（银行无追索权的情况下）或“短期借款”科目（银行有追索权的情况下）。

借：银行存款

财务费用

　贷：应收票据等

### 3. 背书转让应收票据

背书，是指在票据背面或者粘单上记载有关事项并签章的票据行为。票据背书转让的，背书人应当承担票据责任。企业将持有的商业汇票背书转让以取得所需物资时，按照应计入取得物资成本的金额，借记“材料采购”或“原材料”“库存商品”等科目；按增值税专用发票上注明的可抵扣的增值税，借记“应交税费——应交增值税（进项税额）”科目；按商业汇票的票面金额，贷记“应收票据”科目；如有差额，借记或贷记“银行存款”等科目。

借：原材料等

　应交税费——应交增值税（进项税额）

　贷：应收票据

### 4. 收回到期应收票据

商业汇票到期之后，应及时要求对方付款，按实际收到的金额，借记“银行存款”科目；按商业汇票的票面金额，贷记“应收票据”科目。

借：银行存款

　贷：应收票据

**☆案例分析**

**【例 17-6】**某小企业 2×19 年 9 月发生以下经济业务。

（1）9 月 1 日向 A 公司销售了一批原材料，货款金额为 100 000 元，适用的增值税税率为 13%。当前货物已经发出，A 公司送来一张期限为 3 个月的商业承兑汇票，面值为 113 000 元，用于支付货款。

（2）9 月 20 日，持所收取的出票日期为 2×19 年 7 月 22 日、期限为 6 个月、面值为 110 000 元的不带息商业承兑汇票到银行贴现，假设银行同意对该票据进行贴现，银行年贴现率为 12%。

（3）9 月 23 日，购买一批生产用物资，由于资金短缺，将 9 月 1 日收到的一张期限为 3 个月、面额为 113 000 元的商业汇票背书转让，购入的物资货款金额为 100 000 元，适用增值税税率为 13%。

（4）9月30日，持有的一张期限为3个月、票面金额为113 000元的商业汇票已到期，将上述应收票据收回，票面金额113 000元存入银行。

该小企业应进行如下的会计处理。

（1）9月1日，销售货物取得应收票据。

借：应收票据　113 000
　贷：主营业务收入　100 000
　　应交税费——应交增值税（销项税额）　13 000

（2）9月20日，贴现应收票据。

该应收票据到期日为2×20年1月22日，其贴现天数为124天。

贴现天数 =11+31+30+31+22−1=124（天）

贴现息 =110 000×12% ×124÷360=4 546.67（元）

贴现净额 =110 000−4 546.67=105 453.33（元）

借：银行存款　105 453.33
　财务费用　4 546.67
　贷：应收票据　110 000

（3）9月23日，背书转让应收票据。

借：原材料　100 000
　应交税费——应交增值税（进项税额）　13 000
　贷：应收票据　113 000

（4）9月30日，收回应收票据。

借：银行存款　113 000
　贷：应收票据　113 000

## 17.1.6　应收账款

**☆科目释义**

应收账款，是指企业因销售商品、提供劳务等经营活动，应向购货单位或接受劳务单位收取的款项，主要包括企业销售商品或提供劳务等应向有关债务人收取的价款及代购货单位垫付的包装费、运杂费等。

**☆科目综述**

为了反映应收账款的增减变动及其结存情况，小企业应设置“应收账款”

科目。“应收账款”科目的借方登记应收账款的增加，贷方登记应收账款的收回及确认的坏账损失，期末借方余额，反映小企业尚未收回的应收账款。本科目可按债务人进行明细核算。

☆主要业务的账务处理

### 1. 取得应收账款

小企业因销售商品或提供劳务形成应收账款，应当按照应收金额，借记“应收账款”科目；按照应交增值税销项税额，贷记“应交税费——应交增值税（销项税额）”科目；按其差额，贷记“主营业务收入”或“其他业务收入”科目。

借：应收账款

　　贷：主营业务收入、其他业务收入

　　　　应交税费——应交增值税（销项税额）

### 2. 收回应收账款

收回应收账款，借记“银行存款”或“库存现金”科目，贷记“应收账款”科目。

借：银行存款等

　　贷：应收账款

### 3. 坏账损失

按照《小企业会计准则》规定，确认应收账款实际发生的坏账损失，应当按照可收回的金额，借记“银行存款”等科目；按照应收账款账面余额，贷记“应收账款”科目；按照其差额，借记“营业外支出”科目。坏账损失的会计处理如图 17-6 所示。

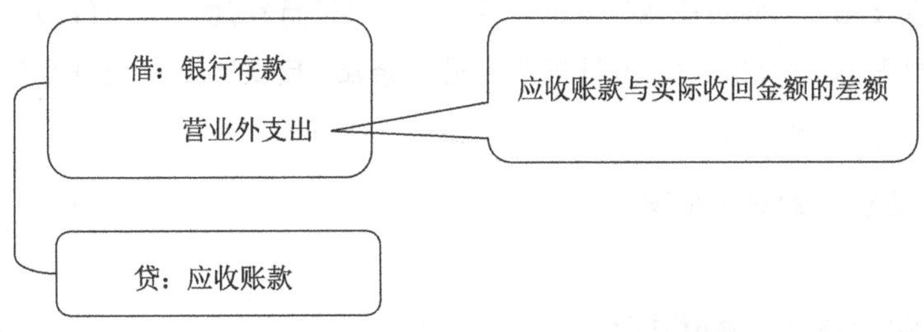


图 17-6　坏账损失的会计处理

☆**案例分析**

【**例 17-7**】2×19 年 9 月某小企业向佳人服装商店销售一批服装，价值总计 58 000 元，适用的增值税税率为 13%。佳人服装商店陷入财务困境，11 月偿还 47 000 元所欠货款，已办妥银行收款手续，余款无力偿还。

该小企业应进行如下的会计处理。

（1）9 月，销售服装。

借：应收账款　　65 540

　　贷：主营业务收入　　58 000

　　　　应交税费——应交增值税（销项税额）　　7 540

（2）11 月，收到部分货款。

借：银行存款　　47 000

　　营业外支出　　18 540

　　贷：应收账款　　65 540

## 17.1.7 预付账款

☆**科目释义**

预付账款，指买卖双方协议商定，由购货方预先支付一部分货款给供应方而发生的一项债权。预付账款一般包括预付的货款、预付的购货定金。施工企业的预付账款主要包括预付工程款、预付备料款等。预付账款是购货方预先付给供应方的款项，是企业债权的组成部分。

☆**科目综述**

“预付账款”科目核算小企业按照合同约定预付的款项，包括根据合同约定预付的购货款、租金等。预付款项不多的小企业，可以不设置“预付账款”科目，而直接通过“应付账款”科目核算。小企业进行在建工程预付的工程价款，也在“预付账款”科目核算。本科目期末借方余额，反映小企业预付的各种款项。本科目可按供货单位或个人进行明细核算。

☆**主要业务的账务处理**

**1. 采购货物发生预付款项**

小企业因购货而预付的款项，借记“预付账款”科目，贷记“银行存款”

等科目。收到所购物资，按照应计入购入物资成本的金额，借记“在途物资”或“原材料”“库存商品”等科目；按照应交增值税进项税额，借记“应交税费——应交增值税（进项税额）”科目；按照应支付的金额，贷记“预付账款”科目。补付的款项，借记“预付账款”科目，贷记“银行存款”等科目；退回多付的款项，做相反的会计分录。

（1）借：预付账款

　　贷：银行存款

（2）借：原材料等

　　应交税费——应交增值税（进项税额）

　　贷：预付账款

（3）借：银行存款

　　贷：预付账款

（退回多付的账款时做该分录；补付账款时做相反的会计分录）

**2. 在建工程发生预付款项**

小企业出包工程按照合同约定预付的工程价款，借记“预付账款”科目，贷记“银行存款”等科目。按工程进度和合同约定结算的工程价款，借记“在建工程”科目，贷记“预付账款”或“银行存款”等科目。

（1）借：预付账款

　　贷：银行存款

（2）借：在建工程

　　贷：预付账款等

**3. 坏账损失**

按照《小企业会计准则》的规定，确认预付账款实际发生的坏账损失，应当按照可收回的金额，借记“银行存款”等科目；按照预付账款账面余额，贷记“预付账款”科目；按照其差额，借记“营业外支出”科目。

借：银行存款

　　营业外支出

　　贷：预付账款

☆案例分析

【例 17-8】2×16 年 7 月 13 日某小企业向 A 公司采购纺织用原材料一批，货款总额为 100 000 元，按照合同约定，向 A 公司预付货款的 50%。7 月 18 日，收到 A 公司发来的纺织材料之后，验收无误，增值税专用发票记载的货款为 100 000 元，增值税为 13 000 元。该小企业以银行存款补付所欠款项 63 000 元。

对于以上的业务，该小企业应做如下会计处理。

（1）7 月 13 日，预付 50% 的货款时。

借：预付账款——A 公司　　50 000

　　贷：银行存款　　50 000

（2）7 月 18 日，收到采购货物时。

借：原材料　　100 000

　　应交税费——应交增值税（进项税额）　　13 000

　　贷：预付账款——A 公司　　113 000

借：预付账款——A 公司　　63 000

　　贷：银行存款　　63 000

## 17.1.8　应收股利

☆科目释义

应收股利，又称为应收股息，是指小企业因进行股权投资而发生的应收取的现金股利、进行债券投资而发生的应收取的利息和应收其他单位的利润。应收股利包括企业购入股票实际支付的款项中所包括的已宣告发放但尚未领取的现金股利和企业因对外投资应分得的现金股利或利润等，但不包括应收的股票股利。

☆科目综述

“应收股利”科目核算小企业应收取的现金股利或利润。本科目期末借方余额，反映小企业尚未收到的现金股利或利润。本科目可按被投资单位进行明细核算。

☆主要业务的账务处理

**1. 购入股票时**

小企业购入股票，如果实际支付的价款中包含已宣告但尚未发放的现金股利，应当按照实际支付的全部价款扣除已宣告但尚未发放的现金股利，借记“短期投资”或“长期股权投资”科目；按应收的现金股利，借记“应收股利”科目；按实际支付的全部价款，贷记“银行存款”科目。

借：短期投资等

　　应收股利

　　贷：银行存款

**2. 持有股票期间**

在短期投资或长期股权投资持有期间，投资单位宣告发放现金股利或利润，小企业应当按照本企业应享有金额，借记“应收股利”科目，贷记“投资收益”科目。

借：应收股利

　　贷：投资收益

**3. 实际收到现金股利时**

小企业实际收到现金股利或利润，借记“银行存款”等科目，贷记“应收股利”科目。

借：银行存款

　　贷：应收股利

**☆案例分析**

**【例 17-9】**某小企业 2×16 年 5 月 15 日以银行存款购买诚远股份有限公司的股票 100 000 股作为长期投资，每股买入价为 10 元，每股价格中包含 0.2 元已宣告但尚未发放的现金股利，另支付相关税费 7 000 元。假设该小企业采用小企业会计准则核算。

（1）2×16 年 5 月 15 日购入股票。

借：长期股权投资　　987 000

　　应收股利　　20 000

　　贷：银行存款　　1 007 000

（2）该小企业于 2×16 年 9 月 20 日收到被投资方宣告发放现金股利的通知，应分的现金股利为 5 000 元。该小企业应编制如下会计分录。

借：应收股利　　　　　　　　　　　　　　　　　5 000

　　贷：投资收益　　　　　　　　　　　　　　　　　5 000

（3）2×16年10月3日该小企业收到被投资方发放的现金股利5 000元，该小企业应编制如下会计分录。

借：银行存款　　　　　　　　　　　　　　　　　5 000

　　贷：应收股利　　　　　　　　　　　　　　　　　5 000

## 17.1.9　应收利息

**☆科目释义**

应收利息，是指小企业购买短期债券投资实际支付的价款中包含的已到付息期但尚未领取的债券利息。

**☆科目综述**

“应收利息”科目核算小企业债券投资应收取的利息。该科目可按被投资单位进行明细核算，期末借方余额，反映小企业尚未收到的债券利息。购入的一次还本付息债券投资持有期间的利息收入，在“长期债券投资”科目核算，不在“应收利息”科目核算。

**☆主要业务的账务处理**

**1. 购入债券时**

小企业购入债券，如果实际支付的价款中包含已到付息期但尚未领取的债券利息，应当按照实际支付的价款扣除应收的债券利息，借记“短期投资”或“长期债券投资”科目；按照应收的利息，借记“应收利息”科目；按照实际支付的价款，贷记“银行存款”科目。

借：短期投资等

　　应收利息

　　贷：银行存款

**2. 持有债券期间**

小企业在持有长期债券投资期间，在债务人应付利息日，按照分期付息、一次还本债券投资的票面利率计算的利息收入，借记“应收利息”科目，贷记“投资收益”科目；按照一次还本付息债券投资的票面利率计算的利息收入，借记“长期债券投资——应计利息”科目，贷记“投资收益”科目。债券持有期间的会计处理如图 17-7 所示。

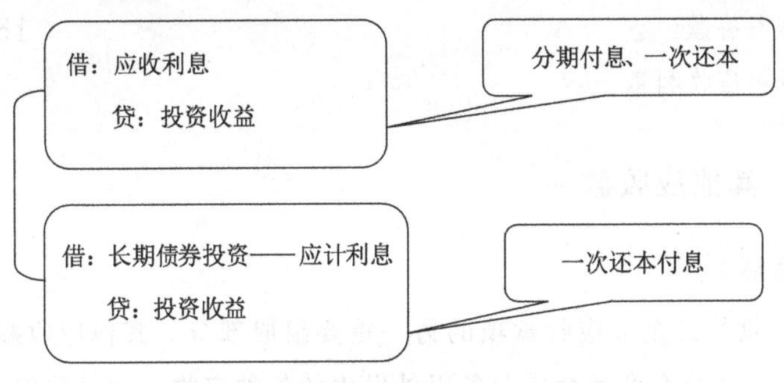


**图 17-7　债券持有期间的会计处理**

### 3. 实际收到债券利息时

小企业实际收到债券利息，借记“银行存款”科目，贷记“应收利息”科目。

借：银行存款

　　贷：应收利息

**☆案例分析**

**【例 17-10】**某小企业 2×16 年 6 月 1 日，以 50 150 元（此款中含有应收利息 150 元）购入 A 公司 5 月 1 日发行的面值为 50 000 元的半年期债券，月利率为 0.3%，按月付息，到期还本。该小企业的账务处理如下。

（1）2×16 年 6 月 1 日，该小企业取得债券。

借：短期投资　　50 000

　　应收利息　　150

　　贷：银行存款　　50 150

（2）2×16 年 6 月 6 日，该小企业收到 150 元的债券利息。

借：银行存款　　150

　　贷：应收利息　　150

（3）同年 7 月 1 日，债券产生利息 150 元，小企业于 8 月 6 日收到这部分利息。

2×16 年 7 月 1 日，债券产生利息 150 元。

借：应收利息　　150

　　贷：投资收益　　150

2×16年8月6日收到债券利息150元。

借：银行存款　　150

　　贷：应收利息　　150

### 17.1.10　其他应收款

**☆科目释义**

其他应收款是企业应收款项的另一重要组成部分。其他应收款通常包括暂付款，是指企业在商品交易业务以外发生的各种应收、暂付款项。

**☆科目综述**

“其他应收款”科目核算小企业除应收票据、应收账款、预付账款、应收股利、应收利息等以外的其他各种应收及暂付款项，包括各种赔款、罚款、应向职工收取的各种垫付款项等。“其他应收款”科目的借方登记其他应收款的增加，贷方登记其他应收款的收回，期末余额一般在借方，反映小企业尚未收回的其他应收款项。

**☆主要业务的账务处理**

**1. 发生其他各种应收款项**

小企业发生其他各种应收款项时，应按应收金额借记“其他应收款”科目，贷记“库存现金”“银行存款”“固定资产清理”等有关科目。

借：其他应收款

　　贷：银行存款等

**2. 收回其他各种应收款项**

小企业收回其他各种应收款项时，借记“库存现金”“银行存款”“应付职工薪酬”等有关科目，贷记“其他应收款”科目。

借：银行存款等

　　贷：其他应收款

**3. 坏账损失**

按照《小企业会计准则》的规定，确认其他应收款实际发生的坏账损失，应当按照可收回的金额，借记“银行存款”等科目；按照其他应收款账面余额，贷记“其他应收款”科目；按照其差额，借记“营业外支出”科目。实际发生坏账损失的会计处理如图 17-8 所示。

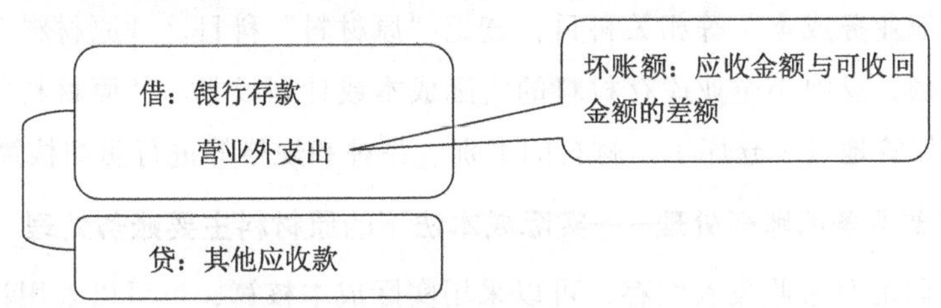


**图 17-8　实际发生坏账损失的会计处理**

**☆案例分析**

**【例 17-11】**2×16 年 4 月 15 日，某小企业的办公室工作人员小张要去上海出差，向财务部门借款 5 000 元。4 月 20 日，小张向财务部门报销差旅费 8 500 元，并归还了 4 月 15 日的借款。该小企业的账务处理如下。

（1）2×16 年 4 月 15 日，小张借款。

借：其他应收款　　5 000

　　贷：库存现金　　5 000

（2）2×16 年 4 月 20 日，小张还款并报销差旅费。

借：管理费用——差旅费　　8 500

　　贷：其他应收款　　5 000

　　　　库存现金　　3 500

## 17.1.11　原材料

**☆科目释义**

原材料，是指企业在生产过程中经加工改变其形态或性质并构成产品主要实体的各种原料及主要材料、辅助材料、燃料、修理备用件、包装材料、外购半成品等。原材料是企业存货的重要组成部分，其品种、规格较多，为加强对原材料的管理和核算，需要对其进行科学的分类。

☆**科目综述**

“原材料”科目核算小企业库存的各种材料，包括原料及主要材料、辅助材料、外购半成品（外购件）、修理用备件（备品备件）、包装材料、燃料等的实际成本或计划成本。企业外购或自制的材料验收入库，借记“原材料”科目，贷记“在途物资”“生产成本”等相关科目。领用或出售材料，借记“生产成本”“其他业务成本”等相关科目，贷记“原材料”科目。“原材料”科目期末借方余额，反映小企业库存材料的实际成本或计划成本。“原材料”科目可按材料的保管地点（仓库）、材料的类别、品种和规格等进行明细核算。

☆**主要业务的账务处理——实际成本法下的原材料主要账务处理**

原材料的日常收发及结存，可以采用实际成本核算，也可以采用计划成本核算。材料按实际成本计价核算时，材料的收发及结存，无论总分类核算还是明细分类核算，均按照实际成本计价。使用的会计科目有“原材料”“在途物资”等，“原材料”科目的借方、贷方及余额均以实际成本计价，不存在成本差异的计算与结转问题。

**1. 取得原材料**

企业外购材料时，由于结算方式和采购地点的不同，材料入库和货款的支付在时间上不一定完全同步，相应地，其账务处理也有所不同。

对于发票账单与材料同时到达的采购业务，企业在支付货款或开出、承兑商业汇票，材料验收入库后，应根据发票账单等结算凭证确定的材料成本，借记“原材料”科目；根据取得的增值税专用发票上注明的（不计入材料采购成本的）税额，借记“应交税费——应交增值税（进项税额）”（一般纳税人，下同）科目；按照实际支付的款项或应付票据面值，贷记“银行存款”或“应付票据”等科目。

借：原材料

　　应交税费——应交增值税（进项税额）

　　贷：银行存款等

对于已经付款或已开出、承兑商业汇票，但材料尚未到达或尚未验收入库的采购业务，应根据发票账单等结算凭证，借记“在途物资”“应交税费——应交增值税（进项税额）”科目，贷记“银行存款”或“应付票据”等科目；材料到达、验收入库后，再根据收料单，借记“原材料”科目，贷记“在途物资”

科目。

（1）借：在途物资

　　应交税费——应交增值税（进项税额）

　　贷：银行存款等

（2）借：原材料

　　贷：在途物资

对于材料已到达并已验收入库，但发票账单等结算凭证未到，货款尚未支付的采购业务，应于月末，按材料的暂估价值，借记“原材料”科目，贷记“应付账款——暂估应付账款”科目。下月初用红字做同样的记账凭证予以冲回，以便下月付款或开出、承兑商业汇票后，按正常程序，借记“原材料”“应交税费——应交增值税（进项税额）”科目，贷记“银行存款”或“应付票据”等科目。

（1）借：原材料

　　贷：应付账款——暂估应付账款

（2）借：原材料　　原分录金额

　　贷：应付账款——暂估应付账款　　原分录金额

注：带框的金额，表示赤字，负的金额。

（3）借：原材料

　　应交税费——应交增值税（进项税额）

　　贷：银行存款等

采用预付货款的方式采购材料，应在预付材料价款时，按照实际预付金额，借记“预付账款”科目，贷记“银行存款”科目；已经预付货款的材料验收入库，根据发票账单等所列的价款、税额等，借记“原材料”科目和“应交税费——应交增值税（进项税额）”科目，贷记“预付账款”科目；预付款项不足，补付上项货款，按补付金额，借记“预付账款”科目，贷记“银行存款”科目；退回上项中多付的款项，借记“银行存款”科目，贷记“预付账款”科目。

（1）借：预付账款

　　贷：银行存款

（2）借：原材料

　　应交税费——应交增值税（进项税额）

　　贷：预付账款

（3）借：预付账款

贷：银行存款

（若退回多付的款项，做相反的会计分录）

**2. 发出原材料**

企业生产经营领用原材料，按实际成本，借记“生产成本”“制造费用”“销售费用”“管理费用”等科目，贷记“原材料”科目；企业发出委托外单位加工的原材料，借记“委托加工物资”科目，贷记“原材料”科目。

（1）借：生产成本等

贷：原材料

（2）借：委托加工物资

贷：原材料

基建工程、员工福利发放等领用的原材料，按实际成本加上不予抵扣的增值税等，借记“在建工程”“应付职工薪酬”等科目；按实际成本，贷记“原材料”科目；按不予抵扣的增值税，贷记“应交税费——应交增值税（进项税额转出）”科目。

借：在建工程等

贷：原材料

对于出售的原材料，企业应当按已收或应收的价款，借记“银行存款”或“应收账款”等科目；按实现的营业收入，贷记“其他业务收入”等科目；按应交的增值税，贷记“应交税费——应交增值税（销项税额）”科目；月度终了，按出售原材料的实际成本，借记“其他业务成本”科目，贷记“原材料”科目。

（1）借：银行存款等

贷：其他业务收入

应交税费——应交增值税（销项税额）

（2）借：其他业务成本

贷：原材料

**☆案例分析**

**【例 17-12】**某小企业于 2×22 年 9 月 20 日收到银行转来的委托收款凭证及 200 吨煤炭的提货单，采购成本共计 60 000 元，相应的增值税进项税额为 7 800 元，价税合计 67 800 元已由银行支付，但材料尚未到达。该小企业的账务处理如下。

借：在途物资　　60 000

　　应交税费——应交增值税（进项税额）　　7 800

　　贷：银行存款　　67 800

9 月 24 日，材料到达并验收入库。

借：原材料　　60 000

　　贷：在途物资　　60 000

如果购入的材料已经运到，并已验收入库，但发票等结算凭证尚未收到，货款尚未支付。9 月末，甲企业应按暂估价入账，假定其暂估价为 55 000 元。

企业应于 9 月末按暂估价入账。

借：原材料　　55 000

　　贷：应付账款——暂估应付账款　　55 000

10 月初将上述会计分录原账冲回。

借：应付账款——暂估应付账款　　55 000

　　贷：原材料　　55 000

收到发票等结算凭证，并支付货款时。

借：原材料　　60 000

　　应交税费——应交增值税（进项税额）　　7 800

　　贷：银行存款　　67 800

**☆案例分析**

**【例 17–13】**甲公司根据“发料凭证汇总表”的记录，1 月基本生产车间领用 K 材料 500 000 元，辅助生产车间领用 K 材料 40 000 元，车间管理部门领用 K 材料 5 000 元，企业行政管理部门领用 K 材料 4 000 元，共计 549 000 元。甲公司应编制如下会计分录。

借：生产成本——基本生产成本　　500 000

　　　　　　——辅助生产成本　　40 000

　　制造费用　　5 000

　　管理费用　　4 000

　　贷：原材料——K 材料　　549 000

**☆主要业务的账务处理——计划成本法下的原材料主要账务处理**

材料采用计划成本核算时，材料的收发及结存，无论总分类核算还是明细分类核算，均按照计划成本计价。使用的会计科目有“原材料”“材料采购”“材料成本差异”等。材料实际成本与计划成本的差异，通过“材料成本差异”科目核算。月末，计算本月发出材料应负担的成本差异并进行分摊，根据领用材料的用途计入相关资产的成本或者当期损益，从而将发出材料的计划成本调整为实际成本。

借：原材料

　　贷：材料采购

　　　　材料成本差异

**☆案例分析**

**【例 17-14】**某小企业采用计划成本法对原材料进行核算，2×22 年 9 月 12 日购原材料一批，增值税专用发票上记载的货款为 3 000 000 元，增值税税额为 390 000 元。发票账单已收到，计划成本为 3 200 000 元。9 月 15 日材料验收入库，全部款项以银行存款支付。

该小企业应编制如下会计分录。

（1）9 月 12 日，购入原材料时。

| | | |
|---|---|---|
| 借：材料采购 | 3 000 000 | |
| 　　应交税费——应交增值税（进项税额） | 390 000 | |
| 　　贷：银行存款 | | 3 390 000 |

（2）9 月 15 日，材料验收入库时。

| | | |
|---|---|---|
| 借：原材料 | 3 200 000 | |
| 　　贷：材料成本差异 | | 200 000 |
| 　　　　材料采购 | | 3 000 000 |

**【例 17-15】**某小企业 5 月发出原材料的计划成本如下：生产部门 45 000 元，管理部门 6 800 元，销售部门 1 000 元，合计 52 800 元。该小企业 5 月初原材料账户余额为 20 000 元，本月收入材料计划成本为 40 000 元。月初材料成本差异账户为贷方余额 2 400 元，本月入库材料成本差异为贷方余额 600 元。

（1）在发出以上原材料时，首先按照发出原材料的计划成本进行有关成本费用的会计处理。

| | |
|---|---|
| 借：生产成本 | 45 000 |
| 　　管理费用 | 6 800 |

销售费用　　1 000

贷：原材料　　52 800

（2）本月月底时，计算此种原材料的材料成本差异率，对与此种原材料有关的成本费用科目进行调整。

材料成本差异率 =（月初结存材料的成本差异 + 本月收入材料的成本差异）÷（月初结存材料的计划成本 + 本月收入材料的计划成本）×100%

5 月材料成本差异率 =（−2 400−600）÷（20 000+40 000）×100% =−5%

本月发出材料成本差异 = 本月发出材料计划成本 × 材料成本差异率

5 月发出原材料总的成本差异 =52 800×（−5%）=−2 640（元）

本月发出材料各部门应分摊的材料成本差异如下。

生产车间应分摊的材料成本差异 =45 000×（−5%）=−2 250（元）

管理部门应分摊的材料成本差异 =6 800×（−5%）=−340（元）

销售部门应分摊的材料成本差异 =1 000×（−5%）=−50（元）

根据计算结果，编制会计分录如下。

借：材料成本差异　　2 640

　　贷：生产成本　　2 250

　　　　管理费用　　340

　　　　产品销售费用　　50

### 17.1.12　库存商品

**☆科目释义**

库存商品，是指企业已完成全部生产过程并已验收入库，合乎标准规格和技术条件，可以按照合同约定的条件送交订货单位，或可以作为商品对外销售的产品以及外购或委托加工完成验收入库用于销售的各种商品。

**☆科目综述**

“库存商品”科目核算小企业库存的各种商品的实际成本，包括库存产成品、外购商品、存放在门市部准备出售的商品、发出展览的商品以及寄存在外的商品等。接受来料加工制造的代制品和为外单位加工修理的代修品，在制造和修理完成验收入库后，视同小企业的产成品，也通过本科目核算。可以降价出售的不合格品，也在本科目核算，但应与合格产品分开记账。已经完成销售手续，但购买单位在月末未提取的库存产成品，应作为代管产品处理，单独设置代管产品备查簿，不再在本科目核算。小企业（农业）可将本科目改为“农产品”科目。“库存商品”科目借方登记验收入库的外购商品或自产产品的实际成本或售价，贷方登记对外销售的产品的结转成本，期末借方余额，反映小企业库存商品的实际成本或售价。“库存商品”科目可按库存商品的种类、品种和规格等进行明细核算。

**☆主要业务的账务处理——自制的库存商品**

小企业自行生产的产成品出库和入库，平时只记数量，不记金额，月末计算入库产成品的实际成本。生产完成验收入库的产成品，按照其实际成本，借记“库存商品”科目，贷记“生产成本”等科目。对外销售产成品，结转销售成本时，借记“主营业务成本”科目，贷记“库存商品”科目。

（1）借：库存商品

　　贷：生产成本

（2）借：主营业务成本

　　贷：库存商品

**☆案例分析**

**【例 17-16】**某小企业“商品入库汇总表”记载，2×22 年 8 月已验收入库 Y 产品 1 000 台，实际的单位成本 5 000 元，计 5 000 000 元；Z 产品 2 000 台，实际的单位成本 1 000 元，计 2 000 000 元。则该小企业应编制如下会计分录。

借：库存商品——Y 产品　　5 000 000

　　　　　——Z 产品　　2 000 000

　贷：生产成本——基本生产成本（Y 产品）　　5 000 000

　　　　　——基本生产成本（Z 产品）　　2 000 000

**☆主要业务的账务处理——外购商品**

小企业购入商品到达并验收入库后，可以按照商品的实际成本或售价，借记“库存商品”科目，贷记“库存现金”“银行存款”“在途物资”等科目。涉及增值税进项税额的，还应进行相应的处理。采用售价进行日常核算的，按照售价与进价之间的差额，贷记“商品进销差价”科目。外购商品的会计处理如图 17-9 所示。

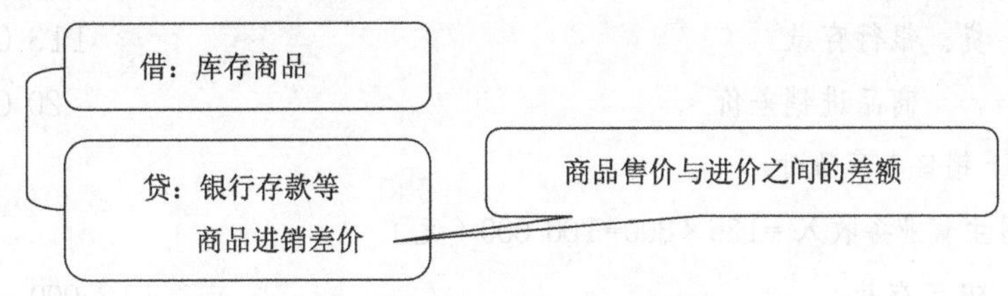


**图 17-9　外购商品的会计处理**

购入的商品已经到达并验收入库，但尚未办理结算手续的，可以按照暂估价值入账，借记"库存商品"科目，贷记"应付账款——暂估应付账款"科目；下月初用红字做同样的会计分录予以冲回，以便下月收到发票账单等结算凭证时，按照正常的程序进行账务处理。

借：库存商品

　　贷：应付账款——暂估应付账款

对外销售商品结转成本或售价，借记"主营业务成本"科目，贷记"库存商品"科目，并确认增值税销项税额。采用售价进行日常核算的，月末分摊已销商品进销差价，借记"商品进销差价"科目，贷记"主营业务成本"科目。销售商品应分摊的商品进销差价，按照以下公式计算。

商品进销差价率 =（期初库存商品进销差价 + 本期购入商品进销差价）÷（期初库存商品售价 + 本期购入商品售价）×100%

本月销售商品分摊的进销差价 = 本月"主营业务收入"科目贷方发生额 × 商品进销差价率

小企业的商品进销差价率各月之间比较均衡的，也可以采用历史商品进销差价率计算本月应分摊的商品进销差价。年度终了，应对商品进销差价进行复核调整。

**☆案例分析**

**【例 17-17】**某小企业采用售价进行商品日常核算，将A商品售价定为120元/件。2×19年8月，期初库存A商品200件，进价90元/件；本月购入A商品1 000件，进价100元/件；本月卖出A商品800件，售价125元/件。该小企业应编制如下会计分录。

（1）购入A商品时。

借：库存商品——A　　　　120 000

　　应交税费——应交增值税（进项税额）　　　　13 000

贷：银行存款　113 000

商品进销差价　20 000

（2）销售A商品时。

本月主营业务收入＝125×800=100 000（元）

借：银行存款　113 000

贷：主营业务收入　100 000

应交税费——应交增值税（销项税额）　13 000

本月主营业务成本＝120×800=96 000（元）

借：主营业务成本　96 000

贷：库存商品　96 000

（3）分摊商品进销差价。

商品进销差价率＝[（120-90）×200+（120-100）×1 000]÷[（200+1 000-800）×120+800×125]×100%=17.6%

本月销售的A商品应分摊的商品进销差价＝800×125×17.6%=17 600（元）

借：商品进销差价　17 600

贷：主营业务成本　17 600

## 17.1.13　委托加工物资

**☆科目释义**

委托加工物资，是指企业委托外单位加工成新的材料或包装物、低值易耗品等物资。委托加工物资的成本应当包括加工中实际耗用物资的成本、支付的加工费用及应负担的运杂费、支付的税金等。

**☆科目综述**

“委托加工物资”科目核算小企业委托外单位加工的各种材料、商品等物资的实际成本。本科目借方登记委托外单位加工的物资的实际成本、支付的加工费等，贷方登记加工收回物资和剩余物资的实际成本，期末借方余额，反映小企业委托外单位加工尚未完成物资的实际成本。本科目应按照加工合同、受托加工单位以及加工物资的品种等进行明细核算。

**☆主要业务的账务处理**

小企业委托外单位加工物资的成本包括加工中实际耗用物资的成本、支付的加工费用及应负担的运杂费等。委托加工物资也可以采用计划成本或售价进行核算，其方法与库存商品相似。

发出物资时，按照实际成本，借记“委托加工物资”科目，贷记“原材料”“库存商品”等科目；按照计划成本或售价核算的，还应同时结转材料成本差异或商品进销差价。支付加工费、运杂费等，借记“委托加工物资”科目，贷记“银行存款”等科目；由受托方代收代缴的消费税，借记“委托加工物资”科目（收回后用于直接销售的）或“应交税费——应交消费税”科目（收回后用于继续加工应税消费品的），贷记“银行存款”等科目。加工完成验收入库的物资和剩余物资，按照加工收回物资的实际成本和剩余物资的实际成本，借记“原材料”“库存商品”等科目，贷记“委托加工物资”科目；按照计划成本或售价核算的，按计划成本或售价，借记“原材料”“库存商品”等科目，按实际成本贷记“委托加工物资”科目，借记或贷记“材料成本差异”或“商品进销差价”科目。委托加工物资的会计处理如图 17-10 所示。

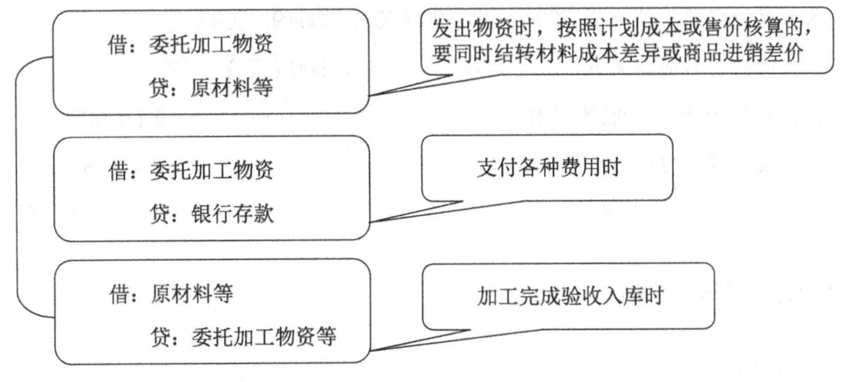


**图 17-10　委托加工物资的会计处理**

**☆案例分析**

**【例 17-18】** 2×16 年 8 月，甲公司委托某量具厂加工一批量具，有关经济业务如下。

1. 8 月 17 日，发出材料一批，计划成本 70 000 元，材料成本差异率 4%，以银行存款支付运杂费 2 200 元，假定不考虑相关税费。甲公司应编制如下会计分录。

（1）发出材料时。

借：委托加工物资　　72 800

　　贷：原材料　　70 000

　　　　材料成本差异　　2 800

（2）支付运杂费时。

借：委托加工物资　　2 200

　贷：银行存款　　2 200

2. 8月23日，甲公司以银行存款支付上述量具的加工费用20 000元，假定不考虑相关税费。甲公司应编制如下会计分录。

借：委托加工物资　　20 000

　贷：银行存款　　20 000

3. 8月29日，甲公司收回由某量具厂代加工的量具，以银行存款支付运杂费2 500元。该量具已验收入库，其计划成本为110 000元。甲公司应编制如下会计分录。

（1）支付运杂费时。

借：委托加工物资　　2 500

　贷：银行存款　　2 500

（2）量具入库时。

入库时的实际价值=72 800+2 200+20 000+2 500=97 500（元）

入库时的材料成本差异=110 000−97 500=12 500（元）

借：周转材料——低值易耗品　　110 000

　贷：委托加工物资　　97 500

　　材料成本差异　　12 500

## 17.1.14　周转材料

### ☆科目释义

周转材料，是指企业能够多次使用、逐渐转移其价值但仍保持原有形态不确认为固定资产的材料，如包装物和低值易耗品。周转材料应当采用一次转销法或者五五摊销法进行摊销。企业（建造承包商）的钢模板、木模板、脚手架和其他周转材料等，可以采用一次转销法、五五摊销法或者分次摊销法进行摊销。

### ☆科目综述

“周转材料”科目核算小企业库存的周转材料的实际成本或计划成本。包装物、低值易耗品、小企业的钢模板等都通过本科目核算。小企业的包装物、低值易耗品，也可以单独设置“包装物”“低值易耗品”科目。包装物不多的小企业，可以不设置“周转材料”科目，将包装物并入“原材料”科目核算。“周转材料”科目借方登记购入、自制、委托加工完成并验收入库的周转材料的成本，贷方登记领用或出售的周转材料的成本，期末余额反映小企业在库、出租、出借周转材料的实际成本或计划成本以及在用周转材料的摊余价值。“周转材料”科目应按照周转材料的种类，分别“在库”“在用”“摊销”进行明细核算。

**☆主要业务的账务处理**

小企业购入、自制、委托外单位加工完成并验收入库的周转材料，以及对周转材料的清查盘点，比照“原材料”科目的相关规定进行账务处理。

生产、施工领用周转材料，通常采用一次转销法，按照其成本，借记“生产成本”“管理费用”“工程施工”等科目，贷记“周转材料”科目。金额较大的周转材料，也可以采用分次摊销法，领用时按照其成本，借记“周转材料——在用”科目，贷记“周转材料——在库”科目；按照使用次数摊销时，应按照其摊销额，借记“生产成本”“管理费用”“工程施工”等科目，贷记“周转材料——摊销”科目。

随同产品出售但不单独计价的包装物，按照其成本，借记“销售费用”科目，贷记“周转材料”科目。随同产品出售并单独计价的包装物，按照其成本，借记“其他业务成本”科目，贷记“周转材料”科目。周转材料的会计处理如图 17-11 所示。

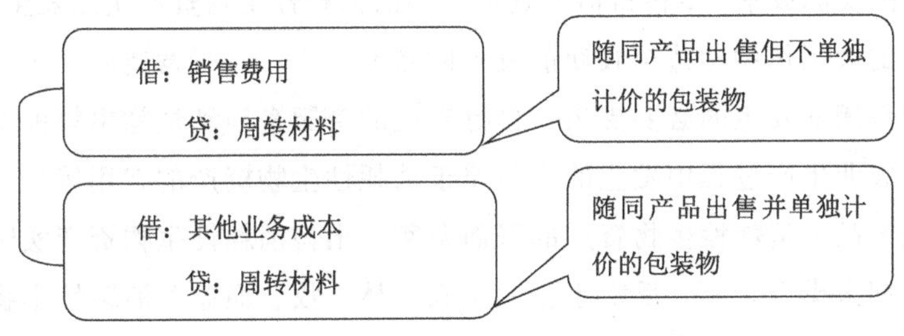


**图 17-11　周转材料的会计处理**

**☆案例分析**

**【例 17-19】**甲公司的基本生产车间领用专用工具一批，实际成本为 100 000 元，不符合固定资产定义，采用分次摊销法进行摊销。该专用工具的估计使用次数为两次。甲公司应编制如下会计分录。

（1）领用专用工具时。

借：周转材料——低值易耗品——在用　　100 000

　　贷：周转材料——低值易耗品——在库　　100 000

（2）第一次领用时摊销其价值的一半。

借：制造费用　　50 000

　　贷：周转材料——低值易耗品——摊销　　50 000

（3）第二次领用时摊销其价值的另一半。

借：制造费用　　50 000

　　贷：周转材料——低值易耗品——摊销　　50 000

同时做如下处理。

借：周转材料——低值易耗品——摊销　　100 000

　　贷：周转材料——低值易耗品——在用　　100 000

## 17.1.15　消耗性生物资产

**☆科目释义**

消耗性生物资产，是指为出售而持有的或在将来收获为农产品的生物资产，包括生长中的大田作物、蔬菜、用材林以及存栏待售的牲畜等。

**☆科目综述**

“消耗性生物资产”科目核算小企业（农、林、牧、渔业）持有的消耗性生物资产的实际成本。本科目借方登记外购的消耗性生物资产实际发生的成本、自行栽培的大田作物和蔬菜收获前发生的必要支出、自行营造的林木类消耗性生物资产郁闭前发生的必要支出、自行繁殖的育肥畜等动植物出售前发生的必要支出、农业生产过程中发生的应归属于消耗性生物资产的费用等，贷方登记收获为农产品的消耗性生物资产的账面余额、出售消耗性生物资产实际收到的金额等，期末借方余额，反映小企业（农、林、牧、渔业）消耗性生物资产的实际成本。本科目可按消耗性生物资产的种类、群别等进行明细核算。

**☆主要业务的账务处理**

**1. 消耗性生物资产的取得**

外购的消耗性生物资产按应计入消耗性生物资产成本的金额，借记“消耗性生物资产”科目，贷记“银行存款”“应付账款”等科目。

借：消耗性生物资产

　　贷：银行存款等

自行营造的林木类消耗性生物资产，应按郁闭前发生的必要支出，借记“消耗性生物资产”科目，贷记“银行存款”等科目。

借：消耗性生物资产

　　贷：银行存款

自行繁殖的育肥畜、水产养殖的动植物，应按出售前发生的必要支出，借记“消耗性生物资产”科目，贷记“银行存款”等科目。

农业生产过程中发生的应归属于消耗性生物资产的费用，按应分配的金额，借记“消耗性生物资产”科目，贷记“生产成本”科目。

借：消耗性生物资产

　　贷：生产成本

产畜或役畜淘汰转为育肥畜的，按转成时的账面价值，借记“消耗性生物资产”科目；按已计提的累计折旧，借记“生产性生物资产累计折旧”科目；按其账面余额，贷记“生产性生物资产”科目。

借：消耗性生物资产

　　生产性生物资产累计折旧

　　贷：生产性生物资产

**2. 消耗性生物资产的后续支出**

择伐、间伐或抚育更新性质采伐而补植林木类消耗性生物资产发生的后续支出，借记“消耗性生物资产”科目，贷记“银行存款”等科目。

借：消耗性生物资产

　　贷：银行存款

林木类消耗性生物资产达到郁闭后发生的管护费用等后续支出，借记“管理费用”科目，贷记“银行存款”等科目。

借：管理费用

　　贷：银行存款

**3. 消耗性生物资产的收获**

小企业应当在收获时点将消耗性生物资产的账面价值结转为农产品的成本。消耗性生物资产收获为农产品时，应按其账面余额，借记“农产品”科目，贷记“消耗性生物资产”科目。

借：农产品

　　贷：消耗性生物资产

#### 4. 消耗性生物资产的处置

出售消耗性生物资产，应按实际收到的金额，借记“银行存款”等科目，贷记“主营业务收入”等科目。按其账面余额，借记“主营业务成本”等科目，贷记“消耗性生物资产”科目。

（1）借：银行存款

　　贷：主营业务收入

（2）借：主营业务成本

　　贷：消耗性生物资产

**☆案例分析**

**【例 17-20】**养猪场 A 遵循市政府关于保障节日市场肉食品供应关系的指示精神，组织了一批育肥畜 1 500 头，以满足节日市场供应，支付对方总价款 800 000 元，其他各种相关费用 50 000 元。该养猪场采用小企业会计准则核算，养猪场应编制如下会计分录。

| | | |
|---|---|---|
| 借：消耗性生物资产 | 850 000 | |
| 　　贷：银行存款 | | 850 000 |

**☆案例分析**

**【例 17-21】**A 企业 2×22 年 3 月使用一台拖拉机翻耕土地 100 公顷用于小麦和玉米的种植，其中 60 公顷种植玉米、40 公顷种植小麦。该拖拉机原值为 60 300 元，预计净残值为 300 元，按照工作量法计提折旧，预计可以翻耕土地 6 000 公顷。A 企业采用小企业会计准则核算，A 企业的账务处理如下。

应当计提的拖拉机折旧 =（60 300−300）÷6 000×100=1 000（元）

玉米应当分配的拖拉机折旧 =1 000÷（60+40）×60=600（元）

小麦应当分配的拖拉机折旧 =1 000÷（60+40）×40=400（元）

| | | |
|---|---|---|
| 借：消耗性生物资产——玉米 | 600 | |
| 　　　　　　　　——小麦 | 400 | |
| 　　贷：累计折旧 | | 1 000 |

**☆案例分析**

**【例 17-22】**2×22 年 4 月，A 企业自行繁殖的 50 头种猪转为育肥猪，此批种猪的账面原价为 500 000 元，已经计提的折旧为 230 000 元。A 企业采用小企业会计准则核算，A 企业应编制如下会计分录。

借：消耗性生物资产——育肥猪　　270 000

　　生产性生物资产累计折旧　　230 000

　　贷：生产性生物资产——成熟生产性生物资产（种猪）　　500 000

☆**案例分析**

【**例 17-23**】A 林业有限责任公司下属的 B 林班统一组织培植管护一片森林。2×22 年 3 月，发生森林管护费用共计 40 000 元，其中：人员工资 20 000 元，尚未支付；使用库存肥料 16 000 元；管护设备折旧 4 000 元。管护总面积 5 000 公顷，其中作为用材林的杨树林共计 4 000 公顷，已郁闭的占 75%，其余的尚未郁闭；作为水土保持林的马尾松共计 1 000 公顷，全部已郁闭。假定管护费用按照森林面积比例进行分配。A 公司采用小企业会计准则核算，A 公司的账务处理如下。

未郁闭杨树林应分配共同费用的比例 =4 000×（1-75%）÷5 000=0.2

已郁闭杨树林应分配共同费用的比例 =4 000×75%÷5 000=0.6

已郁闭马尾松应分配共同费用的比例 =1 000÷5 000=0.2

未郁闭杨树林应分配的共同费用 =40 000×0.2=8 000（元）

已郁闭杨树林应分配的共同费用 =40 000×0.6=24 000（元）

已郁闭马尾松应分配的共同费用 =40 000×0.2=8 000（元）

借：消耗性生物资产——用材林（杨树林）　　8 000

　　管理费用　　32 000

　　贷：应付职工薪酬　　20 000

　　　　原材料　　16 000

　　　　累计折旧　　4 000

☆**案例分析**

【**例 17-24**】A 企业 2×16 年 6 月入库小麦 20 吨，成本为 12 000 元。假设 A 企业采用小企业会计准则核算，A 企业应编制如下会计分录。

借：农产品——小麦　　12 000

　　贷：消耗性生物资产——小麦　　12 000

☆**案例分析**

【**例 17-25**】2×22 年 6 月 30 日 A 企业分配应由小麦负担的生产成本为

200 000元。7月1日该批小麦成熟，其中50%直接出售，价款为110 000元，款项已存入银行，另外50%验收入库。A企业采用小企业会计准则核算，A企业应编制如下会计分录。

（1）6月30日。

借：消耗性生物资产　　200 000
　　贷：生产成本　　200 000

（2）7月1日。

借：农产品　　100 000
　　贷：消耗性生物资产　　100 000
借：银行存款　　110 000
　　贷：主营业务收入　　110 000
借：主营业务成本　　100 000
　　贷：消耗性生物资产　　100 000

## 17.1.16　待处理财产损溢

### ☆科目释义

“待处理财产损溢”属于资产类科目，核算企业在清查财产过程中已经查明的各种财产物资的盘盈、盘亏和毁损。“待处理财产损溢”科目通常设置两个明细科目，即“待处理非流动资产损溢”“待处理流动资产损溢”。待处理财产损溢在未报经批准前与资产直接相关，在报经批准后与当期损益直接相关。

### ☆科目综述

“待处理财产损溢”科目核算企业在清查财产过程中查明的各种财产盘盈、盘亏和毁损的价值。物资在运输途中发生的非正常短缺与损耗，也通过本科目核算。企业如有盘盈固定资产的，应作为前期差错记入“以前年度损益调整”科目。

本科目可按盘盈、盘亏的资产种类和项目进行明细核算。

企业的财产损溢，应查明原因，在期末结账前处理完毕，处理后本科目应无余额。

### ☆主要业务的账务处理

（1）盘盈存货的成本，应当按照同类或类似存货的市场价格确定，并通过“待处理财产损溢”科目进行会计处理，按管理权限报经批准后记入“营业外收入”科目。

借：待处理财产损溢

　　贷：营业外收入

（2）盘亏存货造成的损失应当计入管理费用，但属于自然灾害等原因造成的非常损失，应当计入营业外支出。

借：营业外支出等

　　贷：待处理财产损溢

（3）小企业发生的存货毁损，应当按照处置收入、可收回的责任人赔偿和保险赔款，扣除其成本、相关税费后的净额，计入营业外支出。

**☆案例分析**

**【例 17-26】**某小企业在年末盘点时，发生以下有关存货盘盈、盘亏和毁损的经济业务，编制的会计分录如下。

（1）甲材料盘盈，实际成本为 800 元，原因待查。

| | | |
|---|---|---|
| 借：原材料 | 800 | |
| 　　贷：待处理财产损溢——待处理流动资产损溢 | | 800 |

（2）后查明原因，盘盈甲材料批准作为营业外收入列支。

| | | |
|---|---|---|
| 借：待处理财产损溢——待处理流动资产损溢 | 800 | |
| 　　贷：营业外收入 | | 800 |

（3）因发生水灾，对财产进行清查盘点。其中，产成品毁损额按实际成本计算为 2 000 元，产成品耗用的原材料及应税劳务的进项税额为 260 元，并通知了保险公司。

| | | |
|---|---|---|
| 借：待处理财产损溢——待处理流动资产损溢 | 2 260 | |
| 　　贷：产成品 | | 2 000 |
| 　　　　应交税费——应交增值税（进项税额） | | 260 |

（4）该小企业对水灾造成的产成品损失已经做出处理决定，残料估值 300 元，可以由保险公司赔偿的损失为 1 000 元，由本企业负担的损失为 960 元。

| | | |
|---|---|---|
| 借：原材料 | 300 | |
| 　　其他应收款 | 1 000 | |
| 　　营业外支出 | 960 | |
| 　　贷：待处理财产损溢——待处理流动资产损溢 | | 2 260 |

## 17.1.17 长期债券投资

### ☆科目释义

长期债券投资是投资期限在1年以上的债券投资。企业进行长期债券投资的目的主要是获得稳定的收益。

### ☆科目综述

“长期债券投资”科目核算小企业准备长期（在1年以上）持有的债券投资。本科目应按照债券的种类和被投资单位，分别“面值”“溢折价”“应计利息”进行明细核算。“长期债券投资——面值”科目借方登记购入作为长期投资的债券的票面价值，贷方登记收回或处置债券的票面价值。“长期债券投资——溢折价”科目反映长期债券的票面价值与实际支付价款之间的差异，在购买日，按两者之间的差异借记或贷记“长期债券投资——溢折价”科目；在债务人应付利息日，按照应分摊的债券溢折价金额，贷记或借记“长期债券投资——溢折价”科目。“长期债券投资——应计利息”科目反映一次还本付息的长期债券投资持有期间依据票面利率计算的利息收入。“长期债券投资”科目期末借方余额，反映小企业持有的分期付息、一次还本债券投资的成本和到期一次还本付息债券投资的本息。

### ☆主要业务的账务处理

#### 1. 长期债券投资的取得

小企业购入债券作为长期投资，应当按照购买价款和相关税费作为成本进行计量。长期债券投资购买日，应按照债券票面价值，借记“长期债券投资——面值”科目；按照实际支付的购买价款和相关税费，贷记“银行存款”科目；按照其差额，借记或贷记“长期债券投资——溢折价”科目。取得长期债券投资的会计处理如图17-12所示。

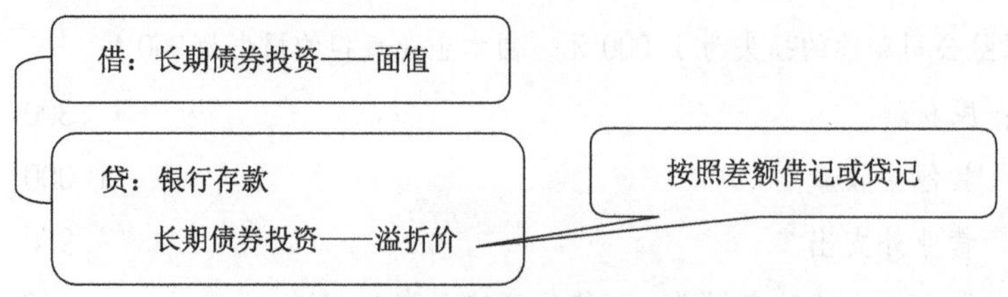


图17-12 取得长期债券投资的会计处理

如果实际支付的价款中包含已到付息期但尚未领取的债券利息，利息应单独确认，不计入长期债券投资的成本。购入长期债券投资时，应当按照债券票面价值，借记“长期债券投资——面值”科目；按照应收的利息，借记“应收利息”科目；按照实际支付的购买价款和相关税费，贷记“银行存款”科目；按照其差额，借记或贷记“长期债券投资——溢折价”科目。

借：长期债券投资——面值

　　应收利息

　　贷：银行存款

　　　　长期债券投资——溢折价

**2. 长期债券投资的持有**

小企业长期债券投资在持有期间，按月计算的应收利息应当确认为投资收益。分期付息、一次还本的长期债券投资，按月计算的应收未收利息应当确认为应收利息，不增加长期债券投资的账面余额。一次还本付息的长期债券投资，按月计算的应收未收利息应当增加长期债券投资的账面余额。债券的溢折价在债券存续期间内，在确认利息收入时按月采用直线法进行摊销，同时相应调整投资收益。

在债务人应付利息日，按照分期付息、一次还本的长期债券投资票面利率计算的利息收入，借记“应收利息”科目，贷记“投资收益”科目；按照一次还本付息的长期债券投资票面利率计算的利息收入，借记“长期债券投资——应计利息”科目，贷记“投资收益”科目；按照应分摊的债券溢折价金额，借记或贷记“投资收益”科目，贷记或借记“长期债券投资——溢折价”科目。长期债券投资持有期间的会计处理如图 17–13 所示。

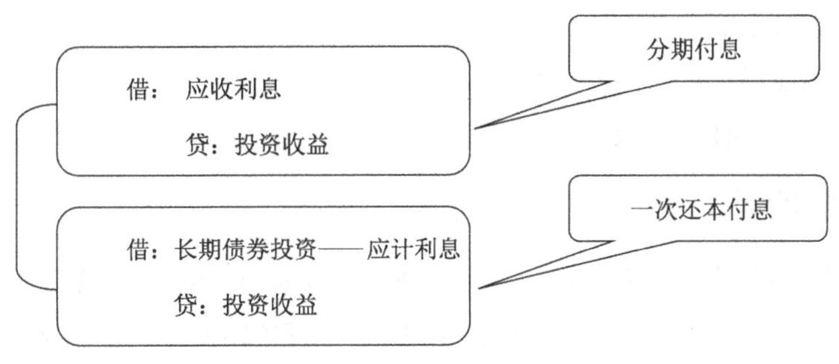


**图 17–13　长期债券投资持有期间的会计处理**

### 3. 长期债券投资的收回或处置

小企业的长期债券投资到期收回时，应当冲减其账面余额。在到期日，按照收回的债券本金（或本息），借记“银行存款”等科目；按照长期债券投资的账面余额，贷记“长期债券投资”（面值、溢折价、应计利息）科目；按应收未收的利息，贷记“应收利息”科目。

借：银行存款

　　贷：长期债券投资

　　　　应收利息

小企业处置长期债券投资，处置价款扣除账面余额和相关税费后的净额应当确认为投资收益。处置时，应当按照处置收入，借记“银行存款”等科目；按照长期债券投资账面余额，贷记“长期债券投资”（面值、溢折价、应计利息）科目；按应收未收的利息，贷记“应收利息”科目；按照其差额，贷记或借记“投资收益”科目。

借：银行存款

　　贷：长期债券投资

　　　　应收利息

　　　　投资收益

### 4. 长期债券投资损失

小企业长期债券投资损失在实际发生时计入营业外支出，同时冲减长期债券投资账面余额。长期债券投资损失发生时，按照可收回的金额，借记“银行存款”等科目；按照长期债券投资账面余额，贷记“长期债券投资”（面值、溢折价、应计利息）科目；按照其差额，借记“营业外支出”科目。

借：银行存款

　　营业外支出

　　贷：长期债券投资

**☆案例分析**

**【例 17-27】**某小企业于 2×22 年 1 月 1 日从证券市场上购入某公司于 2×16 年 1 月 1 日发行的债券，票面年利率为 6%，到期日为 2×19 年 1 月 1 日，期限为 3 年，到期一次还本付息。购入债券的面值为 1 000 万元，实际支付价款 996 万元，另支付

相关费用 22 万元。2×16 年 1 月该小企业应编制如下会计分录。（单位：万元）

（1）1 月 1 日，购入债券。

借：长期债券投资——面值　　1 000

　　　　　　　——溢折价　　18

　贷：银行存款　　1018

（2）1 月31 日，计提利息。

借：长期债券投资——应计利息　　（1 000×6%÷12）　5

　贷：投资收益　　5

（3）摊销溢折价。

借：投资收益　　（18÷3÷12）　0.5

　贷：长期债券投资——溢折价　　0.5

## 17.1.18　长期股权投资

☆**科目释义**

长期股权投资，是指通过投资取得被投资单位的股份。企业对其他单位的股权投资，通常是为长期持有，或通过股权投资控制被投资单位，或对被投资单位施加重大影响，或为与被投资单位建立密切关系，以分散经营风险。

☆**科目综述**

“长期股权投资”科目核算小企业准备长期持有的权益性投资，可按投资单位进行明细核算。以支付现金或非货币性资产交换取得长期股权投资时，借记“长期股权投资”科目；处置长期股权投资或长期股权投资发生损失时，贷记“长期股权投资”科目。“长期股权投资”科目期末借方余额，反映小企业持有的长期股权投资的成本。

☆**主要业务的账务处理**

### 1. 长期股权投资的取得

长期股权投资应当按照成本进行初始计量。

（1）以支付现金取得的长期股权投资，应当按照实际支付的购买价款和相关税费作为成本进行计量。股票购买日，按实际支付的购买价款和相关税费，借记“长期股权投资”科目，贷记“银行存款”科目。

借：长期股权投资

　　贷：银行存款

如果实际支付价款中包含已宣告但尚未发放的现金股利，应当单独确认为应收股利，不计入长期股权投资的成本。股票购买日，应当按照实际支付的全部价款扣除已宣告但尚未发放的现金股利，借记“长期股权投资”科目；按照应收的现金股利，借记“应收股利”科目；按实际支付的全部价款，贷记“银行存款”科目。

借：长期股权投资

　　应收股利

　　贷：银行存款

（2）通过非货币性资产交换取得的长期股权投资，应当按照所换出的非货币性资产的评估价值和相关税费之和作为长期股权投资的成本，借记“长期股权投资”科目，贷记“固定资产清理”“无形资产”等科目；按照支付的相关税费，贷记“应交税费”等科目；按照其差额，贷记“营业外收入”或借记“营业外支出”等科目。

借：长期股权投资

　　营业外支出

　　贷：固定资产清理等

　　　　应交税费

　　　　营业外收入

**2. 长期股权投资的持有**

在长期股权投资持有期间，被投资单位宣告发放的现金股利或利润，按照应分得的金额，借记“应收股利”科目，贷记“投资收益”科目。

借：应收股利

　　贷：投资收益

**3. 长期股权投资的处置**

小企业处置长期股权投资时，处置价款与长期股权投资成本、相关税费的差额，应计入投资收益。应按实际收到的处置价款，借记“银行存款”等科目；按该项长期股权投资的成本，贷记“长期股权投资”科目；按应收未收的现金股利或利润，贷记“应收股利”科目；按其差额，贷记或借记“投资收益”科目。

借：银行存款

　　贷：长期股权投资

　　　　应收股利

　　　　投资收益

**4. 长期股权投资损失**

长期股权投资损失应当于实际发生时计入投资收益，同时冲减长期股权投资账面余额。小企业应按可收回金额，借记“银行存款”等科目；按照长期股权投资账面余额，贷记“长期股权投资”科目；按照差额，借记“营业外支出”科目。

借：银行存款

　　营业外支出

　　贷：长期股权投资

**☆案例分析**

**【例 17-28】**某小企业于 2×22 年 3 月 4 日以银行存款购买招商股份有限公司的股票 100 000 股作为长期投资，每股买入价为 10 元，每股价格中包含 0.2 元的已宣告但尚未发放的现金股利，另支付相关税费 7 000 元。8 月 14 日，该小企业收到被投资方宣告发放现金股利的通知，应分得现金股利 8 000 元。该小企业应编制如下会计分录。

（1）3 月 4 日，购买股票。

借：长期股权投资　（100 000×10+7 000−100 000×0.2）987 000

　　应收股利　20 000

　　贷：银行存款　1 007 000

（2）8 月 14 日，被投资单位宣告发放现金股利。

借：应收股利　8 000

　　贷：投资收益　8 000

**☆案例分析**

**【例 17-29】**某小企业卖出其持有的作为长期股权投资的平安股份股票，支付相关税费 1 000 元，实际取得价款 149 000 元，款项已由银行收妥。处置时长期股权投资成本为140 000元，应收未收股利5 000元。该小企业应编制如下会计分录。

借：银行存款　　149 000

　贷：长期股权投资　　140 000

　　应收股利　　5 000

　　投资收益　　4 000

☆**案例分析**

【**例17-30**】2×22年12月31日，某小企业获悉A公司财务状况严重恶化，累计发生巨额亏损，已连续停止经营3年以上，且无重新恢复经营的改组计划。该小企业预计持有的A公司股票只能收回50 000元。2×16年12月31日，长期股权投资账面余额为150 000元。假设该小企业采用小企业会计准则核算，该小企业应编制如下会计分录。

借：银行存款　　50 000

　营业外支出　　100 000

　贷：长期股权投资　　150 000

## 17.1.19　固定资产

☆**科目释义**

固定资产，是指使用期限超过1年的房屋、建筑物、机器、机械、运输工具以及其他与生产、经营有关的设备、器具、工具等。不属于生产经营主要设备的物品，单位价值在1 000元以上，并且使用年限超过2年的，也应当作为固定资产。固定资产是企业的劳动手段，也是企业赖以生产经营的主要资产。从会计的角度划分，固定资产一般被分为生产用固定资产、非生产用固定资产、租出固定资产、未使用固定资产、不需用固定资产、融资租赁固定资产、接受捐赠固定资产等。

☆**科目综述**

“固定资产”科目核算小企业固定资产的原价（成本）。小企业应根据规定的固定资产标准，结合本企业的具体情况，制定固定资产目录，作为核算依据。小企业临时租入的固定资产，应另设备查簿进行登记，不在本科目核算。本科目可按固定资产类别和项目进行明细核算。小企业根据实际情况设置“固定资产登记簿”和“固定资产卡片”。“固定资产”科目借方登记企业固定资产的增加，贷方登记企业固定资产的减少，期末借方余额，反映企业固定资产的原价（成本）。

**☆主要业务的账务处理**

小企业固定资产的取得方式有外购、自行建造、投资者投入和盘盈等，取得方式不同，固定资产的成本构成也不同。固定资产成本，是指小企业购建某项固定资产达到预定可使用状态前所发生的一切合理、必要的支出。

外购固定资产的成本，包括购买价款、相关税费以及相关的运输费、装卸费、安装费等，但不包括按照税法规定可以抵扣的增值税。以一笔款项购入多项没有单独标价的固定资产，应当按照各项固定资产的市场价格或类似资产的市场价格比例对总成本进行分配，分别确定各项固定资产的成本。

小企业购入不需要安装的固定资产，应当按照实际支付的购买价款、相关税费（不包括按照税法规定可以抵扣的增值税进项税额）、运输费、装卸费、保险费等，借记“固定资产”科目；按照税法规定可以抵扣的增值税进项税额，借记“应交税费——应交增值税（进项税额）”科目；贷记“银行存款”等科目。

借：固定资产

　　应交税费——应交增值税（进项税额）

　　贷：银行存款

**☆案例分析**

**【例 17-31】**2×22 年 9 月 21 日，某小企业一次性购入 3 套不同型号且具有不同生产能力的 A 设备、B 设备和 C 设备，共支付价款 5 000 000 元，增值税进项税额 650 000 元，保险费 17 000 元，装卸费 3 000 元，全部以银行转账支付。假定 A 设备、B 设备和 C 设备均满足固定资产确认条件，公允价值分别为 1 560 000 元、2 340 000 元和 1 300 000 元。假定不考虑其他相关税费，该小企业的账务处理如下。

（1）确认计入固定资产成本的金额，包括购买价款、保险费、装卸费等。

5 000 000+17 000+3 000=5 020 000（元）

（2）确定 A 设备、B 设备和 C 设备的价值分配比例。

A 设备应分配的固定资产价值比例。

1 560 000÷（1 560 000+2 340 000+1 300 000）×100%=30%

B 设备应分配的固定资产价值比例。

2 340 000÷（1 560 000+2 340 000+1 300 000）×100%=45%

C设备应分配的固定资产价值比例。

1 300 000÷（1 560 000+2 340 000+1 300 000）×100%=25%

（3）确定A设备、B设备和C设备各自的成本。

A设备的成本=5 020 000×30%=1 506 000（元）

B设备的成本=5 020 000×45%=2 259 000（元）

C设备的成本=5 020 000×25%=1 255 000（元）

（4）会计分录。

| | |
|---|---|
| 借：固定资产——A | 1 506 000 |
| ——B | 2 259 000 |
| ——C | 1 255 000 |
| 应交税费——应交增值税（进项税额） | 650 000 |
| 贷：银行存款 | 5 670 000 |

## 17.1.20 在建工程

### ☆科目释义

在建工程核算企业固定资产的新建、改建、扩建，或技术改造、设备更新和大修理工程等尚未完工的工程支出。在建工程通常有“自营”和“出包”两种方式。自营在建工程，指企业自行购买工程用料、自行施工并进行管理的工程；出包在建工程，指企业通过签订合同，由其他工程队或单位承包建造的工程。

### ☆科目综述

“在建工程”科目核算小企业需要安装的固定资产，及固定资产新建工程、改扩建工程等所发生的实际支出。小企业购入不需要安装的固定资产，不通过本科目核算。小企业购入为工程准备的物资，在“工程物资”科目进行核算，不在本科目核算。本科目可按在建工程项目进行明细核算。本科目期末借方余额，反映小企业尚未完工或虽已完工，但尚未办理竣工决算的工程实际支出。

### ☆主要业务的账务处理

#### 1.外购需要安装的固定资产

小企业购入需要安装的固定资产（即需要安装才能达到预定可使用状态的固定资产），应在购入需要安装的固定资产取得成本的基础上加上安装调试成本等，作为固定资产的入账价值。

购入固定资产时，按实际支付的价款，借记“在建工程”等科目，贷记“银行存款”等科目；支付安装费用时，借记“在建工程”科目，贷记“银行存款”等科目；待安装完毕达到预定可使用状态时，按在建工程的累计成本，将“在建工程”科目余额转入“固定资产”科目，借记“固定资产”科目，贷记“在建工程”科目。

借：在建工程

　　贷：银行存款

借：固定资产

　　贷：在建工程

**2. 自营建造固定资产**

小企业自行建造的固定资产的成本，由建造该项资产在竣工决算前发生的支出（包括应负担的借款利息）构成。小企业在建工程在试运转过程中形成的产品、副产品或试车收入冲减在建工程成本。

小企业自营建造固定资产，领用工程物资，借记“在建工程”科目，贷记“工程物资”科目。

借：在建工程

　　贷：工程物资

在建工程应负担的职工薪酬，借记“在建工程”科目，贷记“应付职工薪酬”科目。

借：在建工程

　　贷：应付职工薪酬

在建工程使用本企业的产品或商品，应当按照成本，借记“在建工程”科目，贷记“库存商品”科目。

在建工程竣工决算前发生的借款利息，应当根据借款合同利率计算确定的利息费用，借记“在建工程”科目，贷记“应付利息”等科目。办理竣工决算后发生的利息费用，借记“财务费用”科目，贷记“应付利息”等科目。

（1）借：在建工程

　　　　贷：应付利息

（2）借：财务费用

　　　　贷：应付利息

在建工程在试运转过程中发生的支出，借记“在建工程”科目，贷记“银行存款”等科目；形成产品或副产品对外销售或转为库存商品的，借记“银行存款”“库存商品”等科目，贷记“在建工程”科目。

借：在建工程

　　贷：银行存款

借：银行存款、库存商品

　　贷：在建工程

小企业自营工程办理竣工决算，借记“固定资产”科目，贷记“在建工程”科目。

借：固定资产

　　贷：在建工程

**3. 出包建造固定资产**

小企业通过出包方式建造的固定资产，按应支付给承包单位的工程价款等作为固定资产成本。

小企业出包工程，按照工程进度和合同规定结算的工程价款，借记“在建工程”科目，贷记“银行存款”“预付账款”等科目。工程完工收到承包单位提供的账单，借记“固定资产”科目，贷记“在建工程”科目。

（1）借：在建工程

　　　　贷：银行存款等

（2）借：固定资产

　　　　贷：在建工程

**☆案例分析**

**【例 17-32】** 2×22 年 10 月 8 日，某小企业购入需要安装的设备一台，取得的增值税专用发票上注明的设备买价为 10 000 元，增值税税额为 1 300 元，另支付运输费 100 元、装卸费 200 元，款项通过银行存款转账支付。10 月 9 日，用银行存款支付安装费 1 000 元。10 月 12 日，该设备安装完毕交付使用。该小企业编制如下会计分录。

（1）10 月 8 日，支付购买价款和相关税费。

借：在建工程　　10 300

　　应交税费——应交增值税（进项税额）　　1 300

　　贷：银行存款　　　　　　　　　　　　　　　　　　　11 600

（2）10 月 9 日，支付安装费。

借：在建工程　　　　　　　　　　　　　　　　　1 000

　　贷：银行存款　　　　　　　　　　　　　　　　　　　1 000

（3）10 月 12 日，设备安装完毕交付使用。

借：固定资产　　　　　　　　　　　　　　　　　11 300

　　贷：在建工程　　　　　　　　　　　　　　　　　　　11 300

☆**案例分析**

**【例 17–33】**某小企业计划建造一栋办公楼，将建造工程出包给保利公司，工程开始时，支付工程款 200 000 元，工程竣工后，支付剩余工程款 300 000 元。该小企业的会计处理如下。

（1）第一次支付工程款。

借：在建工程　　　　　　　　　　　　　　　　　200 000

　　贷：银行存款　　　　　　　　　　　　　　　　　　　200 000

（2）第二次支付工程款。

借：在建工程　　　　　　　　　　　　　　　　　300 000

　　贷：银行存款　　　　　　　　　　　　　　　　　　　300 000

（3）工程竣工结算。

借：固定资产　　　　　　　　　　　　　　　　　500 000

　　贷：在建工程　　　　　　　　　　　　　　　　　　　500 000

#### 4. 投资者投入固定资产

小企业取得投资者投入的固定资产，应当按照评估价值和相关税费确定成本。

会计核算时，小企业在办理固定资产移交手续之后，按评估价值和相关税费作为固定资产的入账价值，借记“固定资产”等科目；按投资各方确认的价值在其注册资本中所占的份额，确认实收资本或股本，贷记“实收资本”或“股本”科目；两者差额确认为资本公积，贷记“资本公积——资本溢价”或“资本公积——股本溢价”科目。

借：固定资产

　　贷：实收资本等

　　　　资本公积——资本溢价等

☆案例分析

【例 17-34】某小企业收到 A 企业作为资本投入的仓库一间，该仓库按投资合同确认的价值为 72 000 元，A 企业享有该小企业注册资本的份额为 60 000 元。该小企业的账务处理如下。

借：固定资产　　72 000

　　贷：实收资本　　60 000

　　　　资本公积——资本溢价　　12 000

**5. 融资租入固定资产**

小企业融资租入的固定资产，在租赁期开始日，应当按照租赁合同约定的付款总额和在签订租赁合同过程中发生的相关税费，借记“固定资产”或“在建工程”科目，贷记“长期应付款”等科目。

借：固定资产等

　　贷：长期应付款

☆案例分析

【例 17-35】某小企业采用融资租赁方式以 500 000 元租得一间仓库 20 年的使用权，且发生相关税费 10 000 元。该小企业编制的会计分录如下。

借：固定资产　　510 000

　　贷：长期应付款　　500 000

　　　　应交税费　　10 000

**6. 盘盈固定资产**

小企业盘盈的固定资产，按照同类或者类似固定资产的市场价格扣除按照该项固定资产新旧程度估计的折旧后的余额，借记“固定资产”科目，贷记“以前年度损益调整”科目。

借：固定资产

　　贷：以前年度损益调整

☆案例分析

【例 17-36】某小企业在财产清查过程中，发现一台未入账的设备，重置成本为 30 000 元。该小企业应做如下会计处理。

借：固定资产　　　　　　　　　　　　　　　　　　　　　　30 000

　贷：以前年度损益调整　　　　　　　　　　　　　　　　　　30 000

## 17.1.21　累计折旧

☆**科目释义**

累计折旧，指一定时期内为弥补固定资产损耗按照规定的固定资产折旧率提取的折旧，或按国民经济核算统一规定的折旧率虚拟计算的折旧。累计折旧反映了固定资产在当期生产中的转移价值。

☆**科目综述**

“累计折旧”科目核算小企业固定资产的累计折旧。本科目可以进行总分类核算，也可以进行明细核算。某项固定资产的已计提折旧，可以根据“固定资产卡片”上所记载的该项固定资产原价、折旧率和实际使用年数等资料进行计算。按月计提的累计折旧记入本科目贷方，处置固定资产时已计提的固定资产累计折旧记入本科目借方，本科目期末贷方余额，反映小企业固定资产的累计折旧额。

### 1. 折旧的概念

折旧，是指在固定资产的使用寿命内，按照确定的方法对应计折旧额进行系统分摊。应计折旧额，是指应当计提折旧的固定资产的原价扣除其预计净残值后的金额。预计净残值，是指固定资产预计使用寿命已满，企业从该项固定资产处置中获得的扣除预计处置费用后的金额。已提足折旧，是指已经提足该项固定资产的应计折旧额。

累计折旧是固定资产由于磨损和损耗而逐渐转移的价值。这部分转移的价值以折旧费的形式计入相关成本费用，并从小企业的营业收入中得到补偿。

### 2. 折旧的范围

小企业应当对所有固定资产计提折旧，但已提足折旧仍继续使用的固定资产和单独计价入账的土地不得计提折旧。同时，固定资产应当按月计提折旧：当月增加的固定资产，当月不计提折旧，从下月起计提折旧；当月减少的固定资产，当月仍计提折旧，从下月起不计提折旧。

### 3. 折旧方法

小企业应当按照年限平均法计提折旧。小企业的固定资产由于技术进步等原因，确需加速折旧的，可以采用双倍余额递减法和年数总和法。小企业应当根据固定资产的性质和使用情况，并考虑税法的规定，合理确定固定资产的使用寿命和预计净残值。固定资产的折旧方法、使用寿命和预计净残值一经选定，不得随意变更。

①年限平均法，即将固定资产的应计折旧额均衡地分摊到固定资产预计使用寿命内的一种方法。这种方法假定固定资产的折旧金额是依据使用年限均匀损耗的，因此，使用年限内各期的折旧金额相等。这种方法主要适用于固定资产各期的负荷程度基本相同，各期应分摊的折旧费用基本相同的情况。其计算公式如下。

年折旧率＝（1－预计净残值率）÷预计使用寿命（年）×100%

月折旧率＝年折旧率÷12

月折旧额＝固定资产原值×月折旧率

**☆案例分析**

**【例 17–37】**某小企业外购一设备，原值为 720 000 元，预计可使用 20 年，该设备报废时的净残值率为 4%。该设备的折旧率和折旧额的计算如下。

年折旧率＝（1–4%）÷20×100%=4.8%

月折旧率=4.8%÷12=0.4%

月折旧额=720 000×0.4%=2 880（元）

②双倍余额递减法，即在不考虑固定资产净残值的情况下，根据每期期初固定资产账面净值（固定资产账面余额减累计折旧）和双倍的年限平均法折旧率计算累计折旧的一种方法。其计算公式如下。

年折旧率=2÷预计使用寿命（年）×100%

月折旧率＝年折旧率÷12

月折旧额＝固定资产账面净额×月折旧率

**☆案例分析**

**【例 17–38】**某小企业一项固定资产的原价为 500 000 元，预计使用年限为 5 年，预计净残值为 1 000 元。该小企业采用双倍余额递减法计提折旧，每年的折旧额计算如下。

年折旧率 =2÷5×100%=40%

第 1 年应提的折旧额 =500 000×40%=200 000（元）

第 2 年应提的折旧额 =（500 000-200 000）×40% =120 000（元）

第 3 年应提的折旧额 =（500 000-200 000-120 000）×40%=72 000（元）

从第 4 年起改用年限平均法计提折旧，第 4 年、第 5 年的年折旧额计算如下。

（500 000-200 000-120 000-72 000-1 000）÷2=53 500（元）

由于每年年初固定资产净值没有扣除预计净残值，因此，在应用这种方法计算折旧额时要注意不能使固定资产的账面余值降低到其预计净残值以下，即实行双倍余额递减法计提折旧的固定资产，应在其折旧年限到期前两年内，将固定资产净值扣除预计净残值后的余额平均摊销。

③年数总和法，即以固定资产的原值减去预计净残值后的净额为基数，乘以一个逐年递减的分数计算每年的折旧额，这个分数的分子代表固定资产尚可使用的年数，分母代表预计使用年数的逐年合计数。这种方法的特点是：计算折旧的基数是固定不变的，折旧率依据固定资产尚可使用年限确定，各年折旧率呈递减趋势，据此计算的折旧额也呈递减趋势。其计算公式如下。

年折旧率 =（预计使用寿命 － 已使用年限）÷ 预计使用寿命的年数总和 ×100%

或者

年折旧率 = 尚可使用年限 ÷ 预计使用寿命的年数总和 ×100%

月折旧率 = 年折旧率 ÷12

月折旧额 =（固定资产原价 － 预计净残值）× 月折旧率

**☆案例分析**

**【例 17-39】**某小企业购入一机器设备，入账价值为 8 000 000 元，预计使用年限为 5 年，预计净残值为 200 000 元。该小企业采用年数总和法计提折旧，每年的折旧额计算如表 17-1 所示。

**表 17-1　　某小企业某机器设备每年的折旧额**

单位：元

| 年份 | 尚可使用年限 | 原值 – 预计净残值 | 年折旧率 | 年折旧额 | 累计折旧 |
| --- | --- | --- | --- | --- | --- |
| 1 | 5 | 7 800 000 | 5/15 | 2 600 000 | 2 600 000 |
| 2 | 4 | 7 800 000 | 4/15 | 2 080 000 | 4 680 000 |

续表

| 年份 | 尚可使用年限 | 原值－预计净残值 | 年折旧率 | 年折旧额 | 累计折旧 |
|---|---|---|---|---|---|
| 3 | 3 | 7 800 000 | 3/15 | 1 560 000 | 6 240 000 |
| 4 | 2 | 7 800 000 | 2/15 | 1 040 000 | 7 280 000 |
| 5 | 1 | 7 800 000 | 1/15 | 520 000 | 7 800 000 |

**☆主要业务的账务处理**

小企业按月计提固定资产的折旧费，应当按照固定资产的受益对象，借记“制造费用”“管理费用”等科目，贷记“累计折旧”科目。

借：制造费用、管理费用

　　贷：累计折旧

**☆案例分析**

**【例 17-40】** 2×22 年 6 月 20 日，某小企业外购一生产用设备，原值为 720 000 元，预计可使用 20 年，该设备报废时的净残值率为 4%。该小企业应编制如下会计分录。

（1）购入设备时。

借：固定资产　　720 000

　　应交税费——应交增值税（进项税额）　　93 600

　　贷：银行存款　　813 600

（2）按月计提折旧时。

月折旧额 =720 000×（1-4%）÷20÷12=2 880（元）

借：制造费用　　2 880

　　贷：累计折旧　　2 880

## 17.1.22　固定资产清理

**☆科目释义**

“固定资产清理”是资产类科目，用来核算企业因出售、报废和毁损等原因转入清理的固定资产账面价值以及在清理过程中所发生的清理费用和清理收入。

☆**科目综述**

“固定资产清理”科目可按被清理的固定资产项目进行明细核算。本科目借方登记处置固定资产的账面价值和清理过程中支付的相关税费及其他费用，贷方登记取得的出售固定资产价款、残料价值、变价收入等处置收入以及保险公司或过失人赔偿的损失。本科目期末借方余额，反映小企业尚未清理完毕的固定资产清理净损失；期末贷方余额，反映小企业尚未清理完毕的固定资产清理净收益。

☆**主要业务的账务处理**

固定资产处置包括固定资产的出售、转让、报废和毁损、对外投资、非货币性资产交换、债务重组等。固定资产处置一般通过“固定资产清理”科目核算。核算具体包括以下几个环节。

（1）固定资产转入清理。小企业因出售、转让、报废、毁损等原因处置固定资产，应当按照该项固定资产的净值，借记“固定资产清理”科目；按已计提的累计折旧，借记“累计折旧”科目；按其账面原价，贷记“固定资产”科目。

借：固定资产清理

　　累计折旧

　　贷：固定资产

（2）发生清理费用等。固定资产清理过程中的相关税费及其他费用，借记“固定资产清理”科目，贷记“银行存款”“应交税费”等科目。

借：固定资产清理

　　贷：银行存款等

（3）收回出售固定资产的价款、残料价值和变价收入等，借记“银行存款”“原材料”等科目，贷记“固定资产清理”科目。

借：银行存款等

　　贷：固定资产清理

（4）保险赔偿等的处理。应由保险公司或过失人赔偿的损失，借记“其他应收款”等科目，贷记“固定资产清理”科目。

借：其他应收款

　　贷：固定资产清理

（5）清理净损益的处理。固定资产清理完成后，如为借方余额，借记“营业外支出——处置非流动资产净损失”科目，贷记“固定资产清理”科目；如为贷方余额，借记“固定资产清理”科目，贷记“营业外收入——处置非流动资产净收益”科目。

借：营业外支出——处置非流动资产净损失

　　贷：固定资产清理

借：固定资产清理

　　贷：营业外收入——处置非流动资产净收益

☆**案例分析**

**【例 17-41】**某小企业出售一座建筑物，原价 2 000 000 元，已使用 6 年，计提折旧 300 000 元，支付清理费用 10 000 元，出售的价款收入为 1 700 000 元，应交增值税 153 000 元。相应的会计处理如下。

（1）固定资产转入清理。

| |  |  |
|---|---|---|
| 借：固定资产清理 | 1 700 000 | |
| 　　累计折旧 | 300 000 | |
| 　　贷：固定资产 | | 2 000 000 |

（2）支付清理费用。

| |  |  |
|---|---|---|
| 借：固定资产清理 | 10 000 | |
| 　　贷：银行存款 | | 10 000 |

（3）收到价款时。

| |  |  |
|---|---|---|
| 借：银行存款 | 1 853 000 | |
| 　　贷：固定资产清理 | | 1 700 000 |
| 　　　　应交税费——应交增值税（销项税额） | | 153 000 |

（4）结转固定资产清理后的净收益。

清理净收益 =170 000-170 000-10 000=-10 000（元）（负值为营业外支出）

| |  |  |
|---|---|---|
| 借：营业外支出 | 10 000 | |
| 　　贷：固定资产清理 | | 10 000 |

## 17.1.23　生产性生物资产

☆**科目释义**

生产性生物资产，是指为产出农产品、提供劳务或出租等目的而持有的生

物资产，包括经济林、薪炭林、产畜和役畜等。

☆科目综述

“生产性生物资产”科目核算小企业（农、林、牧、渔业）持有的生产性生物资产原价（成本）。本科目可按“未成熟生产性生物资产”和“成熟生产性生物资产”，分别生物资产的种类、群别、所属部门等进行明细核算。本科目属于资产类科目，借方表示增加，贷方表示减少，期末借方余额，反映小企业生产性生物资产（农、林、牧、渔业）的原价（成本）。

☆主要业务的账务处理

**1. 外购生产性生物资产**

外购的生产性生物资产的成本，包括购买价款、相关税费、运输费、保险费以及可直接归属于购买该资产的其他支出。

外购的生产性生物资产，按照购买价款和相关税费，借记“生产性生物资产”科目，贷记“银行存款”“应付账款”等科目。涉及按照税法规定可抵扣的增值税进项税额的，还应当借记“应交税费——应交增值税（进项税额）”科目。

借：生产性生物资产

　　应交税费——应交增值税（进项税额）

　　贷：银行存款等

**2. 自行营造或繁殖生产性生物资产**

自行营造的林木类生产性生物资产，按照达到预定生产经营目的前发生的造林费、抚育费、营林设施费、良种试验费、调查设计费和应分摊的间接费用等必要支出，借记“生产性生物资产——未成熟生产性生物资产”科目，贷记“原材料”“银行存款”“应付利息”等科目。

借：生产性生物资产——未成熟生产性生物资产

　　贷：银行存款等

自行繁殖的产畜和役畜，按照达到预定生产经营目的前发生的饲料费、人工费和应分摊的间接费用等必要支出，借记“生产性生物资产——未成熟生产性生物资产”科目，贷记“原材料”“银行存款”“应付利息”等科目。

未成熟生产性生物资产达到预定生产经营目的时，按其账面余额，借记“生产性生物资产——成熟生产性生物资产”科目，贷记“生产性生物资产——未成熟生产性生物资产”科目。

借：生产性生物资产——成熟生产性生物资产

贷：生产性生物资产——未成熟生产性生物资产

前述达到预定生产经营目的，是指生产性生物资产进入正常生产期，可以多年连续稳定产出农产品、提供劳务或出租。

#### 3. 育肥畜转为产畜或役畜

育肥畜转为产畜或役畜，应按其账面余额，借记“生产性生物资产”科目，贷记“消耗性生物资产”科目。

借：生产性生物资产

贷：消耗性生物资产

#### 4. 生产性生物资产的处置

因出售、报废、毁损、对外投资等原因处置生产性生物资产，应按实际收到的金额，借记“银行存款”等科目；按已计提的累计折旧，借记“生产性生物资产累计折旧”科目；按其原价，贷记“生产性生物资产”科目；按其差额，借记“营业外支出——处置非流动资产净损失”科目或贷记“营业外收入——处置非流动资产净收益”科目。

借：银行存款

生产性生物资产累计折旧

营业外支出——处置非流动资产净损失

贷：生产性生物资产

营业外收入——处置非流动资产净收益

### 17.1.24 生产性生物资产累计折旧

#### ☆科目综述

“生产性生物资产累计折旧”科目核算小企业（农、林、牧、渔业）成熟生产性生物资产的累计折旧。本科目可按生产性生物资产的种类、群别、所属部门等进行明细核算。小企业按月计提的成熟生产性生物资产的折旧，计入本科目贷方；处置生产性生物资产，需要结转生产性生物资产累计折旧，借记本科目。本科目贷方余额，反映小企业成熟生产性生物资产的累计折旧额。

☆**主要业务的账务处理**

成熟的生产性生物资产进入正常生产期，应当按期计提折旧，与其给企业带来的经济利益流入相配比。生产性生物资产的折旧，是指在生产性生物资产的折旧年限内，按照确定的方法对应计折旧额进行系统分摊。其中：应计折旧额，是指应当计提折旧的生产性生物资产的原价扣除预计净残值后的余额；预计净残值，是指预计生产性生物资产折旧年限结束时，在处置过程中所发生的处置收入扣除处置费用后的余额。

生产性生物资产应当按照年限平均法计提折旧。小企业应当自生产性生物资产投入使用月份的次月起按月计提折旧；停止使用的生产性生物资产，应当自停止使用月份的次月起停止计提折旧。

小企业按期（月）计提成熟生产性生物资产的折旧，借记“生产成本”“管理费用”等科目，贷记“生产性生物资产累计折旧”科目。

借：生产成本等

　　贷：生产性生物资产累计折旧

生产性生物资产盘亏或死亡、毁损时，应当将处置收入扣除其账面价值和相关税费后的余额先记入“待处理财产损溢”科目，待查明原因后，根据企业的管理权限，经股东大会、董事会、经理（厂长）或类似机构批准后，在期末结账前处理完毕。生产性生物资产因盘亏或死亡、毁损造成的损失，在减去过失人或者保险公司等的赔款和残余价值之后，一般计入当期管理费用；属于自然灾害等非常损失的，计入营业外支出。

☆**案例分析**

**【例 17-42】**2×20 年 1 月，某小企业购入 5 头奶牛，支付购买价款 34 000 元、运输费 1 000 元、保险费 1 000 元。5 月，5 头奶牛成熟，开始产奶。2×22 年 10 月，将这 5 头奶牛作价 25 000 元出售。购入奶牛后，每月支付饲养费 2 000 元。该小企业采用年限平均法按照 3 年对奶牛计提折旧。该小企业应编制如下会计分录。

（1）2×20 年 1 月，购入奶牛。

借：生产性生物资产——未成熟生产性生物资产　　36 000

　　贷：银行存款　　36 000

（2）2×20 年 1 月至 10 月，每月支付饲养费。

借：管理费用　　2 000

　　贷：银行存款　　2 000

（3）2×20年5月，奶牛成熟。

借：生产性生物资产——成熟生产性生物资产　　36 000

　　贷：生产性生物资产——未成熟生产性生物资产　　36 000

（4）2×20年6月至2×16年10月，每月计提折旧。

每月计提折旧金额 =36 000÷3÷12=1 000（元）

借：生产成本　　1 000

　　贷：生产性生物资产累计折旧　　1 000

（5）2×20年10月，出售奶牛。

借：银行存款　　25 000

　　生产性生物资产累计折旧　　29 000

　　贷：生产性生物资产——成熟生产性生物资产　　36 000

　　　　营业外收入——处置非流动资产净收益　　18 000

**☆案例分析**

**【例 17-43】**A企业于2×22年8月4日丢失三头种牛，账面原值为11 600元，已经计提折旧600元。8月29日经查实，饲养员张三应赔偿3 000元。A企业采用小企业会计准则核算，应编制如下会计分录。

借：待处理财产损溢　　11 000

　　生产性生物资产累计折旧　　600

　　贷：生产性生物资产——种牛　　11 600

借：其他应收款——张三　　3 000

　　管理费用　　8 000

　　贷：待处理财产损溢　　11 000

## 17.1.25　无形资产

**☆科目释义**

无形资产，是指企业拥有或者控制的没有实物形态的可辨认的非货币性资产。无形资产有广义和狭义之分，广义的无形资产包括货币资金、应收账款、金融资产、长期股权投资、专利权、商标权等，它们没有物质实体，而是表现为某种法定权利或技术。但是，会计上通常将无形资产做狭义的理解，即将专利权、商标权等称为无形资产。

☆科目综述

“无形资产”科目核算小企业持有的无形资产成本，借方登记取得无形资产的成本，贷方登记处置的无形资产账面余额，期末借方余额，反映企业无形资产的成本。本科目应按无形资产项目设置明细账，进行明细核算。

☆主要业务的账务处理

**1. 外购的无形资产**

外购无形资产的成本，包括购买价款、相关税费以及相关的其他支出。其中，相关的其他支出包括使无形资产达到预定用途所发生的专业服务费用、测试无形资产是否能够正常发挥作用的费用、相关的利息费用等。

小企业外购无形资产，应当按照实际支付的价款，借记“无形资产”科目，贷记“银行存款”“应付利息”等科目。

借：无形资产

　　贷：银行存款

　　　　应付利息

外购房产所支付的价款中包括土地使用权和建筑物的价值的，所支付的价款应当在建筑物与土地使用权之间按照合理的方法进行分配，其中属于土地使用权的部分，借记“无形资产”科目，贷记“银行存款”科目。

借：无形资产

　　贷：银行存款

☆案例分析

【例 17-44】2×22年11月，某小企业购入一幢房产(包括占用的土地使用权)，共支付价款 1 000 万元。经相关机构评估，该项建筑物价值 600 万元，占用的土地使用权价值 400 万元。该小企业应做的会计处理如下。

借：固定资产——建筑物　　6 000 000

　　无形资产　　4 000 000

　　贷：银行存款　　10 000 000

### 2. 投资者投入的无形资产

小企业收到投资者投入的无形资产，按照无形资产的评估价值和相关税费，借记“无形资产”科目，贷记“实收资本”“资本公积”科目。

借：无形资产

　　贷：实收资本

　　　　资本公积

### ☆案例分析

【例 17-45】创立于 1980 年的某小企业经过多年发展，公司商标已有较好的声誉，A 公司（有限责任公司，也属于小企业）预计使用该小企业商标后可大幅度提高其获利能力。为此，A 公司与该小企业商定，该小企业以其商标权投资于 A 公司，双方协议价格为 100 万元。该小企业应做如下会计处理。

借：无形资产——商标权　　1 000 000

　　贷：实收资本　　1 000 000

### 3. 自行开发的无形资产

小企业自行开发无形资产发生的支出，同时满足下列条件的，才能确认为无形资产：①完成该无形资产以使其能够使用或出售在技术上具有可行性；②具有完成该无形资产并使用或出售的意图；③能够证明运用该无形资产生产的产品存在市场或无形资产自身存在市场，无形资产将在内部使用的，应当证明其有用性；④有足够的技术、财务资源和其他资源支持，以完成该无形资产的开发，并有能力使用或出售该无形资产；⑤归属于该无形资产开发阶段的支出能够可靠地计量。

自行开发的无形资产的成本，由符合资本化条件后至达到预定用途前发生的支出（含相关的借款费用）构成。小企业开发项目达到预定用途形成无形资产的，按照应予资本化的支出，借记“无形资产”科目，贷记“研发支出”科目。

借：无形资产

　　贷：研发支出

小企业自行开发建造厂房等建筑物，外购土地及建筑物支付的价款应当在建筑物与土地使用权之间按照合理的方法进行分配，其中属于土地使用权的部分，借记“无形资产”科目，贷记“银行存款”等科目。

借：无形资产

　　贷：银行存款

## 17.1.26　累计摊销

☆科目释义

累计摊销是针对使用寿命有限的无形资产而言的，这与固定资产的累计折旧同理。累计摊销反映企业在使用无形资产过程中，对其价值的分期收回行为及收回额。无形资产一般情况下采用直线法在使用或受益期间内进行摊销。

☆科目综述

“累计摊销”科目核算小企业对无形资产计提的累计摊销，贷方登记按月计提的无形资产摊销额，借方登记转出的无形资产累计摊销额，期末借方余额，反映小企业无形资产的累计摊销额。本科目按照无形资产项目进行明细核算。

☆主要业务的账务处理

**1. 无形资产的摊销**

小企业的无形资产应当在其使用寿命内采用年限平均法（即直线法）进行摊销，根据受益对象计入相关资产的成本或当期损益，借记“制造费用”“管理费用”等科目，贷记“累计摊销”科目。

借：制造费用等

　　贷：累计摊销

无形资产的摊销期，自其可供使用时开始至停止使用或出售时止。有关法律规定或合同约定了使用年限的，可以按照规定或约定的使用年限分期摊销。企业不能可靠估计无形资产使用寿命的，摊销期不短于 10 年。

**2. 无形资产的处置**

因出售、报废、对外投资等原因处置的无形资产，应当按照取得的处置收入，借记“银行存款”等科目；按照该项无形资产已计提的累计摊销，借记“累计摊销”科目；按照应支付的相关税费及其他费用，贷记“应交税费——应交增值税（销项税额）”科目；按照无形资产的成本，贷记“无形资产”科目；按照其差额，贷记“营业外收入——非流动资产处置净收益”科目或借记“营业外支出——非流动资产处置净损失”科目。相关会计处理如图 17-14 和图 17-15 所示。

借：银行存款
　　累计摊销
　　贷：无形资产
　　　　应交税费——应交增值税（销项税额）
　　　　营业外收入——非流动资产处置净收益

**图 17-14　无形资产处置存在收益的会计处理**

借：银行存款
　　累计摊销
　　营业外支出——非流动资产处置净损失
　　贷：无形资产
　　　　应交税费——应交增值税（销项税额）

**图 17-15　无形资产处置发生损失的会计处理**

**☆案例分析**

**【例 17-46】**2×22 年 1 月 1 日，某小企业支付价款 120 000 元取得一项专利技术，用于企业经营管理。该专利技术使用年限为 10 年，企业采用直线法计提摊销。12 月 31 日，该小企业对外出售该项专利技术，取得价款 118 000 元。不考虑相关税费等其他因素，该小企业应编制如下会计分录。

（1）取得专利技术。

借：无形资产　　120 000
　　贷：银行存款　　120 000

（2）1 至 12 月，每月末计提摊销。

借：管理费用　　1 000
　　贷：累计摊销　　1 000

（3）出售无形资产。

借：银行存款　　118 000
　　累计摊销　　12 000

贷：无形资产　　　　　　　　　　　　　　　　　　120 000
　　营业外收入——非流动资产处置净收益　　　　　　10 000

## 17.1.27　长期待摊费用

### ☆科目释义

长期待摊费用，是指企业已经支出，但摊销期限在 1 年以上（不含 1 年）的各项费用，包括开办费、租入固定资产的改良支出以及摊销期在 1 年以上的固定资产大修理支出、股票发行费用等。应当由本期负担的借款利息、租金等，不得作为长期待摊费用处理。

### ☆科目综述

“长期待摊费用”科目核算小企业已提足折旧的固定资产的改建支出、经营租入固定资产的改建支出、固定资产的大修理支出和其他长期待摊费用等。本科目可按支出项目进行明细核算。本科目借方登记小企业发生的长期待摊费用，贷方登记按月摊销的长期待摊费用，期末借方余额，反映小企业尚未摊销完毕的长期待摊费用。

### ☆主要业务的账务处理

#### 1. 长期待摊费用的计提

改扩建项目，指对原有设施、工艺条件进行扩充性建设或大规模改造，因而增加产品的生产能力或经济效益的项目，以及企业进行设备更新或技术改造的项目，包括改建、扩建、停产复建等。从定义可以看出，改扩建一般情况下是可以延长资产使用寿命的。对于已提足折旧的固定资产而言，小企业会计准则规定是不能对折旧年限进行调整的，所以其改建支出通过长期待摊费用核算。

以经营租赁方式租入的固定资产，与该资产相关的风险和报酬并没有转移给承租方，因而资产的所有权仍属于出租方，承租方只在协议规定的期限内拥有对该资产的使用权，因而以经营租赁方式租入的固定资产发生的改建支出，不能计入固定资产成本，而应计入长期待摊费用。

固定资产的大修理支出，是指同时符合下列条件的支出：修理支出达到取得固定资产时的计税基础 50% 以上；修理后固定资产的使用寿命延长 2 年以上。符合条件的固定资产大修理支出，计入长期待摊费用。

小企业发生的长期待摊费用，借记“长期待摊费用”科目，贷记“银行存款”“原材料”等科目。

借：长期待摊费用

　　贷：银行存款等

**2. 长期待摊费用的摊销**

长期待摊费用应当在其摊销期限内采用年限平均法（即直线法）进行摊销。摊销期限的确定如下。

（1）已提足折旧的固定资产的改建支出，按照固定资产预计尚可使用年限分期摊销。

（2）经营租入固定资产的改建支出，按照合同约定的剩余租赁期限分期摊销。

（3）固定资产的大修理支出，按照固定资产尚可使用年限分期摊销。

（4）其他长期待摊费用，自支出发生月份的下月起分期摊销，摊销期不得低于3年。

小企业摊销的长期待摊费用，按照受益对象计入相关资产的成本或管理费用，并冲减长期待摊费用。在具体核算时，小企业按月摊销长期待摊费用，借记“制造费用”“管理费用”等科目，贷记“长期待摊费用”科目。

借：制造费用等

　　贷：长期待摊费用

**☆案例分析**

**【例17–47】**2×22年5月1日，某小企业对其以经营租赁方式新租入的办公楼进行装修，发生以下有关支出：使用生产用材料500 000元，购进该批原材料时支付的增值税进项税额为65 000元；辅助生产车间为该装修工程提供的劳务支出为180 000元；有关人员工资等职工薪酬为435 000元。

11月1日，该办公楼装修完工，达到预定可使用状态并交付使用，并按租赁期10年开始进行摊销。假定不考虑其他因素，该小企业应做如下会计处理。

（1）装修领用原材料时。

| | | |
|---|---|---|
| 借：长期待摊费用 | 500 000 | |
| 　　贷：原材料 | | 500 000 |

（2）辅助生产车间为装修工程提供劳务时。

借：长期待摊费用　　180 000

　　贷：生产成本——辅助生产成本　　180 000

（3）确认工程人员职工薪酬时。

借：长期待摊费用　　435 000

　　贷：应付职工薪酬　　435 000

（4）11 月摊销装修支出时。

每月应摊销费用 =（500 000+180 000+435 000）÷10÷12=9 291.67（元）

借：管理费用　　9 291.67

　　贷：长期待摊费用　　9 291.67

## 17.2　负债类会计科目使用规则

### 17.2.1　短期借款

**☆科目释义**

短期借款是借款的一种，与之相对的是长期借款。在我国的会计实务中，短期借款，是指企业为维持正常的生产经营所需的资金或为抵偿某项债务而向银行或其他金融机构等外单位借入的、还款期限在 1 年以下（含 1 年）的各种借款。短期借款主要有经营周转借款、临时借款、结算借款、票据贴现借款、卖方信贷、预购定金借款和专项储备借款等。

**☆科目综述**

为核算短期借款的取得、本息偿付等，小企业应设置“短期借款”“财务费用”“应付利息”等科目。

“短期借款”科目核算小企业向银行或其他金融机构借入的期限在 1 年内的各种借款。本科目可按借款种类、贷款人和币种进行明细核算。本科目贷方登记小企业借入的各种短期借款，借方登记小企业偿还的短期借款，期末贷方余额，反映小企业尚未偿还的短期借款本金。

与短期借款相关的利息费用通过“财务费用”科目和“应付利息”科目核算。

**☆主要业务的账务处理**

小企业借入各种短期借款时，借记“银行存款”科目，贷记“短期借款”科目；偿还借款时做相反的会计分录。在应付利息日，应当按照短期借款合同利率计算确定的利息费用，借记“财务费用”科目，贷记“应付利息”等科目；支付利息时，借记“应付利息”科目，贷记“银行存款”科目。

（1）借：银行存款
　　　贷：短期借款

（2）借：财务费用
　　　贷：应付利息

（3）借：应付利息
　　　贷：银行存款

银行承兑汇票到期，小企业无力支付票款的，按照银行承兑汇票的票面金额，借记“应付票据”科目，贷记“短期借款”科目。持未到期的商业汇票向银行贴现，银行有追索权的情况下，应当按照实际收到的金额，借记“银行存款”科目；按照贴现息，借记“财务费用”科目；按照商业汇票的票面金额，贷记“短期借款”科目。

（1）借：应付票据
　　　贷：短期借款

（2）借：银行存款
　　　　财务费用
　　　贷：短期借款

**☆案例分析**

**【例 17–48】**2×22 年 3 月 1 日，某小企业自商业银行借入期限为 6 个月的流动资金借款 10 万元，年利率 6%，到期还本付息。该小企业应做如下会计处理。

（1）2×22 年 3 月 1 日，取得短期借款。

借：银行存款　　100 000
　　贷：短期借款　　100 000

（2）2×22 年 3 月至 8 月，每月月末确认应付利息。

借：财务费用　　500
　　贷：应付利息　　500

（3）2×22 年 9 月 1 日，归还本息。

借：短期借款　　　　100 000

　　应付利息　　　　3 000

　　贷：银行存款　　　　103 000

### 17.2.2 应付票据

**☆科目释义**

应付票据，是企业在商品购销活动和对工程价款进行结算因采用商业汇票结算方式而发生的。应付票据包括商业承兑汇票和银行承兑汇票。应付票据按是否带息分为带息应付票据和不带息应付票据两种。

**☆科目综述**

“应付票据”科目核算小企业因购买材料、商品和接受劳务等日常经营活动开出、承兑的商业汇票（银行承兑汇票和商业承兑汇票）。本科目可按债权人进行明细核算。本科目的贷方登记小企业开出的商业汇票的面额，借方登记已到期付款的商业汇票的面额或作为借款处理的商业汇票的面额，期末贷方余额，反映小企业开出、承兑的尚未到期的商业汇票的票面金额。

**☆主要业务的账务处理**

和应付票据相关的业务主要包括企业开出票据进行支付、票据到期支付现金，以及票据到期后，无资金进行支付 3 种情况。其主要的账务处理如下。

（1）企业开出、承兑商业汇票或以承兑汇票抵付货款、应付账款等时，借记“材料采购”或“在途物资”“应付账款”“应交税费”等科目，贷记“应付票据”科目；如为银行承兑汇票，还应在支付银行承兑手续费时，借记“财务费用”科目，贷记“银行存款”科目。

①借：材料采购等

　　贷：应付票据

②借：财务费用

　　贷：银行存款

（2）汇票到期付款时，借记“应付票据”科目，贷记“银行存款”科目；如为带息票据，则应借记“应付票据”“财务费用”等科目，贷记“银行存款”科目。

借：应付票据

财务费用

贷：银行存款

（3）在票据到期无力偿付的情况下，若为商业承兑汇票，则将应付票据转为应付账款，借记“应付票据”科目，贷记“应付账款”科目；若为银行承兑汇票，则银行先代为付款，企业将不足部分转为短期借款，借记“应付票据”科目，贷记“银行存款”“短期借款”科目。归还银行短期借款时，借记“短期借款”科目，贷记“银行存款”科目。相关会计处理如图 17–16 所示。

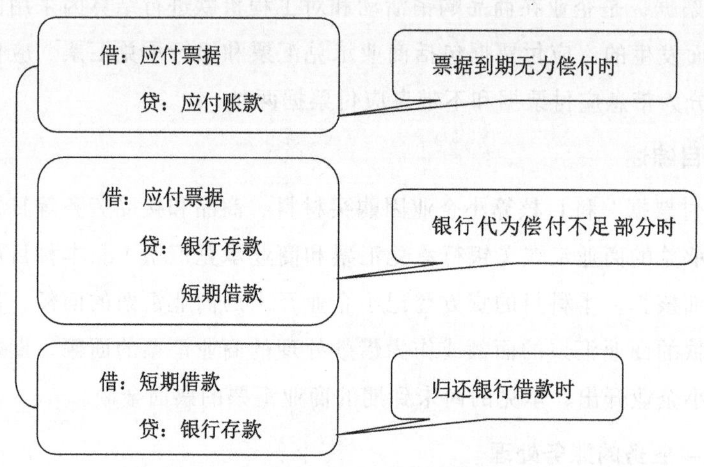


**图 17–16 应付票据的主要会计处理**

**☆案例分析**

**【例 17–49】**某小企业出具一张期限为 90 天、票面金额为 33 900 元的不带息商业承兑汇票，向某供应单位购进原材料一批，其增值税发票上记载的货款金额为 30 000 元，增值税为 3 900 元。该小企业的账务处理如下。

（1）购进原材料时。

借：原材料 30 000

应交税费——应交增值税（进项税额） 3 900

贷：应付票据 33 900

（2）票据到期，接到银行支付汇票款项的通知时。

借：应付票据 33 900

贷：银行存款 33 900

### 17.2.3 应付账款

**☆科目释义**

应付账款，是指因购买材料、商品或接受劳务供应等而发生的债务。这是买卖双方在购销活动中由于取得物资与支付货款在时间上不一致而产生的负债。

**☆科目综述**

“应付账款”科目核算小企业因购买材料、商品和接受劳务等经营活动应支付的款项。本科目可按债权人进行明细核算。本科目的贷方登记发生的应付账款，借方登记偿还的应付账款、以商业汇票抵付的应付账款以及冲销无法支付的应付账款，期末贷方余额，反映小企业尚未支付的应付账款。

**☆主要业务的账务处理**

**1. 应付账款的发生**

小企业购入材料、商品等未验收入库，货款尚未支付，应当根据有关凭证（发票账单、随货同行发票上记载的实际价款或暂估价值），借记“在途物资”或“材料采购”“应交税费——应交增值税（进项税额）”科目，按照应付的价款，贷记“应付账款”科目。

借：在途物资等

　　应交税费——应交增值税（进项税额）

　　贷：应付账款

小企业接受供应单位提供劳务而发生的应付未付款项，应根据供应单位的发票账单，借记“生产成本”“管理费用”等科目，贷记“应付账款”科目。

借：管理费用等

　　贷：应付账款

**2. 应付账款的偿付**

小企业偿付应付账款时，借记“应付账款”科目，贷记“银行存款”等科目。

借：应付账款

　　贷：银行存款

小企业确实无力偿付的应付账款，借记“应付账款”科目，贷记“营业外收入”科目。

借：应付账款

　　贷：营业外收入

**☆案例分析**

**【例 17-50】**某小企业于 2×22 年 5 月 30 日购进原材料一批，增值税专用发票记载的货款金额为 10 000 元，增值税进项税额为 1 300 元，材料尚未验收入库，款项尚未支付。7 月 10 日，该小企业开出 11 300 元的转账支票一张，支付此笔购料款。该小企业应编制如下会计分录。

（1）购买材料时。

| | | |
|---|---|---|
| 借：在途物资 | 10 000 | |
| 　　应交税费——应交增值税（进项税额） | 1 300 | |
| 　　贷：应付账款 | | 11 300 |

（2）支付购料款时。

| | | |
|---|---|---|
| 借：应付账款 | 11 300 | |
| 　　贷：银行存款 | | 11 300 |

## 17.2.4　预收账款

**☆科目释义**

预收账款，是指企业按照合同约定或交易双方之约定，而向购买单位或接受劳务的单位对未发出商品或提供劳务预收的款项。

**☆科目综述**

“预收账款”科目核算小企业按照合同规定预收的款项，包括预收的购货款、工程款等。预收账款不多的小企业，也可以不设置本科目，将预收的款项直接记入“应收账款”科目贷方。“预收账款”科目可以按照对方单位（个人）进行明细核算。“预收账款”科目贷方登记小企业预收的款项，借方登记实现的销售收入及相关税费。“预收账款”科目期末贷方余额，反映小企业预收的款项；期末如为借方余额，反映小企业尚未转销的款项。

**☆主要业务的账务处理**

小企业向购货单位预收的款项，借记“银行存款”等科目，贷记“预收账款”科目。

借：银行存款

　　贷：预收账款

销售收入实现时，按实现的收入金额，借记“预收账款”科目，贷记“主营业务收入”科目。涉及增值税销项税额的，还应进行相应的账务处理。

借：预收账款

　　贷：主营业务收入

☆**案例分析**

【**例 17-51**】2×22 年 6 月 23 日某小企业收到天天公司预付的购货款 11 300 元。6 月 25 日，该小企业发出天天公司所购货物，增值税专用发票记载的货款金额为 10 000 元，增值税销项税额为 1 300 元。该小企业应编制如下会计分录。

（1）预收购货款时。

借：银行存款　　11 300

　　贷：预收账款　　11 300

（2）发出商品实现销售时。

借：预收账款　　11 300

　　贷：主营业务收入　　10 000

　　　　应交税费——应交增值税（销项税额）　　1 300

## 17.2.5　应付利息

☆**科目释义**

应付利息，是指企业按照合同约定应支付的利息，包括分期付息到期还本的长期借款、企业债券等应支付的利息。

☆**科目综述**

“应付利息”科目核算小企业按照合同约定应支付的利息费用。本科目按照贷款人等进行明细核算。本科目贷方登记小企业按照合同利率计算确定的利息费用，借方登记实际支付的利息，期末贷方余额，反映小企业应付未付的利息费用。

☆**主要业务的账务处理**

与应付利息相关的业务主要有利息费用的确认与支付两种。在应付利息日，应当按照合同利率计算确定的利息费用，借记“财务费用”“在建工程”科目，贷记“应付利息”科目。实际支付利息时，借记“应付利息”科目，贷记“银行存款”等科目。

（1）借：财务费用等

贷：应付利息

（2）借：应付利息

贷：银行存款

### 17.2.6　应付利润

**☆科目释义**

应付利润，是指企业在接受投资或联营、合作期间，按协议或合同约定应支付给投资者或合作伙伴的利润。该项利润在尚未实际支付以前，构成企业的一项流动负债。

**☆科目综述**

“应付利润”科目核算小企业向投资者分配的利润。本科目按照投资者进行明细核算。本科目贷方登记小企业根据规定或协议确定的应分配给投资者的利润，借方登记实际分配给投资者的利润，期末贷方余额，反映小企业应付未付的利润。

**☆主要业务的账务处理**

与应付利润相关的业务主要有向投资者分配利润的确认与支付两种。小企业根据规定或协议计算出应分配给投资者的利润，借记“利润分配”科目，贷记“应付利润”科目。向投资者实际支付利润时，借记“应付利润”科目，贷记“银行存款”等科目。

（1）借：利润分配

贷：应付利润

（2）借：应付利润

贷：银行存款

## 17.2.7　其他应付款

### ☆科目释义

其他应付款，是指企业在商品交易业务以外发生的应付和暂收款项，指企业除应付票据、应付账款、应付工资、应付利润等以外的应付、暂收其他单位或个人的款项。

### ☆科目综述

“其他应付款”科目核算小企业除应付账款、预收账款、应付职工薪酬、应交税费、应付利息、应付利润等以外的其他各项应付、暂收的款项，如应付租入固定资产和包装物的租金、存入保证金等。本科目可按其他应付款的项目和单位（或个人）进行明细核算。本科目贷方登记小企业发生的其他各种应付、暂收款项，借方登记支付的其他各种应付、暂收款项，期末贷方余额，反映小企业应付未付的其他应付款项。

### ☆主要业务的账务处理

小企业发生的应付租入固定资产和包装物的租金、存入保证金等其他各种应付、暂收款项，借记“管理费用”等科目，贷记“其他应付款”科目；支付的其他各种应付、暂收款项，借记“其他应付款”科目，贷记“银行存款”等科目。

（1）借：管理费用

　　　贷：其他应付款

（2）借：其他应付款

　　　贷：银行存款

## 17.2.8　应付职工薪酬

### ☆科目释义

应付职工薪酬，是企业根据有关规定应付给职工的各种薪酬，按照“职工工资、奖金、津贴和补贴”“职工福利费”“社会保险费”“住房公积金”“工会经费”“职工教育经费”“解除职工劳动关系补偿”“非货币性福利”“其他与获得职工提供的服务相关的支出”等应付职工薪酬项目进行明细核算。

☆**科目综述**

“应付职工薪酬”科目核算小企业根据有关规定应付给职工的各种薪酬以及外商投资小企业按照规定从净利润中提取的职工奖励及福利基金。本科目可按“职工工资、奖金、津贴和补贴”“职工福利费”“社会保险费”“住房公积金”“工会经费”“职工教育经费”“非货币性福利”“辞退福利”等进行明细核算。本科目贷方登记发生的职工薪酬，借方登记发放的职工薪酬，期末贷方余额，反映小企业应付未付的职工薪酬。

对小企业的应付职工薪酬进行会计处理，还需设置“生产成本”“制造费用”“在建工程”“管理费用”“银行存款”等科目。

☆**主要业务的账务处理**

（1）月度终了，应当将本月应发的职工薪酬区分以下情况进行分配。

小企业生产部门（提供劳务）人员的职工薪酬，借记“生产成本”“制造费用”等科目，贷记“应付职工薪酬”科目。

借：生产成本等

　　贷：应付职工薪酬

应由在建工程、无形资产开发项目负担的职工薪酬，借记“在建工程”“研发支出”科目，贷记“应付职工薪酬”科目。

借：在建工程等

　　贷：应付职工薪酬

管理部门人员的职工薪酬和因解除与职工的劳动关系给予的补偿，借记“管理费用”科目，贷记“应付职工薪酬”科目。

借：管理费用

　　贷：应付职工薪酬

销售人员的职工薪酬，借记“销售费用”科目，贷记“应付职工薪酬”科目。

借：销售费用

　　贷：应付职工薪酬

（2）小企业发放职工薪酬应当区分以下情况进行处理。

向职工支付工资、奖金、津贴、福利费等，从应付职工薪酬中扣除的各种款项（代垫的家属药费、个人所得税等）等，借记“应付职工薪酬”科目，贷记“库存现金”“银行存款”“其他应收款”“应交税费——应交个人所得税”

等科目。

支付工会经费和职工教育经费用于工会活动和职工培训，借记“应付职工薪酬”科目，贷记“银行存款”等科目。

按照国家有关规定缴纳社会保险费和住房公积金，借记“应付职工薪酬”科目，贷记“银行存款”科目。

以自产产品发放给职工的，按其销售价格，借记“应付职工薪酬”科目，贷记“主营业务收入”科目；同时，还应结转产成品的成本。涉及增值税销项税额的，还应进行相应的处理。

因解除与职工的劳动关系给予职工的补偿，借记“应付职工薪酬”科目，贷记“库存现金”“银行存款”等科目。

**☆案例分析**

**【例 17–52】**某小企业 2×22 年 3 月应付工资总额为 462 000 元，工资费用分配汇总表中列示的产品生产人员工资为 320 000 元，车间管理人员工资为 70 000 元，企业行政管理人员工资为 60 400 元，销售人员工资为 11 600 元。该小企业的有关会计分录如下。

| |  |  |
|---|---|---|
| 借：生产成本——基本生产成本 | 320 000 | |
| 制造费用 | 70 000 | |
| 管理费用 | 60 400 | |
| 销售费用 | 11 600 | |
| 贷：应付职工薪酬——工资 | | 462 000 |

## 17.2.9 应交税费

**☆科目释义**

企业必须按照国家规定履行纳税义务，对其经营所得依法缴纳各种税费。这些应交税费应按照权责发生制原则进行确认、计提，在尚未缴纳之前暂时留在企业，形成一项负债。企业应通过“应交税费”科目，总括反映各种税费的缴纳情况，并按照应交税费项目进行明细核算。该科目的贷方登记应缴纳的各种税费，借方登记已缴纳的各种税费，期末贷方余额，反映尚未缴纳的税费，期末如为借方余额，则反映多交或尚未抵扣的税费。

☆科目综述

“应交税费”科目核算小企业按照税法等规定计算的应缴纳的各种税费，包括增值税、消费税、企业所得税、资源税、土地增值税、城市维护建设税、房产税、土地使用税、车船税、教育费附加、矿产资源补偿费等。小企业代扣代缴的个人所得税等，也通过本科目核算。

“应交税费”科目贷方登记应交的税费，借方登记实际缴纳的税费，期末贷方余额，反映小企业尚未缴纳的税费，期末如为借方余额，则反映小企业多交或尚未抵扣的税费。

#### 17.2.9.1 应交增值税

☆科目释义

应交增值税，是指一般纳税人和小规模纳税人销售货物、提供应税服务、转让不动产等本期应缴纳的增值税。增值税暂行条例将纳税人分为一般纳税人和小规模纳税人。

☆科目综述

增值税一般纳税人应当在“应交税费”科目下设置“应交增值税”“未交增值税”“预交增值税”“待抵扣进项税额”“待认证进项税额”“待转销项税额”“增值税留抵税额”“简易计税”“转让金融商品应交增值税”“代扣代交增值税”等明细科目。

增值税一般纳税人应在“应交增值税”明细账内设置“进项税额”“销项税额抵减”“已交税金”“转出未交增值税”“减免税款”“出口抵减内销产品应纳税额”“销项税额”“出口退税”“进项税额转出”“转出多交增值税”等专栏。

小规模纳税人只需在“应交税费”科目下设置“应交增值税”明细科目，不需要设置上述专栏及除“转让金融商品应交增值税”“代扣代交增值税”以外的明细科目。

☆主要业务的账务处理

**1. 进项税额**

小企业采购物资等，按照应计入采购成本的金额，借记“在途物资”或“原材料”“库存商品”等科目；按可抵扣的增值税，借记“应交税费——应交增值税（进项税额）”科目；按照应付或实际支付的金额，贷记“应付账款”“银行存款”等科目。购入物资发生退货，做相反的会计分录。采购物资时的会计处理如图 17–17 所示。

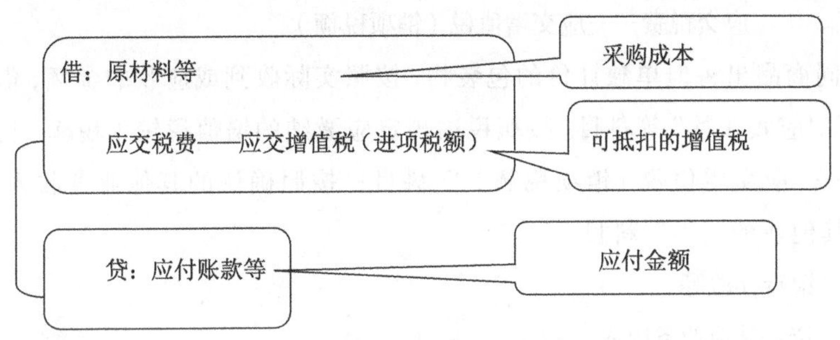


**图 17–17　采购物资时的会计处理**

购进免税农产品，按照购入农产品的买价和规定的税率计算的进项税额，借记“应交税费——应交增值税（进项税额）”科目；将买价减去按规定计算的进项税额后的差额，借记“在途物资”等科目；按照应付或实际支付的价款，贷记“应付账款”“库存现金”“银行存款”等科目。

借：应交税费——应交增值税（进项税额）

　　在途物资

　　贷：应付账款等

小企业（小规模纳税人）以及小企业（一般纳税人）购入材料等不能抵扣增值税的，发生的增值税计入材料等的成本，借记“在途物资”等科目，贷记“银行存款”等科目，不通过“应交税费——应交增值税（进项税额）”科目核算。

购进的物资、在产品、产成品因盘亏、毁损、报废、被盗，以及购进物资改变用途等原因按照税法规定不得从增值税销项税额中抵扣的进项税额，其进项税额应转入有关科目，借记“待处理财产损溢”等科目，贷记“应交税费——应交增值税（进项税额转出）”科目。

借：待处理财产损溢

　　贷：应交税费——应交增值税（进项税额转出）

## 2. 销项税额

销售商品（提供劳务），按营业收入和应收取的增值税，借记“应收账款”“银行存款”等科目；按照增值税专用发票上注明的增值税，贷记“应交税费——

应交增值税（销项税额）”科目；按确认的营业收入，贷记“主营业务收入”“其他业务收入”等科目。发生销售退回，做相反的会计分录。

借：银行存款等

　　贷：主营业务收入等

　　　　应交税费——应交增值税（销项税额）

随同商品出售但单独计价的包装物，按照实际收到或应收的金额，借记“银行存款”“应收账款”等科目；按照税法规定应缴纳的增值税销项税额，贷记“应交税费——应交增值税（销项税额）”科目；按照确认的其他业务收入金额，贷记“其他业务收入”科目。

借：银行存款等

　　贷：其他业务收入

　　　　应交税费——应交增值税（销项税额）

将自产的产品等用作福利发放给职工，应视同产品销售计算应交增值税，借记“应付职工薪酬”科目，贷记“主营业务收入”“应交税费——应交增值税（销项税额）”等科目。

借：应付职工薪酬

　　贷：主营业务收入

　　　　应交税费——应交增值税（销项税额）

**3. 出口退税**

实行“免、抵、退”管理办法的小企业，按照税法规定计算的当期出口产品不予免征、抵扣和退税的增值税，借记“主营业务成本”科目，贷记“应交税费——应交增值税（进项税额转出）”科目。按照税法规定计算的当期应予抵扣的增值税，借记“应交税费——应交增值税（出口抵减内销产品应纳税额）”科目，贷记“应交税费——应交增值税（出口退税）”科目。出口产品按照税法规定应予退回的增值税，借记“其他应收款”科目，贷记“应交税费——应交增值税（出口退税）”科目。

未实行“免、抵、退”管理办法的小企业，出口产品实现销售收入时，应当按照应收的金额，借记“应收账款”等科目；按照税法规定应收的出口退税额，借记“其他应收款”科目；按照税法规定不予退回的增值税，借记“主营业务成本”科目；按照确认的销售商品收入，贷记“主营业务收入”科目；按照税法规定应缴纳的增值税，贷记“应交税费——应交增值税（销项税额）”科目。

借：应收账款

　　其他应收款

　　主营业务成本

　　贷：主营业务收入

　　　　应交税费——应交增值税（销项税额）

**4. 缴纳税费**

缴纳的增值税，借记“应交税费——应交增值税（已交税金）”科目，贷记“银行存款”科目。

借：应交税费——应交增值税（已交税金）

　　贷：银行存款

**☆案例分析**

**【例 17-53】**某小企业 2×22 年 9 月发生的与增值税有关的经济业务如下。①销售 A 产品一批，不含税的价格为 80 000 元，增值税销项税额为 10 400 元，共计 90 400 元，款项已收到并存入银行。②补交 1 月未交增值税 2 000 元。③购进原材料一批，原价 30 000 元，增值税 3 900 元，共计 33 900 元，原材料已验收入库，货款未付。（增值税税率为 13%）

该小企业应做如下会计处理。

（1）销售产品。

| | | |
|---|---|---|
| 借：银行存款 | 90 400 | |
| 　　贷：主营业务收入 | | 80 000 |
| 　　　　应交税费——应交增值税（销项税额） | | 10 400 |

（2）补交增值税。

| | | |
|---|---|---|
| 借：应交税费——未交增值税 | 2 000 | |
| 　　贷：银行存款 | | 2 000 |

（3）购买原材料。

| | | |
|---|---|---|
| 借：原材料 | 30 000 | |
| 　　应交税费——应交增值税（进项税额） | 3 900 | |
| 　　贷：应付账款 | | 33 900 |

#### 17.2.9.2 应交消费税

**☆科目释义**

消费税，是指对特定的消费品和消费行为在特定的环节征收的流转税。具体地说，是指对从事生产、委托加工及进口应税消费品的单位和个人，就其消费品的销售额或销售数量或者销售额与销售数量相结合征收的一种流转税。

**☆科目综述**

企业按规定应交的消费税，在“应交税费”科目下设置“应交消费税”明细科目进行核算。消费税实行价内征收，企业应缴纳的消费税计入销售税金抵减产品销售收入。

**☆主要业务的账务处理**

**1. 生产销售应税消费品**

销售需要缴纳消费税的物资应交的消费税，借记“税金及附加”等科目，贷记“应交税费——应交消费税”科目。

借：税金及附加

　　贷：应交税费——应交消费税

缴纳的消费税，借记“应交税费——应交消费税”科目，贷记“银行存款”科目。

借：应交税费——应交消费税

　　贷：银行存款

**2. 自产自用应税消费品**

以生产的应税消费品用于在建工程、非生产机构等，按规定应缴纳的消费税，借记“在建工程”“营业外支出”等科目，贷记“应交税费——应交消费税”科目。

借：在建工程等

　　贷：应交税费——应交消费税

**3. 包装物的处理**

随同商品出售但单独计价的包装物，按规定应缴纳的消费税，借记“税金及附加”科目，贷记“应交税费——应交消费税”科目。出租、出借包装物逾期未收回没收的押金应交的消费税，借记“税金及附加”科目，贷记“应交税费——应交消费税”科目。

借：税金及附加

　　贷：应交税费——应交消费税

#### 4. 委托加工应税消费品

需要缴纳消费税的委托加工物资，由受托方代收代缴税款（除受托加工或翻新改制金银首饰按规定由受托方缴纳消费税外）。受托方按应交税款金额，借记“应收账款”“银行存款”等科目，贷记“应交税费——应交消费税”科目。委托加工物资收回后，直接用于销售的，将代收代缴的消费税计入委托加工物资的成本，借记“库存商品”等科目，贷记“应付账款”“银行存款”等科目；委托加工物资收回后用于连续生产应税消费品，按规定准予抵扣消费税的，按代收代缴的消费税，借记“应交税费——应交消费税”科目，贷记“应付账款”“银行存款”等科目。相关会计处理如图 17-18 所示。

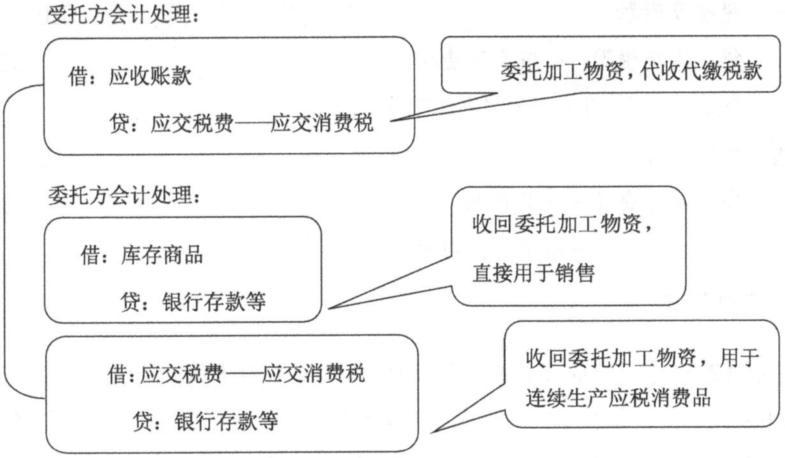

受托方会计处理：

借：应收账款

　　贷：应交税费——应交消费税

委托加工物资，代收代缴税款

委托方会计处理：

借：库存商品

　　贷：银行存款等

收回委托加工物资，直接用于销售

借：应交税费——应交消费税

　　贷：银行存款等

收回委托加工物资，用于连续生产应税消费品

**图 17-18　委托加工应税消费品的会计处理**

#### ☆案例分析

**【例 17-54】**某小企业为增值税一般纳税人，2×22 年 1 月 1 日，销售应税消费品 B 一批，售价为 3 000 元，消费税税率为 10%，该批产品成本为 2 000 元。该笔销售实现的同时，B 产品的包装袋单独以不含税价 200 元售予购货方，假定该包装袋也属于消费税应税商品，适用的消费税税率也为 10%，该批包装袋成本为 100 元。小

企业已通过银行转账收到价款 3 616 元。

1 月 10 日，该小企业在建办公楼领用成本为 1 000 元的 B 产品，该批产品的市场售价为 1 500 元。

该小企业 2×22 年 1 月 1 日应做的账务处理如下。

（1）确认收入。

借：银行存款　　3 616

　　贷：主营业务收入　　3 000

　　　　其他业务收入　　200

　　　　应交税费——应交增值税（销项税额）　　416

（2）结转成本。

借：主营业务成本　　2 000

　　贷：库存商品——B 产品　　2 000

借：其他业务成本　　100

　　贷：低值易耗品——包装物　　100

（3）涉及消费税的账务处理。

借：税金及附加　　320

　　贷：应交税费——应交消费税　　320

该小企业 1 月 10 日应做的账务处理如下。

借：在建工程　　1 150

　　贷：库存商品——B 产品　　1 000

　　　　——应交消费税　　150

**☆案例分析**

**【例 17–55】**某小企业委托 B 企业加工一批甲材料（属于应税消费品），成本为 100 000 元，支付加工费 26 000 元（不含增值税），消费税税率为 10%，甲材料加工完毕验收入库，加工费用等尚未支付。双方适用的增值税税率均为 13%。

该小企业的有关会计处理如下。

（1）发出委托加工材料。

借：委托加工物资　　100 000

　　贷：原材料——甲材料　　100 000

（2）支付加工费用。

消费税的组成计税价格 =（100 000+26 000）÷（1−10%）= 140 000（元）

（受托方）代收代缴的消费税 =140 000×10% = 14 000（元）

应纳增值税 =26 000×13%=3 380（元）

①该小企业收回加工后的材料用于继续生产应税消费品。

借：委托加工物资　　26 000

　　应交税费——应交增值税（进项税额）　　3 380

　　　　　　——应交消费税　　14 000

　　贷：应付账款——B 企业　　43 380

②该小企业收回加工后的材料直接用于销售。

借：委托加工物资　　40 000 （26 000+14 000）

　　应交税费——应交增值税（进项税额）　　3 380

　　贷：应付账款——B 企业　　43 380

（3）加工完成收回委托加工原材料。

①该小企业收回加工的材料后用于继续生产应税消费品。

借：原材料——甲材料　　126 000

　　贷：委托加工物资　　126 000

②该小企业收回加工后的材料直接用于销售。

借：原材料——甲材料　　140 000

　　贷：委托加工物资　　140 000

### 5. 金银首饰零售业务

有金银首饰零售业务的以及采用以旧换新方式销售金银首饰的小企业，在营业收入实现时，按照应交的消费税，借记“税金及附加”科目，贷记“应交税费——应交消费税”科目。有金银首饰零售业务的小企业因受托代销金银首饰按照税法规定应缴纳的消费税，借记“税金及附加”科目，贷记“应交税费——应交消费税”科目；以其他方式代销金银首饰的，其缴纳的消费税，借记“税金及附加”科目，贷记“应交税费——应交消费税”科目。

借：税金及附加

　　贷：应交税费——应交消费税

有金银首饰批发、零售业务的小企业将金银首饰用于馈赠、赞助、广告、职工福利、奖励等方面的，应于物资移送时，按照应交的消费税，借记“营业外支出”“销售费用”“应付职工薪酬”等科目，贷记“应交税费——应交消费税”科目。

借：营业外支出等

贷：应交税费——应交消费税

随同金银首饰出售但单独计价的包装物，按照税法规定应缴纳的消费税，借记“税金及附加”科目，贷记“应交税费——应交消费税”科目。

借：税金及附加

贷：应交税费——应交消费税

小企业因受托加工或翻新改制金银首饰按照税法规定应缴纳的消费税，于向委托方交货时，借记“税金及附加”科目，贷记“应交税费——应交消费税”科目。

借：税金及附加

贷：应交税费——应交消费税

**☆案例分析**

**【例 17–56】**某金银首饰商店是经过中国人民银行总行批准经营金银首饰的企业。8月发生以下销售业务。

（1）销售给经中国人民银行总行批准的经营金银首饰单位金项链一批，销售额为 2 648 000 元。

（2）销售给未经中国人民银行总行批准的经营金银首饰单位金首饰一批，销售额为 1 845 000 元。

（3）门市零售金银首饰，销售额为 3 415 800 元。

（4）销售金银首饰连同包装物，包装物金额为 314 500 元，未合并入金银首饰销售额内，作为其他业务收入。

（5）采取以旧换新方式销售金银首饰，换出金银首饰按同类品种销售价计算为 1 644 000 元，收回旧金银首饰作价 916 000 元，实际收回金额为 728 000 元。

1. 该商店 8 月应交消费税、增值税计算如下。

（1）消费税税额。

零售金银首饰应纳消费税税额 =（1 845 000+3 415 800+728 000）÷（1+13%）×5%=264 991.15（元）

包装物应纳消费税税额 =314 500÷（1+13%）×5%=13 915.93（元）

（2）增值税销项税额。

金银首饰增值税销项税额 =（2 648 000+1 845 000+3 415 800+728 000）÷

（1+13%）×13%=993 614.16（元）

包装物增值税销项税额 =314 500÷（1+13%）×13%=36 181.42（元）

2. 根据以上计算，做会计分录如下。

（1）金银首饰销售（批发、零售、以旧换新）时。

销售金银首饰的主营业务收入金额

=（2 648 000+1 845 000+3 415 800+1 644 000）÷（1+13%）

=8 453 805.31（元）

增值税销项税额 =8 453 805.31×13%=1 098 994.69（元）

记入“银行存款”科目的金额 =2 648 000+1 845 000+3 415 800+728 000=8 636 800（元）

借：银行存款　　8 636 800

　　库存商品（换回旧金银首饰金额）　　916 000

　　贷：主营业务收入　　8 453 805.31

　　　　应交税费——应交增值税（销项税额）　　1 098 994.69

（2）计提金银首饰消费税（不计算附加税）时。

应交消费税 =（1 845 000+3 415 800+728 000）÷1.13×5% ≈ 264 991.15（元）

借：税金及附加　　264 991.15

　　贷：应交税费——应交消费税　　264 991.15

（3）确认随金银首饰销售包装物收入时。

借：银行存款　　314 500

　　贷：其他业务收入　　278 318.58

　　　　应交税费——应交增值税（销项税额）　　36 181.42

（4）计提包装物收入的消费税时。

借：税金及附加　　13 915.93

　　贷：应交税费——应交消费税　　13 915.93

#### 6. 进出口应税消费品

需要缴纳消费税的进口物资，其缴纳的消费税应计入该项物资的成本，借记“材料采购”或“在途物资”“库存商品”“固定资产”等科目，贷记“银行存款”等科目。

借：材料采购等

贷：银行存款

小企业（生产性）直接出口或通过外贸企业出口的物资，按照税法规定直接予以免征消费税的，可不计算应交消费税。

#### 17.2.9.3　应交城市维护建设税和教育费附加

**☆科目释义**

城市维护建设税是为了改善和维护城市建设筹集，依据纳税人实际缴纳的增值税、消费税而征收的一种税。教育费附加是为加快发展地方教育事业，扩大地方教育经费的资金来源，依据纳税人实际缴纳的增值税、消费税而征收的一种费。

**☆主要业务的账务处理**

小企业按照税法规定应交的城市维护建设税、教育费附加，借记“税金及附加”科目，贷记“应交税费——应交城市维护建设税、应交教育费附加”科目。

借：税金及附加

　　贷：应交税费——应交城市维护建设税、应交教育费附加

缴纳的城市维护建设税和教育费附加，借记“应交税费——应交城市维护建设税、应交教育费附加”科目，贷记“银行存款”科目。

借：应交税费——应交城市维护建设税、应交教育费附加

　　贷：银行存款

#### 17.2.9.4　应交所得税

**☆科目释义**

所得税，是指国家就法人或个人的所得课征的一类税。按照纳税主体的不同，所得税分为企业所得税与个人所得税。

**☆科目综述**

企业应在“应交税费”科目下设置“应交企业所得税”和“应交个人所得税”明细科目，核算企业缴纳的企业所得税和代扣代缴的个人所得税。应纳税所得额是企业所得税的计税依据，准确计算应纳税所得额是正确计算应交企业所得税的前提。根据现行企业所得税纳税申报办法，企业应在会计利润总额的基础上，加减纳税调整额后计算出纳税调整后所得（应纳税所得额）。

☆主要业务的账务处理

（1）小企业按照税法规定应交的企业所得税，借记“所得税费用”科目，贷记“应交税费——应交企业所得税”科目。缴纳的企业所得税，借记“应交税费——应交企业所得税”科目，贷记“银行存款”科目。

①借：所得税费用

贷：应交税费——应交企业所得税

②借：应交税费——应交企业所得税

贷：银行存款

（2）小企业按照税法规定应代扣代缴的职工个人所得税，借记“应付职工薪酬”科目，贷记“应交税费——应交个人所得税”科目。缴纳的个人所得税，借记“应交税费——应交个人所得税”科目，贷记“银行存款”科目。

①借：应付职工薪酬

贷：应交税费——应交个人所得税

②借：应交税费——应交个人所得税

贷：银行存款

### 17.2.9.5 应交资源税

☆科目释义

资源税是为了调节资源开发过程中的级差收入，以自然资源为征税对象的一种税。资源税的纳税人，是指在中华人民共和国境内开采应税矿产品或生产盐的单位和个人。

☆科目综述

企业应在“应交税费”科目下设置“应交资源税”明细科目，核算企业缴纳的资源税。对外销售应税产品应缴纳的资源税应记入“税金及附加”科目；自产自用应税产品应缴纳的资源税应记入“生产成本”“制造费用”等科目。

☆主要业务的账务处理

#### 1. 销售应税产品

小企业销售产品按照税法规定应缴纳的资源税，借记“税金及附加”科目，贷记“应交税费——应交资源税”科目。

借：税金及附加

　　贷：应交税费——应交资源税

**2. 自产自用应税产品**

自产自用的产品应缴纳的资源税，借记“生产成本”科目，贷记“应交税费——应交资源税”科目。

借：生产成本

　　贷：应交税费——应交资源税

**3. 收购未税矿产品代扣代缴资源税**

收购未税矿产品，按照实际支付的价款，借记“材料采购”或“在途物资”等科目，贷记“银行存款”等科目；按照代扣代缴的资源税，借记“材料采购”或“在途物资”等科目，贷记“应交税费——应交资源税”科目。

借：材料采购等

　　贷：应交税费——应交资源税

　　　　银行存款

**4. 缴纳税款**

缴纳的资源税，借记“应交税费——应交资源税”科目，贷记“银行存款”科目。

借：应交税费——应交资源税

　　贷：银行存款

**☆案例分析**

【**例 17–57**】2×22 年 10 月，某小企业将自产的煤炭 200 吨用于产品生产，每吨应交资源税 5 元。该小企业的账务处理如下。

借：生产成本　　1 000

　　贷：应交税费——应交资源税　　1 000

### 17.2.9.6　应交土地增值税

**☆科目释义**

土地增值税是对转让国有土地使用权、地上建筑物及其附着物（以下简称“转让房地产”）并取得收入的单位和个人，就其转让房地产所取得的增值额征收的一种税。

**☆科目综述**

企业应在“应交税费”科目下设置“应交土地增值税”明细科目，核算企业缴纳的土地增值税。转让国有土地使用权、地上建筑物及其附着物并取得收入的单位和个人，均应缴纳土地增值税。土地增值税按照转让房地产所取得的增值额和规定的税率计算征收。土地增值额的计算公式为：土地增值额 = 出售房地产的总收入 – 扣除项目金额。

**☆主要业务的账务处理**

（1）小企业转让土地使用权，土地使用权与地上建筑物及其附着物一并在“固定资产”科目核算的，借记“固定资产清理”科目，贷记“应交税费——应交土地增值税”科目。

借：固定资产清理

　　贷：应交税费——应交土地增值税

（2）土地使用权在“无形资产”科目核算的，按照实际收到的金额，借记“银行存款”科目；按照应缴纳的土地增值税，贷记“应交税费——应交土地增值税”科目；按照已计提的累计摊销，借记“累计摊销”科目；按照其成本，贷记“无形资产”科目；按照其差额，贷记“营业外收入——非流动资产处置净收益”科目或借记“营业外支出——非流动资产处置净损失”科目。

借：银行存款

　　累计摊销

　　营业外支出——非流动资产处置净损失

　　贷：应交税费——应交土地增值税

　　　　无形资产

　　　　营业外收入——非流动资产处置净收益

（3）小企业（房地产开发经营）销售房地产应缴纳的土地增值税，借记“税金及附加”科目，贷记“应交税费——应交土地增值税”科目。

借：税金及附加

　　贷：应交税费——应交土地增值税

（4）缴纳的土地增值税，借记“应交税费——应交土地增值税”科目，贷记“银行存款”科目。

借：应交税费——应交土地增值税

　　贷：银行存款

**☆案例分析**

**【例 17–58】**某小企业出售土地使用权，出售收入 500 000 元已存入银行，该土地使用权的账面原价为 400 000 元，已摊销 100 000 元，出售过程中需缴纳土地增值税 50 000 元。该小企业的账务处理如下。

| | | |
|---|---|---|
| 借：银行存款 | 500 000 | |
| 　　累计摊销 | 100 000 | |
| 　　贷：无形资产 | | 400 000 |
| 　　　　应交税费——应交土地增值税 | | 50 000 |
| 　　　　营业外收入——非流动资产处置净收益 | | 150 000 |

### 17.2.9.7 应交城镇土地使用税、房产税、车船税、矿产资源补偿费、排污费

**☆科目释义**

城镇土地使用税是以城市、县城、建制镇和工矿区内使用国有和集体所有的土地为征收对象的税种，纳税人是通过行政划拨取得土地使用权的单位和个人。城镇土地使用税是按每年每平方米征收的税。

房产税，是指以房屋为征税对象，按房屋的计税余值或租金收入为计税依据，向产权所有人征收的一种财产税。

车船税，是指对在我国境内应依法到公安、交通、农业、渔业、军事等管理部门办理登记的车辆、船舶，根据其种类，按照规定的计税依据和年税额标准计算征收的一种财产税。

矿产资源补偿费是国家地矿及财政部门依据《矿产资源补偿费征收管理规定》，向采矿人征收的一种费用。目的是维护国家对矿产资源的财产权益，并促进矿产资源的勘查、合理开发和保护。

排污费是直接向排放污染物的单位和个体工商户按规定征收的排污费。

☆**科目综述**

企业应在“应交税费”科目下设置“应交城镇土地使用税”“应交房产税”“应交车船税”“应交矿产资源补偿费”“应交排污费”明细科目，核算企业应缴纳的城镇土地使用税、房产税、车船税、矿产资源补偿费、排污费。

☆**主要业务的账务处理**

（1）小企业按照规定应缴纳的城镇土地使用税、房产税、车船税、矿产资源补偿费、排污费，借记“税金及附加”科目，贷记“应交税费——应交城镇土地使用税、应交房产税、应交车船税、应交矿产资源补偿费、应交排污费”科目。

借：税金及附加

　　贷：应交税费——应交城镇土地使用税等

（2）缴纳的城镇土地使用税、房产税、车船税、矿产资源补偿费、排污费，借记“应交税费——应交城镇土地使用税、应交房产税、应交车船税、应交矿产资源补偿费、应交排污费”科目，贷记“银行存款”科目。

借：应交税费——应交城镇土地使用税等

　　贷：银行存款

#### 17.2.9.8　先征后返税费

☆**主要业务的账务处理**

小企业按照规定实行企业所得税、增值税、消费税等先征后返的，应当在实际收到返还的企业所得税、增值税（不含出口退税）、消费税等时，借记“银行存款”科目，贷记“营业外收入”科目。

借：银行存款

　　贷：营业外收入

☆**案例分析**

**【例 17-59】**万安公司于2×22年8月开业，系民政福利集体工业企业，经该省民政厅、税务局依据市民政、税务部门意见，于2×23年10月批准该企业为“民政福利企业”。取得“民政福利企业”资格后，该企业即按照国家有关规定，每月向税务部门报送各种资料，按时缴纳税款，提出退税申请。

2×23年1月该企业符合先征后返条件，1月已纳增值税164 991.82元，经主管机关组织有关人员审查研究后，同意返还该企业增值税164 991.82元，并在审批表内盖章。至此，该笔税款退税完毕。

万安公司应做如下会计处理。

借：银行存款　　164 991.82

　　贷：营业外收入　　164 991.82

## 17.2.10　长期借款

### ☆科目释义

长期借款，是指小企业向银行或其他金融机构借入的期限在1年以上的各种借款，一般用于固定资产的购建、改扩建工程、大修理工程、对外投资，以及保持长期经营能力等方面。

### ☆科目综述

为了总括地反映和监督长期借款的借入以及本息的归还情况，小企业应设置“长期借款”“银行存款”“财务费用”“应付利息”等科目。

“长期借款”科目核算小企业向银行或其他金融机构借入的期限在1年以上的各种借款本金。本科目按照借款种类、贷款人和币种进行明细核算。本科目贷方登记借款本金的增加数，借方登记借款本金的减少数，期末贷方余额，表示尚未偿还的长期借款的本金。

### ☆主要业务的账务处理

小企业借入长期借款，应按实际收到的金额，借记“银行存款”科目，贷记“长期借款”科目。在应付利息日，应当按照借款本金和借款合同利率计提利息费用，借记“财务费用”“在建工程”等科目，贷记“应付利息”科目。偿还的长期借款本金，借记“长期借款”科目，贷记“银行存款”科目。

（1）借：银行存款

　　贷：长期借款

（2）借：财务费用

　　贷：应付利息

（3）借：长期借款

　　贷：银行存款

☆**案例分析**

【**例 17-60**】2×19 年 6 月 1 日，某小企业自商业银行借入 3 年期长期借款 1 000 000 元，年利率 6%，每月 1 日支付上月利息。该小企业于 2×22 年 6 月 1 日归还了该笔借款的本息。假设不考虑其他因素。

该小企业应做如下账务处理。

（1）2×19 年 6 月 1 日，取得长期借款。

借：银行存款　　1 000 000

　　贷：长期借款　　1 000 000

（2）自 2×19 年 6 月至 2×17 年 5 月，每月月末确认借款利息。

借：财务费用　　5 000

　　贷：应付利息　　5 000

（3）自 2×19 年 7 月至 2×17 年 5 月，每月初支付借款利息。

借：应付利息　　5 000

　　贷：银行存款　　5 000

（4）2×22 年 6 月 1 日，归还借款本息。

借：长期借款　　1 000 000

　　应付利息　　5 000

　　贷：银行存款　　1 005 000

## 17.2.11　长期应付款

☆**科目释义**

长期应付款主要是指除长期借款以外的其他各种长期应付款项，包括应付融资租入固定资产的租赁费、以分期付款方式购入固定资产发生的应付款等。

☆**科目综述**

为核算除长期借款以外的其他各种长期应付款的发生与清偿等情况，小企业应设置“长期应付款”科目。

“长期应付款”科目核算小企业融资租入固定资产和以分期付款方式购入固定资产时应付的款项及偿还情况。本科目应按照长期应付款的种类和债权人进行明细核算。本科目贷方登记长期应付款的增加数，借方登记长期应付款的减少数，期末贷方余额，反映小企业应付未付的长期应付款项。

☆主要业务的账务处理

**1. 融资租入固定资产**

小企业融资租入固定资产，在租赁期开始日，按照租赁合同约定的付款总额和在签订租赁合同过程中发生的相关税费等，借记“固定资产”或“在建工程”科目，贷记“长期应付款”等科目。

借：固定资产等

　　贷：长期应付款

**2. 分期购入固定资产**

以分期付款方式购入固定资产，应当按照实际支付的购买价款和相关税费（不包括按照税法规定可抵扣的增值税进项税额），借记“固定资产”或“在建工程”科目；按照税法规定可抵扣的增值税进项税额，借记“应交税费——应交增值税（进项税额）”科目，贷记“长期应付款”科目。

借：固定资产等

　　应交税费——应交增值税（进项税额）

　　贷：长期应付款

## 17.3 所有者权益类会计科目使用规则

### 17.3.1 实收资本

☆科目释义

《企业法人登记管理条例》规定，企业申请开业，必须具备国家规定的与其生产经营和服务规模相适应的资金。投资者投入的资本可以表明所有者对企业的基本产权关系。实收资本的构成比例即投资者的出资比例或股东的股份比例，是企业据以向投资者进行利润或股利分配的主要依据。

为了反映和监督投资者投入资本的增减变动情况，小企业必须按照国家统一的会计制度的规定进行实收资本的核算，真实地反映所有者投入小企业资本的状况，维护各方所有者在小企业的权益。

☆科目综述

“实收资本”科目核算小企业（除股份有限公司以外）收到投资者按照合同或协议约定，或相关规定投入的，构成注册资本的部分。本科目应按照投资者进行明细核算。本科目的贷方登记实收资本的增加数额，借方登记实收资本的减少数额，期末贷方余额，反映企业实收资本总额。小企业如为股份有限公司，应将本科目的名称改为“股本”科目。

☆主要业务的账务处理

**1. 以现金投入**

投资者以现金投入的资本，小企业应以实际收到或者存入企业开户银行的金额，借记“银行存款”科目；按投资者应享有小企业注册资本的份额计算的金额，贷记“实收资本”科目；按其差额，贷记“资本公积——资本溢价”科目。

投资者投入的外币，合同约定汇率的，应按收到外币当日的汇率折合的记账本位币金额，借记“银行存款”等科目；按合同约定汇率折合的记账本位币金额，贷记“实收资本”科目；按其差额，借记或贷记“资本公积——外币资本折算差额”科目。合同没有约定汇率的，应按收到出资额当日的汇率折合的记账本位币金额，借记“银行存款”科目，贷记“实收资本”科目。

**2. 以非现金资产投入**

投资者以非现金资产投入的资本，应按投资各方确认的价值，借记有关资产科目；按投资者应享有小企业注册资本的份额计算的金额，贷记“实收资本”科目；按其差额，贷记“资本公积——资本溢价”科目。

企业按照法定程序报经批准减少注册资本的，借记“实收资本”科目，贷记“库存现金”“银行存款”等科目。

“实收资本”科目期末贷方余额，反映企业实收资本或股本总额。

## 17.3.2　资本公积

☆科目释义

资本公积是与企业收益无关而与资本相关的收益类项目资本公积，是指投资者或者他人投入到企业、所有权归属于投资者，并且投入金额上超过法定资本部分的资本。

☆**科目综述**

“资本公积”科目核算小企业收到投资者超过其在注册资本中所占份额的部分。本科目贷方登记资本公积的增加数，借方登记资本公积的减少数，期末贷方余额，反映小企业资本公积总额。

☆**主要业务的账务处理**

**1. 小企业设立时的账务处理**

小企业接受投资者投入的资本，借记“银行存款”“其他应收款”“固定资产”“无形资产”等科目；按照其在注册资本中所占份额，贷记“实收资本”科目（如为股份有限公司，按照股票发行面额，贷记“股本”科目）；按其差额，贷记“资本公积”科目。相关会计处理如图 17-19 所示。

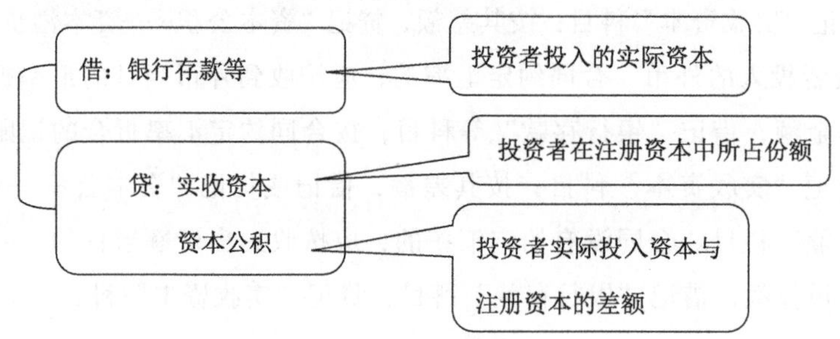


**图 17-19 企业设立时的会计处理**

**2. 小企业增减资的账务处理**

小企业接受投资者额外投入实现增资时，应按实际收到的款项或其他资产，借记“银行存款”等科目；按增加的实收资本金额，贷记“实收资本”科目；按投资者出资超过其占小企业注册资本比例的部分，贷记“资本公积——资本溢价”科目。

借：银行存款

　　贷：实收资本

　　　　资本公积——资本溢价

小企业采用资本公积或盈余公积转增资本时，应按照转增的资本金额，借记“资本公积”或“盈余公积”科目，贷记“实收资本”科目。资本公积转增资本的会计处理如图 17-20 所示。

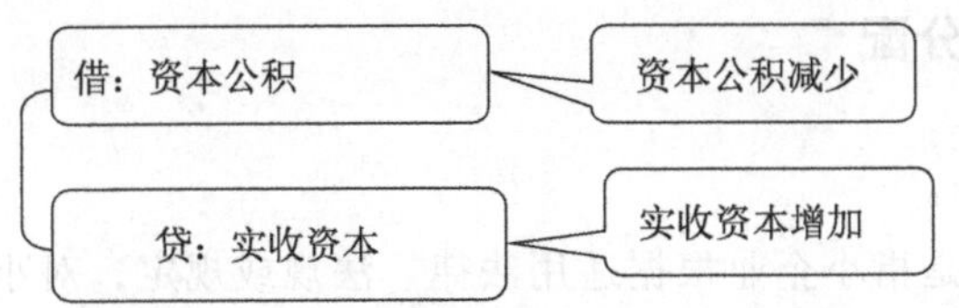


**图 17-20　资本公积转增资本的会计处理**

小企业按照法定程序报经批准减少注册资本的，应按照减资金额，借记“实收资本”科目，贷记“库存现金”“银行存款”等科目。

借：实收资本

　　贷：银行存款

☆**案例分析**

【**例 17-61**】某小企业设立时，A 股东出资 5 000 万元，占企业注册资本 1 000 万元，假定 5 000 万元投资款已全部收到。该小企业做如下账务处理。

| | | |
|---|---|---|
| 借：银行存款 | 50 000 000 | |
| 　　贷：实收资本 | | 10 000 000 |
| 　　　　资本公积 | | 40 000 000 |

## 17.3.3　本年利润

☆**科目释义**

“本年利润”科目，核算企业当期实现的净利润（或发生的净亏损）。

☆**科目综述**

“本年利润”科目登记期末收益类科目转入的金额，借方登记期末成本、费用、支出科目转入的金额，贷方登记收入、收益科目转入的金额。本科目期末余额如在借方，则表示小企业当期发生的亏损总额；余额如在贷方，则反映小企业当期实现的利润。年度终了，将本科目余额转入“利润分配——未分配利润”科目，结转后本科目应无余额。

☆**主要业务的账务处理**

企业期（月）末结转利润时，应将各损益类科目的金额转入“本年利润”科目，结平各损益类科目。结转后“本年利润”科目的贷方余额为当期实现的净利润，借方余额为当期发生的净亏损。

### 17.3.4 利润分配

☆科目释义

利润分配，是指小企业根据适用法律、法规或规定，对小企业一定期间实现的净利润进行分配。

根据《公司法》的有关规定，企业当年实现的利润总额应按国家有关税法的规定做相应的调整，然后依法缴纳所得税。缴纳所得税后，小企业的净利润可按下列顺序进行分配：弥补以前年度的亏损、提取法定盈余公积、提取任意盈余公积、向投资者分配利润。

利润分配主要涉及的会计科目有“本年利润”“利润分配”“盈余公积”等。

☆科目综述

“利润分配”科目核算小企业利润的分配（或亏损的弥补）和历年分配（或弥补）后的未分配利润（或未弥补亏损）。该科目应分别通过“提取法定盈余公积”“提取任意盈余公积”“应付现金股利或利润”“盈余公积补亏”“未分配利润”等进行明细核算。小企业未分配利润通过“利润分配——未分配利润”明细科目进行核算。年度终了，小企业应将全年实现的净利润或发生的净亏损，自“本年利润”科目转入“利润分配——未分配利润”科目，并将“利润分配”科目所属其他明细科目的余额转入“未分配利润”明细科目。结转后，“利润分配——未分配利润”科目如为贷方余额，表示累积未分配的利润数额；如为借方余额，则表示累积未弥补的亏损数额。

☆主要业务的账务处理

**1. 提取盈余公积**

企业按规定提取的盈余公积，借记“利润分配——提取法定盈余公积、提取任意盈余公积”科目，贷记“盈余公积——法定盈余公积、任意盈余公积”科目。

外商投资企业按规定提取的储备基金、企业发展基金、职工奖励及福利基金，借记“利润分配——提取储备基金、提取企业发展基金、提取职工奖励及福利基金”科目，贷记“盈余公积——储备基金、企业发展基金”“应付职工薪酬”等科目。

**2. 给股东或投资者分配现金股利或利润**

经股东大会或类似机构决议，分配给股东或投资者的现金股利或利润，借记“利润分配——应付现金股利或利润”科目，贷记“应付股利”科目。

经股东大会或类似机构决议，分配给股东的股票股利，应在办理增资手续后，借记“利润分配——转作股本的股利”科目，贷记“股本”科目。

**3. 用盈余公积弥补亏损**

用盈余公积弥补亏损，借记“盈余公积——法定盈余公积、任意盈余公积”科目，贷记“利润分配——盈余公积补亏”科目。

**4. 结转全年实现的净利润**

年度终了，企业应将全年实现的净利润，自“本年利润”科目转入“利润分配——未分配利润”科目，并将“利润分配”科目下的其他有关明细科目的余额，转入“未分配利润”明细科目。结转后，“未分配利润”明细科目的贷方余额，就是累积未分配的利润数额；如为借方余额，则表示累积未弥补的亏损数额。结转后，“利润分配”科目除“未分配利润”明细科目外，其他明细科目应无余额。

“利润分配”科目年末余额，反映企业的未分配利润（或未弥补亏损）。

**☆案例分析**

**【例 17-62】**某小企业 2×22 年年初未分配利润为 0，本年实现净利润 1 000 000 元，本年提取法定盈余公积 100 000 元，宣告发放现金股利 400 000 元。假定不考虑其他因素，该小企业的会计处理如下。

（1）结转本年利润。

借：本年利润　　1 000 000

　贷：利润分配——未分配利润　　1 000 000

（2）提取法定盈余公积、宣告发放现金股利。

借：利润分配——提取法定盈余公积　　100 000

　　　　　——应付现金股利　　400 000

　贷：盈余公积　　100 000

　　　应付股利　　400 000

同时，

借：利润分配——未分配利润　　500 000

　　贷：利润分配——提取法定盈余公积　　100 000

　　　　　　　　——应付现金股利　　400 000

## 17.3.5　盈余公积

☆**科目释义**

盈余公积，是指小企业按照规定从净利润中提取的各种积累资金。盈余公积根据其用途不同分为公益金和一般盈余公积两类。公益金专门用于公司职工福利设施的支出。一般盈余公积又分为法定盈余公积和任意盈余公积。按现行规定，公司制企业按规定比例 10% 从净利润提取法定盈余公积，达到注册资本 50% 时可不再提取。

☆**科目综述**

“盈余公积”科目核算小企业（公司制）按照法律规定在税后利润中提取的盈余公积以及外商投资小企业按照法律规定在税后利润中提取的储备基金和企业发展基金。本科目应当分别“法定盈余公积”“任意盈余公积”进行明细核算。小企业（外商投资）还应分别“储备基金”“企业发展基金”进行明细核算。小企业（中外合作经营）在合作期间归还投资者的投资，应在本科目设置“利润归还投资”明细科目进行核算。“盈余公积”科目贷方登记盈余公积增加数，借方登记盈余公积减少数，期末贷方余额，反映公司制小企业的法定公积金和任意公积金总额以及外商投资小企业的储备基金和企业发展基金总额。

☆**主要业务的账务处理**

**1. 月度终了**

（1）结转收益。

月度终了结转利润时，小企业应将“主营业务收入”“其他业务收入”“营业外收入”科目的余额，转入“本年利润”科目，借记“主营业务收入”“其他业务收入”“营业外收入”科目，贷记“本年利润”科目。收入结转的会计处理如图 17-21 所示。

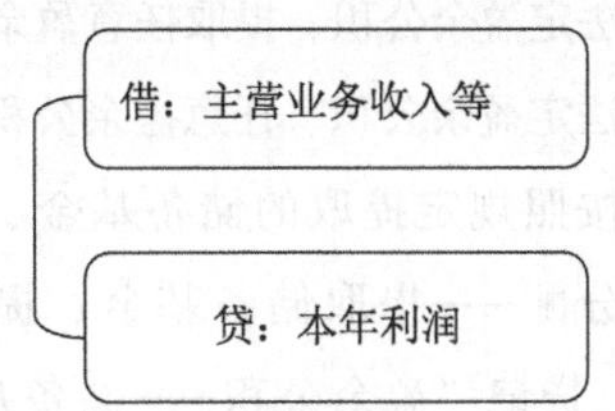


**图 17-21　收入结转的会计分录**

月度终了，应将“投资收益”科目的贷方余额，转入“本年利润”科目，借记“投资收益”科目，贷记“本年利润”科目；如为借方余额，做相反的会计分录。

借：投资收益

　　贷：本年利润

（2）结转成本。

月度终了结转利润时，小企业应将“主营业务成本”“税金及附加”“其他业务成本”“销售费用”“财务费用”“管理费用”“营业外支出”“所得税费用”科目的余额，转入“本年利润”科目，借记“本年利润”科目，贷记“主营业务成本”“税金及附加”“其他业务成本”“销售费用”“财务费用”“管理费用”“营业外支出”“所得税费用”科目。

借：本年利润

　　贷：主营业务成本等

## 2. 年度终了

（1）结转本年利润。

年度终了，应当将本年收入和支出相抵后结出的本年实现的净利润，转入“利润分配”科目，借记“本年利润”科目，贷记“利润分配——未分配利润”科目；如为净亏损，做相反的会计分录。

借：本年利润

　　贷：利润分配——未分配利润

（2）提取盈余公积。

小企业（公司制）按照法律规定提取盈余公积，借记“利润分配——提取法定盈余公积、提取任意盈余公积”科目，贷记“盈余公积——法定盈余公积、任意盈余公积”科目。

借：利润分配——提取法定盈余公积、提取任意盈余公积

　　贷：盈余公积——法定盈余公积、任意盈余公积

小企业（外商投资）按照规定提取的储备基金、企业发展基金、职工奖励及福利基金，借记“利润分配——提取储备基金、提取企业发展基金、提取职工奖励及福利基金”科目，贷记“盈余公积——储备基金、企业发展基金”“应付职工薪酬”科目。

借：利润分配——提取储备基金等

　　贷：盈余公积

（3）向投资者分配利润。

小企业根据有关规定向投资者分配利润，借记“利润分配——应付利润”科目，贷记“应付利润”科目。

借：利润分配——应付利润

　　贷：应付利润

（4）盈余公积弥补亏损或转增资本。

用盈余公积弥补亏损或者转增资本，借记“盈余公积”科目，贷记“利润分配——盈余公积补亏”或“实收资本”科目。

借：盈余公积

　　贷：利润分配——盈余公积补亏

　　　　实收资本

（5）归还投资者的投资。

小企业（中外合作经营）根据合同约定在合作期间归还投资者的投资，应当按照实际归还投资的金额，借记“实收资本——已归还投资”科目，贷记“银行存款”等科目；同时，借记“利润分配——利润归还投资”科目，贷记“盈余公积——利润归还投资”科目。

（1）借：实收资本——已归还投资

　　　　贷：银行存款

（2）借：利润分配——利润归还投资

　　　　贷：盈余公积——利润归还投资

# 17.4　损益类会计科目使用规则

## 17.4.1　主营业务收入

**☆科目释义**

主营业务收入，是指企业经常性的、主要业务所产生的基本收入，如制造业的销售产品、非成品和提供工业性劳务作业的收入，商品流通企业的销售商品收入，旅游服务业的门票收入、客户收入、餐饮收入等。主营业务收入发生时记在贷方，月末结转至本年利润，结转后一般无余额。

**☆科目综述**

“主营业务收入”科目核算小企业确认的销售商品（或提供劳务）等主营业务的收入。本科目可按主营业务的种类进行明细核算。本科目贷方登记销售商品、提供劳务等取得的收入，借方登记发生销货退回应冲减的收入。期末，应将本科目的余额转入“本年利润”科目，结转后本科目无余额。

## 17.4.2　其他业务收入

**☆科目释义**

其他业务收入，是指企业主营业务收入以外的所有销售商品、提供劳务及让渡资产使用权等日常活动中所形成的经济利益的流入，如材料物资及包装物销售、无形资产转让、固定资产出租、包装物出租、运输、废旧物资出售收入等。其他业务收入是企业从事除主营业务以外的其他业务活动所取得的收入，具有不经常发生、每笔业务金额一般较小、占收入的比重较低等特点。

**☆科目综述**

“其他业务收入”科目核算小企业确认的除主营业务活动以外的其他经营活动实现的收入，包括出租固定资产、出租无形资产、出租包装物和商品、销售材料等实现的收入。本科目可按其他业务收入种类进行明细核算。本科目贷方登记发生的其他业务收入，借方登记期末转入“本年利润”的本科目余额，期末无余额。

### 17.4.3 主营业务成本

**☆科目释义**

主营业务成本，是指企业生产和销售与主营业务有关的产品或提供服务所必须投入的直接成本，主要包括原材料、人工成本（工资）和固定资产折旧等。“主营业务成本”科目用于核算企业因销售商品、提供劳务或让渡资产使用权等日常活动而发生的实际成本。“主营业务成本”科目下应按照主营业务的种类设置明细账，进行明细核算。期末，应将“主营业务成本”科目的余额转入“本年利润”科目，结转后“主营业务成本”科目应无余额。

**☆科目综述**

“主营业务成本”科目核算小企业确认商品或提供劳务等主营业务收入应结转的成本。本科目应按主营业务的种类进行明细核算。该科目的借方登记销售各种商品、提供各种劳务等的实际成本，贷方登记销售退回商品的成本。期末将该科目余额转入“本年利润”科目，结转后该科目无余额。

### 17.4.4 其他业务成本

**☆科目释义**

其他业务成本，是指除主营业务活动以外的其他经营活动所发生的支出，包括销售材料的成本、出租固定资产的折旧额、出租无形资产的摊销额、出租包装物的成本或摊销额等。

**☆科目综述**

“其他业务成本”科目核算小企业确认的除主营业务活动以外的其他经营活动发生的支出，包括销售材料的成本、出租固定资产的折旧费、出租无形资产的摊销额等。本科目按照其他业务成本的种类进行明细核算。本科目借方登记发生的其他业务成本，贷方登记期末转入“本年利润”科目的本科目余额，结转后本科目期末无余额。

**☆主要业务的账务处理**

**1. 发生其他业务成本**

企业发生的其他业务成本，借记“其他业务成本”科目，贷记“原材料”“周转材料”“累计折旧”“累计摊销”“应付职工薪酬”“银行存款”等科目。

**2. 结转其他业务成本**

其他业务成本，在月末需要结转入“本年利润”科目，借记“本年利润”科目，贷记“其他业务成本”科目。

## 17.4.5　税金及附加

**☆科目释义**

税金及附加，用于反映企业经营主要业务应负担的消费税、城市维护建设税、资源税、土地增值税和教育费附加等。

**☆科目综述**

“税金及附加”科目核算小企业为日常活动应负担的税金及附加，包括消费税、城市维护建设税、资源税和教育费附加等。该科目借方登记按照规定计算出的企业应负担的税金及附加，贷方登记已缴纳的税款。期末将该科目余额转入“本年利润”科目，结转后一般无余额。

**☆主要业务的账务处理**

由于“主营业务收入”“主营业务成本”“营业外收入”“营业外支出”“税金及附加”等几个科目都是联合使用的，在这里，将以上几个科目的主要业务的账务处理，放在一起，一并说明。

**1. 一般销售商品业务**

小企业对外销售商品，如属于小企业的主营业务，所实现的收入应作为主营业务收入处理，结转的相关成本应作为主营业务成本处理；如属于主营业务以外的其他经营活动，所实现的收入应作为其他业务收入处理，结转的相关成本应作为其他业务成本处理。

确认销售商品收入时，小企业应按实际收到或应收的金额，借记“银行存款”“应收账款”“应收票据”等科目；按照税法规定应缴纳的增值税，贷记“应交税费——应交增值税（销项税额）”科目；按照确认的销售商品收入，贷记“主营业务收入”“其他业务收入”等科目。同时，在资产负债表日，按照已销商品、已提供的各种劳务的实际成本，借记“主营业务成本”“其他业务成本”科目，贷记“库存商品”“劳务成本”等科目；按应缴纳的消费税、资源税、城市维护建设税、教育费附加等税费金额，借记“税金及附加”科目，贷记“应交税费——应交消费税、应交资源税、应交城市维护建设税”等科目。

（1）借：银行存款等

　　　贷：应交税费——应交增值税（销项税额）

　　　　　主营业务收入等

（2）借：主营业务成本等

　　　贷：库存商品等

（3）借：税金及附加

　　　贷：应交税费——应交消费税等

**☆案例分析**

**【例 17-63】**某小企业为改良产品 A，决定采用新材料生产 A，于 2×22 年 5 月 9 日向甲公司销售一批原有材料，开出的增值税专用发票上注明的售价为 10 000 元，增值税税额为 1 300 元，款项已由银行收妥。该批材料的实际成本为 8 000 元。该小企业应做如下会计处理。

（1）确认销售收入。

| | | |
|---|---|---|
| 借：银行存款 | 11 300 | |
| 　贷：其他业务收入 | | 10 000 |
| 　　　应交税费——应交增值税（销项税额） | | 1 300 |

（2）结转成本。

| | | |
|---|---|---|
| 借：其他业务成本 | 8 000 | |
| 　贷：原材料 | | 8 000 |

**2. 销售折扣**

销售折扣，是指小企业为推销产品或及早收回货款而给予购货方的一定的价款减让，包括现金折扣和商业折扣。现金折扣，是指债权人为鼓励债务人在规定的期限内付款而向债务人提供的债务扣除。商业折扣，是指小企业为促进商品销售而在商品标价上给予的价格扣除。

销售商品涉及现金折扣的，应当按照扣除现金折扣前的金额确定销售商品收入。现金折扣应当在实际发生时，记入“财务费用”科目。销售商品涉及商业折扣的，应当按照扣除商业折扣后的金额确定销售商品收入。

**☆案例分析**

**【例 17-64】**2×22 年 6 月 3 日，某小企业向乙公司销售库存商品一批，售价 100 000 元（不含增值税），成本 60 000 元，该小企业给予乙公司 10% 的商业折扣，并提供以下条件的现金折扣：2/10，1/20，*N*/30。6 月 3 日，该小企业发出商品。6 月 17 日，乙公司交付货款。该小企业应做如下会计处理。

（1）6 月 3 日，确认销售收入，同时结转成本。

借：应收账款　　101 700

　　贷：主营业务收入　　[100 000×（1−10%）]　　90 000

　　　　应交税费——应交增值税（销项税额）（90 000×13%）　　11 700

借：主营业务成本　　60 000

　　贷：库存商品　　60 000

（2）6 月 17 日，收到货款。

借：银行存款　　100 683

　　财务费用　　（101 700×1%）　　1 017

　　贷：应收账款　　101 700

**3. 销售退回和销售折让**

销售退回，是指小企业售出的商品由于质量、品种不符合要求等原因发生的退货。销售折让，是指小企业因售出商品的质量不合格等原因而在售价上给予的减让。

小企业已经确认销售商品收入的售出商品发生销售退回（不论是属于本年度还是属于以前年度销售的），应当在发生时冲减当期销售收入；未确认销售商品收入的售出商品发生销售退回，应调整库存商品。小企业已经确认销售商品收入的售出商品发生的销售折让，应当在发生时冲减当期销售商品收入；未确认销售收入的售出商品发生的销售折让，按照折让后的售价确认收入。

小企业已确认收入的售出商品发生销售退回，借记“主营业务收入”等科目，贷记“银行存款”“应收账款”等科目，并红字贷记“应交税费——应交增值税（销项税额）”科目；如已经结转销售成本，同时应冲减主营业务成本，借记“库存商品”科目，贷记“主营业务成本”等科目。小企业已确认收入的售出商品发生销售折让时，借记“主营业务收入”等科目，贷记“银行存款”“应收账款”等科目，并红字贷记“应交税费——应交增值税（销项税额）”科目。

（1）借：主营业务收入

贷：银行存款等

应交税费——应交增值税（销项税额）（红字）

（2）借：库存商品

贷：主营业务成本

**☆案例分析**

【例17-65】2×22年5月25日，某小企业销售给丙公司500件商品，不含增值税售价为200元/件，成本为160元/件。6月3日，丙公司提出商品质量存在问题，经双方协商，该小企业同意给予3 000元折让，丙公司尚未支付货款。该小企业应做如下会计处理。

（1）5月25日，实现销售时。

借：应收账款　113 000

贷：主营业务收入　100 000

应交税费——应交增值税（销项税额）　13 000

借：主营业务成本　80 000

贷：库存商品　80 000

（2）6月3日，发生销售折让时。

借：主营业务收入　3 000

贷：应收账款　3 390

应交税费——应交增值税（销项税额）　[390]

**4. 劳务的开始和完成分属同一会计期间**

同一会计期间内开始并完成的劳务，应当在提供劳务交易完成且收到款项或取得收款权利时，确认主营业务收入或其他业务收入。主营业务收入或其他业务收入的金额通常为从接受劳务方已收或应收的合同或协议价款。

对外提供劳务，确认收入时，小企业应按照合同约定的价款和工程进度，借记“银行存款”“预收账款”“应收账款”等科目，贷记“主营业务收入”或“其他业务收入”科目，并贷记“应交税费——应交增值税（销项税额）”科目。小企业对外提供劳务发生的支出一般通过“劳务成本”科目予以归集，待确认为费用时，从“劳务成本”科目转入“主营业务成本”或“其他业务成本”

科目。

借：银行存款等

贷：主营业务收入等

应交税费——应交增值税（销项税额）

**5. 劳务的开始和完成分属不同会计期间**

劳务的开始和完成分属不同会计期间的，可以按完工进度或完成的工作量确认主营业务收入或其他业务收入。资产负债表日，按照提供劳务收入总额乘以完工进度扣除以前会计期间累计已确认提供劳务收入后的金额，确认主营业务收入或其他业务收入；同时，按照提供劳务估计总成本乘以完工进度扣除以前会计期间累计已确认劳务成本后的金额，结转主营业务成本或其他业务成本。

小企业确定提供劳务交易的完工进度，可以选用下列方法。

①已完工作的测量。这是一种比较专业的测量方法，由专业测量师对已经提供的劳务进行测量，并按一定方法计算确定提供劳务交易的完工程度。

②已经提供的劳务占应提供劳务总量的比例。这种方法主要以劳务量为标准确定提供劳务交易的完工程度。

③已经发生的成本占估计总成本的比例。这种方法主要以成本为标准确定提供劳务交易的完工程度。只有反映已提供劳务的成本才能包括在已经发生的成本中，只有反映已提供或将提供劳务的成本才能包括在估计总成本中。

在采用完工百分比法确认提供劳务收入的情况下，发生劳务成本时，借记“劳务成本”科目，贷记“应付职工薪酬”等科目。企业应按计算确定的提供劳务收入金额，借记“应收账款”“银行存款”等科目，贷记“主营业务收入”科目。结转提供劳务成本时，借记“主营业务成本”科目，贷记“劳务成本”科目。

（1）借：劳务成本

贷：应付职工薪酬

（2）借：应收账款等

贷：主营业务收入

（3）借：主营业务成本

贷：劳务成本

☆**案例分析**

**【例 17-66】**2×22 年 12 月 5 日，某小企业接受一项设备安装任务，安装期为 2 个月，合同总收入 100 000 元，预收安装费 60 000 元。至 12 月 31 日，实际发生安装费用 56 000 元（假定均为安装人员薪酬），估计完成安装任务还需要发生的安装费用为 24 000 元。假定该小企业按实际发生的成本占估计总成本的比例确定劳务的完工进度。该小企业应做如下会计处理。

实际发生的成本占估计总成本的比例 =56 000÷（56 000+24 000）×100%=70%

2×22 年 12 月 31 日确认的劳务收入 =100 000×70%=70 000（元）

2×22 年 12 月 31 日确认的费用 =（56 000+24 000）×70%=56 000（元）

（1）预收安装费。

借：银行存款　　60 000

　　贷：预收账款　　60 000

（2）支付安装工人工资。

借：劳务成本　　56 000

　　贷：应付职工薪酬　　56 000

（3）2×22 年 12 月 31 日确认提供劳务收入并结转劳务成本。

借：预收账款　　70 000

　　贷：主营业务收入　　70 000

借：主营业务成本　　56 000

　　贷：劳务成本　　56 000

### 6. 同时销售商品和提供劳务交易

小企业与其他企业签订的合同或协议包括销售商品和提供劳务时，销售商品部分和提供劳务部分能够区分且能够单独计量的，应当将销售商品的部分作为销售商品处理，将提供劳务的部分作为提供劳务处理。

销售商品部分和提供劳务部分不能够区分，或虽能区分但不能够单独计量的，应当作为销售商品处理。

☆**案例分析**

**【例 17-67】**2×22 年 6 月 5 日，某小企业向丁公司销售一台生产设备并负责安装，设备含税价款 113 000 元，另单独收取安装费 12 000 元。电梯的成本为

78 000 元。电梯安装过程中发生安装费 8 000 元，均为安装人员薪酬。6 月 12 日，设备已经安装完成并经验收合格，款项尚未收到。假设销售与安装均是该小企业的主营业务。

1. 若安装工作与生产设备销售单独计价。该小企业的账务处理如下。

（1）设备销售实现时。

借：应收账款　　113 000

　　贷：主营业务收入　　100 000

　　　　应交税费——应交增值税（销项税额）　　13 000

借：主营业务成本　　78 000

　　贷：库存商品　　78 000

（2）发生安装费用时。

借：劳务成本　　8 000

　　贷：应付职工薪酬　　8 000

（3）确认安装费收入 12 000 元并结转安装成本 8 000 元时。

借：应收账款　　12 000

　　贷：主营业务收入　　12 000

借：主营业务成本　　8 000

　　贷：劳务成本　　8 000

2. 若安装工作是销售合同的重要组成部分。该小企业的账务处理如下。

（1）支付安装费用。

借：劳务成本　　8 000

　　贷：应付职工薪酬　　8 000

（2）设备安装检验完毕时，确认设备销售收入。

借：应收账款　　113 000

　　贷：主营业务收入　　100 000

　　　　应交税费——应交增值税（销项税额）　　13 000

借：主营业务成本　　78 000

　　贷：库存商品　　78 000

（3）确认安装费收入 12 000 元并结转安装成本 8 000 元时。

借：应收账款　　13 560

　　贷：主营业务收入　　12 000

　　应交税费——应交增值税（销项税额）　　1 560
借：主营业务成本　　8 000
　　贷：劳务成本　　8 000

## 17.4.6 销售费用

**☆科目释义**

销售费用是企业在销售产品、自制半成品和提供劳务等过程中发生的费用，包括由企业负担的包装费、运输费、广告费、装卸费、保险费、委托代销手续费、展览费、租赁费（不含融资租赁费）和销售服务费、销售部门人员工资、职工福利费、差旅费、办公费、折旧费、修理费、物料消耗、低值易耗品摊销以及其他经费等。差旅费、低值易耗品摊销包括在管理费用里面。

**☆科目综述**

“销售费用”科目核算小企业销售费用的发生和结转情况。本科目应按销售费用的费用项目进行明细核算。本科目借方登记企业所发生的各项销售费用，贷方登记期末转入“本年利润”科目的销售费用，结转后本科目期末无余额。

**☆主要业务的账务处理**

小企业在销售商品或提供劳务过程中发生销售人员的职工薪酬、保险费、包装费、商品维修费、运输费、装卸费、广告费、业务宣传费、展览费等费用时，借记“销售费用”科目，贷记“银行存款”“库存现金”等科目。

借：销售费用
　　贷：银行存款等

小企业（批发业、零售业）在购买商品的过程中发生的运输费、装卸费、包装费、保险费、运输途中的合理损耗和入库前的挑选整理费等，借记“销售费用”科目，贷记“银行存款”“应付账款”等科目。

借：销售费用
　　贷：银行存款等

月末，结转余额，借记“本年利润”科目，贷记“销售费用”科目。

借：本年利润
　　贷：销售费用

☆**案例分析**

【**例 17-68**】某小企业销售部 2×22 年 1 月共发生费用 220 000 元，其中，销售人员薪酬 100 000 元，广告费 50 000 元，展览费 20 000 元，业务宣传费 50 000 元。款项均用银行存款支付。会计分录如下。

借：销售费用　　220 000
　　贷：应付职工薪酬　　100 000
　　　　银行存款　　120 000

### 17.4.7　管理费用

☆**科目释义**

管理费用，是指企业行政管理部门为组织和管理生产经营活动而发生的各项费用。管理费用属于期间费用，在发生的当期计入当期损益。

☆**科目综述**

“管理费用”科目核算小企业管理费用的发生和结转情况。本科目应按管理费用的费用项目进行明细核算。本科目借方登记企业发生的各项管理费用，贷方登记期末转入“本年利润”科目的管理费用，结转后本科目期末无余额。小企业（批发业、零售业）管理费用不多的，可以不设置本科目，本科目的核算内容可并入“销售费用”科目核算。

☆**主要业务的账务处理**

小企业在筹建期间内发生的开办费（包括相关人员的职工薪酬、办公费、培训费、差旅费、印刷费、注册登记费以及不计入固定资产成本的借款费用等），在实际发生时，借记“管理费用”科目，贷记“银行存款”等科目。

借：管理费用
　　贷：银行存款

行政管理部门人员的职工薪酬，借记“管理费用”科目，贷记“应付职工薪酬”科目。行政管理部门计提的累计折旧，借记“管理费用”科目，贷记“累计折旧”“银行存款”等科目。行政管理部门发生的办公费、水电费、业务招待费、聘请中介机构费、咨询费、诉讼费、技术转让费、排污费、固定资产修理费等，借记“管理费用”科目，贷记“银行存款”等科目。

（1）借：管理费用

贷：应付职工薪酬

（2）借：管理费用

贷：累计折旧等

（3）借：管理费用

贷：银行存款

小企业发生的相关长期待摊费用摊销，借记“管理费用”科目，贷记“长期待摊费用”科目。小企业自行研究无形资产发生的研究费用，借记“管理费用”科目，贷记“研发支出”科目。

（1）借：管理费用

贷：长期待摊费用

（2）借：管理费用

贷：研发支出

小企业期末结转“管理费用”科目余额，借记“本年利润”科目，贷记“管理费用”科目。

借：本年利润

贷：管理费用

☆**案例分析**

【**例 17-69**】某小企业管理部门2×22年1月共发生费用215 000元，其中，行政人员薪酬150 000元，行政部专用办公设备折旧费45 000元，固定资产修理费12 000元，办公费2 000元，水电费6 000元。其中，固定资产修理费、水电费和办公费已用银行存款转账支付。该小企业的会计处理如下。

| | | |
|---|---|---|
| 借：管理费用 | 215 000 | |
| 贷：应付职工薪酬 | | 150 000 |
| 累计折旧 | | 45 000 |
| 银行存款 | | 20 000 |

### 17.4.8 财务费用

☆**科目释义**

财务费用，指企业在生产经营过程中为筹集资金而发生的各项费用。财务费用包括企业生产经营期间发生的利息支出（减利息收入）、汇兑净损失（有的企业如商品流通企业、保险企业进行单独核算，不包括在财务费用中）、金融机构手续费，以及筹资发生的其他财务费用，如债券印刷费、国外借款担保费等。企业筹建期间发生的利息支出，应计入开办费；与购建固定资产或者无形资产有关的，在资产尚未交付使用或者虽已交付使用但尚未办理竣工决算之前的利息支出，计入购建资产的价值；清算期间发生的利息支出，计入清算损益。

**☆科目综述**

“财务费用”科目核算小企业财务费用的发生和结转情况。本科目应按财务费用的费用项目进行明细核算。本科目借方登记企业发生的各项财务费用，贷方登记期末结转入“本年利润”科目的财务费用，结转后本科目期末无余额。

**☆主要业务的账务处理**

小企业发生的利息费用、汇兑损失、银行相关手续费、小企业给予的现金折扣等财务费用，借记“财务费用”科目，贷记“银行存款”“应付利息”等科目。

借：财务费用

　　贷：银行存款等

发生的应冲减财务费用的利息收入、享受的现金折扣等，借记“银行存款”等科目，贷记“财务费用”科目。

借：银行存款

　　贷：财务费用

### 17.4.9　投资收益

**☆科目释义**

投资收益，是对外投资所取得的利润、股利和债券利息等收入减去投资损失后的净收益。严格地讲，所谓投资收益，是指以项目为源泉的货币收入等，它既包括项目的销售收入又包括资产回收（即项目寿命期末回收的固定资产和流动资金）的价值。

**☆科目综述**

投资收益，由小企业股权投资取得的现金股利（或利润）、债券投资取得的利息收入，以及处置股权投资和债券投资取得的处置价款扣除成本或账面余额、相关税费后的净额 3 部分构成。

“投资收益”科目核算小企业确认的投资收益或投资损失。本科目可按投资项目进行明细核算。本科目贷方登记应收的股利、利息以及处置债券或股票取得的收益，借方登记处置债券或股票发生的损失，期末将本科目余额转入“本年利润”科目，结转后本科目无余额。

**☆主要业务的账务处理**

对于短期股票投资、短期基金投资和长期股权投资，小企业应当按照投资单位宣告发放的现金股利或利润中属于本企业的部分，借记“应收股利”科目，贷记“投资收益”科目。

借：应收股利

贷：投资收益

小企业在持有短期债券投资和长期债券投资期间，在债务人应付利息日，按照分期付息、一次还本的长期债券投资或短期债券投资的票面利率计算的利息收入，借记“应收利息”科目，贷记“投资收益”科目；按照一次还本付息的长期债券投资票面利率计算的利息收入，借记“长期债券投资——应计利息”科目，贷记“投资收益”科目。

（1）借：应收利息

贷：投资收益

（2）借：长期债券投资——应计利息

贷：投资收益

小企业出售短期投资、处置长期股权投资和长期债券投资，应当按照实际收到的价款或收回的金额，借记“银行存款”或“库存现金”科目；按该项短期投资、长期股权投资或长期债券投资的账面余额，贷记“短期投资”“长期股权投资”“长期债券投资”科目；按照尚未领取的现金股利或利润、债券利息，贷记“应收股利”“应收利息”科目；按照其差额，贷记或借记“投资收益”科目。出售长期股权投资的会计处理如图 17-22 所示。

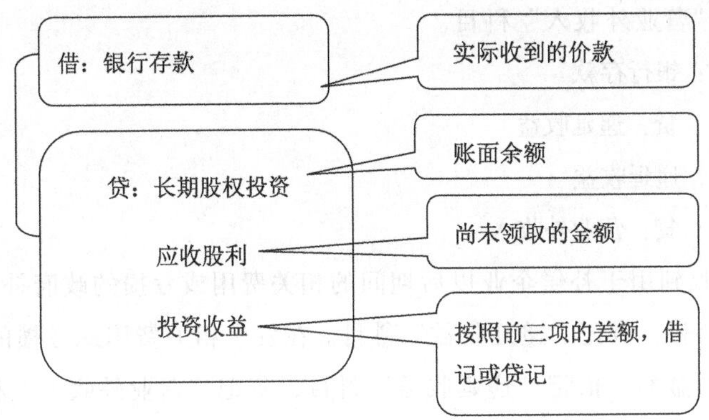


**图 17-22　出售长期股权投资的会计处理**

## 17.4.10　营业外收入

**☆科目释义**

营业外收入，是指小企业非日常生产经营活动形成的、应当计入当期损益、会导致所有者权益增加、与所有者投入资本无关的经济利益的净流入。小企业的营业外收入包括：非流动资产处置净收益、政府补助、捐赠收益、盘盈收益、汇兑收益、出租包装物和商品的租金收入、逾期未退包装物押金收益、确实无法偿付的应付款项、已做坏账损失处理后又收回的应收款项、违约金收益等。

**☆科目综述**

“营业外收入”科目核算小企业营业外收入的取得及结转情况。本科目应按照营业外收入的项目进行明细核算。本科目贷方登记企业确认的各项营业外收入，借方登记期末结转入“本年利润”的本科目余额，结转后本科目无余额。

**☆主要业务的账务处理**

**1. 非流动资产处置收益**

小企业确认非流动资产处置收益，比照“固定资产清理”等科目的相关规定进行处理。

**2. 政府补助收入**

小企业收到与资产有关的政府补助，借记“银行存款”等科目，贷记“递延收益”科目。在相关资产的使用寿命内平均分配递延收益时，借记“递延收益”

科目，贷记“营业外收入”科目。

（1）借：银行存款

贷：递延收益

（2）借：递延收益

贷：营业外收入

小企业收到用于补偿企业以后期间的相关费用或亏损的政府补助，借记“银行存款”等科目，贷记“递延收益”科目。在发生相关费用或亏损的未来期间，按照应补偿的金额，借记“递延收益”科目，贷记“营业外收入”科目。

（1）借：银行存款

贷：递延收益

（2）借：递延收益

贷：营业外收入

小企业收到用于补偿企业已发生的相关费用或亏损的政府补助，借记“银行存款”等科目，贷记“营业外收入”科目。

借：银行存款

贷：营业外收入

**☆案例分析**

**【例 17–70】**某小企业现有一台设备由于性能等原因决定提前报废，原价为 500 000 元，已计提折旧 450 000 元。报废时的残值变价收入为 73 500 元，报废清理过程中发生的清理费用为 3 500 元。有关收入、支出均通过银行存款办理结算，不考虑相关的税费。该小企业应编制的分录如下。

（1）将报废固定资产转入清理。

| | | |
|---|---|---|
| 借：固定资产清理 | 50 000 | |
| 　　累计折旧 | 450 000 | |
| 　　贷：固定资产 | | 500 000 |

（2）收回残值收入。

| | | |
|---|---|---|
| 借：银行存款 | 73 500 | |
| 　　贷：固定资产清理 | | 73 500 |

（3）支付清理费用。

| | | |
|---|---|---|
| 借：固定资产清理 | 3 500 | |
| 　　贷：银行存款 | | 3 500 |

（4）确认报废净收益。

应确认报废净收益 =73 500-50 000-3 500=20 000（元）

借：固定资产清理　　　　　　　　　　　　　　　　　20 000

　　贷：营业外收入　　　　　　　　　　　　　　　　　20 000

☆**案例分析**

**【例 17-71】**假设某小企业为一家储备粮企业，2×22 年实际粮食储备量 1 亿千克。根据国家有关规定，财政部门按照企业的实际储备量每季度给予每千克 0.039 元的粮食保管费补贴，于每个季度初支付。该小企业的会计处理如下。

（1）第 1 月、4 月、7 月、10 月初，收到财政拨付的补贴款时。

借：银行存款　　　　　　　　　　　　　　　　3 900 000

　　贷：递延收益　　　　　　　　　　　　　　　　3 900 000

（2）1~12 月，将每月补偿的补贴计入当期损益。

每月应确认的营业外收入 =0.039×100 000 000÷3=1 300 000（元）

借：递延收益　　　　　　　　　　　　　　　　1 300 000

　　贷：营业外收入　　　　　　　　　　　　　　　1 300 000

### 3. 税收先征后返

小企业按照规定实行企业所得税、增值税（不含出口退税）、消费税等先征后返的，在实际收到返还的税款时，借记“银行存款”科目，贷记“营业外收入”科目。

借：银行存款

　　贷：营业外收入

### 4. 捐赠收益

小企业确认的捐赠收益，借记“银行存款”“固定资产”等科目，贷记“营业外收入”科目。

借：银行存款等

　　贷：营业外收入

**5. 盘盈收益**

小企业确认的盘盈收益，借记“待处理财产损溢——待处理流动资产损溢、待处理非流动资产损溢”科目，贷记“营业外收入”科目。

借：待处理财产损溢

　　贷：营业外收入

**☆案例分析**

**【例 17–72】**2×22 年 6 月，某小企业清查盘点，发现盘盈原材料 500 千克，原材料的成本为 60 元 / 千克。该小企业应编制如下的会计分录。

（1）发现盘盈原材料时。

| | | |
|---|---|---|
| 借：原材料 | 30 000 | |
| 　　贷：待处理财产损溢——待处理流动资产损溢 | | 30 000 |

（2）查明原因后。

| | | |
|---|---|---|
| 借：待处理财产损溢——待处理流动资产损溢 | 30 000 | |
| 　　贷：营业外收入 | | 30 000 |

**6. 汇兑收益**

小企业确认的汇兑收益，借记有关科目，贷记“营业外收入”科目。

**7. 其他收益**

小企业确认的出租包装物和商品的租金收入、逾期未退包装物押金收益、确实无法偿付的应付款项、违约金收益、已做坏账损失处理后又收回的应收款项等，借记“其他应收款”“应付账款”“其他应付款”“银行存款”等科目，贷记“营业外收入”科目。

借：其他应收款等

　　贷：营业外收入

**8. 期末结转**

期末，应将“营业外收入”科目余额转入“本年利润”科目，借记“营业外收入”科目，贷记“本年利润”科目。

借：营业外收入

　　贷：本年利润

## 17.4.11 递延收益

### ☆科目释义

递延收益，是指尚待确认的收入或收益，也可以说是暂时未确认的收益，它是权责发生制在收益确认上的运用。

### ☆科目综述

“递延收益”科目核算小企业已经收到、应在以后期间计入损益的政府补助。本科目按照相关项目进行明细核算。本科目贷方登记收到的政府补助的金额，借方登记未来期间应分配或应补偿的金额，期末贷方余额，反映小企业已经收到，但在以后期间计入损益的政府补助。

### ☆主要业务的账务处理

#### 1. 与资产相关的政府补助

与资产相关的政府补助，应当分别下列情况处理。

（1）企业与资产相关的政府补助，按应收或收到的金额，借记“其他应收款”“银行存款”科目，贷记“递延收益”科目。

（2）在相关的资产的使用寿命内分摊递延收益时，借记“递延收益”科目，贷记“营业外收入”科目。

（3）按照名义金额计量的政府补助，直接计入当期损益（营业外收入）。

#### 2. 与收益相关的政府补助

与收益相关的政府补助，应当分别下列情况处理。

（1）与收益相关的政府补助，按应收或收到的金额，借记“其他应收款”“银行存款”等科目，贷记“递延收益”科目。

（2）在以后期间确认相关费用时，按应予以补偿的金额，借记“递延收益”科目，贷记“营业外收入”科目；用于补偿已发生的相关费用或损失的，借记“递延收益”科目，贷记“营业外收入”科目。

有些情况下，企业可能不容易分清与收益相关的政府补助是用于补偿已发生费用，还是用于补偿以后将发生的费用。根据重要性原则，企业通常可以将与收益相关的政府补助直接计入当期营业外收入，对于金额较大的补助，可以分期计入营业外收入。

**3. 返还政府补助时的处理**

返还政府补助时，按应返还的金额，借记“递延收益”“营业外收入”科目，贷记“其他应收款”“银行存款”等科目。

“递延收益”科目期末贷方余额，反映企业应在以后期间计入当期损益的政府补助金额。

## 17.4.12 营业外支出

**☆科目释义**

营业外支出，是指不属于企业生产经营费用，与企业生产经营活动没有直接关系，但应从企业实现的利润总额中扣除的支出，包括固定资产盘亏、报废、毁损和出售的净损失，非季节性和非修理性期间的停工损失，职工子弟学校经费和技工学校经费，以及非常损失、公益救济性的捐赠、赔偿金、违约金等。

**☆科目综述**

“营业外支出”科目核算小企业营业外支出的发生及结转情况。本科目应按照营业外支出的项目进行明细核算。本科目借方登记企业发生的各项营业外支出，贷方登记期末结转入“本年利润”科目的本科目余额，结转后本科目无余额。

**☆主要业务的账务处理**

（1）小企业确认的存货的盘亏、毁损、报废损失，非流动资产处置净损失，自然灾害等不可抗力因素造成的损失，借记“营业外支出”“累计摊销”等科目，贷记“待处理财产损溢——待处理流动资产损溢、待处理非流动资产损溢”“固定资产清理”“无形资产”等科目。

借：营业外支出等

　　贷：固定资产清理等

（2）小企业会计准则规定确认实际发生的坏账损失、长期债券投资损失、长期股权投资损失，应当按照可收回的金额，借记“银行存款”等科目；按照应收账款、预付账款、其他应收款、长期债券投资、长期股权投资的账面余额，贷记“应收账款”“预付账款”“其他应收款”“长期债券投资”“长期股权投资”等科目；按照其差额，借记“营业外支出”科目。

借：银行存款

营业外支出

贷：应收账款等

（3）小企业支付的税收滞纳金、罚金、罚款，以及确认的被没收财物损失、捐赠支出、赞助支出，借记“营业外支出”科目，贷记“银行存款”等科目。

借：营业外支出

贷：银行存款

（4）期末，应将“营业外支出”科目余额结转入“本年利润”科目，借记“本年利润”科目，贷记“营业外支出”科目。

借：本年利润

贷：营业外支出

☆**案例分析**

【**例 17-73**】某小企业将其拥有的一项非专利技术出售，取得价款 900 000 元，应交的增值税为 54 000 元。该非专利技术的账面余额为 1 000 000 元，累计摊销额为 100 000 元，未计提减值准备。该小企业应做如下会计处理。

| | | |
|---|---|---|
| 借：银行存款 | 900 000 | |
| 累计摊销 | 100 000 | |
| 营业外支出 | 54 000 | |
| 贷：无形资产 | | 1 000 000 |
| 应交税费——应交增值税（销项税额） | | 54 000 |

## 17.4.13 所得税费用

☆**科目释义**

“所得税费用”科目，核算企业负担的企业所得税，是损益类科目。“所得税费用”科目余额一般不等于当期应交企业所得税，因为可能存在暂时性差异。如果只有永久性差异，则“所得税费用”科目余额等于当期应交企业所得税。

☆**科目综述**

“所得税费用”科目核算小企业根据税法规定确认的应从当期利润总额中扣除的所得税费用。本科目借方登记当期应纳税额，贷方登记期末结转入“本年利润”科目的本科目余额，结转后本科目无余额。

☆**主要业务的账务处理**

年度终了，小企业应当按照税法规定计算的当期应缴纳的企业所得税金额，确认所得税费用。

小企业应当在利润总额的基础上，按照税法规定进行适当纳税调整，计算出当期应纳税所得额，按照应纳税所得额与适用企业所得税税率计算确定当期应交企业所得税金额。根据当期应交企业所得税金额，借记“所得税费用”科目，贷记“应交税费——应交企业所得税”科目。

借：所得税费用

　　贷：应交税费——应交企业所得税

☆**案例分析**

**【例 17-74】**某小企业 2×22 年按小企业会计准则计算的税前会计利润为 19 800 000 元，企业所得税税率为 25%。该小企业全年实发工资 2 000 000 元，职工福利费 300 000 元，工会经费 50 000 元，职工教育经费 100 000 元。经查，该小企业当年营业外支出中有 120 000 元为税款滞纳罚金。假定该小企业全年无其他纳税调整因素。

本例中，按税法规定，该小企业在计算当期应纳税所得额时，可以扣除工资、薪金支出 2 000 000 元，职工福利费支出 280 000 （2 000 000×14%）元，工会经费支出 40 000（2 000 000×2%）元，职工教育经费支出 50 000（2 000 000×2.5%）元。该小企业当期企业所得税的计算如下。

纳税调整数＝（300 000-280 000）＋（50 000-40 000）＋（100 000-50 000）＋120 000=200 000（元）

应纳税所得额 =19 800 000+200 000=20 000 000（元）

当期应交企业所得税 =20 000 000×25%=5 000 000（元）

借：所得税费用　　　　　　　　　　　　　　5 000 000

　　贷：应交税费——应交企业所得税　　　　　　　5 000 000

# 第 18 章
# 款项和有价证券的收付

## 18.1　现金和银行存款的相关经济业务

### 业务 1：从银行提取现金

#### 业务概述

库存现金，是指通常存放于企业财会部门、由出纳人员经管的货币资金。小企业应当设置“库存现金日记账”，由出纳人员根据收付款凭证，按照业务发生顺序逐笔登记。每日终了，应当计算当日的现金收入合计额、现金支出合计额和结余额，将结余额与实际库存额核对，做到账款相符。

小企业为维持正常经营往往需要留存一定的现金，这时就会涉及提现及存现的业务处理。当小企业现金不足，或在向职工支付工资、各种工资性津贴，向个人支付劳务报酬等事项时需要从银行提取一定的现金。主要会计科目为“库存现金”“银行存款”，小企业增加库存现金，借记“库存现金”科目，贷记“银行存款”等科目。小企业有内部周转使用备用金的，可以单独设置“备用金”科目。

#### 账务处理

相关会计处理如图 18-1 所示。

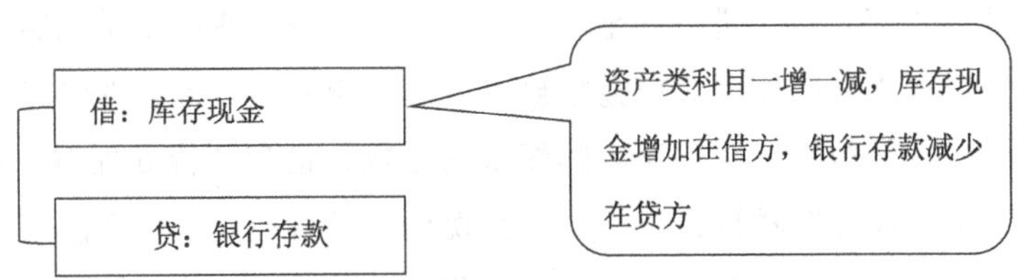


图 18-1　从银行提取现金的会计处理

**案例解析**

**【例 18-1】** 2×22 年 3 月 20 日，某小企业因日常经营的需要，从银行提取 100 000 元现金。该小企业账务处理如下。

借：库存现金　　100 000

　　贷：银行存款　　100 000

## 业务 2：将现金存入银行

**业务概述**

小企业将现金存入银行，借记“银行存款”等科目，贷记“库存现金”科目。

**账务处理**

相关会计处理如图 18-2 所示。

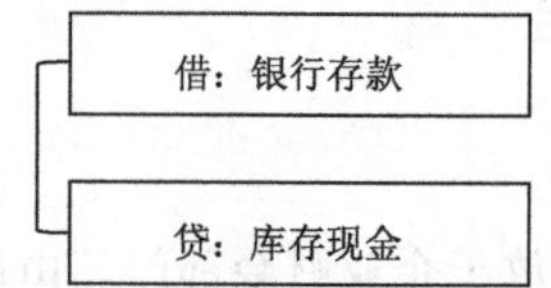


**图 18-2　将现金存入银行的会计处理**

**案例解析**

**【例 18-2】** 2×22 年 4 月 17 日，某小企业将现金 120 000 元存入银行。该小企业账务处理如下。

借：银行存款　　120 000

　　贷：库存现金　　120 000

## 业务 3：每日终了结算现金收支

**业务概述**

小企业应在每日终了进行现金收支结算，并根据清查的结果编制现金盘点报告单。发现有待查明原因的现金短缺或溢余，应通过“待处理财产损溢”科目核算：属于现金短缺，应按照实际短缺的金额，借记“待处理财产损溢——待处理流动资产损溢”科目，贷记“库存现金”科目；属于现金溢余，按照实际溢余的金额，借记“库存现金”科目，贷记“待处理财产损溢——待处理流动资产损溢”科目。

**账务处理**

（1）每日终了发现有待查明原因的现金短缺或溢余。

属于现金短缺的，会计处理如图 18-3 所示。

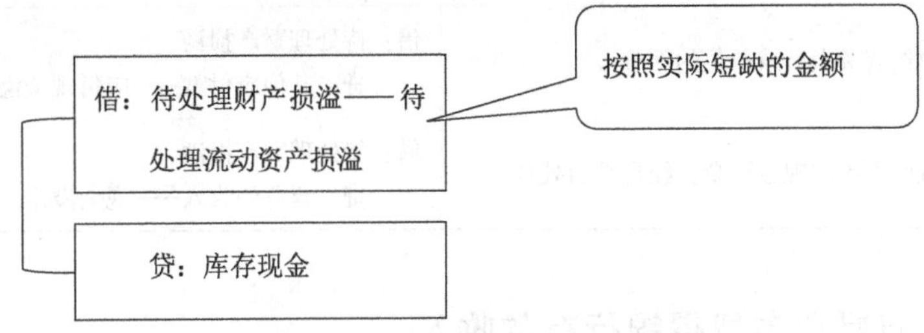


**图 18-3　现金短缺的会计处理**

属于现金溢余的，会计处理如图 18-4 所示。

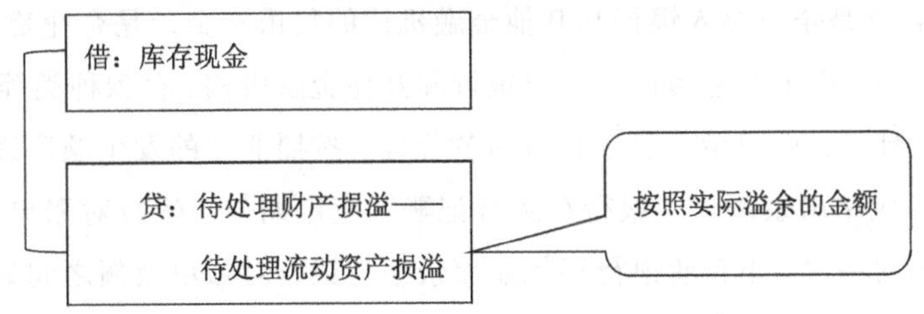


**图 18-4　现金溢余的会计处理**

（2）待查明原因后按如下要求进行处理。

①现金短缺。

现金短缺时，不同原因下的会计处理如表 18-1 所示。

**表 18-1　现金短缺的会计处理**

| 短缺原因 | 会计处理 |
| --- | --- |
| 属于应由责任人赔偿的部分 | 借：其他应收款——应收现金短缺款（或库存现金等）<br>贷：待处理财产损溢 |
| 属于应由保险公司赔偿的部分 | 借：其他应收款——应收保险赔款<br>贷：待处理财产损溢 |
| 属于无法查明的其他原因，根据管理权限，经批准后处理 | 借：管理费用——现金短缺<br>贷：待处理财产损溢 |

②现金溢余。

现金溢余时，不同原因下的会计处理如表 18-2 所示。

表 18-2　　现金溢余的会计处理

| 溢余原因 | 会计处理 |
| --- | --- |
| 属于应支付给有关人员或单位的部分 | 借：待处理财产损溢<br>　贷：其他应付款——应付现金溢余 |
| 属于无法查明原因的现金溢余，经批准后处理 | 借：待处理财产损溢<br>　贷：营业外收入——现金溢余 |

## 业务 4：日常业务取得银行存款收入

### 业务概述

银行存款是企业存入银行和其他金融机构的货币资金，是企业货币资金的重要组成部分。小企业应当按照开户银行和其他金融机构、存款种类等设置“银行存款日记账”，由出纳人员根据收付款凭证，按照业务的发生顺序逐笔登记。每日终了，应结出余额。“银行存款日记账”应定期与“银行对账单”核对，至少每月核对一次。小企业银行存款账面余额与银行对账单余额之间如有差额，应编制“银行存款余额调节表”调节相符。

小企业发生对外销售货物或提供劳务等日常业务时，应将收到的货款存入银行。

### 账务处理

相关会计处理如图 18-5 所示。

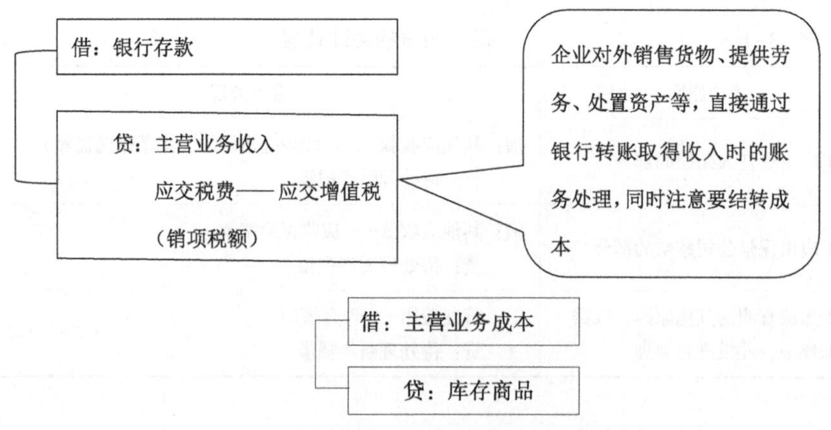


图 18-5　取得收入存入银行的会计处理

**案例解析**

【例 18-3】某小企业为增值税一般纳税人，主要从事机器零件的生产与销售。2×22 年 5 月 1 日，该小企业对外出售机器零件价款合计为 800 元，该批零件成本为 600 元。该小企业于当月 15 日收到转账的银行存款 904 元（价款和增值税）。

该小企业 2×22 年 5 月 15 日的账务处理如下。

借：银行存款　　904

　　贷：主营业务收入　　800

　　　　应交税费——应交增值税（销项税额）　　104

借：主营业务成本　　600

　　贷：库存商品　　600

## 业务 5：日常业务支出银行存款

**业务概述**

小企业发生购入原材料等日常业务时，需支出银行存款，借记“原材料”“库存商品”等科目；按照税法规定可抵扣的增值税进项税额，借记“应交税费——应交增值税（进项税额）”科目；贷记“银行存款”科目。

**账务处理**

相关会计处理如图 18-6 所示。

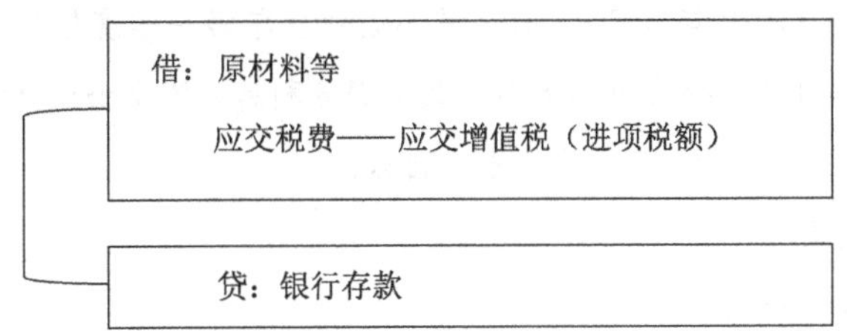


**图 18-6　日常业务支出银行存款的会计处理**

**案例解析**

【例 18-4】2×22 年 5 月 10 日，某小企业购入原材料 100 000 元，增值税为 13 000 元，用银行存款支付。该小企业账务处理如下。

借：原材料　　100 000

　　应交税费——应交增值税（进项税额）　　13 000

　　贷：银行存款　　113 000

## 业务 6：发生银行存款利息

### 业务概述

小企业在确认利息和取得利息时要分别做会计分录。确认利息时，借记“应收利息”科目，贷记“财务费用”科目；实际取得利息收入时，借记“银行存款”科目，贷记“应收利息”科目。

### 账务处理

相关会计处理如图 18-7 所示。

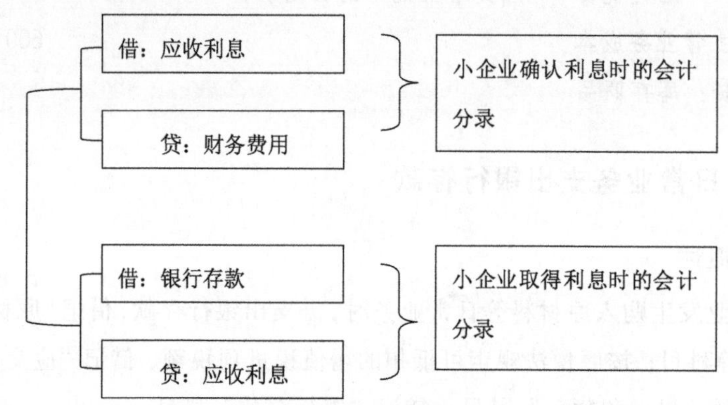


**图 18-7　银行存款利息相关的会计处理**

### 案例解析

【例 18-5】2×22 年 3 月 31 日，某小企业当年第一季度银行存款产生利息总额为 1 000 元，并于 2×22 年 4 月 8 日收到这部分利息。该小企业会计处理如下。

（1）2×22 年 3 月 31 日，确认银行利息。

借：应收利息　　1 000

　　贷：财务费用　　1 000

（2）2×22 年 4 月 8 日，收到银行利息。

借：银行存款　　1 000

　　贷：应收利息　　1 000

# 18.2　有价证券的相关经济业务

## 业务 7：发生短期投资

### 业务概述

短期投资，是指小企业购入的能随时变现并且持有时间不准备超过 1 年（含 1 年）的投资。如小企业以赚取差价为目的从二级市场购入的股票、债券、基金等。根据《小企业会计准则》，与《企业会计准则》不同的是，小企业不设置“交易性金融资产”及“公允价值变动”等科目，而是设置“短期投资”“应收股利”“应收利息”“投资收益”等科目进行会计处理。

（1）小企业购入各种股票、债券、基金等作为短期投资的，应当按照实际支付的购买价款和相关税费，借记“短期投资”科目，贷记“银行存款”科目。

小企业购入股票，如果实际支付的购买价款中包含已宣告但尚未发放的现金股利，应当按照实际支付的购买价款和相关税费扣除已宣告但尚未发放的现金股利后的金额，借记“短期投资”科目；按照应收的现金股利，借记“应收股利”科目；按照实际支付的购买价款和相关税费，贷记“银行存款”科目。

小企业购入债券，如果实际支付的购买价款中包含已到付息期但尚未领取的债券利息，应当按照实际支付的购买价款和相关税费扣除已到付息期但尚未领取的债券利息后的金额，借记“短期投资”科目；按照应收的债券利息，借记“应收利息”科目；按照实际支付的购买价款和相关税费，贷记“银行存款”科目。

（2）在短期投资持有期间，被投资单位宣告分派的现金股利，借记“应收股利”科目，贷记“投资收益”科目。在被投资单位应付利息日，按照分期付息、一次还本债券投资的票面利率计算的利息收入，借记“应收利息”科目，贷记“投资收益”科目。

（3）出售短期投资，应当按照实际收到的出售价款，借记“银行存款”或“库存现金”科目；按照该项短期投资的账面余额，贷记“短期投资”科目；按照尚未收到的现金股利或债券利息，贷记“应收股利”或“应收利息”科目；按照其差额，贷记或借记“投资收益”科目。

### 账务处理

相关会计处理如表 18-3 所示。

表 18-3　　短期投资的相关会计处理

| 短期投资 | 会计处理 |
|---|---|
| 取得时 | 借：短期投资（按实际支付的价款和相关税费扣除已宣告但尚未发放的现金股利 / 尚未领取的债券利息）<br>应收利息（或应收股利）<br>贷：银行存款 |
| 持有期间计提利息或股息 | 借：应收利息（或应收股利）<br>贷：投资收益 |
| 处置时 | 借：银行存款（按实际收到的出售价款）<br>投资收益（盈利时贷记）<br>贷：短期投资 |

## 案例解析

**【例 18-6】**某小企业于 2×22 年 1 月 1 日从二级市场购入 A 企业债券，支付价款合计为 2 070 000 元，其中，已到付息期但尚未领取的利息为 40 000 元，交易费用为 30 000 元。该债券面值是 2 000 000 元，剩余期限为 3 年，票面年利率 4%，每半年末付息一次，该小企业将其划分为短期投资。其他资料如下：①2×22 年 1 月 5 日，收到 A 企业债券 2×15 年下半年利息 40 000 元；②2×22 年 6 月 30 日，A 企业债券的公允价值为 2 500 000 元（不含利息）；③2×22 年 7 月 15 日，收到 A 企业债券 2016 年上半年的利息。④2×23 年 12 月 31 日，A 企业债券的公允价值是 2 200 000 元（不含利息）。⑤2×23 年 1 月 10 日，收到 A 企业债券 2×22 年下半年的利息；⑥2×23 年 3 月 18 日，通过二级市场出售 A 企业的债券，取得价款 2 260 000 元。

会计处理如下。

（1）2×22 年 1 月 1 日，从二级市场购入 A 企业债券。

借：短期投资　　2 030 000

　　应收利息　　40 000

　　贷：银行存款　　2 070 000

（2）2×22 年 1 月 5 日，收到该债券 2×15 年下半年利息 40 000 元。

借：银行存款　　40 000

　　贷：应收利息　　40 000

（3）2×22 年 6 月 30 日。

借：应收利息　　40 000

贷：投资收益　　40 000

（4）2×22 年 7 月 15 日，收到 A 企业债券 2×16 年上半年的利息。

借：银行存款　　40 000

贷：应收利息　　40 000

（5）2×22 年 12 月 31 日。

借：应收利息　　40 000

贷：投资收益　　40 000

（6）2×23 年 1 月 10 日，收到 A 企业债券 2×16 年下半年的利息。

借：银行存款　　40 000

贷：应收利息　　40 000

（7）2×23 年 3 月 18 日，通过二级市场出售 A 企业的债券。

借：银行存款　　2 260 000

贷：短期投资　　2 030 000

投资收益　　230 000

## 业务 8：发生长期股权投资

### 业务概述

长期股权投资，是指小企业准备长期持有（通常指 1 年以上）的权益性投资。小企业对长期股权投资通常设置“长期股权投资”“应收股利”“投资收益”等科目。根据《小企业会计准则》，长期股权投资初始确认时运用历史成本，后续计量采用与《企业会计准则》成本法类似的处理思路。

（1）小企业以支付现金方式取得的长期股权投资，如果实际支付的购买价款中包含已宣告但尚未发放的现金股利，应当按照实际支付的购买价款和相关税费扣除已宣告但尚未发放的现金股利后的金额，借记“长期股权投资”科目；按照应收的现金股利，借记“应收股利”科目；按照实际支付的购买价款和相关税费，贷记“银行存款”科目。

通过非货币性资产交换取得的长期股权投资，应当按照非货币性资产的评估价值与相关税费之和，借记“长期股权投资”科目；按照换出非货币性资产的账面价值，贷记“固定资产清理”“无形资产”等科目；按照支付的相关税费，贷记“应交税费”等科目；按照其差额，贷记“营业外收入”或借记“营业外支出”等科目。

（2）在长期股权投资持有期间，被投资单位宣告分派的现金股利或利润，应当按照应分得的金额，借记“应收股利”科目，贷记“投资收益”科目。

（3）处置长期股权投资，应当按照处置价款，借记“银行存款”等科目；按照其成本，贷记“长期股权投资”科目；按照应收未收的现金股利或利润，贷记“应收股利”科目；按照其差额，贷记或借记“投资收益”科目。

（4）根据小企业会计准则规定确认实际发生的长期股权投资损失，应当按照可收回的金额，借记“银行存款”等科目；按照其账面余额，贷记“长期股权投资”科目；按照其差额，借记“营业外支出”科目。

**账务处理**

相关会计处理如表 18-4 所示。

**表 18-4　　长期股权投资的会计处理**

| 长期股权投资 | 会计处理 | |
|---|---|---|
| 取得时 | 货币资产 | 借：长期股权投资（实际支付的购买价款和相关税费扣除已宣告但尚未发放的现金股利）<br>　　应收股利<br>　　贷：银行存款 |
| | 非货币资产 | 借：长期股权投资<br>　　贷：固定资产清理、无形资产（按照资产账面价值） |
| | 应交税费（按支付的相关税费）<br>营业外收入（或借记“营业外支出”科目，按差额） | |
| 持有期间宣告分派现金股利或利润 | 借：应收股利<br>　　贷：投资收益 | |
| 发生投资损失时 | 借：投资收益<br>　　贷：长期股权投资 | |
| 处置时 | 借：银行存款（按照处置价款）<br>　　投资收益（按照差额，盈利时贷记）<br>　　贷：长期股权投资（按照其账面余额）<br>　　　　应收股利（按照应收未收回的现金股利或利润） | |
| 确认实际发生的损失 | 借：银行存款（按照可收回的金额）<br>　　营业外支出（按照差额）<br>　　贷：长期股权投资（按照账面余额） | |

## 案例解析

**【例 18-7】**某小企业2×22年1月2日购入A企业股票100 000股作为长期股权投资，每股买入价10元，每股价格中包含0.2元的已宣告但尚未发放的现金股利，另支付相关税费7 000元。该小企业于2×22年9月15日收到被投资方宣告发放现金股利的通知，应取得现金股利5 000元。该小企业于2×22年11月7日将A企业100 000股股票以每股12元卖出，支付相关税费2 000元，实际取得价款1 198 000元，款项已由银行收妥。处置时长期股权投资账面余额为1 100 000元。

会计处理如下。

（1）2×22年1月2日购入股票。

| |  |  |
|---|---|---|
| 借：长期股权投资 | 987 000 | |
| 　　应收股利 | 20 000 | |
| 　　贷：银行存款 | | 1 007 000 |

（2）2×22年9月15日被投资方宣告发放现金股利。

| |  |  |
|---|---|---|
| 借：应收股利 | 5 000 | |
| 　　贷：投资收益 | | 5 000 |

（3）2×22年11月7日出售股票。

| |  |  |
|---|---|---|
| 借：银行存款 | 1 198 000 | |
| 　　贷：长期股权投资 | | 1 100 000 |
| 　　　　投资收益 | | 98 000 |

**【例 18-8】**某小企业于2×22年2月20日，以银行存款1 000万元及一栋办公楼取得A企业80%的股权，并于当日起能够对A企业实施控制。该办公楼的原价为3 000万元，已计提折旧800万元，公允价值为3 000万元。A企业净资产的账面价值为6 000万元，公允价值为6 250万元。

会计处理如下。（单位：万元）

（1）对固定资产进行处理。

| |  |  |
|---|---|---|
| 借：固定资产清理 | 2 200 | |
| 　　累计折旧 | 800 | |
| 　　贷：固定资产 | | 3 000 |

（2）取得长期股权投资的账务处理。

长期股权投资的账面价值=3 000+1 000=4 000（万元）

借：长期股权投资　　4 000
　　贷：银行存款　　1 000
　　　　固定资产清理　　2 200
　　　　营业外收入　　800

## 业务 9：发生长期债券投资

### 业务概述

长期债券投资，是指小企业购入的准备长期（1 年以上）持有的，或在 1 年内（不含 1 年）不能变现或不准备随时变现的债券投资。小企业应按照债券种类和被投资单位，分别“面值”“溢折价”“应计利息”进行明细核算。

根据《小企业会计准则》，长期债券取得时，应通过“长期债券投资”科目核算；在持有期间，确认的利息收入根据面值和票面利率计算确定，而且不需要考虑减值问题；在处置时，由于不存在减值问题，因而也不需要结转减值准备。

（1）小企业购入债券作为长期投资，应当按照债券票面价值，借记“长期债券投资——面值”科目；按照实际支付的购买价款和相关税费，贷记“银行存款”科目；按照其差额，借记或贷记“长期债券投资——溢折价”科目。

如果实际支付的购买价款中包含已到付息期但尚未领取的债券利息，应当按照债券票面价值，借记“长期债券投资——面值”科目；按照应收的债券利息，借记“应收利息”科目；按照实际支付的购买价款和相关税费，贷记“银行存款”科目；按照其差额，借记或贷记“长期债券投资——溢折价”科目。

（2）长期债券投资持有期间，在债务人应付利息日，按照分期付息、一次还本的长期债券投资票面利率计算的利息收入，借记“应收利息”科目，贷记“投资收益”科目；按照一次还本付息的长期债券投资票面利率计算的利息收入，借记“长期债券投资——应计利息”科目，贷记“投资收益”科目。

在债务人应付利息日，按照应分摊的债券溢折价金额，借记或贷记“投资收益”科目，贷记或借记“长期债券投资——溢折价”科目。

（3）长期债券投资到期，收回长期债券投资，应当按照收回的债券本金或本息，借记“银行存款”等科目；按照其账面余额，贷记“长期债券投资——面值、溢折价、应计利息”科目；按照应收未收的利息收入，贷记“应收利息”科目。

处置长期债券投资，应当按照处置收入，借记“银行存款”等科目；按照其账面余额，贷记“长期债券投资——成本、溢折价”科目；按照应收未收的利息收入，贷记“应收利息”科目；按照其差额，贷记或借记“投资收益”科目。

（4）按照小企业会计准则规定确认实际发生的长期债券投资损失，应当按照可收回的金额，借记“银行存款”等科目；按照其账面余额，贷记“长期债券投资——成本、溢折价”科目；按照其差额，借记“营业外支出”科目。

**账务处理**

相关会计处理如表 18-5 所示。

表 18-5　　长期债券投资的会计处理

<table>
<tr><th>长期债券投资</th><th colspan="2">会计处理</th></tr>
<tr><td>取得时</td><td colspan="2">借：长期债券投资——面值<br>　　　　　　　——溢折价（或贷记）<br>　　应收利息<br>　　贷：银行存款（按照实际购买价款和相关税费）</td></tr>
<tr><td rowspan="3">持有期间计提利息</td><td>按照分期付息、一次还本债券的票面利率计算的利息收入</td><td>借：应收利息<br>　　贷：投资收益</td></tr>
<tr><td>按照一次还本付息债券的票面利率计算的利息收入</td><td>借：长期债券投资——应计利息<br>　　贷：投资收益</td></tr>
<tr><td>应付利息日，按照取得时应分摊的债券溢折价金额</td><td>借：投资收益（或贷记）<br>　　贷：长期债券投资——溢折价（或借记）</td></tr>
<tr><td>处置或到期收回时</td><td colspan="2">借：银行存款<br>　　投资收益（或贷记）<br>　　贷：长期债券投资——成本<br>　　　　　　　　　——溢折价（或借记）<br>　　　　应收利息</td></tr>
<tr><td>确认实际发生的长期债券投资损失</td><td colspan="2">借：银行存款（按照可收回的金额）<br>　　营业外支出（按照其差额）<br>　　贷：长期债券投资——成本<br>　　　　　　　　　——溢折价（或借记）</td></tr>
</table>

## 案例解析

【例 18-9】2×22 年 1 月 1 日，某小企业支付价款 1 000 000 元购入 A 企业同日发行的 3 年期企业债券 12 500 份，面值 1 250 000 元，票面年利率 4.72%，实际支付的购买价款中包含已到付息期但尚未领取的债券利息 59 000 元，每年年末支付利息，本金最后一次支付利息时偿还。实际年利率为 10%。2×21 年 12 月 31 日，收到 A 企业支付的利息 59 000 元。2×22 年 12 月 31 日，A 小企业收回长期债券投资，实际收到利息 59 000 元，本金 1 000 000 元。

会计处理如下。

（1）2×21 年 1 月 1 日，购入企业债券。

借：长期债券投资——面值　　1 250 000

　　应收利息　　59 000

　　贷：银行存款　　1 000 000

　　　　长期债券投资——溢折价　　309 000

（2）2×21 年 12 月 31 日，收到债券利息。

借：银行存款　　59 000

　　贷：应收利息　　59 000

（3）2×21 年 12 月 31 日，摊销债券溢折价金额。

借：长期债券投资——溢折价　　309 000

　　贷：投资收益　　309 000

（4）2×22 年 12 月 31 日，A 企业收回长期债券投资。

借：应收利息　　59 000

　　贷：投资收益　　59 000

借：银行存款　　1 059 000

　　贷：长期债券投资——面值　　1 000 000

　　　　应收利息　　59 000

# 第 19 章
# 财物的收发、增减和使用

## 19.1　材料采购相关经济业务

### 业务 10：外购材料支付价款和运杂费

**业务概述**

小企业采用计划成本进行材料的日常核算时，应在“材料采购”科目进行核算。

小企业外购材料，支付价款和运杂费时，应当按照发票账单所列购买价款、运输费、装卸费、保险费以及在外购材料过程发生的其他直接费用，借记“材料采购”科目；按照税法规定可抵扣的增值税进项税额，借记“应交税费——应交增值税（进项税额）”科目；按照实际支付或应支付的金额，贷记“库存现金”“银行存款”“其他货币资金”“预付账款”“应付账款”等科目。

材料已经收到，但尚未办理结算手续的，可暂不做会计分录；待办理结算手续后，再根据所付金额或发票账单的应付金额，借记“材料采购”科目，贷记“银行存款”等科目。

**账务处理**

相关会计处理如图 19-1 所示。

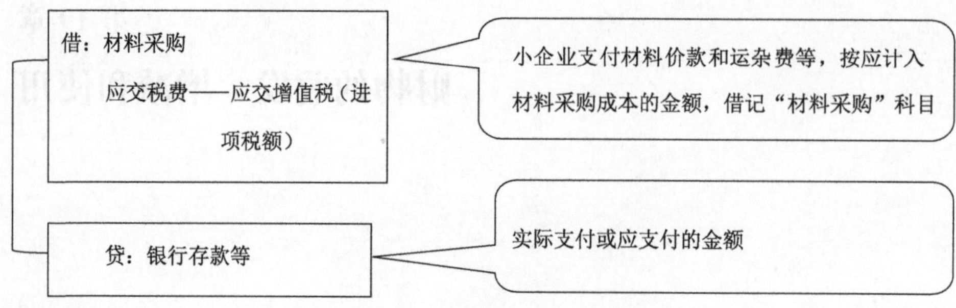


图 19-1　外购材料的会计处理

**案例解析**

【例 19-1】某小企业采用汇兑结算方式购入一批化工材料，增值税专用发票上记载的货款为 200 000 元，增值税为 26 000 元，发票账单已收到，计划成本为 180 000 元，材料尚未入库。该小企业会计处理如下。

借：材料采购　　200 000

　　应交税费——应交增值税（进项税额）　　26 000

　　贷：银行存款　　226 000

## 业务 11：发生应冲减材料采购成本的情况

**业务概述**

当企业向供货单位收回的材料或商品短缺、向负责运输的单位等收回赔偿款时，就会出现冲减材料或商品采购成本的情况。

**账务处理**

相关会计处理如表 19-1 所示。

表 19-1　　应冲减材料采购成本的会计处理

| 材料采购 | 会计处理 |
|---|---|
| 应向供应单位、运输机构等收回的材料短缺或其他应冲减材料采购成本的赔偿款项 | 借：应付账款（或其他应收款）<br>贷：材料采购 |
| 因自然灾害等发生的损失和尚待查明原因的途中损耗 | 借：待处理财产损溢<br>贷：材料采购 |

**案例解析**

**【例 19-2】**承接**【例 19-1】**，该小企业收到材料后，经验收发现有待查明原因的途中损耗 3 000 元。该小企业会计处理如下。

借：待处理财产损溢　　3 000

　　贷：材料采购　　3 000

## 业务 12：月末的会计处理

**业务概述**

月末，小企业应将仓库转来的外购收料凭证，分别按下列不同情况进行处理。

（1）对于收到发票账单的收料凭证（包括本月付款或开出、承兑商业汇票的上月收料凭证），应按照实际成本和计划成本分别汇总，并按照计划成本，借记“原材料”“周转材料”等科目，贷记“材料采购”科目；将实际成本大于计划成本的差异，借记“材料成本差异”科目，贷记“材料采购”科目；实际成本小于计划成本的差异做相反的会计分录。

（2）对于尚未收到发票账单的收料凭证，应按照计划成本暂估入账，借记“原材料”“周转材料”等科目，贷记“应付账款——暂估应付账款”科目；下月初用红字做同样的会计分录予以冲回，以便下月收到发票账单等结算凭证时，按照正常程序进行账务处理。

**账务处理**

（1）对于收到发票账单的收料凭证。

相关会计处理如图 19-2 所示。

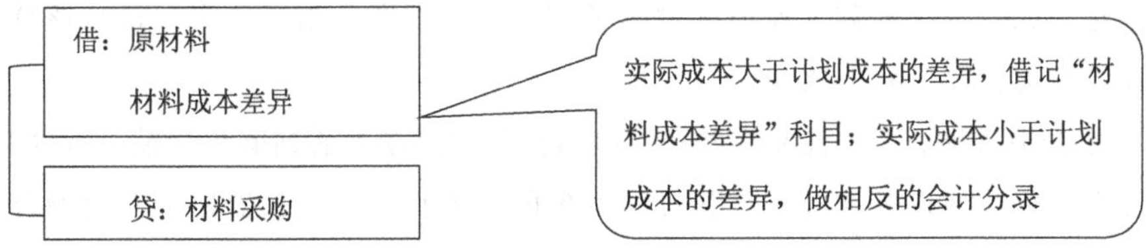


**图 19-2　材料采购月末收到发票的会计处理**

（2）对于尚未收到发票账单的收料凭证。

相关会计处理如图 19-3 所示。

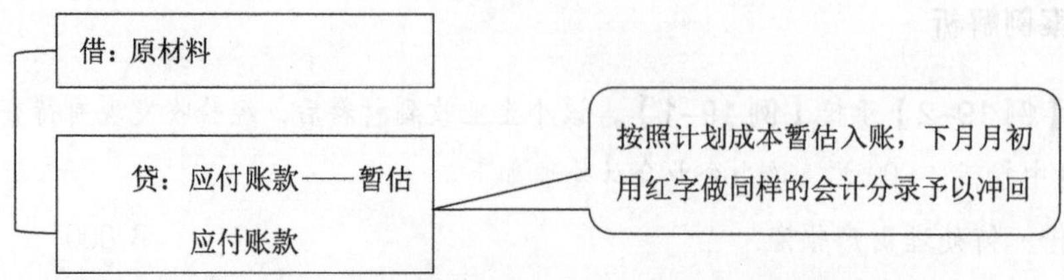


图 19-3 材料采购月末尚未收到发票的会计处理

**案例解析**

【例 19-3】承接【例 19-1】，月末材料入库。该小企业会计处理如下。

上述入库材料的实际成本为 200 000 元，计划成本为 180 000 元，入库材料的成本差异为超支 20 000 元。

借：原材料　　180 000
　　材料成本差异　　20 000
　　贷：材料采购　　200 000

## 19.2 在途物资相关经济业务

### 业务 13：购入材料、商品

**业务概述**

“在途物资”科目核算小企业采用实际成本进行材料、商品等物资的日常核算，尚未到达或尚未验收入库的各种物资的实际采购成本。小企业（批发业、零售业）在购买商品过程中发生的费用（运输费、装卸费、包装费、保险费、运输途中的合理损耗和入库前的挑选整理费等），在“销售费用”科目核算，不在“在途物资”科目核算。

小企业外购材料、商品等物资，应当按照发票账单所列购买价款、运输费、装卸费、保险费以及在外购材料过程发生的其他直接费用，借记“在途物资”科目；按照税法规定可抵扣的增值税进项税额，借记“应交税费——应交增值税（进项税额）”科目；贷记“库存现金”“银行存款”“其他货币资金”“预付账款”“应付账款”等科目。

**账务处理**

相关会计处理如图 19-4 所示。

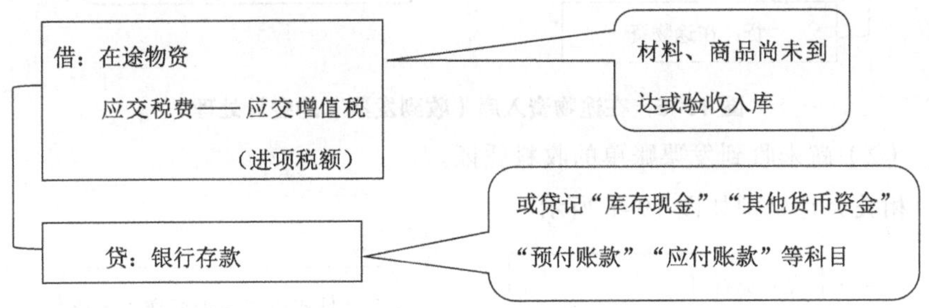


**图 19-4　在途物资购入的会计处理**

**案例解析**

**【例 19-4】**在采用实际成本法的条件下，某小企业采用汇兑结算方式购入一批材料，发票及账单已收到，增值税专用发票上记载的货款为 120 000 元，增值税为 15 600 元。支付运杂费 1 000 元，材料尚未到达。该小企业会计处理如下。

借：在途物资　　121 000

　　应交税费——应交增值税（进项税额）　　15 600

　　贷：银行存款　　136 600

## 业务 14：所购材料、商品到达并验收入库

**业务概述**

在采用实际成本法的条件下，所购材料、商品到达并验收入库，应借记“原材料”“库存商品”等科目，贷记“在途物资”科目。对于月末还未收到发票账单的收料凭证，应分别材料或商品，并按照估计金额暂估入账，借记“原材料”“周转材料”“库存商品”等科目，贷记“应付账款——暂估应付账款”科目；下月初用红字做同样的会计分录予以冲回，以便下月收到发票账单等结算凭证时，按照正常程序进行账务处理。

**账务处理**

（1）收到发票账单的收料凭证。

相关会计处理如图 19-5 所示。

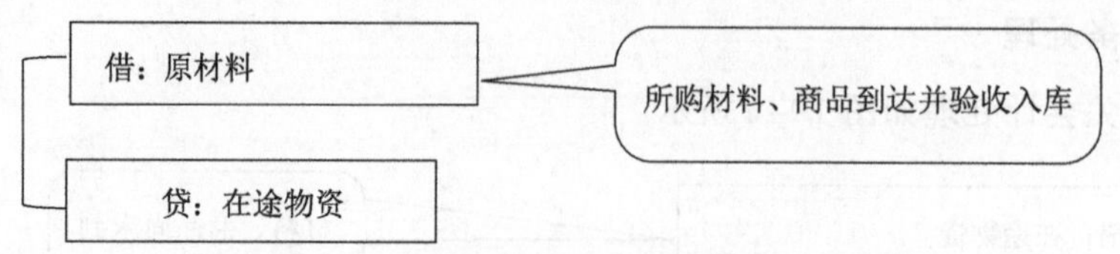


**图 19–5　在途物资入库（收到发票）的会计处理**

（2）尚未收到发票账单的收料凭证。

相关会计处理如图 19–6 所示。

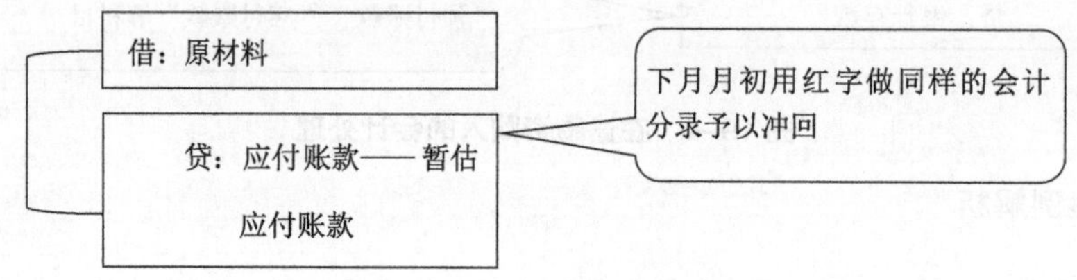


**图 19–6　在途物资入库（尚未收到发票）的会计处理**

**案例解析**

**【例 19–5】**承接**【例 19–4】**，该小企业所购的材料已验收入库，且收到有发票账单的收料凭证。该小企业的会计处理如下。

借：原材料　　121 000

　　贷：在途物资　　121 000

**【例 19–6】**某小企业购入一批材料，材料已验收入库，发票账单尚未收到，月末按照估计金额 300 000 元估价入账。该小企业的会计处理如下。

借：原材料　　300 000

　　贷：应付账款——暂估应付账款　　300 000

下月初编制相反的会计分录予以冲回。

借：应付账款——暂估应付账款　　300 000

　　贷：原材料　　300 000

## 业务 15：发生应冲减材料或商品采购成本的情况

### 业务概述

小企业发生应向供应单位、外部运输机构等收回的材料或商品短缺或其他应冲减材料或商品采购成本的赔偿款项时，应根据有关的索赔凭证，借记“应付账款”或“其他应收款”科目，贷记“在途物资”科目。因自然灾害等发生的损失和尚待查明原因的途中损耗，先借记“待处理财产损溢”科目，贷记“在途物资”科目，查明原因后再做处理。

**账务处理**

相关会计处理如表 19-2 所示。

表 19-2　　应冲减在途物资的情形及会计处理

| 在途物资 | 会计处理 |
| --- | --- |
| 应向供应单位、外部运输机构等收回的材料或商品短缺或其他应冲减材料或商品采购成本的赔偿款项 | 借：应付账款（或其他应收款）<br>　贷：在途物资 |
| 因自然灾害等发生的损失和尚待查明原因的途中损耗 | 借：待处理财产损溢<br>　贷：在途物资 |

**案例解析**

【例 19-7】承接【例 19-4】，自然灾害导致该批材料在途中损耗了 2 000 元。该小企业的会计处理如下。

借：待处理财产损溢　　2 000

　贷：在途物资　　2 000

# 19.3　原材料相关经济业务

## 业务 16：购入或自制取得原材料

**业务概述**

原材料是指小企业库存的各种材料，包括原料及主要材料、辅助材料、外购半成品（外购件）、修理用备件（备品备件）、包装材料、燃料等。购入的工程用材料，在“工程物资”科目核算，不在“原材料”科目核算。

（1）小企业购入并已验收入库的材料，按照实际成本，借记“原材料”科目，贷记“在途物资”“应付账款”等科目。涉及按照税法规定可抵扣的增值税进项税额的，还应当借记“应交税费——应交增值税（进项税额）”科目。

购入的材料已经到达并已验收入库，但在月末尚未办理结算手续的，可按照暂估价值入账，借记“原材料”“周转材料”等科目，贷记“应付账款——暂估应付账款”科目；下月初用红字做同样的会计分录予以冲回，以便下月收到发票账单等结算凭证时，按照正常程序进行账务处理。

（2）自制并已验收入库的材料，按照实际成本，借记“原材料”科目，贷记“生产成本”科目。

（3）取得投资者投入的原材料，应当按照评估价值，借记“原材料”科目，贷记“实收资本”“资本公积”科目。涉及增值税进项税额的，还应进行相应的账务处理。

**账务处理**

相关会计处理如表 19-3 所示。

**表 19-3　原材料的取得及其会计处理**

| 原材料 | 会计处理 |
| --- | --- |
| 购入并已验收入库 | 借：原材料<br>应交税费——应交增值税（进项税额）<br>贷：应付账款（或银行存款、在途物资） |
| 月末尚未办理结算手续的 | 借：原材料（下月初用红字做同样的分录予以冲回）<br>贷：应付账款——暂估应付账款 |
| 自制并已验收入库 | 借：原材料<br>贷：生产成本 |
| 取得投资者投入的原材料 | 借：原材料<br>贷：实收资本<br>资本公积 |

**案例解析**

**【例 19-8】**2×22 年 4 月 15 日，某小企业从 A 企业购入生产用原材料 2 000 元，增值税为 260 元，款项尚未支付，该批原材料已验收入库。该小企业会计处理如下。

借：原材料　2 000

应交税费——应交增值税（进项税额）　260

贷：应付账款　2 260

## 业务 17：领用、出售与委托加工材料

### 业务概述

（1）小企业为生产经营领用材料，按照实际成本，借记“生产成本”“制造费用”“销售费用”“管理费用”等科目，贷记“原材料”科目。

（2）出售材料结转成本，按照实际成本，借记“其他业务成本”科目，贷记“原材料”科目。发给外单位加工的材料，按照实际成本，借记“委托加工物资”科目，贷记“原材料”科目。

（3）外单位加工完成并已验收入库的材料，按照加工收回材料的实际成本，借记“原材料”科目，贷记“委托加工物资”科目。

### 账务处理

相关会计处理如表 19-4 所示。

表 19-4　　原材料的领用、出售与委托加工的会计处理

| 原材料 | 会计处理 |
| --- | --- |
| 生产经营领用材料 | 借：生产成本（或制造费用、销售费用、管理费用等）<br>　贷：原材料（按照实际成本） |
| 出售材料 | 借：其他业务成本<br>　贷：原材料 |
| 委托加工材料 | 借：委托加工物资<br>　贷：原材料 |
| 外单位加工完成收回的材料 | 借：原材料<br>　贷：委托加工物资 |

### 案例解析

**【例 19-9】**某小企业 1 月生产车间领用 A 材料 200 000 元，车间管理部门领用 A 材料 10 000 元，企业行政管理部门领用 A 材料 5 000 元。该小企业的会计处理如下。

借：生产成本　　200 000

　　制造费用　　10 000

　　管理费用　　5 000

　　贷：原材料——A 材料　　215 000

### 业务 18：清查盘点原材料

**业务概述**

小企业应在每月末对原材料进行清查盘点，发现盘盈、盘亏、毁损的原材料，按照实际成本（或估计价值），借记或贷记“原材料”科目，贷记或借记“待处理财产损溢——待处理流动资产损溢”科目。

**账务处理**

相关会计处理如图 19-7 所示。

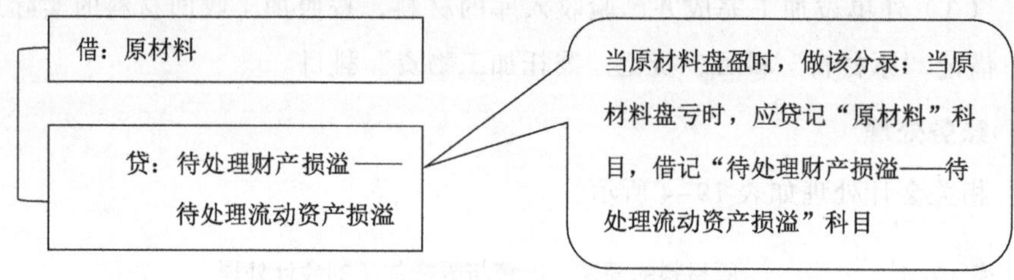


**图 19-7　清查盘点原材料的会计处理**

**案例解析**

**【例 19-10】**2×22 年 3 月 31 日，某小企业对原材料进行清查盘点，发现有待查明原因的盘盈原材料 2 000 元。该小企业的会计处理如下。

借：原材料　　2 000

　　贷：待处理财产损溢——待处理流动资产损溢　　2 000

## 19.4　材料成本差异相关经济业务

### 业务 19：材料验收入库

**业务概述**

小企业验收入库材料发生的材料成本差异，实际成本大于计划成本的差异，借记“材料成本差异”科目，贷记“材料采购”科目；实际成本小于计划成本的差异，做相反的会计分录。

入库材料的计划成本应当尽可能接近实际成本。除特殊情况外，计划成本在年度内不得随意变更。

**账务处理**

相关会计处理如图 19-8 所示。

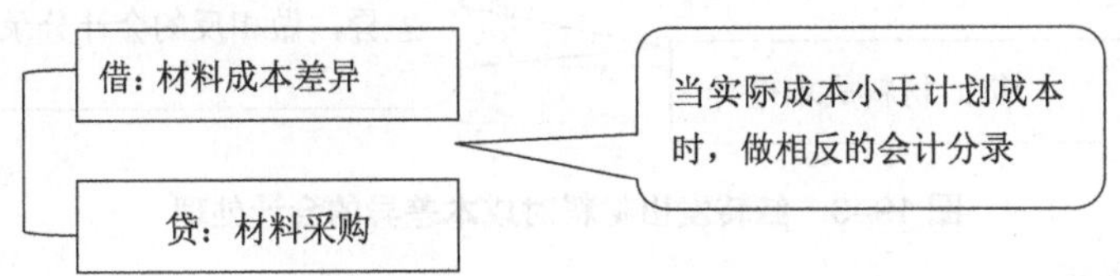


图 19-8　材料验收入库时成本差异的会计处理

**案例解析**

案例解析见【例 19-3】。

## 业务 20：结转发出材料

**业务概述**

小企业结转发出材料应负担的材料成本差异，按照实际成本大于计划成本的差异，借记“生产成本”“管理费用”“销售费用”“委托加工物资”“其他业务成本”等科目，贷记“材料成本差异”科目；实际成本小于计划成本的差异，做相反的会计分录。

发出材料应负担的成本差异应当按月分摊，不得在季末或年末一次计算。发出材料应负担的成本差异，除委托外部加工发出材料可按照月初成本差异率计算外，应使用本月的实际成本差异率；月初成本差异率与本月实际成本差异率相差不大的，也可按照月初成本差异率计算。计算方法一经确定，不得随意变更。

材料成本差异率的计算公式如下。

本月材料成本差异率 =（月初结存材料的成本差异 + 本月验收入库材料的成本差异）÷（月初结存材料的计划成本 + 本月验收入库材料的计划成本）×100%

月初材料成本差异率 = 月初结存材料的成本差异 ÷ 月初结存材料的计划成本 ×100%

发出材料应负担的成本差异 = 发出材料的计划成本 × 材料成本差异率

**账务处理**

相关会计处理如图 19-9 所示。

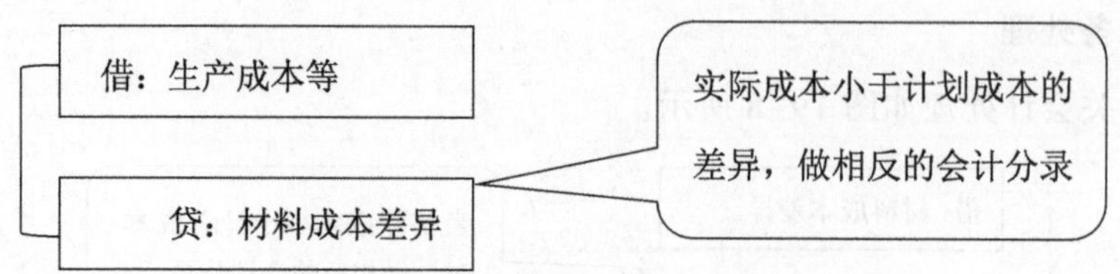


**图 19-9　结转发出材料时成本差异的会计处理**

**案例解析**

**【例 19-11】**某小企业 2×22 年 7 月 5 日购入 A 材料一批，增值税专用发票上记载的货款为 5 000 000 元，增值税 650 000 元，发票账单已收到，计划成本为 4 500 000 元，材料已验收入库，全部款项以银行存款支付。2×22 年 7 月 31 日，该小企业“发料凭证汇总表”记录的 7 月 A 材料的消耗（计划成本）为：生产车间领用 2 000 000 元，车间管理部门领用 850 000 元，行政管理部门领用 50 000 元。该小企业 7 月初结存 A 材料的计划成本为 1 000 000 元，成本差异为超支 60 000 元；当月入库 A 材料的计划成本为 4 500 000 元，成本差异为节约 500 000 元。该小企业的会计处理如下。

（1）2×22 年 7 月 5 日购入 A 材料。

借：材料采购　5 000 000

　　应交税费——应交增值税（进项税额）　650 000

　　贷：银行存款　5 650 000

（2）2×22 年 7 月 31 日领用 A 材料。

借：生产成本　2 000 000

　　制造费用　850 000

　　管理费用　50 000

　　贷：原材料——A 材料　2 900 000

（3）结转发出材料的成本差异。

材料成本差异率 =（60 000-500 000）÷（1 000 000+4 500 000）×100%=-8%

发出材料应负担的成本差异 =-8%×2 900 000=-232 000（元）

结转发出材料的成本差异的分录如下。

借：材料成本差异　232 000

　　贷：生产成本　160 000

　　　　制造费用　68 000

　　　　管理费用　4 000

# 19.5　库存商品相关经济业务

## 业务 21：自产的产成品入库与销售

**业务概述**

“库存商品”科目核算小企业库存的各种商品的实际成本或售价。库存商品包括：库存产成品、外购商品、存放在门市部准备出售的商品、发出展览的商品以及寄存在外的商品等。

小企业（农、林、牧、渔业）可将“库存商品”科目改为“农产品”科目。小企业（批发业、零售业）在购买商品过程中发生的费用（运输费、装卸费、包装费、保险费、运输途中的合理损耗和入库前的挑选整理费等），在“销售费用”科目核算，不在“库存商品”科目核算。

小企业生产的产成品的入库和出库，平时只记数量不记金额，月末计算入库产成品的实际成本。生产完成验收入库的产成品，按照其实际成本，借记“库存商品”科目，贷记“生产成本”等科目。

对外销售产成品，借记“主营业务成本”科目，贷记“库存商品”科目。

**账务处理**

（1）自产产成品。

相关会计处理如图 19-10 所示。

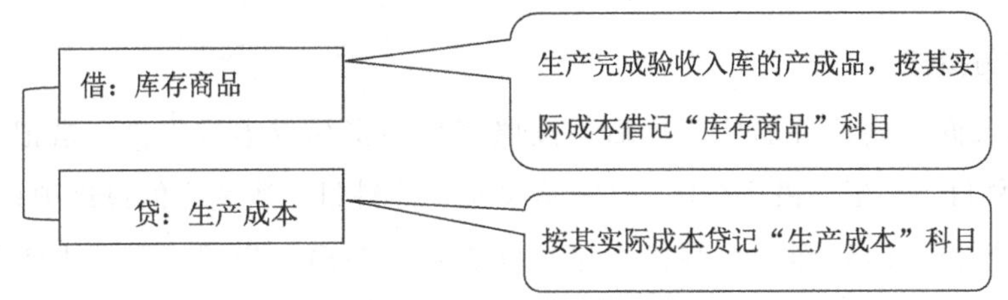


**图 19-10　自产产成品入库的会计处理**

（2）对外销售产成品。

相关会计处理图 19-11 所示。

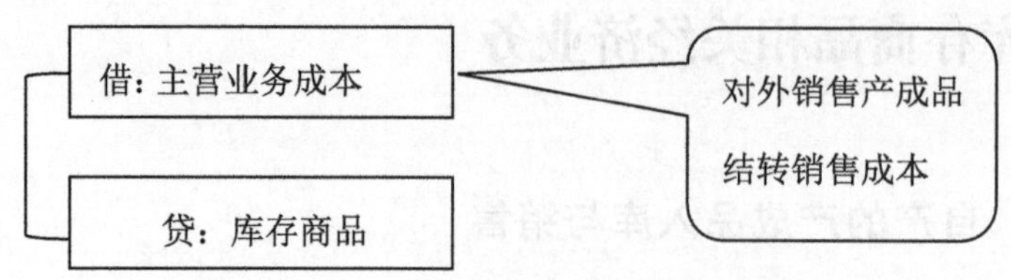


图 19-11　对外销售产成品的会计处理

**案例解析**

【例 19-12】某小企业 2×22 年 3 月 7 日验收入库 A 产品 100 件，实际每件成本 3 000 元；B 产品 150 件，实际每件成本 4 000 元。当月实现销售的 A 产品 50 件，B 产品 120 件。月末结转成本。该小企业的会计处理如下。

（1）2×22 年 3 月 7 日产成品验收入库。

| |  |  |
|---|---|---|
| 借：库存商品——A 产品 | 300 000 | |
| ——B 产品 | 600 000 | |
| 贷：生产成本 | | 900 000 |

（2）2×22 年 3 月 31 日结转销售产品的成本。

| |  |  |
|---|---|---|
| 借：主营业务成本 | 630 000 | |
| 贷：库存商品——A 产品 | | 150 000 |
| ——B 产品 | | 480 000 |

## 业务 22：购入商品并验收入库

**业务概述**

购入商品到达并验收入库后，按照商品的实际成本或售价，借记“库存商品”科目，贷记“银行存款”“在途物资”等科目。涉及增值税进项税额的，还应进行相应的处理。按照售价与进价之间的差额，贷记“商品进销差价”科目。“商品进销差价”科目核算小企业采用售价进行日常核算的商品售价与进价之间的差额。

购入的商品已经到达并已验收入库，但尚未办理结算手续的，可按照暂估价值入账，借记“库存商品”科目，贷记“应付账款——暂估应付账款”科目；下月初用红字做同样的会计分录予以冲回，以便下月收到发票账单等结算凭证时，按照正常程序进行账务处理。

对外销售商品结转销售成本或售价，借记“主营业务成本”科目，贷记“库存商品”科目。月末，分摊已销商品的进销差价，借记“商品进销差价”科目，贷记“主营业务成本”科目。

**账务处理**

相关会计处理如表 19-5 所示。

表 19-5　　购入商品并验收入库的会计处理

| 库存商品 | 会计处理 |
|---|---|
| 购入商品并验收入库 | 借：库存商品（按照商品实际成本或售价）<br>贷：银行存款（按照商品进价）<br>商品进销差价（按照售价与进价之间的差额） |
| 购入商品并验收入库，但未办理结算手续 | 借：库存商品<br>贷：应付账款——暂估应付账款 |
| 结转销售成本 | 借：主营业务成本<br>贷：库存商品 |
| 月末分摊已销商品的进销差价 | 借：商品进销差价<br>贷：主营业务成本 |

销售商品应分摊的商品进销差价，按照以下公式计算。

商品进销差价率 =（期初库存商品进销差价 + 本期购入商品进销差价）÷（期初库存商品售价 + 本期购入商品售价）×100%

本期销售商品应分摊的商品进销差价 = 本期商品销售收入 × 商品进销差价率

小企业的商品进销差价率各月之间比较均衡的，也可以采用上月商品进销差价率计算分摊本月的商品进销差价。年度终了，应对商品进销差价进行复核调整。

## 19.6　委托加工物资相关经济业务

### 业务 23：发给外单位加工的物资

**业务概述**

“委托加工物资”科目核算小企业委托外单位加工的各种材料、商品等物资的实际成本。

小企业发给外单位加工的物资，按照实际成本，借记“委托加工物资”科目，贷记“原材料”“库存商品”等科目；按照计划成本或售价核算的，还应同时结转材料成本差异或商品进销差价，借记或贷记“材料成本差异”或“商品进销差价”科目。

**账务处理**

（1）按照实际成本核算的，相关会计处理如图 19-12 所示。

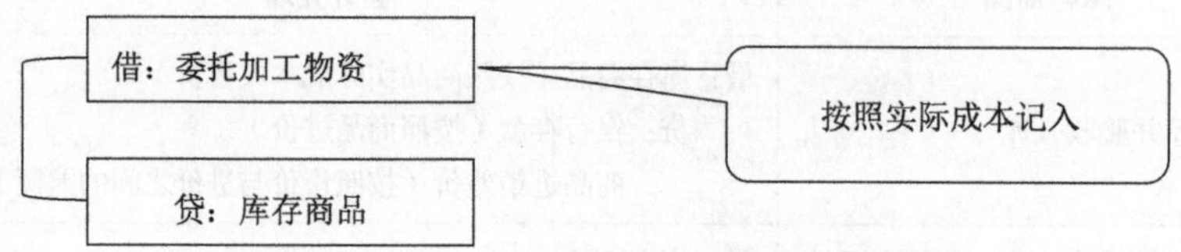


**图 19-12 委托加工物资按实际成本核算的会计处理**

（2）按照计划成本或售价核算的，相关会计处理如图 19-13 所示。

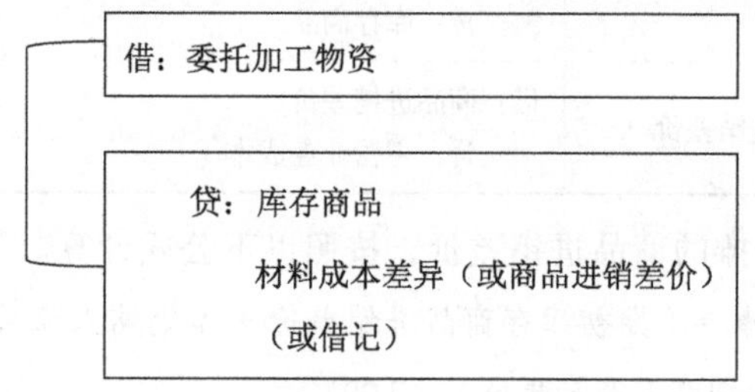


**图 19-13 委托加工物资按计划成本或售价核算的会计处理**

**案例解析**

**【例 19-13】**某小企业委托 A 公司加工一批商品，发出的材料计划成本为 60 000 元，材料成本差异率为 3%。该小企业的会计处理如下。

借：委托加工物资　　61 800

　贷：库存商品　　60 000

　　材料成本差异　　1 800

## 业务 24：支付加工费、运杂费等

**业务概述**

小企业支付加工费、运杂费等，应借记“委托加工物资”科目，贷记“银行存款”等科目；需要缴纳消费税的委托加工物资，由受托方代收代缴的消费税，借记“委托加工物资”（收回后用于直接销售的）或“应交税费——应交消费税”科目（收回后用于继续加工应税消费品的），贷记“应付账款”“银行存款”等科目。

**账务处理**

（1）小企业支付加工费、运杂费等，相关会计处理如图 19-14 所示。

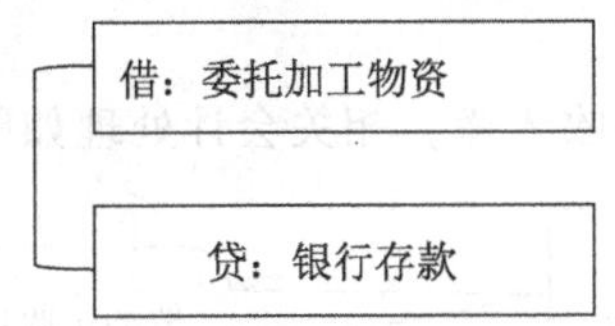


**图 19-14　支付加工费、运杂费等的会计处理**

（2）需要缴纳消费税的委托加工物资，会计处理如图 19-15 所示。

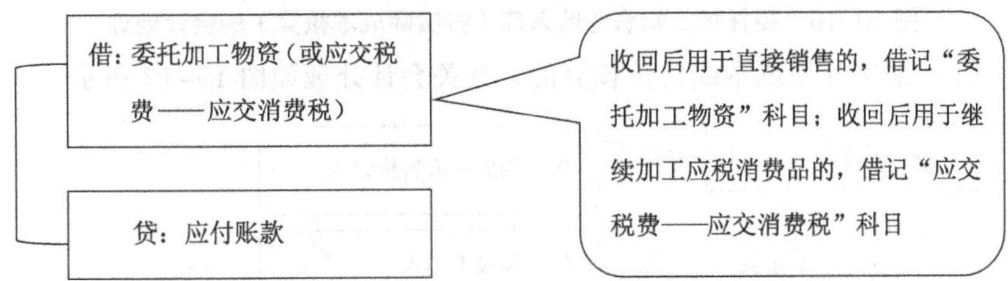


**图 19-15　委托加工物资缴纳消费税的会计处理**

**案例解析**

**【例 19-14】**承接**【例 19-13】**，该小企业通过银行支付运杂费 2 000 元，增值税进项税额 180 元。该小企业的会计处理如下。

借：委托加工物资　　2 000
　　应交税费——应交增值税（进项税额）　　180
　贷：银行存款　　2 180

## 业务 25：加工完成并验收入库

**业务概述**

小企业加工完成并验收入库的物资和剩余的物资，按照加工收回物资的实际成本和剩余物资的实际成本，借记“原材料”“库存商品”等科目，贷记“委托加工物资”科目。

采用计划成本或售价核算的，按照计划成本或售价，借记“原材料”或“库存商品”科目；按照实际成本，贷记“委托加工物资”科目；按照实际成本与计划成本或售价之间的差额，借记或贷记“材料成本差异”；或贷记“商品进销差价”科目。

采用计划成本或售价核算的，也可以采用上月材料成本差异率或商品进销差价率计算分摊本月应分摊的材料成本差异或商品进销差价。

**账务处理**

（1）加工完成，并验收入库，相关会计处理如图 19-16 所示。

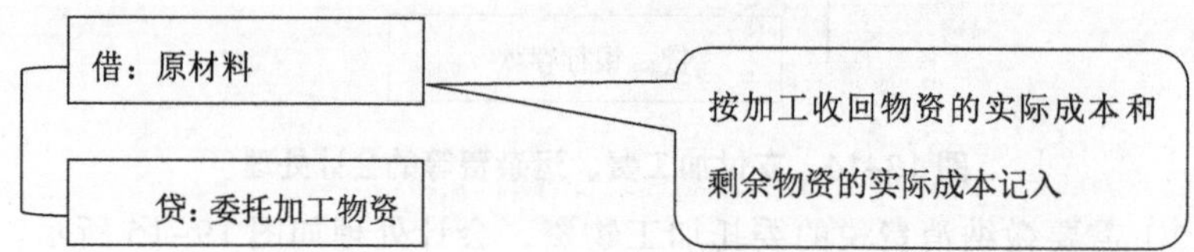


**图 19-16　委托加工物资验收入库（按实际成本核算）的会计处理**

（2）采用计划成本或售价核算的，相关会计处理如图 19-17 所示。

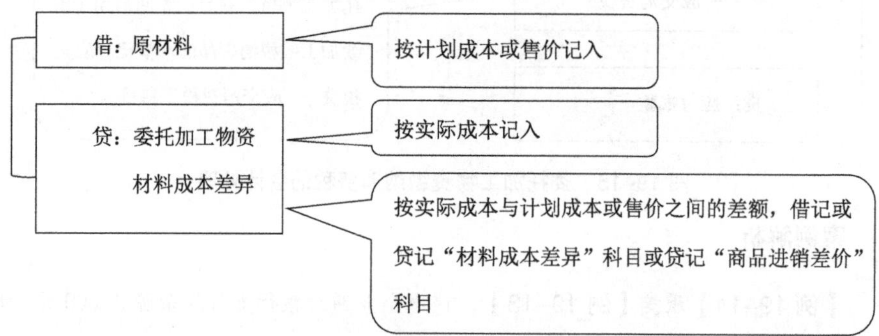


**图 19-17　委托加工物资验收入库（按计划成本核算）的会计处理**

**案例解析**

**【例 19-15】**某小企业委托 A 企业加工一批商品（属于应税消费品）100 000 件，每件计划成本 50 元。2×22 年 4 月 5 日，发出材料一批，计划成本 3 000 000 元，材料成本差异率为 -5%。4 月 12 日，支付商品加工费共 150 000 元，支付应当缴纳的消费税 900 000 元，该商品收回后计划用于继续加工应税消费品。4 月 15 日，用银行存款支付运杂费 2 000 元。4 月 20 日，上述商品 100 000 件加工完毕，该小企业已验收入库。该小企业的会计处理如下。

（1）2×22 年 4 月 5 日，发出委托加工材料。

借：委托加工物资　　　　3 000 000

贷：原材料　　3 000 000

借：材料成本差异　　150 000

贷：委托加工物资　　150 000

（2）2×22 年 4 月 12 日，支付加工费、消费税、增值税。

借：委托加工物资　　150 000

应交税费——应交消费税　　900 000

——应交增值税（进项税额）　　19 500

贷：银行存款　　1 069 500

（3）2×22 年 4 月 15 日，支付运杂费。

借：委托加工物资　　2 000

贷：银行存款　　2 000

（4）2×22 年 4 月 20 日，商品验收入库。

借：库存商品　　5 000 000

贷：委托加工物资　　3 002 000

商品进销差价　　1 998 000

## 19.7　周转材料相关经济业务

### 业务 26：增加周转材料

#### 业务概述

“周转材料”科目核算小企业库存的周转材料的实际成本或计划成本。周转材料包括：包装物、低值易耗品，以及小企业（建筑业）的钢模板、木模板、脚手架等。“周转材料”科目应按照周转材料的种类，分别“在库”“在用”“摊销”进行明细核算。

#### 账务处理

小企业购入、自制、委托外单位加工完成并验收入库的周转材料，以及对周转材料的清查盘点，比照“原材料”科目的相关规定进行账务处理。

#### 案例解析

略。参考“原材料”科目的相关例题。

## 业务 27：领用周转材料

### 业务概述

小企业生产、施工领用周转材料，通常采用一次转销法，按照其成本，借记“生产成本”“管理费用”“工程施工”等科目，贷记“周转材料”科目。

随同产品出售但不单独计价的包装物，按照其成本，借记“销售费用”科目，贷记“周转材料”科目。

随同产品出售并单独计价的包装物，按照其成本，借记“其他业务成本”科目，贷记“周转材料”科目。

金额较大的周转材料，也可以采用分次摊销法，领用时应按照其成本，借记“周转材料——在用”科目，贷记“周转材料——在库”科目；按照使用次数摊销时，应按照其摊销额，借记“生产成本”“管理费用”“工程施工”等科目，贷记“周转材料——摊销”科目。

周转材料采用计划成本进行日常核算的，领用等发出周转材料，还应结转应分摊的成本差异。

### 账务处理

（1）采用一次转销法核算领用的周转材料，相关会计处理如图 19-18 所示。

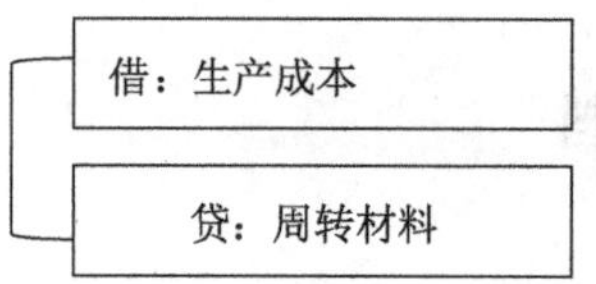


**图 19-18　一次转销法核算的会计处理**

（2）包装物的会计处理，如表 19-6 所示。

**表 19-6　包装物的会计处理**

| 包装物 | 会计处理 |
|---|---|
| 随同产品出售但不单独计价 | 借：销售成本（按照其成本）<br>贷：周转材料 |
| 随同产品出售并单独计价 | 借：其他业务成本（按照其成本）<br>贷：周转材料 |

（3）金额较大的周转材料，按照分次转销法处理，如表 19-7 所示。

**表 19-7　　分次转销法的会计处理**

| 金额较大的周转材料 | 会计处理 |
|---|---|
| 领用时 | 借：周转材料——在用（按照其成本）<br>　贷：周转材料——在库 |
| 摊销时 | 借：生产成本等（按照摊销额）<br>　贷：周转材料——摊销 |

## 案例解析

**【例 19-16】**某小企业于 2×23 年 1 月 5 日自制一批低值易耗品并验收入库，成本为 20 000 元。该小企业分别于 1 月 10 日和 1 月 22 日生产两批 A 产品，需领用该批低值易耗品，该批低值易耗品可供周转使用 2 次。该小企业的会计处理如下。

（1）2×23 年 1 月 5 日自制低值易耗品，并验收入库。

借：周转材料——低值易耗品（在库）　　20 000

　贷：生产成本——低值易耗品　　20 000

（2）2×23 年 1 月 10 日领用低值易耗品。

借：周转材料——低值易耗品（在用）　　20 000

　贷：周转材料——低值易耗品（在库）　　20 000

（3）2×23 年 1 月 10 日摊销该低值易耗品价值的 1/2。

借：生产成本——A 产品　　10 000

　贷：周转材料——低值易耗品（摊销）　　10 000

（4）2×23 年 1 月 22 日摊销该低值易耗品价值的剩余 1/2。

借：生产成本——A 产品　　10 000

　贷：周转材料——低值易耗品（摊销）　　10 000

借：周转材料——低值易耗品（摊销）　　10 000

　贷：周转材料——低值易耗品（在用）　　10 000

## 19.8　消耗性生物资产相关经济业务

### 业务 28：取得消耗性生物资产

**业务概述**

“消耗性生物资产”科目核算小企业（农、林、牧、渔业）持有的消耗性生物资产的实际成本。小企业应按照消耗性生物资产的种类、群别等进行明细核算。小企业可以通过外购或自行生产获得消耗性生物资产。

外购的消耗性生物资产，按照应计入消耗性生物资产成本的金额，借记“消耗性生物资产”科目，贷记“银行存款”“应付账款”等科目。

自行栽培的大田作物和蔬菜，应按照收获前发生的必要支出，借记“消耗性生物资产”科目，贷记“银行存款”等科目。自行营造的林木类消耗性生物资产，应按照郁闭前发生的必要支出，借记“消耗性生物资产”科目，贷记“银行存款”等科目。自行繁殖的育肥畜、水产养殖的动植物，应按照出售前发生的必要支出，借记“消耗性生物资产”科目，贷记“银行存款”等科目。

**账务处理**

相关会计处理如图 19-19 所示。

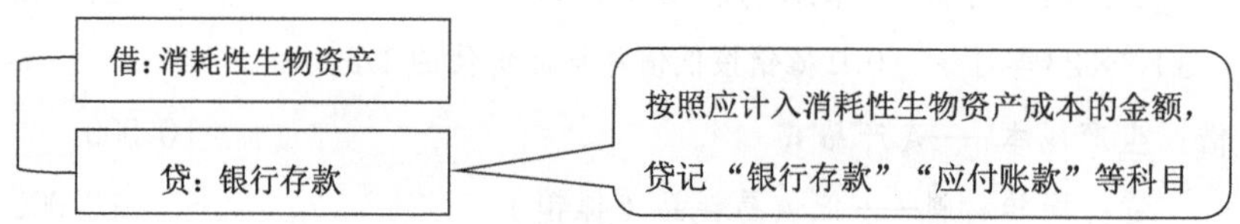


**图 19-19　取得消耗性生物资产的会计处理**

**案例解析**

**【例 19-17】**某小企业购入一批幼苗，价款共 200 000 元，发生运杂费共 5 000 元，款项尚未支付。该小企业的会计处理如下。

借：消耗性生物资产——幼苗　　205 000

　　贷：应付账款　　205 000

## 业务 29：消耗性生物资产转群

### 业务概述

产畜或役畜淘汰转为育肥畜的，应按照转群时的账面价值，借记“消耗性生物资产”科目；按照已计提的累计折旧，借记“生产性生物资产累计折旧”科目；按照其账面余额，贷记“生产性生物资产”科目。

育肥畜转为产畜或役畜的，应按照其账面余额，借记“生产性生物资产”科目，贷记“消耗性生物资产”科目。

### 账务处理

（1）产畜或役畜淘汰转为育肥畜，相关会计处理如图 19-20 所示。

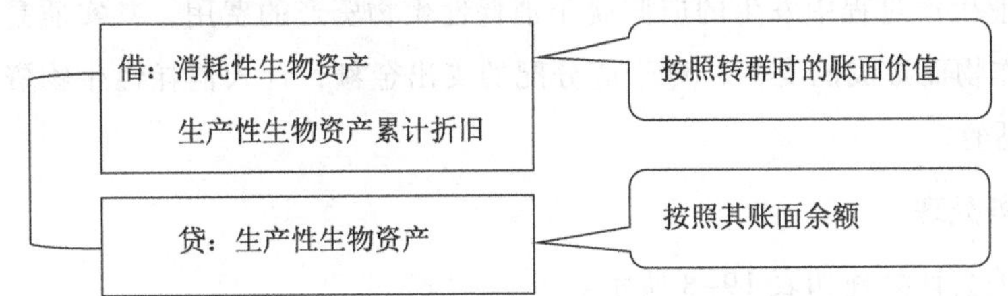


**图 19-20　产畜或役畜淘汰转为育肥畜的会计处理**

（2）育肥畜转为产畜或役畜，相关会计处理如图 19-21 所示。

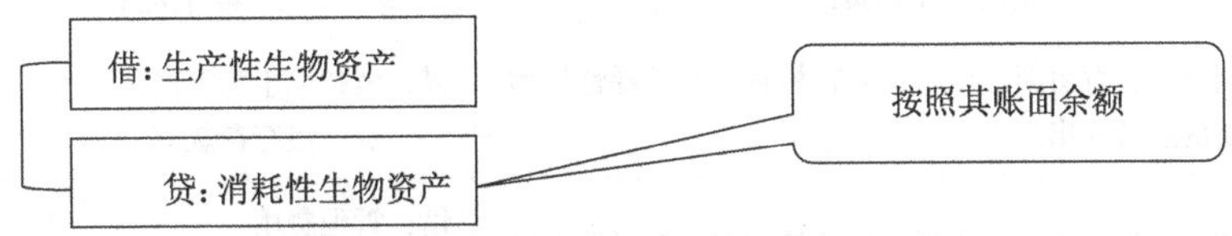


**图 19-21　育肥畜转为产畜或役畜的会计处理**

### 案例解析

**【例 19-18】**某畜牧养殖小企业，其自行繁殖的 20 头种牛转为育肥牛，该批种牛的账面原价为 100 000 元，已计提累计折旧 5 000 元。该小企业的会计处理如下。

| | | |
|---|---|---|
| 借：消耗性生物资产 | 95 000 | |
| 　　生产性生物资产累计折旧 | 5 000 | |
| 　　贷：生产性生物资产 | | 100 000 |

## 业务 30：消耗性生物资产发生后续支出

### 业务概述

消耗性生物资产一旦形成，对于发生的后续支出，应视不同的情况进行会计核算。

对于林木类消耗性生物资产，由于择伐、间伐，或者出于抚育更新性质采伐而补植发生的后续费用，其实质增加了消耗性生物资产的价值，应将相应的支出计入消耗性生物资产的成本。

林木类消耗性生物资产郁闭后发生的管护费用等后续支出，金额较小，属于日常支出，应计入当期损益。

农业生产过程中发生的应归属于消耗性生物资产的费用，其实质是为了当期的农作物而形成的支出，对于应分配的支出金额，计入消耗性生物资产的成本比较适宜。

### 账务处理

相关会计处理如表 19-8 所示。

表 19-8　消耗性生物资产后续支出的会计处理

| 消耗性生物资产 | 会计处理 |
| --- | --- |
| 择伐、间伐或抚育更新性质采伐而补植林木类消耗性生物资产发生的后续支出 | 借：消耗性生物资产<br>　贷：银行存款等 |
| 林木类消耗性生物资产郁闭后发生的管护费用等后续支出 | 借：管理费用<br>　贷：银行存款等 |
| 农业生产过程中发生的应归属于消耗性生物资产的费用 | 借：消耗性生物资产<br>　贷：生产成本 |

### 案例解析

**【例 19-19】**某小企业对某用材林郁闭后进行管理维护，应支付费用 30 000 元。该小企业的会计处理如下。

借：管理费用　　30 000

　贷：银行存款　　30 000

## 业务 31：消耗性生物资产收获为农产品

### 业务概述

消耗性生物资产收获为农产品时，应按照其账面余额，借记“农产品”科目，贷记“消耗性生物资产”科目。

### 账务处理

相关会计处理如图 19-22 所示。

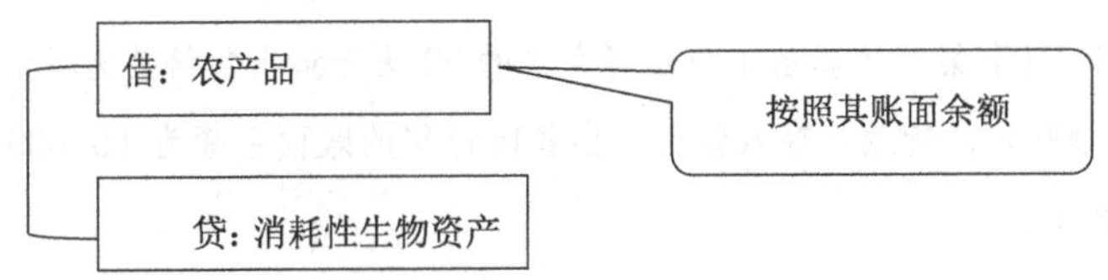


**图 19-22　消耗性生物资产收获为农产品的会计处理**

### 案例解析

**【例 19-20】**某小企业入库小麦 100 吨，成本为 70 000 元。该小企业的会计处理如下。

借：农产品——小麦　　70 000
　　贷：消耗性生物资产　　70 000

## 业务 32：出售消耗性生物资产

### 业务概述

出售消耗性生物资产，应按照实际收到的金额，借记“银行存款”等科目，贷记“主营业务收入”等科目。按照其账面余额，借记“主营业务成本”等科目，贷记“消耗性生物资产”科目。

### 账务处理

（1）出售消耗性生物资产，相关会计处理如图 19-23 所示。

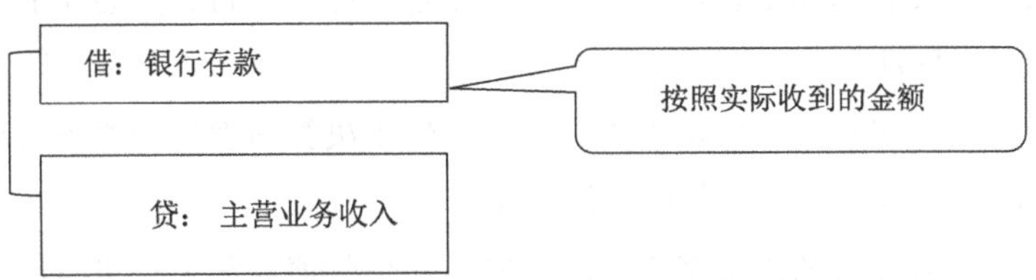


**图 19-23　出售消耗性生物资产的会计处理**

（2）结转成本，相关会计处理如图 19-24 所示。

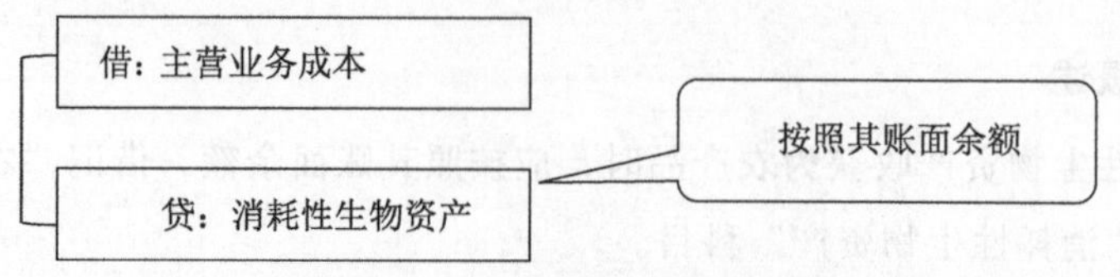


**图 19-24　结转成本的会计处理**

**案例解析**

【例 19-21】某畜牧养殖小企业将育成的50头仔猪出售给某肉类加工企业，价款总额为30 000元，货款已存入银行。出售时仔猪的账面余额为15 000元。该小企业的会计处理如下。

| | | |
|---|---|---|
| 借：银行存款 | 30 000 | |
| 　　贷：主营业务收入 | | 30 000 |
| 借：主营业务成本 | 15 000 | |
| 　　贷：消耗性生物资产 | | 15 000 |

# 19.9　固定资产相关经济业务

## 业务 33：取得固定资产

**业务概述**

小企业购入（含以分期付款方式购入）不需要安装的固定资产，应当按照实际支付的购买价款、相关税费（不包括按照税法规定可抵扣的增值税进项税额）、运输费、装卸费、保险费等，借记“固定资产”科目；按照税法规定可抵扣的增值税进项税额，借记“应交税费——应交增值税（进项税额）”科目；贷记“银行存款”“长期应付款”等科目。

购入需要安装的固定资产，先记入“在建工程”科目，安装完成后再转入“固定资产”科目。

自行建造固定资产完成竣工决算，按照竣工决算前发生的相关支出，借记“固定资产”科目，贷记“在建工程”科目。

取得投资者投入的固定资产，应当按照评估价值和相关税费，借记“固定资产”或“在建工程”科目，贷记“实收资本”“资本公积”科目。

融资租入的固定资产，在租赁期开始日，按照租赁合同约定的付款总额和在签订租赁合同过程中发生的相关税费等，借记“固定资产”或“在建工程”科目，贷记“长期应付款”等科目。

**账务处理**

（1）小企业购入固定资产，相关会计处理如表 19-9 所示。

表 19-9　　购入固定资产的会计处理

| 固定资产 | 会计处理 |
| --- | --- |
| 不需要安装 | 借：固定资产（按照实际支付价款和相关税费）<br>　　应交税费——应交增值税（进项税额）<br>　　贷：银行存款等 |
| 需要安装 | 借：在建工程<br>　　贷：银行存款等<br>安装完成后：<br>借：固定资产<br>　　贷：在建工程 |

（2）自行建造固定资产，相关会计处理如图 19-25 所示。

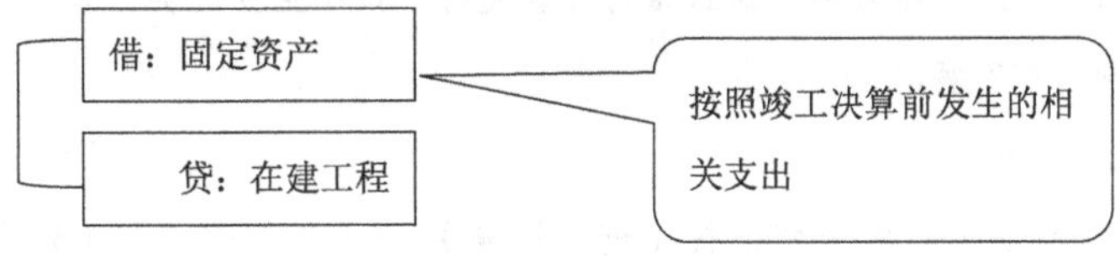


图 19-25　自行建造固定资产的会计处理

（3）投资者投入的固定资产，相关会计处理如图 19-26 所示。

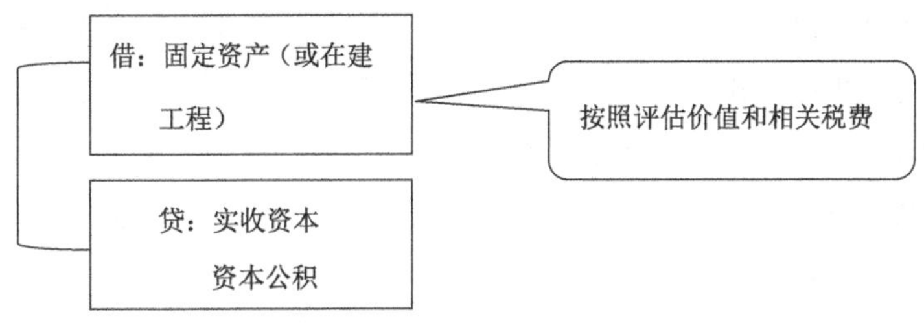


图 19-26　投资者投入固定资产的会计处理

（4）融资租入的固定资产，相关会计处理如图 19-27 所示。

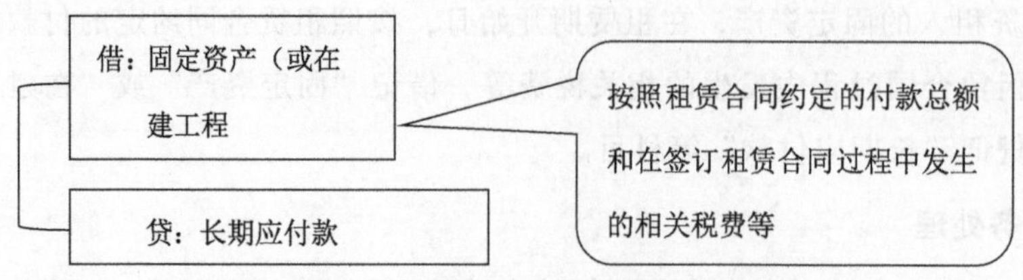


**图 19-27　融资租入固定资产的会计处理**

**案例解析**

**【例 19-22】**某小企业 2×22 年 6 月 12 日购入一台不需要安装的机器设备，该设备的购买价款为 180 000 元，增值税为 23 400 元，支付运输费 2 000 元、保险费 1 000 元，款项全部通过银行存款付清。该小企业的会计处理如下。

借：固定资产　　183 000

　　应交税费——应交增值税（进项税额）　　23 400

　　贷：银行存款　　206 400

**【例 19-23】**某小企业 2×22 年 7 月 3 日购入一台需要安装的机器设备，该设备的购买价款为 100 000 元，增值税为 13 000 元，支付运输费 1 500 元，另外支付安装费用 2 700 元，上述款项已通过银行存款支付。该小企业的会计处理如下。

（1）购入并安装。

借：在建工程　　101 500

　　应交税费——应交增值税（进项税额）　　13 000

　　贷：银行存款　　114 500

（2）支付安装费。

借：在建工程　　2 700

　　贷：银行存款　　2 700

（3）设备安装完毕交付使用。

借：固定资产　　104 200

　　贷：在建工程　　104 200

## 业务 34：固定资产使用过程中发生费用

**业务概述**

小企业在固定资产使用过程中发生的修理费，应当按照固定资产的受益对象，借记“制造费用”“管理费用”等科目，贷记“银行存款”等科目。

固定资产的大修理支出，借记“长期待摊费用”科目，贷记“银行存款”等科目。

**账务处理**

（1）固定资产使用过程中发生的修理费，相关会计处理如图 19-28 所示。

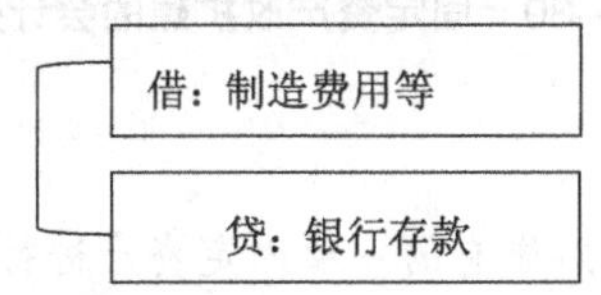


**图 19-28　固定资产使用过程中发生修理费的会计处理**

（2）固定资产发生大修理支出，相关会计处理如图 19-29 所示。

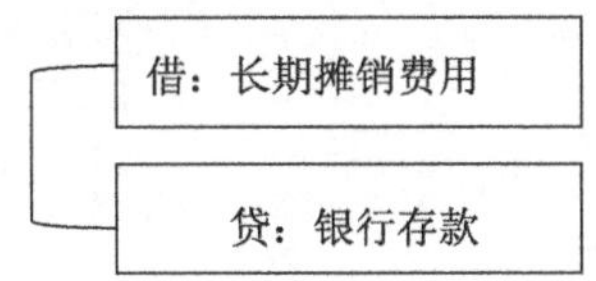


**图 19-29　固定资产发生大修理支出的会计处理**

**案例解析**

**【例 19-24】**某小企业对现有的一台生产用机器设备进行日常维修护理，用银行存款支付修理费 3 000 元。该小企业的会计处理如下。

借：制造费用　　3 000

　　贷：银行存款　　3 000

## 业务 35：固定资产改扩建

**业务概述**

小企业对固定资产进行改扩建时，应当按照该项固定资产的账面价值，借记“在建工程”科目；按照其已计提的累计折旧，借记“累计折旧”科目；按照其原价，贷记“固定资产”科目。

**账务处理**

相关会计处理如图 19-30 所示。

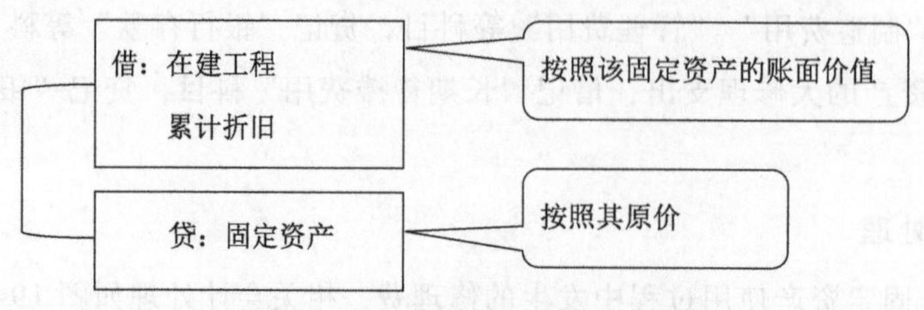


图 19-30　固定资产改扩建的会计处理

**案例解析**

【**例 19-25**】某小企业对原有的一项固定资产进行改扩建，该项固定资产的建造成本为 120 000 元，已计提的累计折旧为 50 000 元。该小企业的会计处理如下。

借：在建工程　　70 000

　　累计折旧　　50 000

　　贷：固定资产　　120 000

## 业务 36：处置固定资产

**业务概述**

小企业因出售、报废、毁损、对外投资等原因处置固定资产，应当按照该项固定资产的账面价值，借记"固定资产清理"科目；按照其已计提的累计折旧，借记"累计折旧"科目；按照其原价，贷记"固定资产"科目。

**账务处理**

相关会计处理如图 19-31 所示。

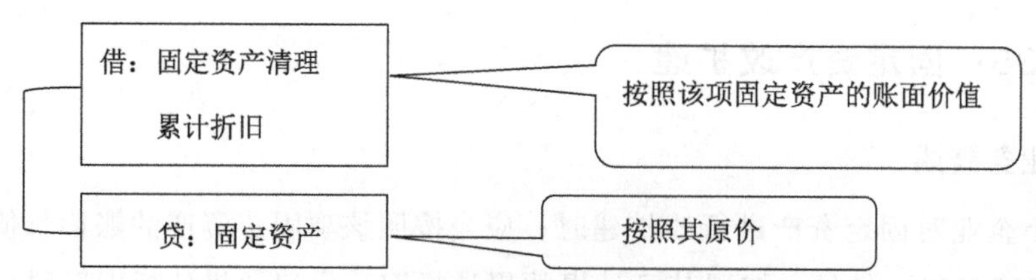


图 19-31　处置固定资产的会计处理

**案例解析**

【**例 19-26**】某小企业处置一台原价为 120 000 元的机器设备，该机器设备已计提的累计折旧为 75 000 元。该小企业的会计处理如下。

借：固定资产清理　　45 000
　　累计折旧　　75 000
　　贷：固定资产　　120 000

## 业务 37：盘盈、盘亏固定资产

### 业务概述

盘盈的固定资产，按照同类或类似固定资产的市场价格或评估价值扣除按照新旧程度估计的折旧后的余额，借记“固定资产”科目，贷记“待处理财产损溢——待处理非流动资产损溢”科目。

盘亏的固定资产，按照该项固定资产的账面价值，借记“待处理财产损溢——待处理非流动资产损溢”科目；按照已计提的折旧，借记“累计折旧”科目；按照其原价，贷记“固定资产”科目。

### 账务处理

（1）盘盈固定资产。

相关会计处理如图 19-32 所示。

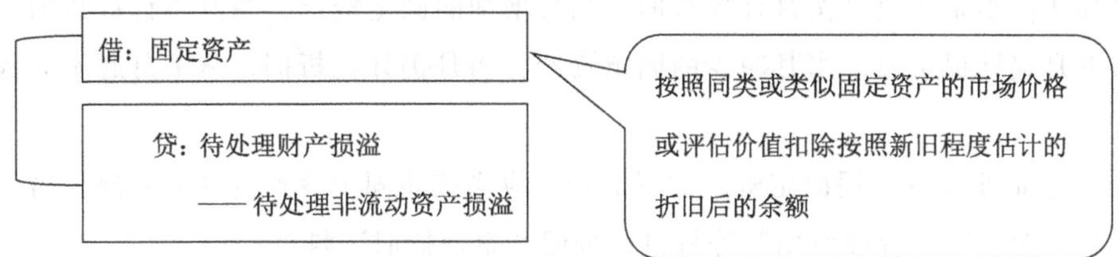


**图 19-32　盘盈固定资产的会计处理**

（2）盘亏固定资产。

相关会计处理如图 19-33 所示。

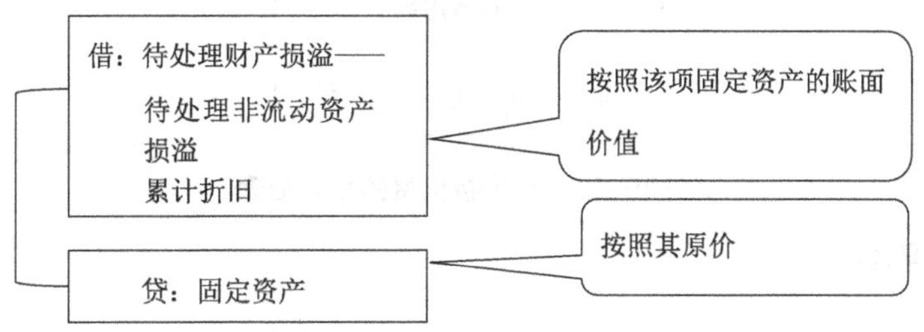


**图 19-33　盘亏固定资产的会计处理**

**案例解析**

**【例 19-27】**某小企业月末清查固定资产时发现有盘亏的固定资产，该项固定资产原价为 100 000 元，已计提的累计折旧为 70 000 元。该小企业的会计处理如下。

借：待处理财产损溢——待处理非流动资产损溢　　30 000

　　累计折旧　　70 000

　　贷：固定资产　　100 000

# 19.10　累计折旧相关经济业务

## 业务 38：按月计提折旧费

**业务概述**

小企业应当按照年限平均法（即直线法，下同）计提折旧。小企业的固定资产由于技术进步等原因，确需加速折旧的，可以采用双倍余额递减法和年数总和法。小企业应当按月计提折旧：当月增加的固定资产，当月不计提折旧，从下月起计提折旧；当月减少的固定资产，当月仍计提折旧，从下月起不计提折旧。

小企业按月计提固定资产的折旧费，应当按照固定资产的受益对象，借记“制造费用”“管理费用”等科目，贷记“累计折旧”科目。

**账务处理**

相关会计处理如图 19-34 所示。

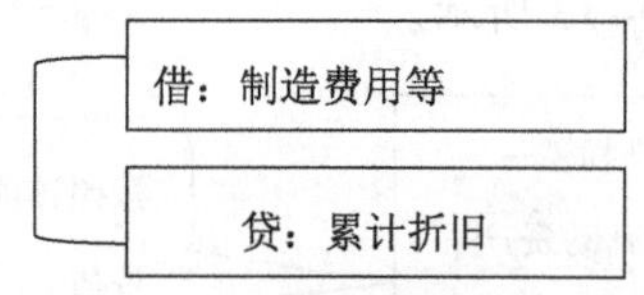


**图 19-34　计提折旧费的会计处理**

**案例解析**

**【例 19-28】**某小企业 2×22 年 5 月计提固定资产折旧的情况如下：机器设备计提折旧 18 500 元；厂房计提折旧 21 500 元；行政办公楼计提折旧 17 000 元；销售部门的运输工具计提折旧 13 000 元。该小企业的会计处理如下。

借：制造费用　　　　40 000
　　管理费用　　　　17 000
　　销售费用　　　　13 000
　　贷：累计折旧　　　　70 000

## 19.11 固定资产清理相关经济业务

### 业务 39：处置固定资产

**业务概述**

“固定资产清理”科目核算小企业由于出售、报废、毁损、对外投资等原因处置固定资产所转出的固定资产账面价值以及在清理过程中发生的费用等。

**账务处理**

小企业由于出售、报废、毁损、对外投资等原因处置固定资产，应当按照该项固定资产的账面价值，借记“固定资产清理”科目；按照其已计提的累计折旧，借记“累计折旧”科目；按照其原价，贷记“固定资产”科目。同时，按照税法规定不得从增值税销项税额中抵扣的进项税额，借记“固定资产清理”科目，贷记“应交税费——应交增值税（进项税额转出）”科目。

### 业务 40：清理发生的相关费用或处置收入

**业务概述**

清理过程中应支付的相关税费及其他费用，借记“固定资产清理”科目，贷记“银行存款”“应交税费”等科目。取得出售固定资产的价款、残料价值和变价收入等处置收入，借记“银行存款”“原材料”等科目，贷记“固定资产清理”科目。应由保险公司或过失人赔偿的损失，借记“其他应收款”等科目，贷记“固定资产清理”科目。

**账务处理**

（1）清理过程中支付的相关费用，相关会计处理如图 19-35 所示。

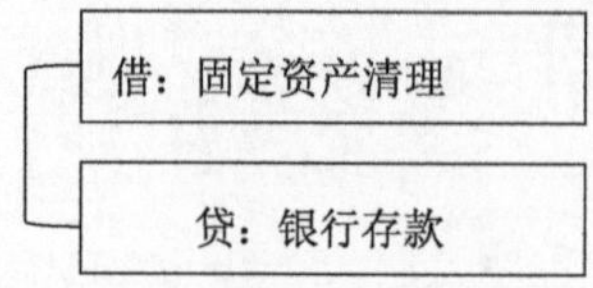


图 19-35　支付清理费用的会计处理

（2）取得各种处置收入，相关会计处理如图 19-36 所示。

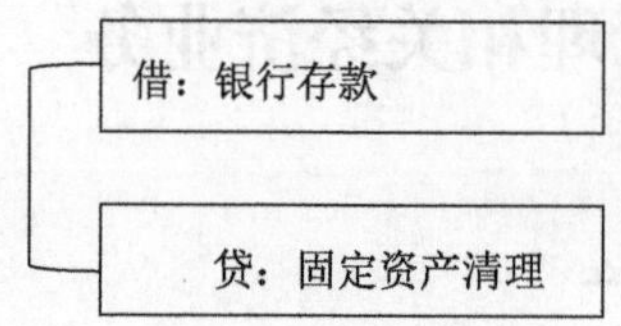


图 19-36　取得处置收入的会计处理

（3）由保险公司或过失人赔偿的损失，相关会计处理如图 19-37 所示。

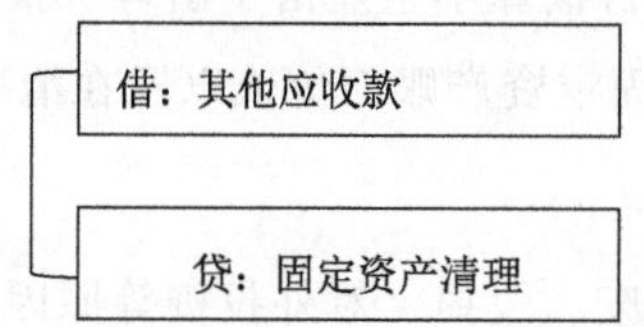


图 19-37　取得赔偿收入的会计处理

**案例解析**

**【例 19-29】**某小企业清理一台机器设备，该机器设备原价 150 800 元，累计已计提折旧 145 000 元。在清理过程中，用银行存款支付清理费用 5 000 元，收到残料变卖收入 2 600 元，支付相关税费 300 元。该小企业的会计处理如下。

（1）固定资产转入清理。

借：固定资产清理　　5 800

　　累计折旧　　145 000

　　贷：固定资产　　150 800

（2）支付相关税费。

借：固定资产清理　　5 300

　　贷：银行存款　　5 000

　　　　应交税费　　300

（3）收到残料变卖收入。

借：银行存款　　2 600

　　贷：固定资产清理　　2 600

## 业务 41：清理完成，结转损益

**业务概述**

固定资产清理完成后，“固定资产清理”科目如为借方余额，借记“营业外支出——非流动资产处置净损失”科目，贷记“固定资产清理”科目；如为贷方余额，借记“固定资产清理”科目，贷记“营业外收入——非流动资产处置净收益”科目。

**账务处理**

（1）借方有余额，相关会计处理如图 19-38 所示。

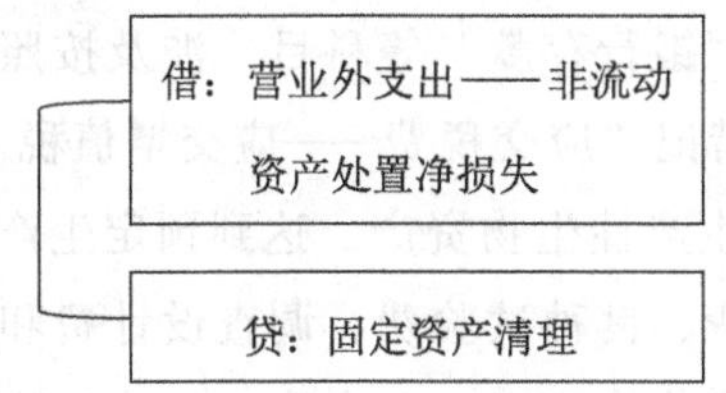


**图 19-38　结转处置损失的会计处理**

（2）贷方有余额，相关会计处理如图 19-39 所示。

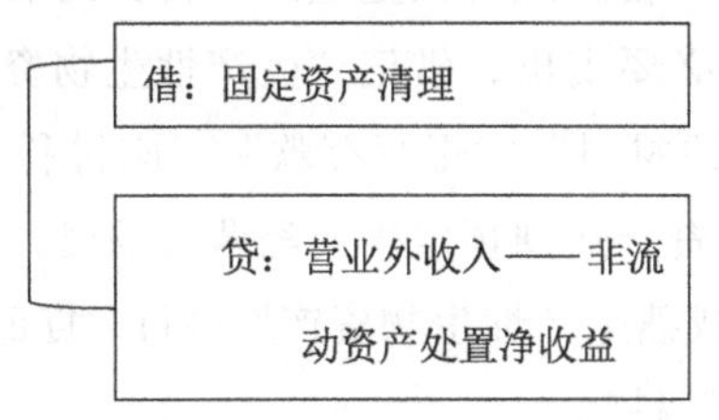


**图 19-39　结转处置收益的会计处理**

**案例解析**

**【例 19-30】**承接**【例 19-29】**，结转该小企业固定资产清理损益。该小企业的会计处理如下。

“固定资产清理”科目余额 =5 800+5 300-2 600=8 500（元）

借：营业外支出——非流动资产处置净损失　　　　8 500

　　贷：固定资产清理　　　　8 500

## 19.12 生产性生物资产相关经济业务

### 业务 42：取得生产性生物资产

#### 业务概述

“生产性生物资产”科目核算小企业（农、林、牧、渔业）持有的生产性生物资产的原价（成本），应按照“未成熟生产性生物资产”和“成熟生产性生物资产”，分别生物资产的种类、群别等进行明细核算。

小企业外购的生产性生物资产，按照购买价款和相关税费，借记“生产性生物资产”科目，贷记“银行存款”等科目。涉及按照税法规定可抵扣的增值税进项税额的，还应当借记“应交税费——应交增值税（进项税额）”科目。

自行营造的林木类生产性生物资产，达到预定生产经营目的前发生的造林费、抚育费、营林设施费、良种试验费、调查设计费和应分摊的间接费用等必要支出，借记“生产性生物资产——未成熟生产性生物资产”科目，贷记“原材料”“银行存款”“应付利息”等科目。

自行繁殖的产畜和役畜，达到预定生产经营目的前发生的饲料费、人工费和应分摊的间接费用等必要支出，借记“生产性生物资产——未成熟生产性生物资产”科目，贷记“原材料”“银行存款”“应付利息”等科目。

未成熟生产性生物资产达到预定生产经营目的时，按照其账面余额，借记“生产性生物资产——成熟生产性生物资产”科目，贷记“生产性生物资产——未成熟生产性生物资产”科目。

#### 账务处理

相关会计处理如表 19-10 所示。

表 19-10　　取得生产性生物资产的会计处理

| 生产性生物资产 | 会计处理 |
| --- | --- |
| 外购的生产性生物资产 | 借：生产性生物资产（按照购买价款和相关税费）<br>　　应交税费——应交增值税（进项税额）<br>　贷：银行存款等 |
| 自行营造的林木类生产性生物资产 | 借：生产性生物资产——未成熟生产性生物资产<br>　贷：原材料等 |

续表

| 生产性生物资产 | 会计处理 |
| --- | --- |
| 自行繁殖的产畜和役畜 | 借：生产性生物资产——未成熟生产性生物资产<br>贷：原材料等 |
| 未成熟生产性生物资产达到预定生产经营目的时 | 借：生产性生物资产——成熟生产性生物资产<br>贷：生产性生物资产——未成熟生产性生物资产 |

## 案例解析

**【例 19-31】**2×19 年 4 月 2 日，某小企业从市场上购买了 8 头种牛和 10 头种羊，单价分别为 3 500 元和 2 400 元，共支付价款 52 000 元，另支付运输费 3 000 元、装卸费 120 元，全部价款以银行存款付清。4 月 24 日，该小企业开始自行营造果树，发生种苗费 165 000 元，肥料及农药费 124 000 元。预计 2×22 年该批果树达到预定生产经营目的。

（1）2×19 年 4 月 2 日，购买种牛和种羊。

运输费和装卸费的分摊比例 =（3 000+120）÷52 000×100%=6%

种牛应分摊的运输费和装卸费 =8×3 500×6%=1 680（元）

种牛入账价值 =3 500×8+1 680=29 680（元）

种羊应分摊的运输费和装卸费 =10×2 400×6%=1 440（元）

种羊入账价值 =2 400×10+1 440=25 440（元）

借：生产性生物资产——种牛　　29 680

　　　　　　　　　——种羊　　25 440

　贷：银行存款　　55 120

（2）2×19 年 4 月 24 日，自行营造果树。

借：生产性生物资产——未成熟生产性生物资产（果树）　289 000

　贷：原材料——种苗　　165 000

　　　　　　——肥料及农药费　　124 000

（3）2×22 年，果树达到预定生产经营目的。

借：生产性生物资产——成熟生产性生物资产（果树）　289 000

　贷：生产性生物资产——未成熟生产性生物资产（果树）　289 000

## 业务 43：育肥畜与产畜或役畜之间相互转换

### 业务概述

育肥畜转为产畜或役畜，应当按照其账面余额，借记“生产性生物资产”科目，贷记“消耗性生物资产”科目。

产畜或役畜淘汰转为育肥畜，应按照转群时产畜或役畜的账面价值，借记“消耗性生物资产”科目；按照已计提的累计折旧，借记“生产性生物资产累计折旧”科目；按照其原价，贷记“生产性生物资产”科目。

### 账务处理

略。参考“业务 28”。

### 案例解析

略。参考“业务 28”。

## 业务 44：发生后续支出

### 业务概述

择伐、间伐或抚育更新等生产性采伐而补植林木类生产性生物资产发生的后续支出，借记“生产性生物资产——未成熟生产性生物资产”科目，贷记“银行存款”等科目。

生产性生物资产发生的管护、饲养费用等后续支出，借记“管理费用”科目，贷记“银行存款”等科目。

### 账务处理

（1）补植林木类生产性生物资产发生的后续支出，相关会计处理如图 19-40 所示。

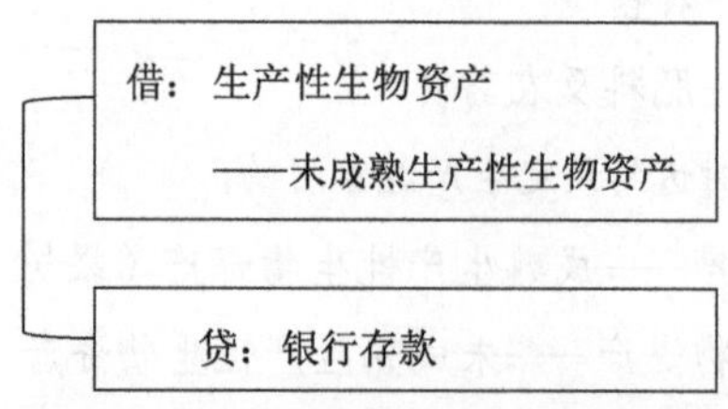


**图 19-40　补植林木类生产性生物资产发生后续支出的会计处理**

（2）生产性生物资产发生管护、饲养费用等后续支出，相关会计处理如

图 19-41 所示。

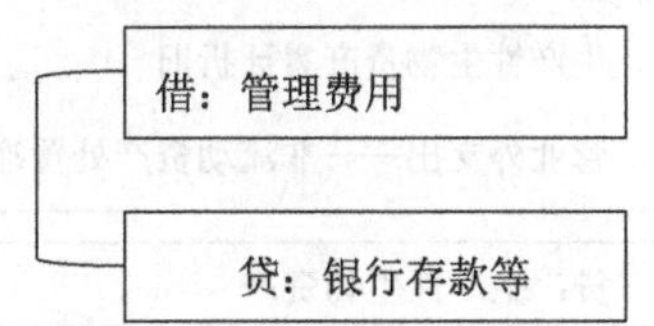


**图 19-41　管护、饲养费用等后续支出的会计处理**

**案例解析**

**【例 19-32】**承接**【例 19-31】**，若该小企业购买该批种牛和种羊后又发生了饲养费用 78 000 元，以及在果树抚育期间共支付了 850 000 元。这些后续支出均用银行存款付清。该小企业的会计处理如下。

（1）支付种牛和种羊的饲养费用。

借：管理费用　　78 000

　　贷：银行存款　　78 000

（2）支付果树的后续支出。

借：生产性生物资产——未成熟生产性生物资产　　850 000

　　贷：银行存款　　850 000

## 业务 45：处置生产性生物资产

**业务概述**

因出售、报废、毁损、对外投资等原因处置生产性生物资产，应按照取得的出售生产性生物资产的价款、残料价值和变价收入等处置收入，借记“银行存款”等科目；按照已计提的累计折旧，借记“生产性生物资产累计折旧”科目；按照其原价，贷记“生产性生物资产”科目；按照其差额，借记“营业外支出——非流动资产处置净损失”科目或贷记“营业外收入——处置非流动资产处置净收益”科目。

**账务处理**

（1）处置产生损失，相关会计处理如图 19-42 所示。

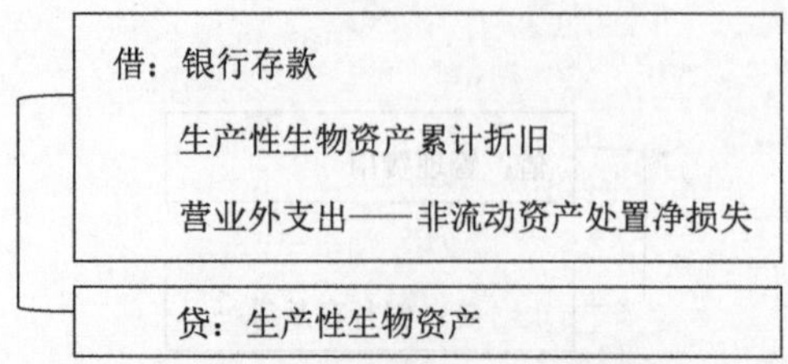


**图 19-42　生产性生物资产处置损失的会计处理**

（2）处置产生收益，相关会计处理如图 19-43 所示。

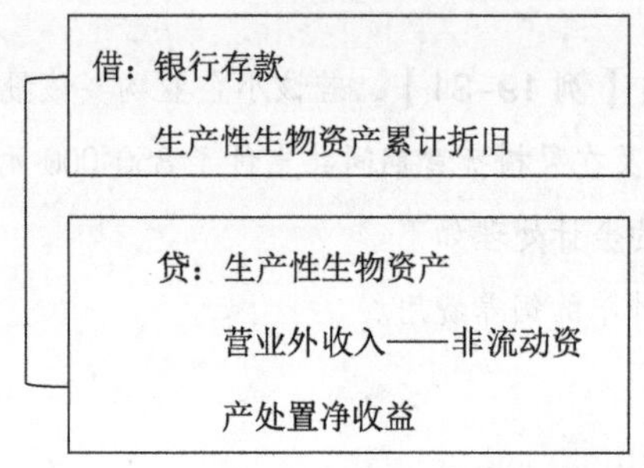


**图 19-43　生产性生物资产处置收益的会计处理**

**案例解析**

**【例 19-33】**承接**【例 19-31】**，该小企业于 2×16 年 6 月 5 日出售了 4 头种牛和 5 头种羊，取得收入 31 000 元，实际单价为 4 000 元和 3 000 元，累计已计提折旧 8 000 元。该小企业的会计处理如下。

| | | |
|---|---|---|
| 借：银行存款 | 31 000 | |
| 　　生产性生物资产累计折旧 | 8 000 | |
| 　　贷：生产性生物资产——种牛 | | 16 000 |
| 　　　　　　　　　　——种羊 | | 15 000 |
| 　　　　营业外收入——非流动资产处置净收益 | | 8 000 |

## 19.13　在建工程相关经济业务

### 业务 46：在建工程领用物资及发生相关费用

**业务概述**

小企业在在建工程竣工结算前，可能会发生领用工程物资、支付职工薪酬、支付借款利息及试运转过程中发生支出等事项。

自营工程领用工程物资，借记“在建工程”科目，贷记“工程物资”科目。

在建工程应负担的职工薪酬，借记“在建工程”科目，贷记“应付职工薪酬”科目。

在建工程使用本企业的产品或商品，应当按照成本，借记“在建工程”科目，贷记“库存商品”科目。

在建工程在竣工决算前发生的借款利息，在应付利息日应当根据借款合同利率计算确定的利息费用，借记“在建工程”科目，贷记“应付利息”科目。办理竣工决算后发生的利息费用，在应付利息日，借记“财务费用”科目，贷记“应付利息”等科目。

在建工程在试运转过程中发生的支出，借记“在建工程”科目，贷记“银行存款”等科目；形成的产品或者副产品对外销售或转为库存商品的，借记“银行存款”“库存商品”等科目，贷记“在建工程”科目。

自营工程办理竣工决算，借记“固定资产”科目，贷记“在建工程”科目。

**账务处理**

相关会计处理如表 19-11 所示。

**表 19-11　　在建工程建设期间的会计处理**

| 在建工程 | 会计处理 |
| --- | --- |
| 自营工程领用工程物资 | 借：在建工程<br>　　贷：工程物资 |
| 应负担的职工薪酬 | 借：在建工程<br>　　贷：应付职工薪酬 |
| 使用本企业的产品或商品 | 借：在建工程（按照成本）<br>　　贷：库存商品 |
| 发生的借款利息 | 在竣工决算前发生的：<br>借：在建工程<br>　　贷：应付利息（根据借款合同利率计算确定的利息费用）<br>在竣工决算后发生的：<br>借：财务费用<br>　　贷：应付利息 |
| 试运转过程中发生的支出 | 借：在建工程<br>　　贷：银行存款 |

续表

| 在建工程 | 会计处理 |
| --- | --- |
| 形成的产品或者副产品对外销售或转为库存商品 | 借：银行存款（或库存商品）<br>　　贷：在建工程 |
| 办理竣工决算 | 借：固定资产<br>　　贷：在建工程 |

**案例解析**

【例 19-34】某小企业 2×22 年 7 月自行建造一厂房，7 月 3 日领用工程物资一批，价值 70 000 元；7 日计提工程人员工资 65 000 元；18 日确认借款利息 15 000 元。10 月底工程交付使用。该小企业的会计处理如下。

（1）2×22 年 7 月 3 日，领用工程物资。

借：在建工程　　70 000

　　贷：工程物资　　70 000

（2）2×22 年 7 月 7 日，计提工资。

借：在建工程　　65 000

　　贷：应付职工薪酬　　65 000

（3）2×22 年 7 月 18 日，确认借款利息。

借：在建工程　　15 000

　　贷：应付利息　　15 000

（4）2×22 年 10 月底，厂房完工交付使用。

厂房入账价值 =70 000+65 000+15 000=150 000（元）

借：固定资产　　150 000

　　贷：在建工程　　150 000

## 业务 47：出包工程

### 业务概述

出包工程，按照工程进度和合同约定结算的工程价款，借记“在建工程”科目，贷记“银行存款”“预付账款”等科目。

工程完工收到承包单位提供的账单，借记“固定资产”科目，贷记“在建工程”科目。

**账务处理**

（1）按照工程进度和合同约定结算的工程价款，相关会计处理如图 19-44 所示。

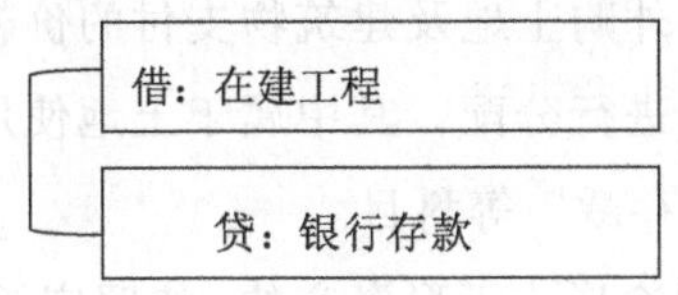


**图 19-44　结算工程价款的会计处理**

（2）工程完工收到承包单位提供的账单，相关会计处理如图 19-45 所示。

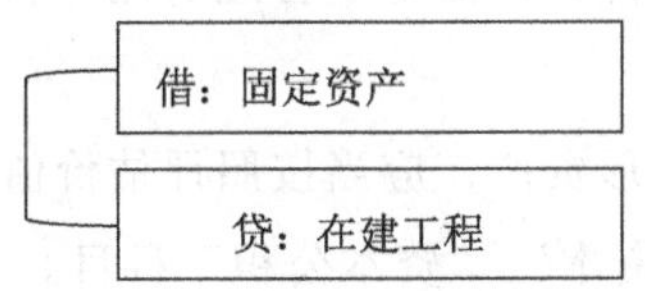


**图 19-45　工程完工的会计处理**

**案例解析**

**【例 19-35】**某小企业 2×22 年 5 月出包给 A 企业一仓库建造工程，合同中约定的工程价款为 300 000 元，通过银行支付。8 月该工程完工，小企业收到 A 企业提供的账单。

借：在建工程　　300 000
　　贷：银行存款　　300 000
借：固定资产　　300 000
　　贷：在建工程　　300 000

# 19.14　无形资产相关经济业务

## 业务 48：取得无形资产

**业务概述**

小企业外购无形资产，应当按照实际支付的购买价款、相关税费和相关的其他支出（含相关的利息费用），借记“无形资产”科目，贷记“银行存款”“应付利息”等科目。

自行研究开发无形资产发生的研发支出，不满足资本化条件的，借记“研发支出——费用化支出”科目；满足资本化条件的，借记“研发支出——资本化支出”科目；贷记“原材料”“银行存款”“应付职工薪酬”等科目。自行开发建造厂房等建筑物，外购土地及建筑物支付的价款应当在建筑物与土地使用权之间按照合理的方法进行分配，其中属于土地使用权的部分，借记“无形资产”科目，贷记“银行存款”等科目。

开发项目达到预定用途形成无形资产的，按照应予资本化的支出，借记“无形资产”科目，贷记“研发支出——资本化支出”科目。月末，应将费用化支出金额转入“管理费用”科目，借记“管理费用”科目，贷记“研发支出——费用化支出”科目。

收到投资者投入的无形资产，应当按照评估价值和相关税费，借记“无形资产”科目，贷记“实收资本”“资本公积”科目。

**账务处理**

相关会计处理如表 19-12 所示。

**表 19-12　　　　取得无形资产的会计处理**

| 无形资产 | 会计处理 |
| --- | --- |
| 外购无形资产 | 借：无形资产<br>　　应交税费——应交增值税（进项税额）<br>　　贷：银行存款 |
| 自行开发无形资产 | 借：研发支出——费用化支出（或研发支出——资本化支出）<br>　　贷：银行存款 |
| 开发项目达到预定用途形成无形资产 | 借：无形资产（按照应予资本化的支出）<br>　　贷：研发支出——资本化支出<br>月末将费用化支出金额转入损益：<br>借：管理费用（按照费用化的支出）<br>　　贷：研发支出——费用化支出 |
| 收到投资者投入的无形资产 | 借：无形资产（按照评估价值和相关税费）<br>　　贷：实收资本<br>　　　　资本公积 |

**案例解析**

**【例 19-36】**2×22 年 1 月 7 日，某小企业从 A 企业购入一项商标权，实际支付价款 120 000 元，并支付增值税 7 200 元，全部款项以银行存款付清。3 月 10

日，小企业决定自行研发一项产品专利技术，研究开发过程中发生材料费 108 000 元、开发人员工资 80 000 元、其他费用 12 000 元。其中，符合资本化条件的费用为 114 000 元。6 月 30 日，该项专利技术达到预定用途。该小企业的会计处理如下。

（1）2×22 年 1 月 7 日，购入商标权。

借：无形资产——商标使用权　　120 000
　　应交税费——应交增值税（进项税额）　　7 200
　　贷：银行存款　　127 200

（2）2×22 年 3 月 10 日，开发专利技术。

借：研发支出——费用化支出　　86 000
　　　　　　——资本化支出　　114 000
　　贷：原材料　　108 000
　　　　应付职工薪酬　　80 000
　　　　银行存款　　12 000

（3）2×22 年 6 月 30 日，该项专利技术达到预定用途。

借：无形资产　　114 000
　　管理费用　　86 000
　　贷：研发支出——资本化支出　　114 000
　　　　　　　　——费用化支出　　86 000

## 业务 49：处置无形资产

### 业务概述

因出售、报废、对外投资等原因处置无形资产，应当按照取得的出售无形资产的价款等处置收入，借记“银行存款”等科目；按照其已计提的累计摊销，借记“累计摊销”科目；按照应支付的相关税费及其他费用，贷记“应交税费——应交增值税（销项税额）”科目；按照其成本，贷记“无形资产”科目；按照其差额，贷记“营业外收入——非流动资产处置净收益”科目或借记“营业外支出——非流动资产处置净损失”科目。

### 账务处理

（1）处置产生收益，相关会计处理如图 19-46 所示。

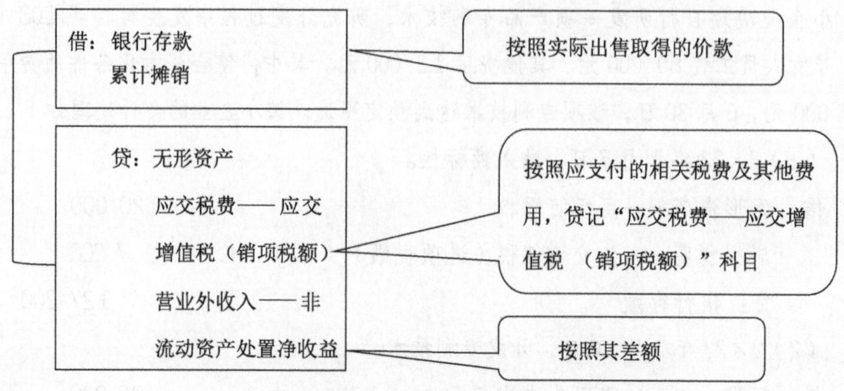


**图 19-46　无形资产取得处置收益的会计处理**

（2）处置产生损失，相关会计处理如图 19-47 所示。

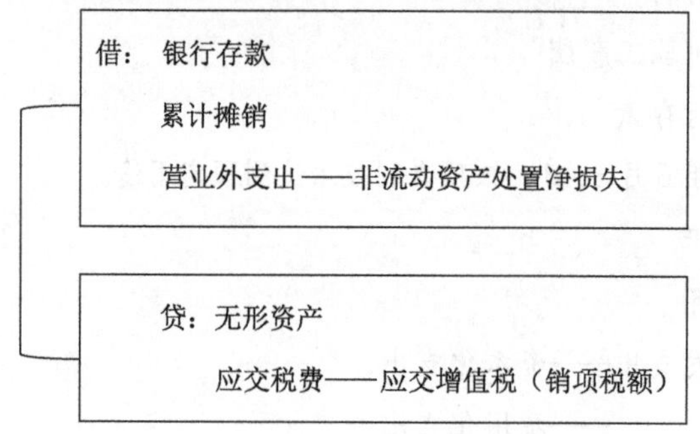


**图 19-47　无形资产发生处置损失的会计处理**

**案例解析**

**【例 19-37】**某小企业出售其拥有的一项成本为 200 000 元的非专利技术，取得收入 150 000 元，应交增值税 9 000 元，该非专利技术已摊销 80 000 元。该小企业的会计处理如下。

| | |
|---|---|
| 借：银行存款 | 150 000 |
| 　　累计摊销 | 80 000 |
| 　贷：无形资产 | 200 000 |
| 　　　应交税费——应交增值税（销项税额） | 9 000 |
| 　　　营业外收入——非流动资产处置净收益 | 21 000 |

# 19.15　累计摊销相关经济业务

## 业务 50：计提无形资产的摊销

### 业务概述

小企业按月采用年限平均法计提无形资产的摊销，应当按照无形资产的受益对象，借记“制造费用”“管理费用”等科目，贷记“累计摊销”科目。

处置无形资产还应同时结转累计摊销。

### 账务处理

（1）计提无形资产的摊销，相关会计处理如图 19-48 所示。

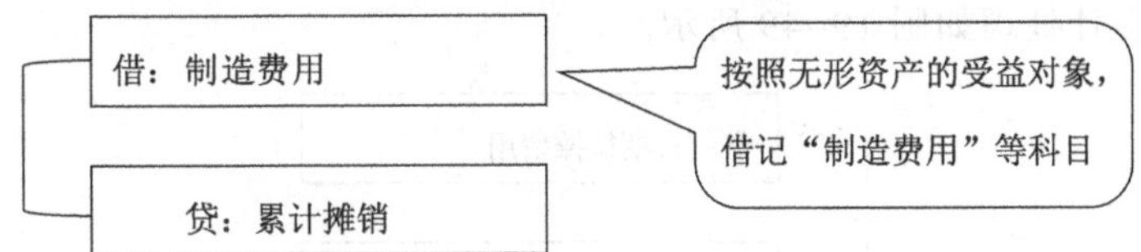


图 19-48　无形资产摊销的会计处理

（2）处置无形资产时结转累计摊销，参考“业务 39”。

### 案例解析

**【例 19-38】**某小企业从 A 企业购入一项生产用专利技术，实际支付价款 180 000 元，款项已支付，估计该专利技术的使用寿命为 10 年，净残值为零，按年限平均法摊销。该小企业的会计处理如下。

（1）取得无形资产。

借：无形资产　　180 000

　　贷：银行存款　　180 000

（2）按年摊销。

借：制造费用　　18 000

　　贷：累计摊销　　18 000

## 19.16 长期待摊费用相关经济业务

### 业务 51：发生长期待摊费用

#### 业务概述

“长期待摊费用”科目核算小企业已提足折旧的固定资产的改建支出、经营租入固定资产的改建支出、固定资产的大修理支出和其他长期待摊费用等。

小企业发生的长期待摊费用，借记“长期待摊费用”科目，贷记“银行存款”“原材料”等科目。

#### 账务处理

相关会计处理如图 19-49 所示。

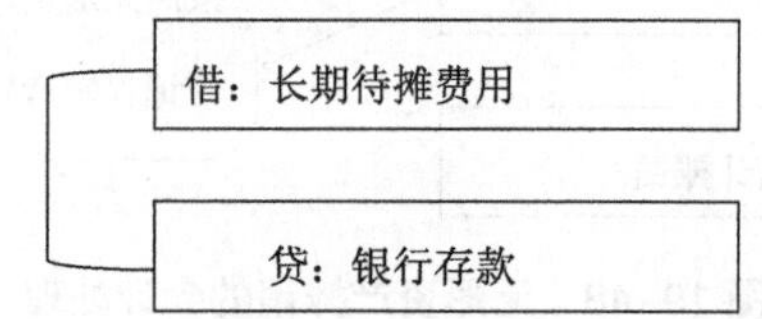


**图 19-49 发生长期待摊费用的会计处理**

#### 案例解析

**【例 19-39】**某小企业于 2×22 年 7 月 1 日批准筹建，开办费 56 000 元，用银行存款支付。该小企业的会计处理如下。

借：长期待摊费用　　56 000

　　贷：银行存款　　56 000

### 业务 52：摊销长期待摊费用

#### 业务概述

按月采用年限平均法摊销长期待摊费用，应当按照长期待摊费用的受益对象，借记“制造费用”“管理费用”等科目，贷记“长期待摊费用”科目。

#### 账务处理

相关会计处理如图 19-50 所示。

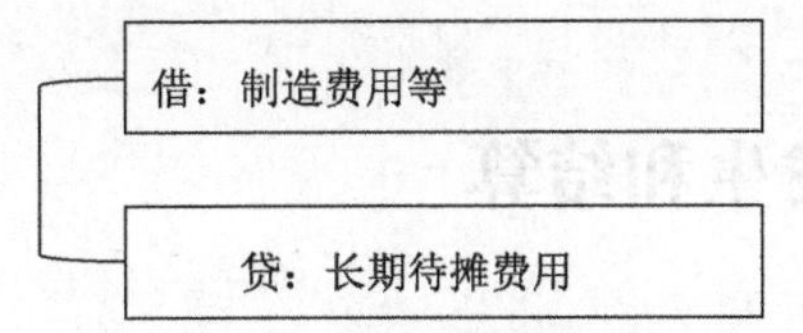


**图 19-50　摊销长期待摊费用的会计处理**

**案例解析**

**【例 19-40】**承接**【例 19-39】**，2×22 年 7 月 31 日摊销该小企业的开办费。

借：管理费用——开办费　　56 000

　　贷：长期待摊费用　　56 000

# 第 20 章

# 债权、债务的发生和结算

## 20.1 应收及预付款项相关经济业务

### 业务 53：因销售商品或提供劳务形成应收账款

**业务概述**

“应收账款”科目核算小企业因销售商品、提供劳务等日常生产经营活动应收取的款项。

小企业因销售商品或提供劳务形成应收账款，应当按照应收金额，借记“应收账款”科目；按照税法规定应缴纳的增值税销项税额，贷记“应交税费——应交增值税（销项税额）”科目；按照其差额，贷记“主营业务收入”或“其他业务收入”科目。

**账务处理**

相关会计处理如图 20-1 所示。

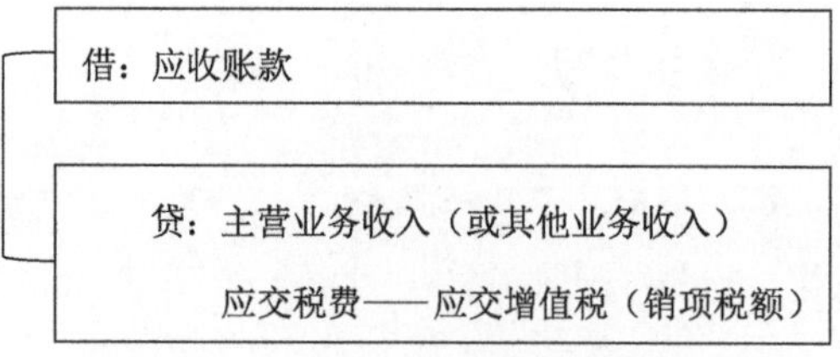


**图 20-1 形成应收账款时的会计处理**

**案例解析**

**【例 20-1】**某小企业 2×22 年 5 月 2 日销售一批商品给 A 企业，开出增值税专用发票上注明的价款为 240 000 元，增值税销项税额为 31 200 元，款项尚未收到。该小企业的会计处理如下。

借：应收账款——A 企业　　271 200

　　贷：主营业务收入　　240 000

　　　　应交税费——应交增值税（销项税额）　　31 200

## 业务 54：收回应收账款

### 业务概述

小企业收回应收账款，借记“银行存款”或“库存现金”科目，贷记“应收账款”科目。

### 账务处理

相关会计处理如图 20-2 所示。

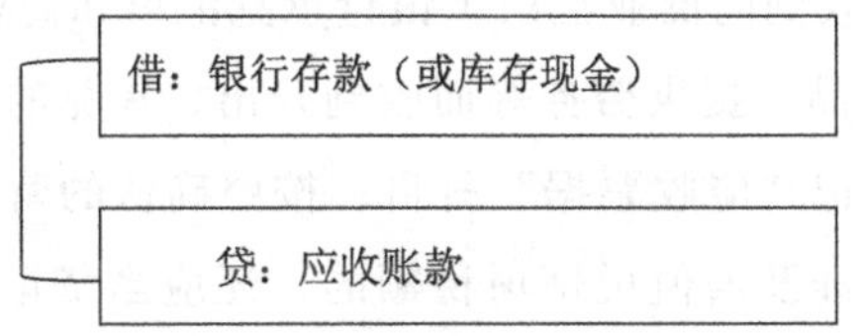


**图 20-2　收回应收账款时的会计处理**

### 案例解析

**【例 20-2】**承接**【例 20-1】**，该小企业于 2×22 年 5 月 20 日收到该批商品的价款。该小企业的会计处理如下。

借：银行存款　　271 200

　　贷：应收账款——A 企业　　271 200

## 业务 55：发生坏账损失

### 业务概述

按照小企业会计准则规定确认应收账款实际发生的坏账损失，应当按照可收回的金额，借记“银行存款”等科目；按照其账面余额，贷记“应收账款”科目；按照其差额，借记“营业外支出”科目。

**账务处理**

相关会计处理如图 20-3 所示。

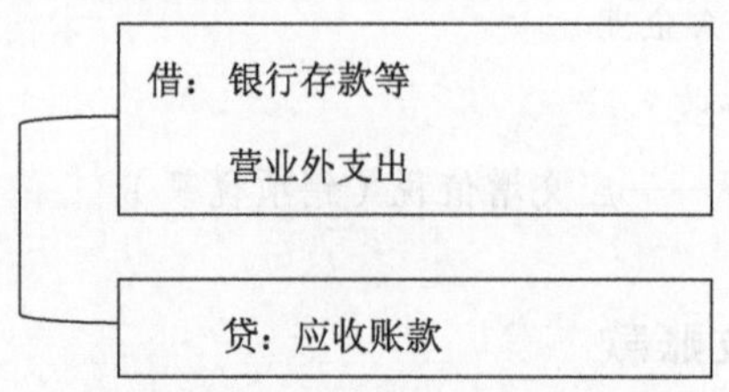


**图 20-3　发生坏账损失的会计处理**

## 业务 56：收到应收票据

**业务概述**

“应收票据”科目核算小企业因销售商品（产成品或材料）、提供劳务等日常生产经营活动而收到的商业汇票（银行承兑汇票和商业承兑汇票）。

小企业因销售商品、提供劳务等而收到开出、承兑的商业汇票，按照商业汇票的票面金额，借记“应收票据”科目；按照确认的营业收入，贷记“主营业务收入”等科目。涉及增值税销项税额的，还应当贷记“应交税费——应交增值税（销项税额）”科目。

**账务处理**

相关会计处理如图 20-4 所示。

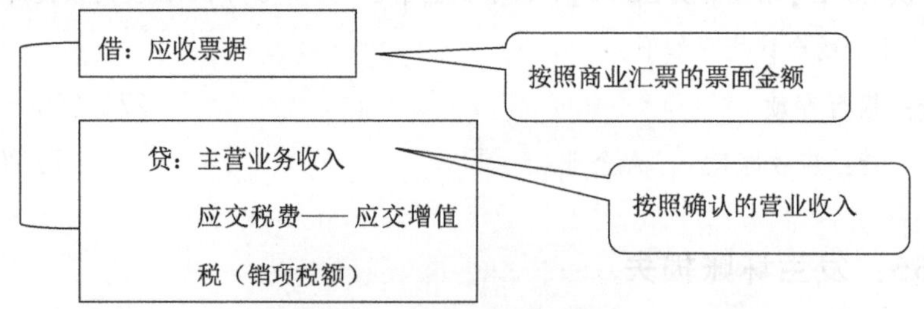


**图 20-4　收到应收票据的会计处理**

**案例解析**

【例 20-3】某小企业 2×22 年 5 月 2 日，出售给 A 企业一批材料，价款为 120 000 元，增值税为 15 600 元，收到 A 企业开出的商业承兑汇票。该小企业的会计处理如下。

借：应收票据——A 企业　　135 600

　　贷：主营业务收入　　120 000

　　　　应交税费——应交增值税（销项税额）　　15 600

## 业务 57：未到期的商业票据向银行贴现

### 业务概述

持未到期的商业汇票向银行贴现，应按照实际收到的金额（即减去贴现息后的净额），借记“银行存款”科目；按照贴现息，借记“财务费用”科目；按照商业汇票的票面金额，贷记“应收票据”科目（银行无追索权情况下）或“短期借款”科目（银行有追索权情况下）。

### 账务处理

（1）银行无追索权情况下，相关会计处理如图 20-5 所示。

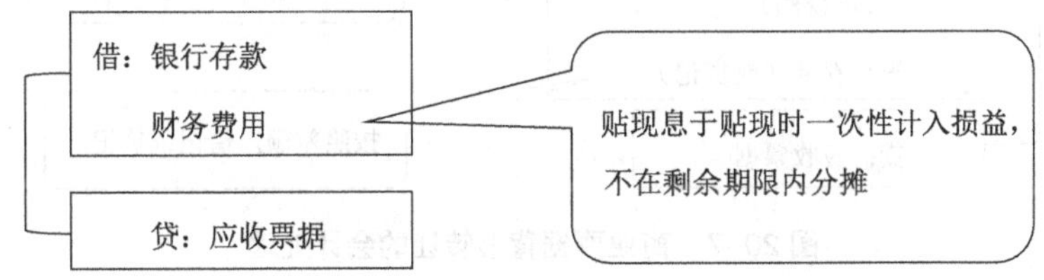


图 20-5　无追索权贴现的会计处理

（2）银行有追索权情况下，相关会计处理如图 20-6 所示。

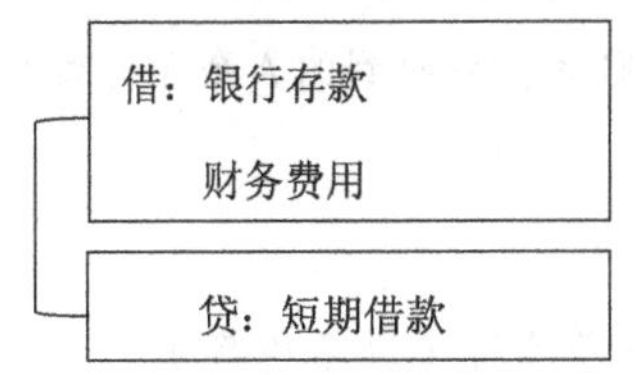


图 20-6　有追索权贴现的会计处理

### 案例解析

【例 20-4】承接【例 20-3】，该小企业将收到的票据向银行贴现，贴现息为 400 元。银行无追索权。该小企业的会计处理如下。

借：银行存款　　135 200

　　财务费用　　400

　　贷：应收票据　　135 600

## 业务 58：商业票据背书转让

### 业务概述

小企业将持有的商业汇票背书转让以取得所需物资，按照应计入取得物资成本的金额，借记“材料采购”或“原材料”“库存商品”等科目；按照商业汇票的票面金额，贷记“应收票据”科目；如有差额，借记或贷记“银行存款”等科目。涉及按照税法规定可抵扣的增值税进项税额的，还应当借记“应交税费——应交增值税（进项税额）”科目。

### 账务处理

相关会计处理如图 20-7 所示。

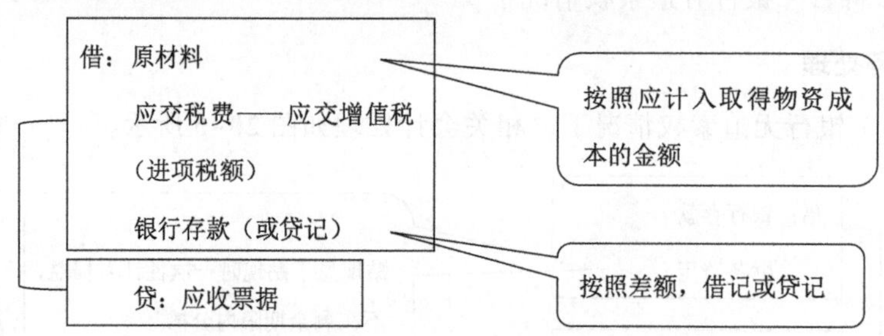


图 20-7 商业票据背书转让的会计处理

### 案例解析

【例 20-5】承接【例 20-3】，该小企业从 B 企业购入一批商品，实际价款为 180 000 元，增值税为 23 400 元，用收到的 A 企业的商业票据背书转让给 B 企业。该小企业的会计处理如下。

| | | |
|---|---|---|
| 借：库存商品 | 180 000 | |
| 应交税费——应交增值税（进项税额） | 23 400 | |
| 贷：应收票据 | | 135 600 |
| 银行存款 | | 67 800 |

## 业务 59：商业票据到期

### 业务概述

商业汇票到期，应按照实际收到的金额，借记“银行存款”科目，贷记“应收票据”科目。

因付款人无力支付票款，或到期不能收回应收票据，应按照商业汇票的票面金额，借记“应收账款”科目，贷记“应收票据”科目。

**账务处理**

（1）到期收回款项，相关会计处理如图 20-8 所示。

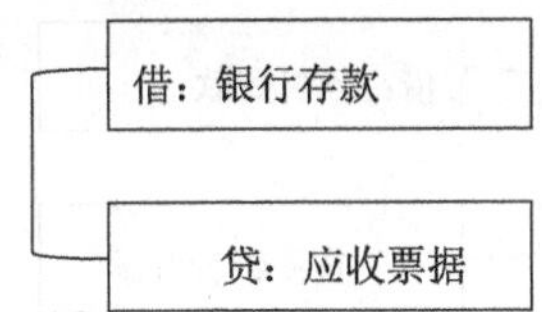


**图 20-8　商业票据到期收回的会计处理**

（2）到期不能收回，相关会计处理如图 20-9 所示。

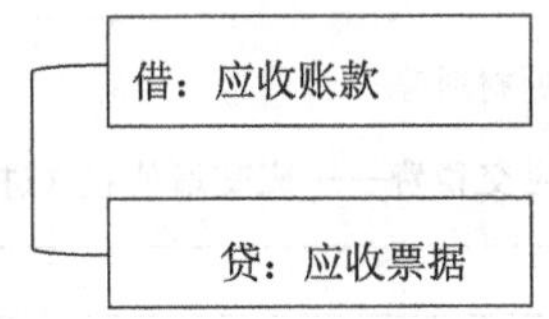


**图 20-9　商业票据到期不能收回的会计处理**

**案例解析**

**【例 20-6】**承接**【例 20-3】**，假设该小企业于 5 月 20 日收回货款。该小企业的会计处理如下。

借：银行存款　　135 600

　　贷：应收票据——A 企业　　135 600

## 业务 60：小企业购货而预付货款

**业务概述**

“预付账款”科目核算小企业按照合同约定预付的款项。预付款项不多的小企业，也可以不设置本科目，将预付的款项直接记入“应付账款”科目借方。

小企业因购货而预付的款项，借记“预付账款”科目，贷记“银行存款”等科目。

收到所购物资，按照应计入购入物资成本的金额，借记“在途物资”或“原材料”“库存商品”等科目；按照税法规定可抵扣的增值税进项税额，借记“应交税费——应交增值税（进项税额）”科目；按照应支付的金额，贷记“预付账款”科目。补付的款项，借记“预付账款”科目，贷记“银行存款”等科目；退回多付的款项，做相反的会计分录。

**账务处理**

（1）因购货而预付的款项，相关会计处理如图 20-10 所示。

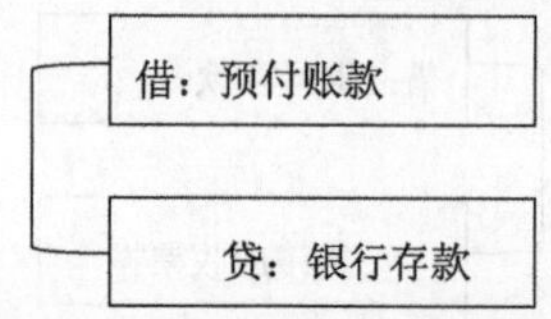


**图 20-10 预付货款的会计处理**

（2）收到货物，相关会计处理如图 20-11 所示。

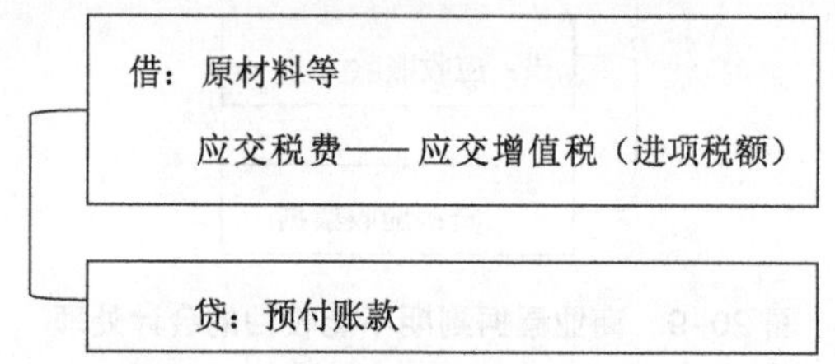


**图 20-11 预付货款收到货物的会计处理**

（3）补付的款项，相关会计处理如图 20-12 所示。

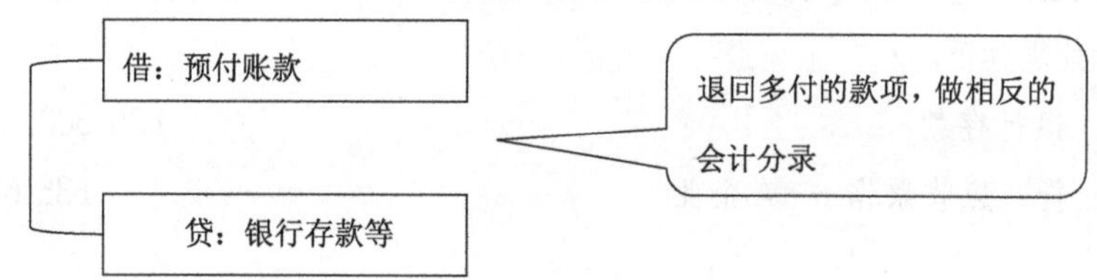


**图 20-12 预付货款补付款项的会计处理**

**案例解析**

**【例 20-7】**某小企业 2×22 年 5 月 3 日购入 A 企业一批材料，与 A 企业签订的合同约定预付的货款为 120 000 元，该小企业用银行存款支付货款 120 000 元，增值税 15 600 元，材料尚未收到。5 月 10 日收到该批货物，并验收入库。该小企业的会计处理如下。

（1）2×22 年 5 月 3 日，购入材料。

借：预付账款　　　　120 000

　贷：银行存款　　　　120 000

（2）2×22 年 5 月 10 日，收到材料。

借：原材料　　120 000

　应交税费——应交增值税（进项税额）　　15 600

　贷：预付账款　　135 600

## 业务 61：预付工程价款

### 业务概述

小企业进行在建工程预付的工程价款，也通过"预付账款"科目核算。出包工程按照合同约定预付的工程价款，借记"预付账款"科目，贷记"银行存款"等科目。按照工程进度和合同规定结算的工程价款，借记"在建工程"科目，贷记"预付账款""银行存款"等科目。

### 账务处理

（1）预付工程价款，相关会计处理如图 20-13 所示。

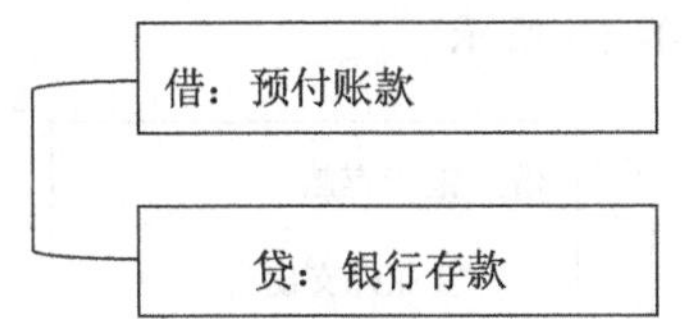


**图 20-13　预付工程价款的会计处理**

（2）结算工程价款，相关会计处理如图 20-14 所示。

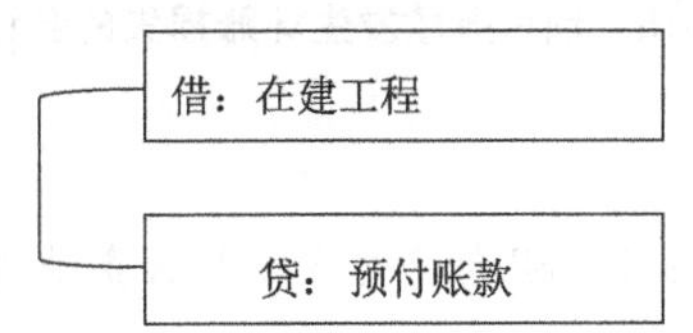


**图 20-14　结算工程价款的会计处理**

### 案例解析

**【例 20-8】**某小企业 2×22 年 6 月 7 日出包一工程给 A 企业，合同上约定的预付工程价款为 204 000 元，小企业通过银行存款支付。9 月 5 日该工程完工，结算工程价款。

（1）2×22年6月7日，预付工程价款。

借：预付账款　　204 000

　　贷：银行存款　　204 000

（2）2×22年9月5日，结算工程价款。

借：在建工程　　204 000

　　贷：预付账款　　204 000

## 业务62：确认预付账款实际发生的坏账损失

### 业务概述

按照小企业会计准则规定确认预付账款实际发生的坏账损失，应当按照可收回的金额，借记“银行存款”等科目；按照其账面余额，贷记“预付账款”科目；按照其差额，借记“营业外支出”科目。

### 账务处理

相关会计处理如图20-15所示。

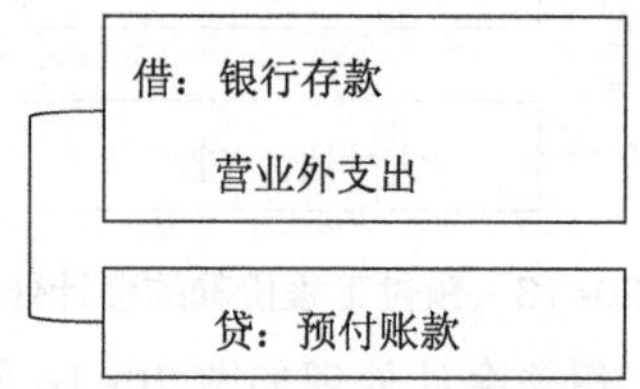


图20-15　预付账款发生坏账损失的会计处理

### 案例解析

【例20-9】某小企业2×22年2月5日从A企业购入一批商品，预付货款180 000元。2月10日，A企业由于无法提供该批商品，只能退回给小企业165 000元。该小企业的会计处理如下。

借：银行存款　　165 000

　　营业外支出　　15 000

　　贷：预付账款　　180 000

## 20.2　应付及预收款项相关经济业务

### 业务 63：购入材料、商品，货款尚未支付

**业务概述**

“应付账款”科目核算小企业因购买材料、商品和接受劳务等日常生产经营活动应支付的款项。

小企业购入材料、商品等未验收入库，货款尚未支付，应当根据有关凭证（发票账单、随货同行发票）上记载的实际价款或暂估价值，借记“在途物资”科目；按照可抵扣的增值税进项税额，借记“应交税费——应交增值税（进项税额）”科目；按照应付的价款，贷记“应付账款”科目。

**账务处理**

相关会计处理如图 20-16 所示。

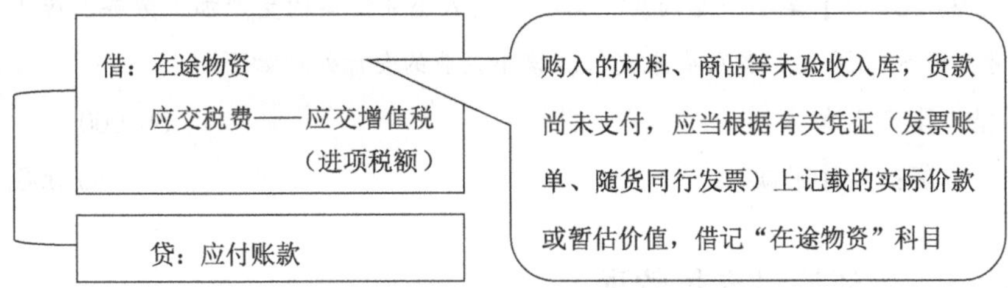


**图 20-16　赊购商品的会计处理**

**案例解析**

**【例 20-10】**某小企业 2×22 年 5 月 3 日从 A 企业购入一批商品，商品尚未验收入库，增值税专用发票上记载的实际货款为 158 000 元，增值税为 20 540 元，货款尚未支付。该小企业的会计处理如下。

借：在途物资　　158 000

　　应交税费——应交增值税（进项税额）　　20 540

　　贷：应付账款　　178 540

## 业务 64：接受劳务而发生的应付未付款项

### 业务概述

接受供应单位提供劳务而发生的应付未付款项，应当根据供应单位的发票账单，借记“生产成本”“管理费用”等科目，贷记“应付账款”科目。

### 账务处理

相关会计处理如图 20-17 所示。

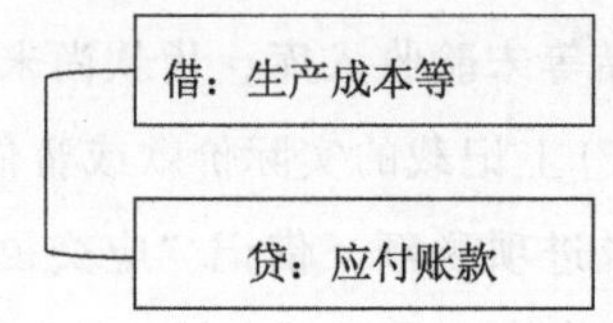


**图 20-17 接受劳务未付款项的会计处理**

### 案例解析

**【例 20-11】**某小企业因生产需要接受 A 企业提供的生产加工劳务，应支付 A 企业劳务费 80 000 元，款项尚未支付。该小企业的会计处理如下。

借：生产成本　　80 000

　　贷：应付账款　　80 000

## 业务 65：偿还应付未付款项

### 业务概述

偿付应付账款，借记“应付账款”科目，贷记“银行存款”等科目。小企业确实无法偿付的应付账款，借记“应付账款”科目，贷记“营业外收入”科目。

### 账务处理

（1）偿付应付账款，相关会计处理如图 20-18 所示。

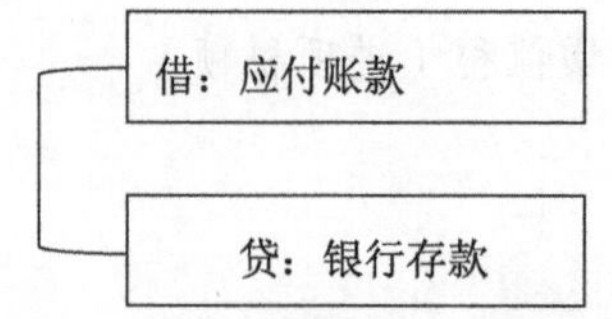


**图 20-18 偿付应付账款的会计处理**

（2）确实无法偿付的应付账款，相关会计处理如图 20-19 所示。

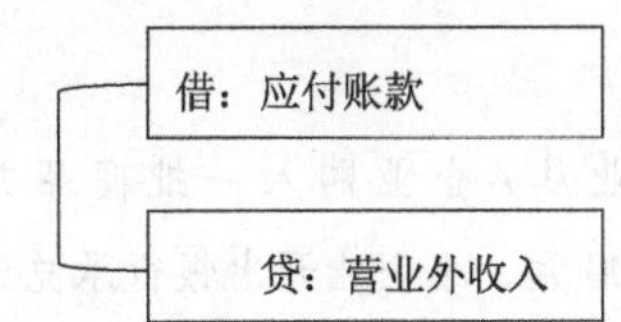


**图 20-19　应付账款无法偿付的会计处理**

### 案例解析

**【例 20-12】**承接**【例 20-10】**，该小企业 5 月 20 日支付该批商品的货款。该小企业的会计处理如下。

借：应付账款　　178 540

　　贷：银行存款　　178 540

**【例 20-13】**承接**【例 20-11】**，该小企业因债权人撤销而无法支付这笔 80 000 元的应付账款。该小企业的会计处理如下。

借：应付账款　　80 000

　　贷：营业外收入　　80 000

## 业务 66：开出、承兑商业票据

### 业务概述

“应付票据”科目核算小企业因购买材料、商品和接受劳务等日常生产经营活动开出、承兑的商业汇票（银行承兑汇票和商业承兑汇票）。

小企业开出、承兑商业汇票或以承兑商业汇票抵付货款、应付账款等，借记“材料采购”或“在途物资”“库存商品”等科目，贷记“应付票据”科目。涉及增值税进项税额的，还应进行相应的账务处理。

### 账务处理

相关会计处理如图 20-20 所示。

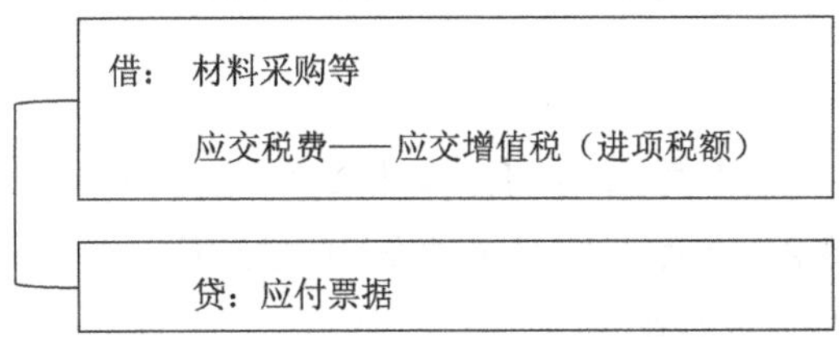


**图 20-20　开出、承兑商业票据的会计处理**

**案例解析**

【例 20-14】某小企业从 A 企业购入一批商品并验收入库，实际货款为 140 000 元，增值税为 18 200 元，小企业开出银行承兑汇票给 A 企业。该小企业的会计处理如下。

借：库存商品　　140 000

　　应交税费——应交增值税（进项税额）　　18 200

　　贷：应付票据——A 企业　　158 200

## 业务 67：支付银行承兑汇票手续费及票款

**业务概述**

小企业支付银行承兑汇票的手续费，借记“财务费用”科目，贷记“银行存款”科目。支付票款，借记“应付票据”科目，贷记“银行存款”科目。

**账务处理**

（1）支付银行承兑汇票手续费，相关会计处理如图 20-21 所示。

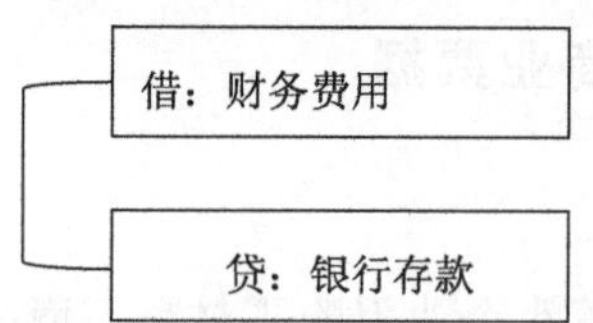


**图 20-21　支付银行承兑汇票手续费的会计处理**

（2）支付票款，相关会计处理如图 20-22 所示。

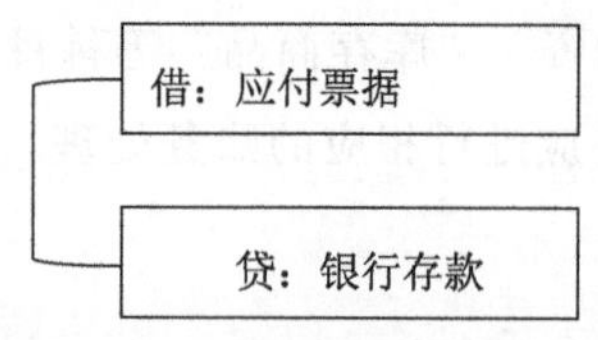


**图 20-22　支付票款的会计处理**

**案例解析**

【例 20-15】承接【例 20-14】，该小企业支付开给 A 企业的票款，同时支付银行承兑汇票手续费 2 000 元。该小企业的会计处理如下。

借：应付票据——A 企业　　158 200

　　贷：银行存款　　158 200

借：财务费用 2 000

　　贷：银行存款 2 000

## 业务 68：预收购货款、工程款等

### 业务概述

“预收账款”科目核算小企业按照合同规定预收的款项，包括：预收的购货款、工程款等。预收账款不多的，也可以不设置本科目，将预收的款项直接记入“应收账款”科目的贷方。

小企业向购货单位预收的款项，借记“银行存款”等科目，贷记“预收账款”科目。

### 账务处理

相关会计处理如图 20-23 所示。

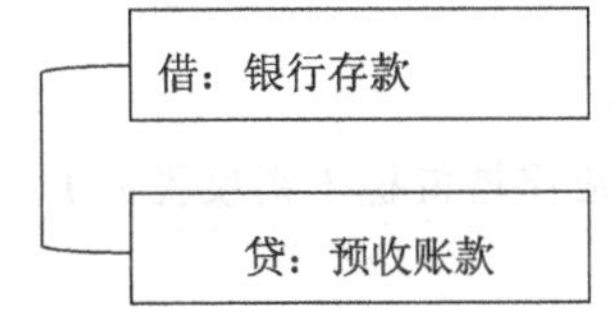


图 20-23　预收购货款、工程款等的会计处理

### 案例解析

【例 20-16】某小企业 2×22 年 1 月 8 日出售给 A 企业一批材料，材料尚未发出。合同约定预收的货款为 135 000 元，小企业已收到货款。该小企业的会计处理如下。

借：银行存款 135 000

　　贷：预收账款 135 000

## 业务 69：销售收入实现

### 业务概述

销售收入实现时，按照实现的收入金额，借记“预收账款”科目，贷记“主营业务收入”科目。涉及增值税销项税额的，还应进行相应的账务处理。

### 账务处理

相关会计处理如图 20-24 所示。

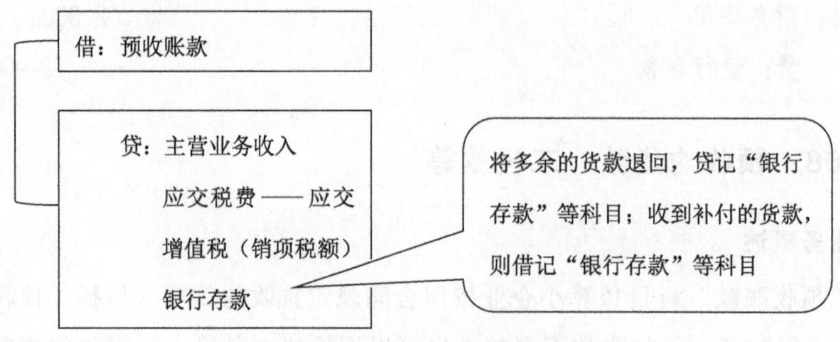


**图 20-24 销售收入实现的会计处理**

**案例解析**

【例 20-17】承接【例 20-16】，该小企业 1 月 20 日将 A 企业所购的价值 100 000 元的材料发出，该批材料的增值税为 13 000 元，并将多余的款项退回。该小企业的会计处理如下。

| | | |
|---|---|---|
| 借：预收账款 | 135 000 | |
| 贷：主营业务收入 | | 100 000 |
| 应交税费——应交增值税（销项税额） | | 13 000 |
| 银行存款 | | 22 000 |

## 业务 70：发生除长期借款外的其他各种长期应付款

**业务概述**

“长期应付款”科目核算小企业除长期借款以外的其他各种长期应付款项，包括：应付融资租入固定资产的租赁费、以分期付款方式购入固定资产发生的应付款项等。

小企业融资租入固定资产，在租赁期开始日，按照租赁合同约定的付款总额和在签订租赁合同过程中发生的相关税费等，借记“固定资产”或“在建工程”科目，贷记“长期应付款”等科目。

以分期付款方式购入固定资产，应当按照实际支付的购买价款和相关税费（不包括按照税法规定可抵扣的增值税进项税额），借记“固定资产”或“在建工程”科目；按照税法规定可抵扣的增值税进项税额，借记“应交税费——应交增值税（进项税额）”科目；贷记“长期应付款”科目。

**账务处理**

（1）融资租入固定资产，相关会计处理如图 20-25 所示。

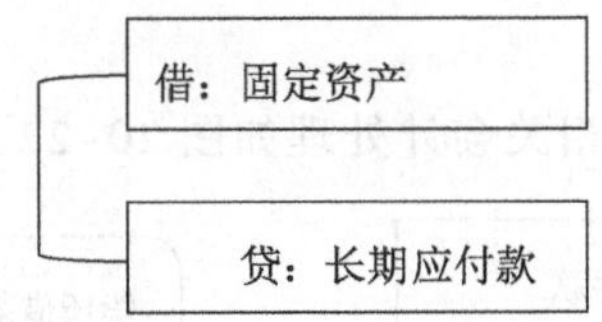


**图 20-25　融资租入固定资产的会计处理**

（2）以分期付款方式购入固定资产，相关会计处理如图 20-26 所示。

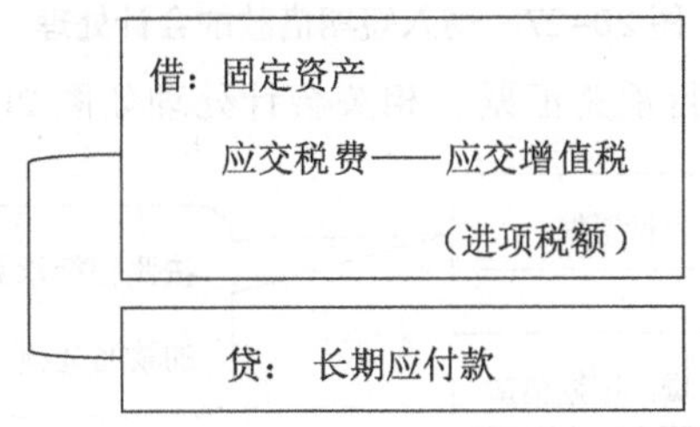


**图 20-26　分期付款购入固定资产的会计处理**

**案例解析**

【**例 20-18**】某小企业以分期付款方式购入一台机器设备，购买价款为 150 000 元，增值税为 19 500 元。该小企业的会计处理如下。

借：固定资产　　150 000

　　应交税费——应交增值税（进项税额）　　19 500

　　贷：长期应付款　　169 500

# 20.3　借款相关经济业务

## 业务 71：借入短期借款

**业务概述**

“短期借款”科目核算小企业向银行或其他金融机构等借入的期限在 1 年以内的各种借款。

小企业借入的各种短期借款，借记“银行存款”科目，贷记“短期借款”科目；偿还借款，做相反的会计分录。

银行承兑汇票到期，小企业无力支付票款的，按照银行承兑汇票的票面金额，借记“应付票据”科目，贷记“短期借款”科目。

**账务处理**

（1）借入短期借款，相关会计处理如图 20-27 所示。

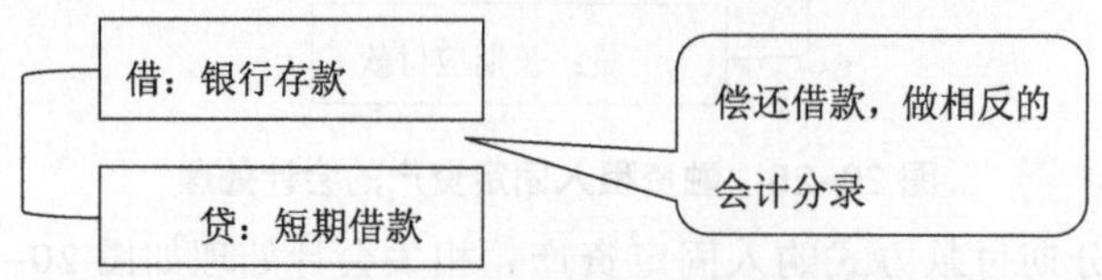


**图 20-27　借入短期借款的会计处理**

（2）无力支付银行承兑汇票，相关会计处理如图 20-28 所示。

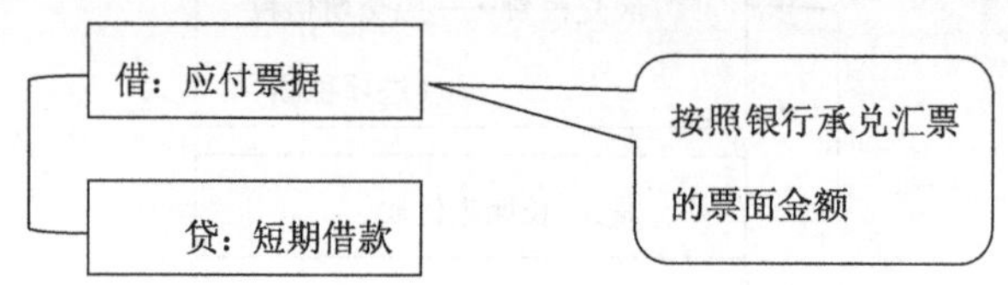


**图 20-28　无力支付银行承兑汇票的会计处理**

**案例解析**

【例 20-19】某小企业 2×22 年 3 月 7 日从银行借入短期借款 150 000 元，3 月 16 日，上月票面金额为 120 000 元的银行承兑汇票到期，小企业无力支付票款。该小企业的会计处理如下。

（1）2×22 年 3 月 7 日，借入短期借款。

借：银行存款　　150 000

　　贷：短期借款　　150 000

（2）2×22 年 3 月 16 日，无力支付已到期的银行承兑汇票。

借：应付票据　　120 000

　　贷：短期借款　　120 000

## 业务 72：持未到期的商业票据向银行贴现

**业务概述**

持未到期的商业汇票向银行贴现，应当按照实际收到的金额（即减去贴现息后的净额），借记“银行存款”科目；按照贴现息，借记“财务费用”科目；按照商业汇票的票面金额，贷记“应收票据”科目（银行无追索权情况下）或“短期借款”科目（银行有追索权情况下）。

**账务处理**

相关会计处理如图 20-29 所示。

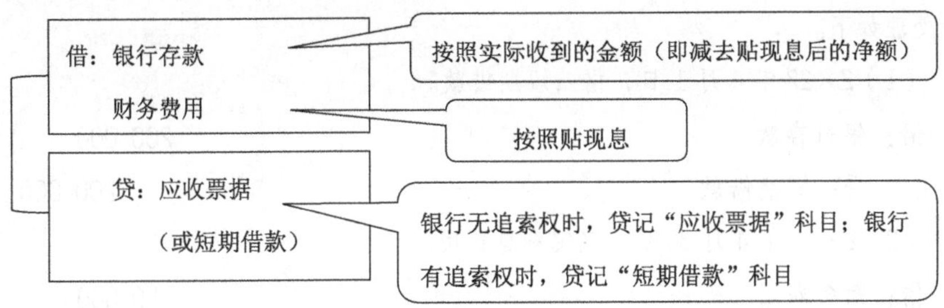


**图 20-29　票据贴现的会计处理**

**案例解析**

**【例 20-20】**某小企业将其持有的尚未到期的商业汇票向银行贴现，票面金额为 135 000 元，实际收到的金额为 130 000 元，银行具有追索权。该小企业的会计处理如下。

借：银行存款　　130 000

　　财务费用　　5 000

　　贷：短期借款　　135 000

## 业务 73：确定利息费用

**业务概述**

在应付利息日，小企业应当按照短期借款合同利率计算确定的利息费用，借记“财务费用”科目，贷记“应付利息”等科目。

**账务处理**

相关会计处理如图 20-30 所示。

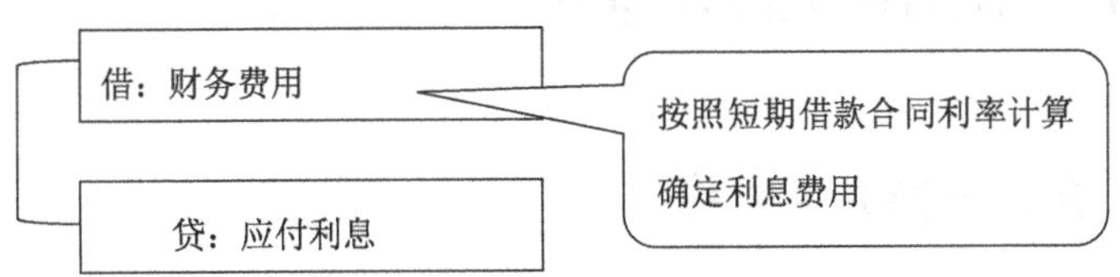


**图 20-30　确定利息费用的会计处理**

**案例解析**

**【例 20-21】** 某小企业 2×22 年 4 月 1 日向银行借入 200 000 元短期借款，合同上记载的月利率为 5%，4 月 30 日确定应支付的利息费用为 10 000 元。该小企业的会计处理如下。

（1）2×22 年 4 月 1 日，借入短期借款。

借：银行存款　　200 000

　　贷：短期借款　　200 000

（2）2×22 年 4 月 30 日，确定利息费用。

借：财务费用　　10 000

　　贷：应付利息　　10 000

## 业务 74：长期借款的账务处理

**业务概述**

“长期借款”科目核算小企业向银行或其他金融机构借入的期限在 1 年以上的各项借款本金。

小企业借入长期借款，借记“银行存款”科目，贷记“长期借款”科目。

在应付利息日，应当按照借款本金和借款合同利率计提利息费用，借记“财务费用”“在建工程”等科目，贷记“应付利息”科目。

偿还长期借款本金，借记“长期借款”科目，贷记“银行存款”科目。

**账务处理**

略。小企业长期借款的业务可以参照短期借款的业务，其会计处理类似。

**案例解析**

略。

# 20.4　职工薪酬相关经济业务

## 业务 75：月末计提职工薪酬

**业务概述**

“应付职工薪酬”科目核算小企业根据有关规定应付给职工的各种薪酬，

应按照“职工工资”“奖金、津贴和补贴”“职工福利费”“社会保险费”“住房公积金”“工会经费”“职工教育经费”“非货币性福利”“辞退福利”等进行明细核算。月末，小企业应当将本月发生的职工薪酬区分以下情况进行分配。

（1）生产部门（提供劳务）人员的职工薪酬，借记“生产成本”“制造费用”等科目，贷记“应付职工薪酬”科目。

（2）应由在建工程、无形资产开发项目负担的职工薪酬，借记“在建工程”“研发支出”等科目，贷记“应付职工薪酬”科目。

（3）管理部门人员的职工薪酬和因解除与职工的劳动关系给予的补偿，借记“管理费用”科目，贷记“应付职工薪酬”科目。

（4）销售人员的职工薪酬，借记“销售费用”科目，贷记“应付职工薪酬”科目。

**账务处理**

相关会计处理如表 20-1 所示。

**表 20-1　　月末计提职工薪酬的会计处理**

| 应付职工薪酬 | 会计处理 |
| --- | --- |
| 生产部门（提供劳务）人员的职工薪酬 | 借：生产成本等<br>　　贷：应付职工薪酬 |
| 由在建工程、无形资产开发项目负担的职工薪酬 | 借：在建工程等<br>　　贷：应付职工薪酬 |
| 管理部门人员的职工薪酬和因解除与职工的劳动关系给予的补偿 | 借：管理费用<br>　　贷：应付职工薪酬 |
| 销售人员的职工薪酬 | 借：销售费用<br>　　贷：应付职工薪酬 |

**案例解析**

**【例 20-22】**2×22 年 7 月，某小企业应发放工资情况如下：生产部门直接生产人员工资 124 000 元；生产部门管理人员工资 40 000 元；企业管理部门人员工资 65 000 元；产品销售部门人员工资 20 000 元；建造厂房人员工资 32 000 元。根据小企业所在地政府的规定，应按照职工工资总额的 2% 计提职工福利费，10% 计提住房公积金，2% 计提工会经费，1.5% 计提职工教育经费。该小企业的会计处理如下。

（1）应计入生产成本的职工薪酬 =124 000×（1+2%+10%+2%+1.5%）= 143 220（元）

应计入制造费用的职工薪酬 =40 000×（1+2%+10%+2%+1.5%）=46 200（元）

应计入管理费用的职工薪酬 =65 000×（1+2%+10%+2%+1.5%）=75 075（元）

应计入销售费用的职工薪酬 =20 000×（1+2%+10%+2%+1.5%）=23 100（元）

应计入在建工程成本的职工薪酬 =32 000×（1+2%+10%+2%+1.5%）=36 960（元）

（2）会计分录如下。

| | | |
|---|---|---|
| 借：生产成本 | 143 220 | |
| 　　制造费用 | 46 200 | |
| 　　管理费用 | 75 075 | |
| 　　销售费用 | 23 100 | |
| 　　在建工程 | 36 960 | |
| 　　贷：应付职工薪酬——职工工资 | | 281 000 |
| 　　　　　　　　　　——职工福利费 | | 5 620 |
| 　　　　　　　　　　——住房公积金 | | 28 100 |
| 　　　　　　　　　　——工会经费 | | 5 620 |
| 　　　　　　　　　　——职工教育经费 | | 4 215 |

## 业务 76：抵减职工薪酬的情况

### 业务概述

小企业向职工支付工资、奖金、津贴、福利费等，从应付职工薪酬中扣还的各种款项（代垫的家属药费、个人所得税等）等，借记“应付职工薪酬”科目，贷记“库存现金”“银行存款”“其他应收款”“应交税费——应交个人所得税”等科目。

支付工会经费和职工教育经费用于工会活动和职工培训，借记“应付职工薪酬”科目，贷记“银行存款”等科目。

按照国家有关规定缴纳的社会保险费和住房公积金，借记“应付职工薪酬”科目，贷记“银行存款”科目。

以自产产品发放给职工的，按照其销售价格，借记“应付职工薪酬”科目，贷记“主营业务收入”科目；同时，还应结转产成品的成本。涉及增值税销项税额的，还应进行相应的账务处理。

支付的因解除与职工的劳动关系给予职工的补偿，借记“应付职工薪酬”科目，贷记“库存现金”“银行存款”等科目。

**账务处理**

相关会计处理如表 20-2 所示。

表 20-2　　抵减职工薪酬的会计处理

| 应付职工薪酬 | 会计处理 |
|---|---|
| 从应付职工薪酬中扣还的各种款项 | 借：应付职工薪酬<br>　贷：库存现金等 |
| 支付工会经费和职工教育经费用于工会活动和职工培训 | 借：应付职工薪酬<br>　贷：银行存款 |
| 按照国家有关规定缴纳的社会保险费和住房公积金 | 借：应付职工薪酬<br>　贷：银行存款 |
| 以自产产品发放给职工的 | 借：应付职工薪酬<br>　贷：主营业务收入 |
| 支付的因解除与职工的劳动关系给予职工的补偿 | 借：应付职工薪酬<br>　贷：库存现金等 |

**案例解析**

【例 20-23】2×23 年 3 月，某小企业替其职工代垫个人所得税 58 000 元，支付 5 000 元工会经费用于工会活动，支付 12 000 元职工教育经费用于职工培训。该小企业的会计处理如下。

借：应付职工薪酬　　75 000
　贷：银行存款　　17 000
　　应交税费——应交个人所得税　　58 000

## 20.5　各种税费相关经济业务

### 业务 77：应交增值税的账务处理

**业务概述**

“应交税费”科目核算小企业按照税法等规定计算的应缴纳的各种税费。

应交税费包括：增值税、消费税、城市维护建设税、企业所得税、资源税、土地增值税、城镇土地使用税、房产税、车船税、教育费附加、矿产资源补偿费、排污费等。小企业代扣代缴的个人所得税等，也通过“应交税费”科目核算。

应交增值税应当分别“进项税额”“销项税额”“出口退税”“进项税额转出”“已交税金”等设置专栏。小规模纳税人只需设置“应交增值税”明细科目，不需要在“应交增值税”明细科目中设置上述专栏。

（1）小企业采购物资等，按照应计入采购成本的金额，借记“材料采购”或“在途物资”“原材料”“库存商品”等科目；按照税法规定可抵扣的增值税进项税额，借记“应交税费——应交增值税（进项税额）”科目；按照应付或实际支付的金额，贷记“应付账款”“银行存款”等科目。购入物资发生退货的，做相反的会计分录。

购进免税农产品，按照购入农产品的买价和税法规定的税率计算的增值税进项税额，借记“应交税费——应交增值税（进项税额）”科目；按照买价减去按照税法规定计算的增值税进项税额后的金额，借记“材料采购”或“在途物资”等科目；按照应付或实际支付的价款，贷记“应付账款”“库存现金”“银行存款”等科目。

（2）销售商品（提供劳务），按照收入金额和应收取的增值税销项税额，借记“应收账款”“银行存款”等科目；按照税法规定应缴纳的增值税销项税额，贷记“应交税费——应交增值税（销项税额）”科目；按照确认的营业收入金额，贷记“主营业务收入”“其他业务收入”等科目。发生销售退回的，做相反的会计分录。

随同商品出售但单独计价的包装物，应当按照实际收到或应收的金额，借记“银行存款”“应收账款”等科目；按照税法规定应缴纳的增值税销项税额，贷记“应交税费——应交增值税（销项税额）”科目；按照确认的其他业务收入金额，贷记“其他业务收入”科目。

（3）有出口产品的小企业，其出口退税的账务处理如下。

①实行“免、抵、退”管理办法的小企业，按照税法规定计算的当期出口产品不予免征、抵扣和退税的增值税，借记“主营业务成本”科目，贷记“应交税费——应交增值税（进项税额转出）”科目。按照税法规定计算的当期应予抵扣的增值税，借记“应交税费——应交增值税（出口抵减内销产品应纳税额）”科目，贷记“应交税费——应交增值税（出口退税）”科目。

出口产品按照税法规定应予退回的增值税，借记“其他应收款”科目，贷记“应交税费——应交增值税（出口退税）”科目。

②未实行“免、抵、退”管理办法的小企业，出口产品实现销售收入时，应当按照应收的金额，借记“应收账款”等科目；按照税法规定应收的出口退税，借记“其他应收款”科目；按照税法规定不予退回的增值税，借记“主营业务成本”科目；按照确认的销售商品收入，贷记“主营业务收入”科目，按照税法规定应缴纳的增值税，贷记“应交税费——应交增值税（销项税额）”科目。

（4）购入材料等按照税法规定不得从增值税销项税额中抵扣的进项税额，其进项税额应计入材料等的成本，借记“材料采购”或“在途物资”等科目，贷记“银行存款”等科目，不通过“应交税费——应交增值税（进项税额）”科目核算。

（5）将自产的产品等用作福利发放给职工，应视同产品销售计算应交增值税，借记“应付职工薪酬”科目，贷记“主营业务收入”“应交税费——应交增值税（销项税额）”等科目。

（6）购进的物资、在产品、产成品因盘亏、毁损、报废、被盗，以及购进物资改变用途等原因按照税法规定不得从增值税销项税额中抵扣的进项税额，其进项税额应转入有关科目，借记“待处理财产损溢”等科目，贷记“应交税费——应交增值税（进项税额转出）”科目。

（7）缴纳的增值税，借记“应交税费——应交增值税（已交税金）”科目，贷记“银行存款”科目。

**账务处理**

（1）购入物资。

相关会计处理如表 20-3 所示。

**表 20-3　　购入物资应交增值税的会计处理**

| 增值税 | 会计处理 |
| --- | --- |
| 小企业采购物资等 | 借：材料采购等（按照应计入采购成本的金额）<br>　　应交税费——应交增值税（进项税额）<br>　　贷：应付账款等<br>　　（购入物资发生退货的，做相反的会计分录） |
| 购进免税农产品 | 借：应交税费——应交增值税（进项税额）<br>　　材料采购等（按照买价减去按照税法规定计算的增值税金额）<br>　　贷：应付账款等 |

（2）销售商品或提供劳务。

相关会计处理如表 20-4 所示。

表 20-4　　销售商品（提供劳务）应交增值税的会计处理

| 增值税 | 会计处理 |
| --- | --- |
| 销售商品（提供劳务） | 借：应收账款等<br>　贷：应交税费——应交增值税（销项税额）<br>　　主营业务收入等<br>（发生销售退回的，做相反的会计分录。） |
| 随同商品出售但单独计价的包装物 | 借：银行存款等<br>　贷：应交税费——应交增值税（销项税额）<br>　　其他业务收入 |

（3）出口退税。

相关会计处理如表 20-5 所示。

表 20-5　　出口退税应交增值税的会计处理

| 增值税 | 会计处理 | |
| --- | --- | --- |
| 实行“免、抵、退”管理办法的小企业 | 按照税法规定计算的当期出口产品不予免征、抵扣和退税的增值 | 借：主营业务成本<br>　贷：应交税费——应交增值税（进项税额转出） |
| | 按照税法规定计算的当期应予抵扣的增值税 | 借：应交税费——应交增值税（出口抵减内销产品应纳税额）<br>　贷：应交税费——应交增值税（出口退税） |
| | 按照税法规定应予退回的增值税 | 借：其他应收款<br>　贷：应交税费——应交增值税（出口退税） |
| 未实行“免、抵、退”管理办法的小企业 | 借：应收账款等（按照实现的销售收入）<br>　其他应收款（按照税法规定应收的出口退税）<br>　主营业务成本（按照税法规定不予退回的增值税）<br>　贷：主营业务收入<br>　　应交税费——应交增值税（销项税额） | |

（4）购入材料等按照税法规定不得从增值税销项税额中抵扣的进项税额。

相关会计处理如图 20-31 所示。

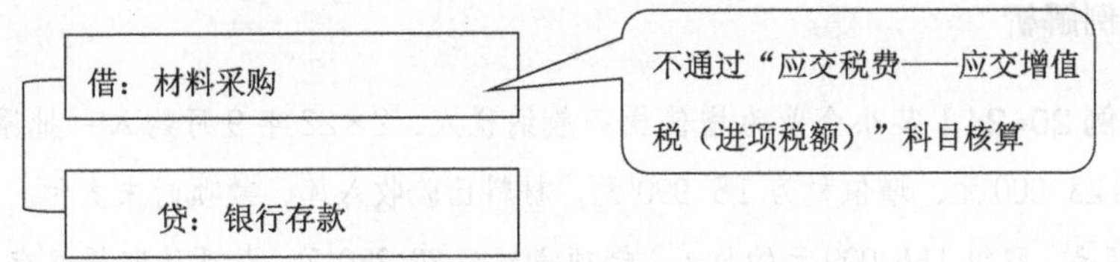


图 20-31　购入不能抵减进项税额的材料的会计处理

（5）将自产的产品等用作福利发放给职工，应视同产品销售。

相关会计处理如图 20-32 所示。

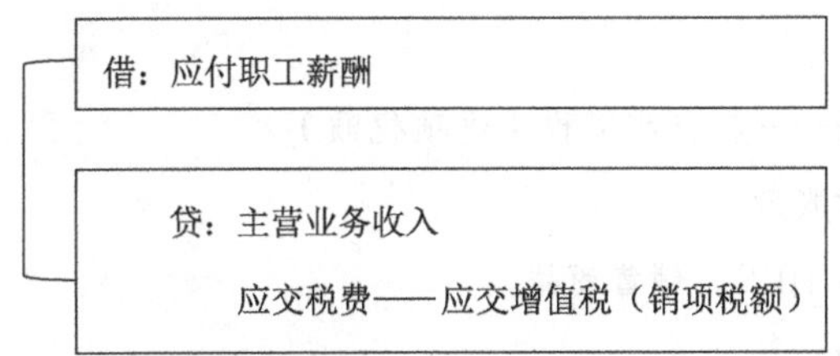


图 20-32　将自产产品用作福利发放给职工的会计处理

（6）因盘亏、毁损、报废、被盗，以及购进物资改变用途等原因按照税法规定不得从增值税销项税额中抵扣的进项税额。

相关会计处理如图 20-33 所示。

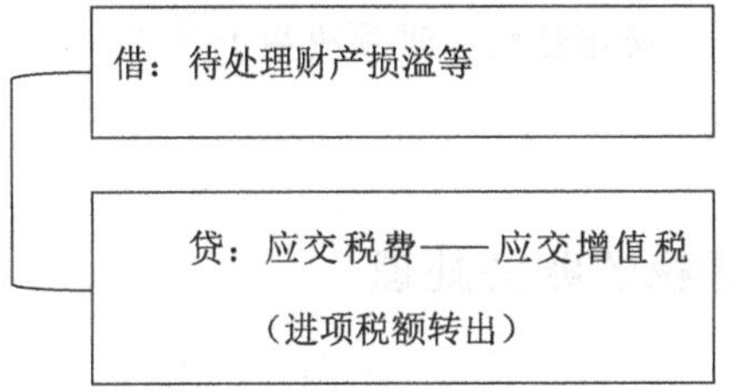


图 20-33　进项税额转出的会计处理

（7）缴纳增值税。

相关会计处理如图 20-34 所示。

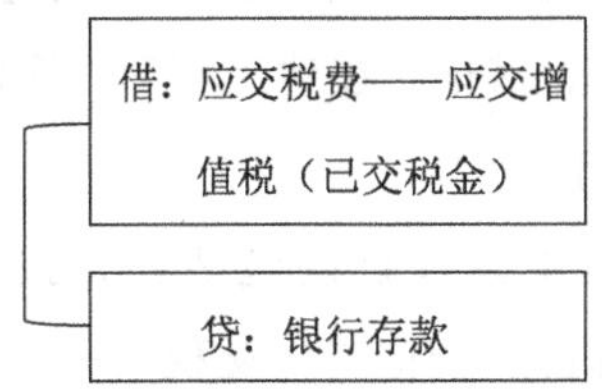


图 20-34　缴纳增值税的会计处理

**案例解析**

【例 20-24】某小企业为增值税一般纳税人，2×22 年 9 月购入一批原材料，价款为 123 000 元，增值税为 15 990 元，材料已验收入库，款项尚未支付。10 月销售一批商品，取得 156 000 元的收入，销项税额为 20 280 元，款项已取得并存入银行。11 月收购一批农产品，实际支付价款 80 000 元，采用低税率 10%，农产品已入库，款项通过银行支付。该小企业的会计处理如下。

（1）2×22 年 9 月，购入原材料。

借：原材料　　123 000
　　应交税费——应交增值税（进项税额）　　15 990
　　贷：应付账款　　138 990

（2）2×22 年 10 月，销售商品。

借：银行存款　　176 280
　　贷：主营业务收入　　156 000
　　　　应交税费——应交增值税（销项税额）　　20 280

（3）2×22 年 11 月，收购农产品。

借：原材料——农产品　　80 000
　　应交税费——应交增值税（进项税额）　　8 000
　　贷：银行存款　　88 000

## 业务 78：应交消费税的账务处理

**业务概述**

（1）销售需要缴纳消费税的物资应交的消费税，借记“税金及附加”等科目，贷记“应交税费——应交消费税”科目。

（2）以生产的需要缴纳消费税的产品用于在建工程、非生产机构等，按照税法规定应缴纳的消费税，借记“在建工程”“管理费用”等科目，贷记“应交税费——应交消费税”科目。

（3）随同商品出售但单独计价的包装物，按照税法规定应缴纳的消费税，借记“税金及附加”科目，贷记“应交税费——应交消费税”科目。出租、出借包装物逾期未收回没收的押金应交的消费税，借记“税金及附加”科目，贷记“应交税费——应交消费税”科目。

（4）需要缴纳消费税的委托加工物资，由受托方代收代缴税款（除受托加工或翻新改制金银首饰按照税法规定由受托方缴纳消费税外），小企业（受托方）按照应交税款金额，借记“应收账款”“银行存款”等科目，贷记“应交税费——应交消费税”科目。

委托加工物资收回后，直接用于销售的，小企业（委托方）应将代收代缴的消费税计入委托加工物资的成本，借记“库存商品”等科目，贷记“应付账款”“银行存款”等科目；委托加工物资收回后用于连续生产应税消费品的，按照税法规定准予抵扣的消费税，按照代收代缴的消费税，借记“应交税费——应交消费税”科目，贷记“应付账款”“银行存款”等科目。

（5）有金银首饰零售业务的，以及采用以旧换新方式销售金银首饰的小企业，在营业收入实现时，按照应交的消费税，借记“税金及附加”科目，贷记“应交税费——应交消费税”科目。有金银首饰零售业务的小企业因受托代销金银首饰，按照税法规定应缴纳的消费税，借记“税金及附加”科目，贷记“应交税费——应交消费税”科目；以其他方式代销金银首饰的，其缴纳的消费税，借记“税金及附加”科目，贷记“应交税费——应交消费税”科目。

有金银首饰批发、零售业务的小企业将金银首饰用于馈赠、赞助、广告、职工福利、奖励等方面的，应于物资移送时，按照应交的消费税，借记“营业外支出”“销售费用”“应付职工薪酬”等科目，贷记“应交税费——应交消费税”科目。

随同金银首饰出售但单独计价的包装物，按照税法规定应缴纳的消费税，借记“税金及附加”科目，贷记“应交税费——应交消费税”科目。

小企业因受托加工或翻新改制金银首饰按照税法规定应缴纳的消费税，于向委托方交货时，借记“税金及附加”科目，贷记“应交税费——应交消费税”科目。

（6）需要缴纳消费税的进口物资，其缴纳的消费税应计入该项物资的成本，借记“材料采购”或“在途物资”“库存商品”“固定资产”等科目，贷记“银行存款”等科目。

（7）小企业（生产性）直接出口或通过外贸企业出口的物资，按照税法规定直接予以免征消费税的，可不计算应交消费税。

（8）缴纳的消费税，借记“应交税费——应交消费税”科目，贷记“银行存款”科目。

**账务处理**

（1）销售需要缴纳消费税的物资应交的消费税，相关会计处理如图 20-35 所示。

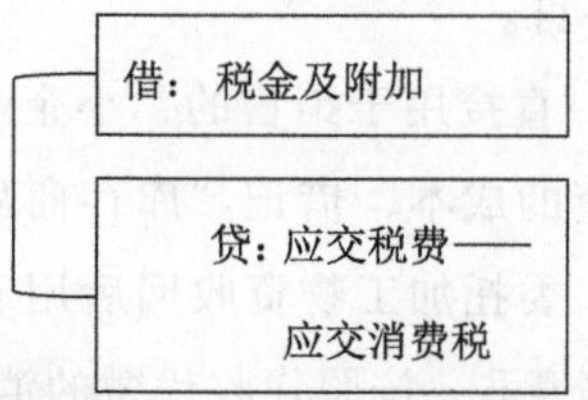


**图 20-35　销售业务应交的消费税的会计处理**

（2）以生产的需要缴纳消费税的产品用于在建工程、非生产机构等，相关会计处理如图 20-36 所示。

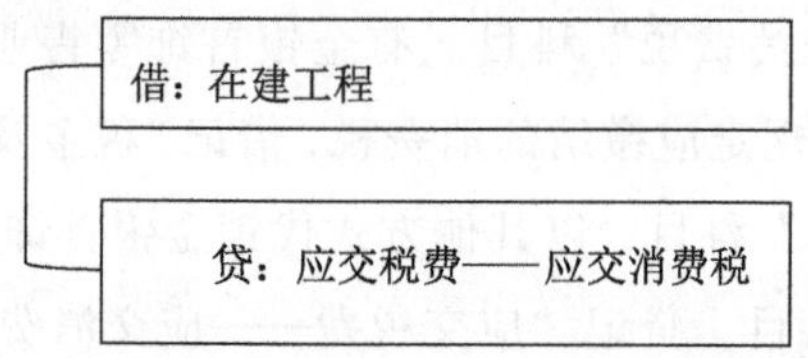


**图 20-36　应税自产产品用于在建工程等的会计处理**

（3）随同商品出售但单独计价的包装物的消费税及出租、出借包装物逾期未收回没收的押金应交的消费税，相关会计处理如图 20-37 所示。

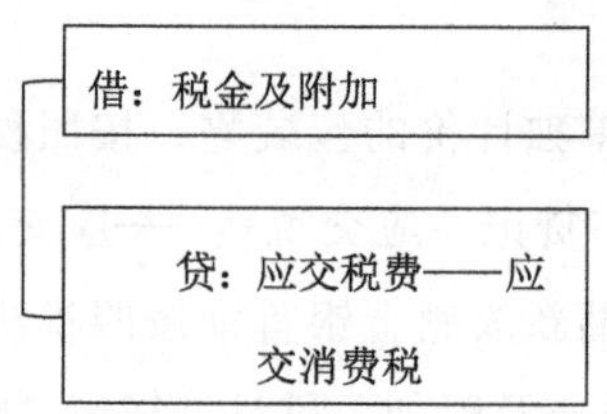


**图 20-37　其他应交消费税的会计处理**

（4）委托加工物资的消费税

相关会计处理如表 20-6 所示。

**表 20-6　委托加工物资消费税的会计处理**

| 消费税 | 会计处理 |
|---|---|
| 需要缴纳消费税的委托加工物资，由受托方代收代缴税款 | 借：应收账款等<br>贷：应交税费——应交消费税 |

续表

| 消费税 | 会计处理 |
| --- | --- |
| 委托加工物资收回后，直接用于销售的 | 借：库存商品等<br>　　贷：应付账款等<br>注：小企业（委托方）应将代收代缴的消费税计入委托加工物资的成本 |
| 委托加工物资收回后用于连续生产应税消费品的 | 借：应交税费——应交消费税<br>　　贷：应付账款等 |

（5）金银首饰的消费税。

相关会计处理如表 20-7 所示。

表 20-7　　金银首饰应交消费税的会计处理

| 消费税 | 会计处理 |
| --- | --- |
| 有金银首饰零售业务的，以及采用以旧换新方式销售金银首饰的小企业实现营业收入时<br>有金银首饰零售业务的小企业受托代销金银首饰以其他方式代销金银首饰的 | 借：税金及附加<br>　　贷：应交税费——应交消费税 |
| 将金银首饰用于馈赠、赞助、广告、职工福利、奖励等方面的，物资移送时 | 借：营业外支出等<br>　　贷：应交税费——应交消费税 |
| 随同金银首饰出售但单独计价的包装物 | 借：税金及附加<br>　　贷：应交税费——应交消费税 |
| 受托加工或翻新改制金银首饰按照税法规定应缴纳的消费税，向委托方交货时 | 借：税金及附加<br>　　贷：应交税费——应交消费税 |

（6）需要缴纳消费税的进口物资，相关会计处理如图 20-38 所示。

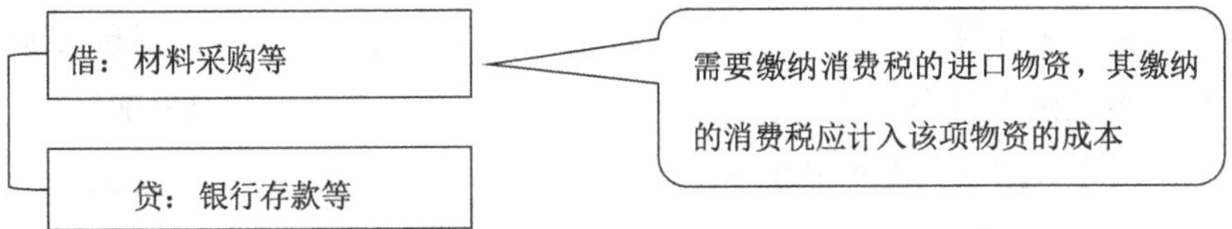


图 20-38　进口物资应交消费税的会计处理

（7）缴纳消费税，相关会计处理如图 20-39 所示。

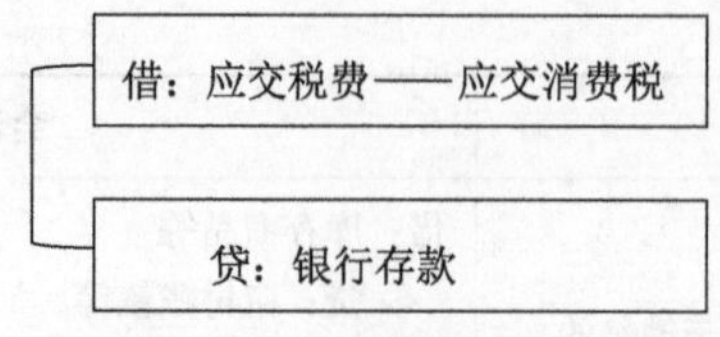


**图 20-39　缴纳消费税的会计处理**

## 案例解析

**【例 20-25】**某小企业 2×22 年 5 月销售应交消费税的商品一批，增值税专用发票上记载的货款为 240 000 元，增值税为 31 200 元，消费税税率为 10%，该批商品的成本为 180 000 元，款项尚未收到。6 月委托 A 企业加工一批材料，原材料价款为 150 000 元，加工费为 12 000 元，受托方代收代缴的消费税为 1 800 元，款项尚未支付，该批材料已加工完毕并验收入库。假设小企业委托加工收回的材料用于继续生产应税消费品。该小企业的会计处理如下。

（1）2×22 年 5 月，销售应交消费税的商品。

借：应收账款　　271 200
　　贷：主营业务收入　　240 000
　　　　应交税费——应交增值税（销项税额）　　31 200
借：税金及附加　　24 000
　　贷：应交税费——应交消费税　　24 000
借：主营业务成本　　180 000
　　贷：库存商品　　180 000

（2）2×22 年 6 月委托加工材料。

借：委托加工物资　　150 000
　　贷：原材料　　150 000
借：委托加工物资　　12 000
　　应交税费——应交消费税　　1 800
　　贷：应付账款　　13 800
借：原材料　　162 000
　　贷：委托加工物资　　162 000

## 业务 79：应交城市维护建设税和教育费附加的账务处理

### 业务概述

凡是缴纳增值税和消费税的企业都要同时缴纳城市维护建设税和教育费附加。

### 账务处理

（1）计提应交的城市维护建设税、教育费附加，相关会计处理如图 20-40 所示。

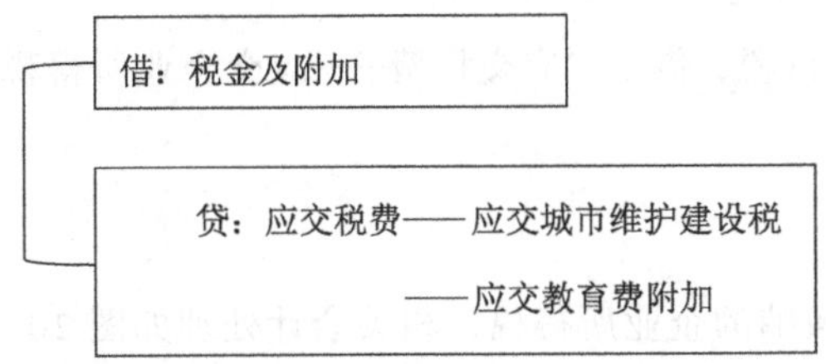


图 20-40　计提城市维护建设税及教育费附加的会计处理

（2）缴纳城市维护建设税和教育费附加，相关会计处理如图 20-41 所示。

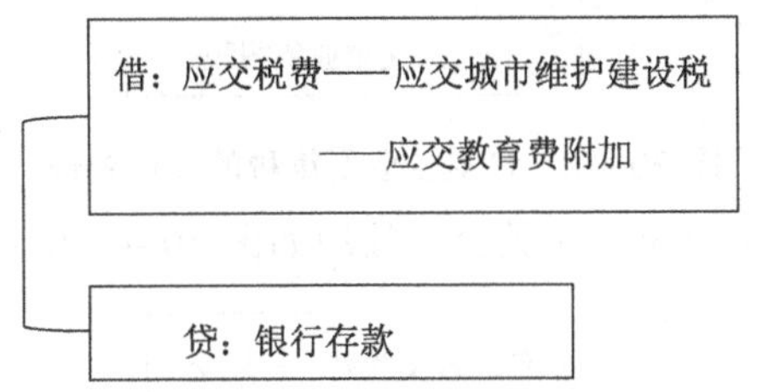


图 20-41　缴纳城市维护建设税及教育费附加的会计处理

### 案例解析

【例 20-26】某小企业 2×22 年 2 月共应缴纳增值税、消费税 3 200 000 元，城市维护建设税税率为 7%，教育费附加征收率为 3%。该小企业的会计处理如下。

应缴纳的城市维护建设税 =3 200 000×7%=224 000（元）

应缴纳的教育费附加 =3 200 000×3%=96 000（元）

借：税金及附加　320 000

　　贷：应交税费——应交城市维护建设税　224 000

　　　　　　　　——应交教育费附加　96 000

借：应交税费——应交城市维护建设税　　224 000
　　　　　——应交教育费附加　　96 000
　贷：银行存款　　320 000

## 业务 80：应交企业所得税的账务处理

### 业务概述

小企业按照税法规定应交的企业所得税，借记“所得税费用”科目，贷记“应交税费——应交企业所得税”科目。

缴纳的企业所得税，借记“应交税费——应交企业所得税”科目，贷记“银行存款”科目。

### 账务处理

（1）计提应缴纳的企业所得税，相关会计处理如图 20-42 所示。

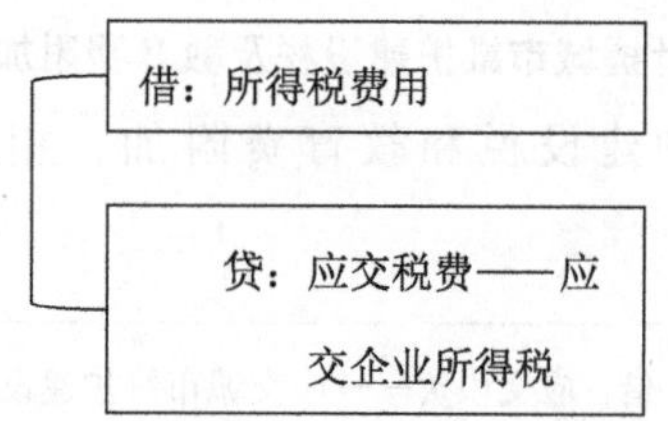


图 20-42　计提企业所得税的会计处理

（2）缴纳企业所得税，相关会计处理如图 20-43 所示。

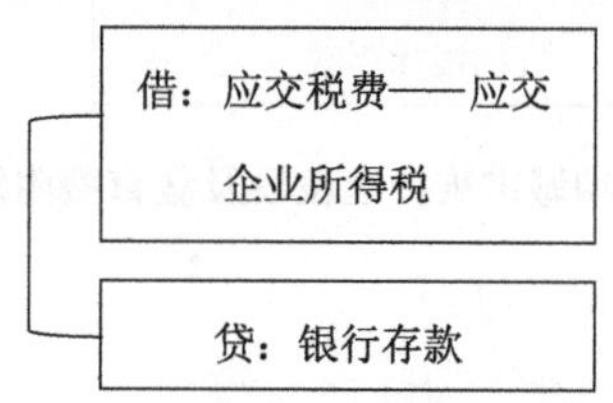


图 20-43　缴纳企业所得税的会计处理

### 案例解析

**【例 20-27】**某小企业 2×22 年 7 月应缴纳 4 500 000 元的企业所得税，于月底用银行存款支付。该小企业的会计处理如下。

借：所得税费用　　4 500 000
　贷：应交税费——应交企业所得税　　4 500 000

借：应交税费——应交企业所得税　　4 500 000

　　贷：银行存款　　4 500 000

## 业务 81：应交资源税的账务处理

### 业务概述

（1）小企业销售商品按照税法规定应缴纳的资源税，借记“税金及附加”科目，贷记“应交税费——应交资源税”科目。

（2）自产自用的物资应缴纳的资源税，借记“生产成本”科目，贷记“应交税费——应交资源税”科目。

（3）收购未税矿产品，按照实际支付的价款，借记“材料采购”或“在途物资”等科目，贷记“银行存款”等科目；按照代扣代缴的资源税，借记“材料采购”或“在途物资”等科目，贷记“应交税费——应交资源税”科目。

（4）外购液体盐加工固体盐。在购入液体盐时，按照税法规定允许抵扣的资源税，借记“应交税费——应交资源税”科目；按照购买价款减去允许抵扣的资源税后的金额，借记“材料采购”或“在途物资”“原材料”等科目；按照应支付的购买价款，贷记“银行存款”“应付账款”等科目。加工成固体盐后，在销售时，按照销售固体盐应缴纳的资源税，借记“税金及附加”科目，贷记“应交税费——应交资源税”科目。按销售固体盐应交资源税抵扣液体盐已交资源税后的差额缴纳时，借记“应交税费——应交资源税”科目，贷记“银行存款”科目。

（5）缴纳的资源税，借记“应交税费——应交资源税”科目，贷记“银行存款”科目。

### 账务处理

相关会计处理如表 20-8 所示。

**表 20-8　　应交资源税的会计处理**

| 资源税 | 会计处理 |
|---|---|
| 计提应交资源税 | 借：税金及附加<br>　　贷：应交税费——应交资源税 |
| 自产自用的物资应缴纳的资源税 | 借：生产成本<br>　　贷：应交税费——应交资源税 |

续表

<table>
<tr><th>资源税</th><th colspan="2">会计处理</th></tr>
<tr><td>收购未税矿产品</td><td colspan="2">借：材料采购等（按照实际支付的价款）<br>　贷：银行存款等<br>借：材料采购等（按照代扣代缴的资源税）<br>　贷：应交税费——应交资源税</td></tr>
<tr><td rowspan="3">外购液体盐加工固体盐</td><td>购入液体盐时</td><td>借：应交税费——应交资源税<br>　材料采购等（按照购买价款减去允许抵扣的资源税后的金额）<br>　贷：银行存款等</td></tr>
<tr><td>加工成固体盐后销售</td><td>借：税金及附加<br>　贷：应交税费——应交资源税</td></tr>
<tr><td>按销售固体盐应交资源税抵扣液体盐已交资源税后的差额缴纳时</td><td>借：应交税费——应交资源税<br>　贷：银行存款</td></tr>
<tr><td>缴纳的资源税</td><td colspan="2">借：应交税费——应交资源税<br>　贷：银行存款</td></tr>
</table>

**案例解析**

可参照第 10 章【例 10-18】

## 业务 82：应交土地增值税的账务处理

**业务概述**

小企业转让土地使用权应缴纳的土地增值税，土地使用权与地上建筑物及其附着物一并在“固定资产”科目核算的，借记“固定资产清理”科目，贷记“应交税费——应交土地增值税”科目。

土地使用权在“无形资产”科目核算的，按照实际收到的金额，借记“银行存款”科目；按照应缴纳的土地增值税，贷记“应交税费——应交土地增值税”科目；按照已计提的累计摊销，借记“累计摊销”科目；按照其成本，贷记“无形资产”科目；按照其差额，贷记“营业外收入——非流动资产处置净收益”科目或借记“营业外支出——非流动资产处置净损失”科目。

小企业（房地产开发经营）销售房地产应缴纳的土地增值税，借记“税金及附加”科目，贷记“应交税费——应交土地增值税”科目。

缴纳的土地增值税，借记“应交税费——应交土地增值税”科目，贷记“银行存款”科目。

**账务处理**

相关会计处理如表 20-9 所示。

**表 20-9　　应交土地增值税的会计处理**

| 土地增值税 | 会计处理 |
| --- | --- |
| 转让土地使用权，土地使用权与地上建筑物及其附属物一并在“固定资产”科目核算的 | 借：固定资产清理<br>　　贷：应交税费——应交土地增值税 |
| 土地使用权在“无形资产”科目核算的 | 借：银行存款<br>　　累计摊销<br>　　营业外支出——非流动资产处置净损失（按照其差额，或贷记“营业外收入——非流动资产处置净收益”科目）<br>　　贷：应交税费——应交土地增值税<br>　　　　无形资产 |
| 小企业（房地产开发经营）销售房地产 | 借：税金及附加<br>　　贷：应交税费——应交土地增值税 |
| 缴纳的土地增值税 | 借：应交税费——应交土地增值税<br>　　贷：银行存款 |

**案例解析**

**【例 20-28】**某小企业出售土地使用权，收入为 520 000 元，款项已存入银行。该土地使用权的账面余额为 380 000 元，已摊销 100 000 元，需缴纳的土地增值税为 57 200 元。该小企业的会计处理如下。

借：银行存款　　520 000

　　累计摊销　　100 000

　　贷：无形资产　　380 000

　　　　应交税费——应交土地增值税　　57 200

　　　　营业外收入——非流动资产处置净收益　　182 800

## 业务83：应交城镇土地使用税、房产税、车船税、矿产资源补偿费、排污费的账务处理

### 业务概述

小企业按照规定应缴纳的城镇土地使用税、房产税、车船税、矿产资源补偿费、排污费，借记“税金及附加”科目，贷记“应交税费——应交城镇土地使用税、应交房产税、应交车船税、应交矿产资源补偿费、应交排污费”科目。

缴纳的城镇土地使用税、房产税、车船税、矿产资源补偿费、排污费，借记“应交税费——应交城镇土地使用税、应交房产税、应交车船税、应交矿产资源补偿费、应交排污费”科目，贷记“银行存款”科目。

### 账务处理

（1）计提应缴纳的税费，相关会计处理如图20-44所示。

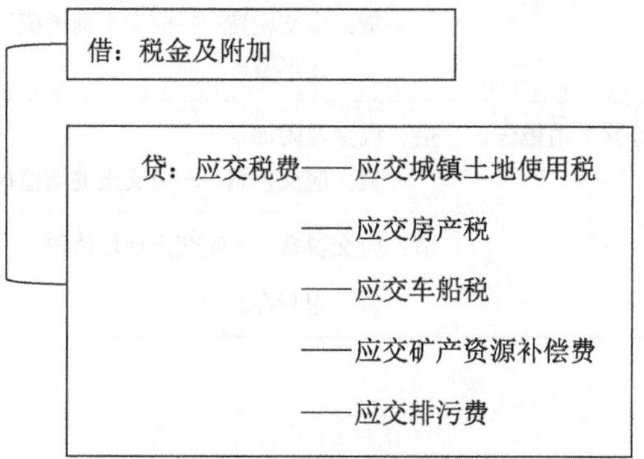


图20-44　计提应交税费的会计处理

（2）缴纳税费，相关会计处理如图20-45所示。

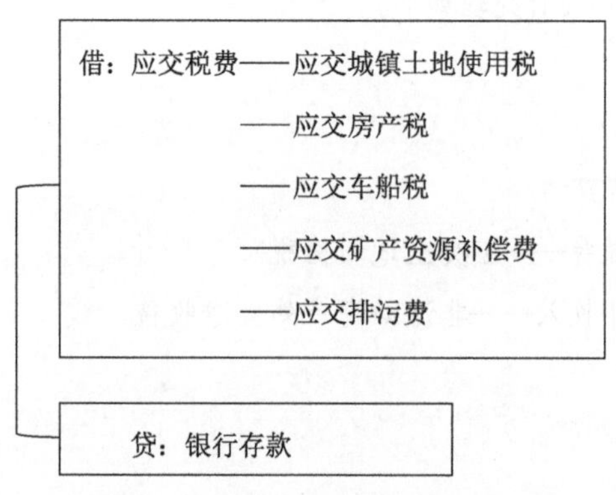


图20-45　缴纳应交税费的会计处理

**案例解析**

略。

## 业务 84：应交个人所得税的账务处理

**业务概述**

小企业按照税法规定应代扣代缴的职工个人所得税，借记“应付职工薪酬”科目，贷记“应交税费——应交个人所得税”科目。

缴纳的个人所得税，借记“应交税费——应交个人所得税”科目，贷记“银行存款”科目。

**账务处理**

（1）计提代扣代缴的职工个人所得税，相关会计处理如图 20-46 所示。

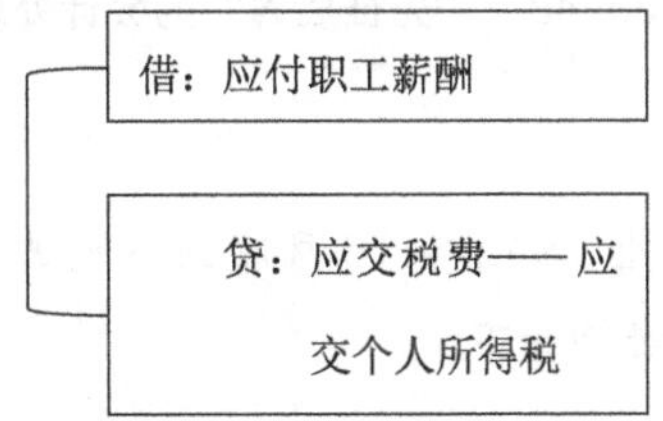


**图 20-46　计提代扣代缴的职工个人所得税的会计处理**

（2）缴纳个人所得税，相关会计处理如图 20-47 所示。

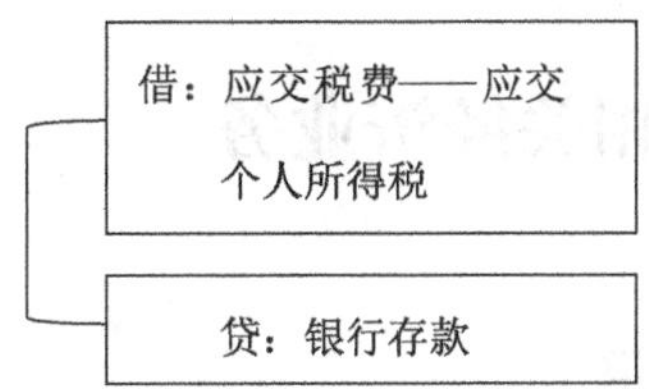


**图 20-47　缴纳代扣代缴的职工个人所得税的会计处理**

**案例解析**

**【例 20-29】**某小企业 2×22 年 3 月代扣代缴当月职工的个人所得税 67 000 元，于月底用银行存款缴纳。该小企业的会计处理如下。

借：应付职工薪酬　　67 000

　　贷：应交税费——应交个人所得税　　67 000

借：应交税费——应交个人所得税　　67 000

　　贷：银行存款　　67 000

### 业务 85：“先征后返”的账务处理

**业务概述**

小企业按照规定实行企业所得税、增值税、消费税等先征后返的，应当在实际收到返还的企业所得税、增值税（不含出口退税）、消费税等时，借记“银行存款”科目，贷记“营业外收入”科目。

**账务处理**

相关会计处理如图 20-48 所示。

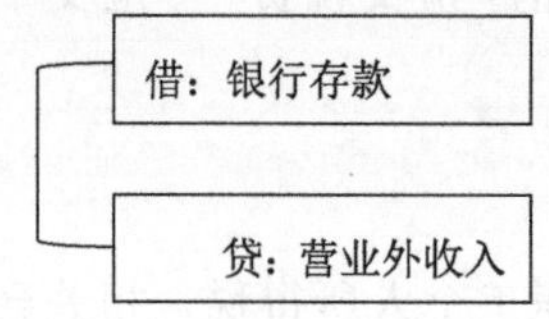


**图 20-48 “先征后返”的会计处理**

**案例解析**

**【例 20-30】** 某小企业 2×22 年 10 月收到返还的增值税和企业所得税共计 35 000 元。该小企业的会计处理如下。

借：银行存款　　35 000

　　贷：营业外收入　　35 000

## 20.6 应付利息的相关经济业务

### 业务 86：确定利息费用

**业务概述**

在应付利息日，小企业应当按照合同利率计算确定的利息费用，借记“财务费用”“在建工程”等科目，贷记“应付利息”科目。

**账务处理**

相关会计处理如图 20-49 所示。

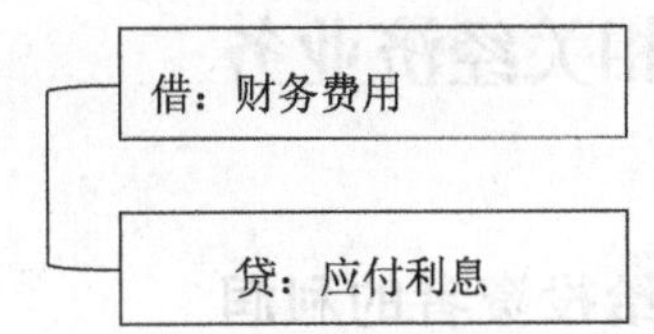


图 20-49　确定利息费用的会计处理

**案例解析**

**【例 20-31】**某小企业 2×22 年 9 月 1 日从银行借入 200 000 元，贷款年利率为 6%，9 月需支付贷款利息 1 000 元。该小企业的会计处理如下。

借：财务费用　　1 000
　　贷：应付利息　　1 000

## 业务 87：支付利息费用

**业务概述**

小企业实际支付的利息，借记“应付利息”科目，贷记“银行存款”等科目。

**账务处理**

相关会计处理如图 20-50 所示。

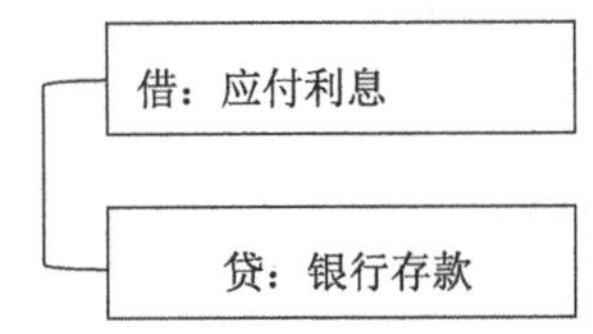


图 20-50　支付利息费用的会计处理

**案例解析**

**【例 20-32】**承接**【例 20-31】**，该小企业于 9 月底用银行存款支付利息费用。该小企业的会计处理如下。

借：应付利息　　1 000
　　贷：银行存款　　1 000

## 20.7 应付利润的相关经济业务

### 业务 88：确定应分配给投资者的利润

#### 业务概述

小企业根据规定或协议确定的应分配给投资者的利润，借记“利润分配”科目，贷记“应付利润”科目。“应付利润”科目应按照投资者进行明细核算。

#### 账务处理

相关会计处理如图 20-51 所示。

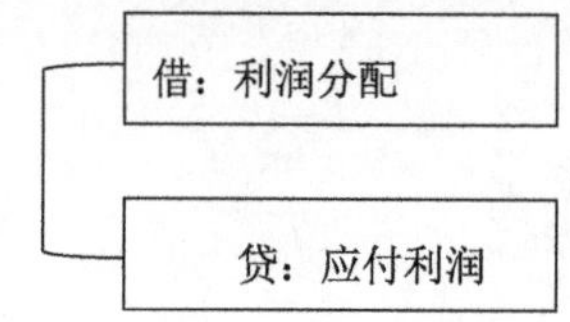


图 20-51 确定应分配利润的会计处理

#### 案例解析

【例 20-33】某小企业 2×22 年 12 月根据协议确定应付给 A 企业投资利润 150 000 元。该小企业的会计处理如下。

借：利润分配　　150 000

　　贷：应付利润——A 企业　　150 000

### 业务 89：向投资者实际支付利润

#### 业务概述

小企业向投资者实际支付利润，借记“应付利润”科目，贷记“库存现金”“银行存款”科目。

#### 账务处理

相关会计处理如图 20-52 所示。

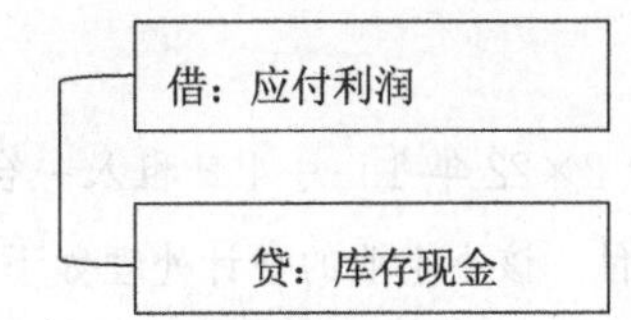


图 20-52 向投资者实际支付利润的会计处理

**案例解析**

【例 20-34】承接【例 20-33】，该小企业于 2×23 年 1 月用银行存款支付应分配给 A 企业的投资利润。该小企业的会计处理如下。

借：应付利润——A 企业 150 000

　　贷：银行存款 150 000

## 20.8 其他应付款的相关经济业务

### 业务 90：发生的其他各种应付、暂收款项

**业务概述**

“其他应付款”科目核算小企业除应付账款、预收账款、应付职工薪酬、应交税费、应付利息、应付利润等以外的其他各项应付、暂收的款项，如应付租入固定资产和包装物的租金、存入保证金等。

小企业发生的其他各种应付、暂收款项，借记“管理费用”等科目，贷记“其他应付款”科目。

**账务处理**

相关会计处理如图 20-53 所示。

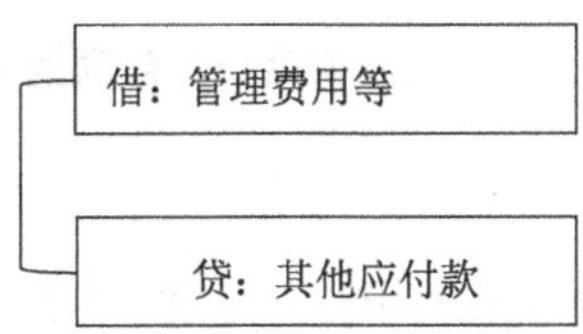


图 20-53 发生其他各种应付、暂收款项的会计处理

**案例解析**

【例 20-35】某小企业 2×22 年 11 月 4 日租入一台生产用机器设备，应支付租金 12 000 元，款项尚未支付。该小企业的会计处理如下。

借：生产成本　　　　12 000

　贷：其他应付款　　　　12 000

## 业务 91：支付其他各种应付、暂收款项

**业务概述**

小企业支付的其他各种应付、暂收款项，借记“其他应付款”科目，贷记“银行存款”等科目。

小企业无法支付的其他应付款，借记“其他应付款”科目，贷记“营业外收入”科目。

**账务处理**

（1）发生能够支付的其他应付款项，相关会计处理如图 20-54 所示。

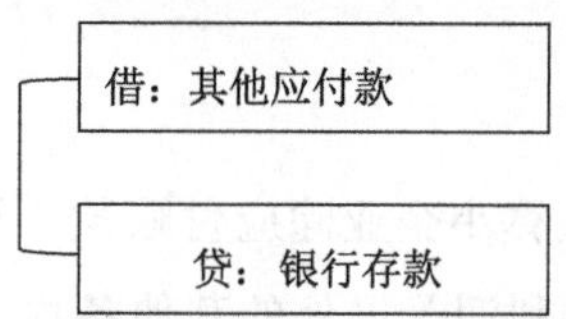


**图 20-54　发生能够支付的其他应付款项的会计处理**

（2）无法支付其他应付款项，相关会计处理如图 20-55 所示。

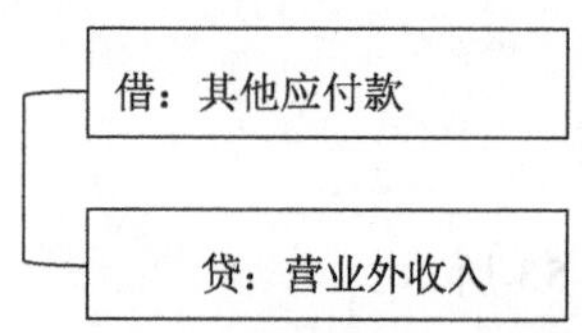


**图 20-55　无法支付其他应付款项的会计处理**

**案例解析**

【例 20-36】承接【例 20-35】，该小企业于 11 月 22 日用银行存款支付该租金。该小企业的会计处理如下。

借：其他应付款　　　　12 000

　贷：银行存款　　　　12 000

# 20.9　递延收益的相关经济业务

## 业务 92：收到与资产相关的政府补助

**业务概述**

“递延收益”科目核算小企业已经收到、应在以后期间计入损益的政府补助。

小企业收到与资产相关的政府补助，借记“银行存款”等科目，贷记“递延收益”科目。

在相关资产的使用寿命内平均分配递延收益，借记“递延收益”科目，贷记“营业外收入”科目。

**账务处理**

（1）收到与资产相关的政府补助，相关会计处理如图 20-56 所示。

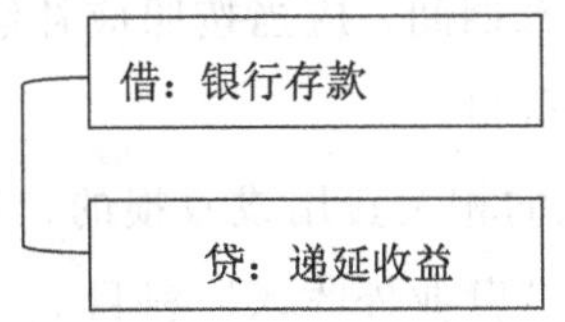


**图 20-56　收到与资产相关的政府补助的会计处理**

（2）在相关资产的使用寿命内平均分配递延收益，相关会计处理如图 20-57 所示。

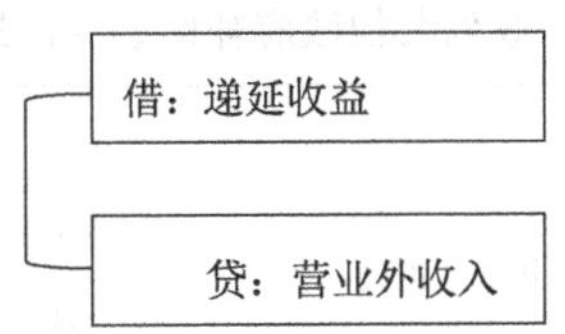


**图 20-57　平均分配递延收益的会计处理**

**案例解析**

**【例 20-37】**某小企业 2×21 年 7 月 8 日建造一批节能工程，向银行贷款 2 000 000 元，期限 3 年，年利率 8%。当地政府按照贷款额 200 万元向该小企业提供年利率 5% 的财政贴息，共计 300 000 元。2×16 年 7 月 15 日，小企业收到财政贴息资金。2×22 年 4 月 15 日工程完工，预计使用年限 10 年。该小企业的会计处理如下。

（1）2×21 年 7 月 15 日收到财政贴息。

借：银行存款　　300 000

　　贷：递延收益　　300 000

（2）2×22 年 4 月 15 日工程完工，分配递延收益。自 2×22 年 4 月 15 日起，每月确定的政府补助如下。

月政府补助 =300 000÷（10×12）=2 500（元）

借：递延收益　　2 500

　　贷：营业外收入　　2 500

## 业务 93：收到的其他政府补助

### 业务概述

小企业收到的其他政府补助，用于补偿本企业以后期间的相关费用或亏损的，应当按照收到的金额，借记“银行存款”等科目，贷记“递延收益”科目。在发生相关费用或亏损的未来期间，应当按照应补偿的金额，借记“递延收益”科目，贷记“营业外收入”科目。

用于补偿本企业已发生的相关费用或亏损的，应当按照收到的金额，借记“银行存款”等科目，贷记“营业外收入”科目。

### 账务处理

相关会计处理如表 20-10 所示。

表 20-10　　收到其他政府补助的会计处理

| 政府补助 | 会计处理 |
|---|---|
| 用于补偿本企业以后期间的相关费用或亏损的 | 借：银行存款<br>　　贷：递延收益 |
| 在发生相关费用或亏损的未来期间 | 借：递延收益<br>　　贷：营业外收入 |
| 用于补偿本企业已发生的相关费用或亏损的 | 借：银行存款<br>　　贷：营业外收入 |

**案例解析**

**【例 20-38】**某小企业 2×22 年 6 月收到政府补助资金 80 000 元，用于补偿小企业以后期间发生的相关费用或亏损，小企业已收到该笔资金。该小企业的会计处理如下。

借：银行存款　　80 000

　　贷：递延收益　　80 000

# 第21章

# 所有者权益的变动

## 21.1　资本增减的相关经济业务

### 业务94：接受投资

#### 业务概述

“实收资本”科目核算小企业收到投资者按照合同或协议约定，或相关规定投入的，构成注册资本的部分。应特别注意的是：①小企业（股份有限公司）应当将“实收资本”科目的名称改为“股本”科目；②小企业收到投资者出资超过其在注册资本中所占份额的部分，作为资本溢价，在“资本公积”科目核算，不在“实收资本”科目核算；③小企业（中外合作经营）根据合同约定在合作期间归还投资者的投资，应在“实收资本”科目设置“已归还投资”明细科目进行核算。

小企业收到投资者的出资，借记“银行存款”“其他应收款”“固定资产”“无形资产”等科目；按照其在注册资本中所占的份额，贷记“实收资本”科目；按照其差额，贷记“资本公积”科目。

根据有关规定增加注册资本，借记“银行存款”“资本公积”“盈余公积”等科目，贷记“实收资本”科目。

根据有关规定减少注册资本，借记“实收资本”“资本公积”等科目，贷记“库存现金”“银行存款”等科目。

小企业（中外合作经营）根据合同约定在合作期间归还投资者的投资，应当按照实际归还投资的金额，借记“实收资本——已归还投资”科目，贷记“银行存款”等科目；同时，借记“利润分配——利润归还投资”科目，贷记“盈余公积——利润归还投资”科目。

**账务处理**

相关会计处理如表 21-1 所示。

**表 21-1　接受投资的会计处理**

| 实收资本 | 会计处理 |
| --- | --- |
| 收到投资者的出资 | 借：银行存款等<br>　贷：实收资本（按照其在注册资本中所占的份额）<br>　　资本公积（按照其差额） |
| 增加注册资本 | 借：银行存款等<br>　贷：实收资本 |
| 减少注册资本 | 借：实收资本等<br>　贷：银行存款等 |
| 小企业（中外合作经营）根据合同约定在合作期间归还投资者的投资 | 借：实收资本——已归还投资<br>　贷：银行存款等<br>借：利润分配——利润归还投资<br>　贷：盈余公积——利润归还投资 |

**案例解析**

**【例 21-1】**某小企业收到 A 企业投入的固定资产，该固定资产作价 300 万元，小企业注册资本为 1 000 万元，A 企业的投资占注册资本的 20%，该小企业的会计处理如下。

借：固定资产　　3 000 000

　贷：实收资本　　2 000 000

　　资本公积　　1 000 000

## 业务 95：资本公积转增资本

**业务概述**

“资本公积”科目核算小企业收到投资者出资超出其在注册资本中所占份额的部分。

小企业根据有关规定用资本公积转增资本，借记“资本公积”科目，贷记“实收资本”科目。

**账务处理**

相关会计处理如图 21-1 所示。

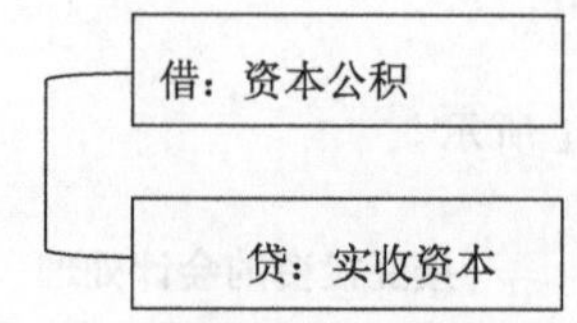


**图 21-1　资本公积转增资本的会计处理**

**案例解析**

【**例 21-2**】某小企业为扩大经营规模，将资本公积 300 000 元转增资本。该小企业的会计处理如下。

借：资本公积　　300 000

　　贷：实收资本　　300 000

## 21.2　盈余公积的相关经济业务

### 业务 96：提取公积金

**业务概述**

“盈余公积”科目核算小企业（公司制）按照《公司法》规定在税后利润中提取的法定公积金和任意公积金。小企业（外商投资）按照法律规定在税后利润中提取储备基金和企业发展基金也在“盈余公积”科目核算。小企业应当分别“法定盈余公积”“任意盈余公积”进行明细核算。小企业（外商投资）还应当分别“储备基金”“企业发展基金”进行明细核算。小企业（中外合作经营）根据合同约定在合作期间归还投资者的投资，应在“盈余公积”科目设置“利润归还投资”明细科目进行核算。

小企业（公司制）按照《公司法》规定提取法定公积金和任意公积金，借记“利润分配——提取法定盈余公积、提取任意盈余公积”科目，贷记“盈余公积——法定盈余公积、任意盈余公积”科目。

小企业（外商投资）按照规定提取储备基金、企业发展基金、职工奖励及福利基金，借记“利润分配——提取储备基金、提取企业发展基金、提取职工奖励及福利基金”科目，贷记“盈余公积——储备基金、企业发展基金”“应付职工薪酬”科目。

**账务处理**

（1）提取法定盈余公积和任意盈余公积，相关会计处理如图 21-2 所示。

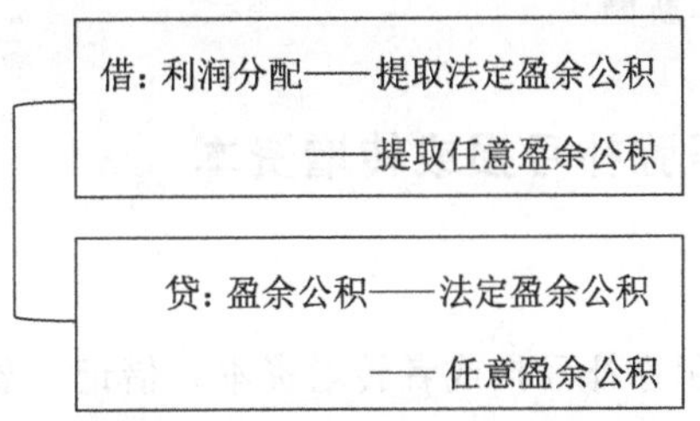


**图 21-2　提取公积金的会计处理**

（2）提取储备基金、企业发展基金、职工奖励及福利基金，相关会计处理如图 21-3 所示。

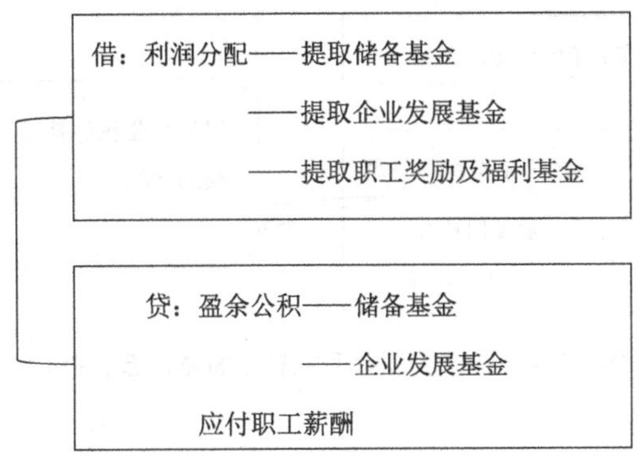


**图 21-3　提取其他基金的会计处理**

**案例解析**

**【例 21-3】**某小企业 2×22 年实现税后利润 8 000 000 元，按 10% 的比例提取法定盈余公积，5% 的比例提取任意盈余公积。同时，决定提取 200 000 元作为储备基金，300 000 元作为职工奖励及福利基金。该小企业的会计处理如下。

（1）提取法定盈余公积及任意盈余公积。

借：利润分配——提取法定盈余公积　　800 000
　　　　　　——提取任意盈余公积　　400 000
　贷：盈余公积——法定盈余公积　　　800 000
　　　　　　　——任意盈余公积　　　400 000

（2）提取储备基金、职工奖励及福利基金。

借：利润分配——提取储备基金　　200 000

　　　　　　——提取职工奖励及福利基金　　300 000

　贷：盈余公积——储备基金　　200 000

　　　应付职工薪酬　　300 000

## 业务 97：盈余公积弥补亏损或转增资本

### 业务概述

小企业用盈余公积弥补亏损或者转增资本，借记“盈余公积”科目，贷记“利润分配——盈余公积补亏”或“实收资本”科目。

### 账务处理

相关会计处理如图 21-4 所示。

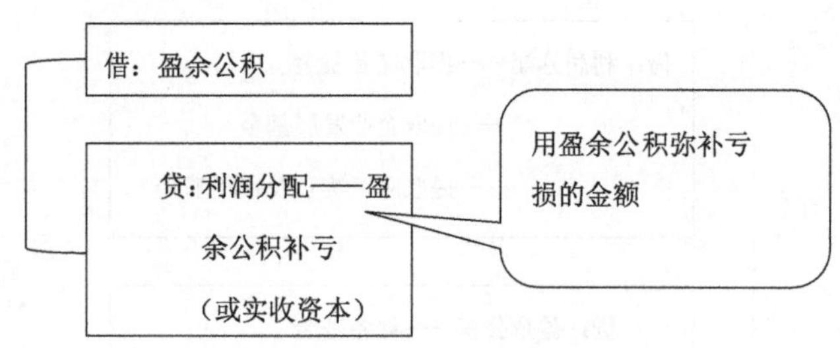


图 21-4　盈余公积补亏或转增资本的会计处理

### 案例解析

【例 21-4】某小企业 2×22 年决定将法定盈余公积 500 000 元转增资本。该小企业的会计处理如下。

借：盈余公积——法定盈余公积　　500 000

　贷：实收资本　　500 000

## 业务 98：归还投资者投资

### 业务概述

小企业（中外合作经营）根据合同约定在合作期间归还投资者的投资，应当按照实际归还投资的金额，借记“实收资本——已归还投资”科目，贷记“银行存款”等科目；同时，借记“利润分配——利润归还投资”科目，贷记“盈余公积——利润归还投资”科目。

**账务处理**

相关会计处理如图 21-5 所示。

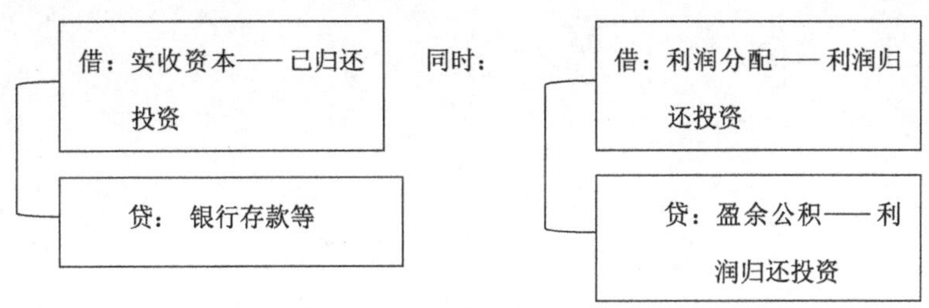


**图 21-5　归还投资者投资的会计处理**

**案例解析**

**【例 21-5】**某小企业 2×22 年归还 A 企业的投资 350 000 元，用银行存款支付。该小企业的会计处理如下。

借：实收资本——已归还投资　　350 000
　　贷：银行存款　　350 000
借：利润分配——利润归还投资　　350 000
　　贷：盈余公积——利润归还投资　　350 000

# 第 22 章 收入、成本、费用的计算

## 22.1 成本类的相关经济业务

### 业务 99：发生各项直接生产成本

**业务概述**

“生产成本”科目核算小企业进行工业性生产发生的各项生产成本。生产成本包括：生产各种产品（产成品、自制半成品等）、自制材料、自制工具、自制设备等发生的成本。“生产成本”科目应按照基本生产成本和辅助生产成本进行明细核算。

小企业对外提供劳务发生的成本，可将“生产成本”科目改为“劳务成本”科目，或单独设置“劳务成本”科目进行核算。

小企业发生的各项直接生产成本，借记“生产成本——基本生产成本、辅助生产成本”科目，贷记“原材料”“库存现金”“银行存款”“应付职工薪酬”等科目。

各生产车间应负担的制造费用，借记“生产成本——基本生产成本、辅助生产成本”科目，贷记“制造费用”科目。

**账务处理**

（1）小企业发生各项直接生产成本，相关会计处理如图 22-1 所示。

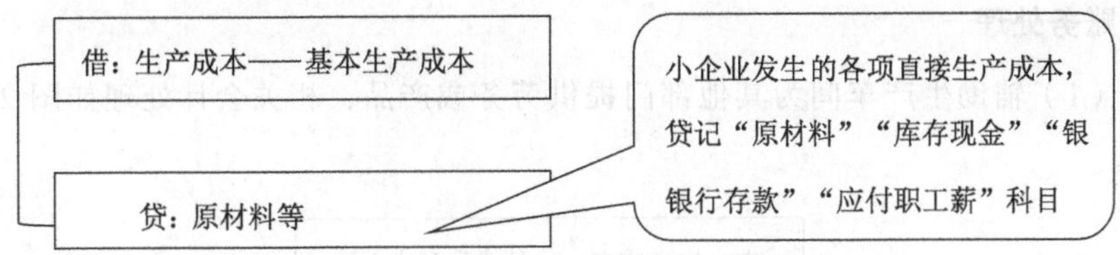


**图 22-1　发生直接生产成本的会计处理**

（2）各生产车间应负担的制造费用，相关会计处理如图 22-2 所示。

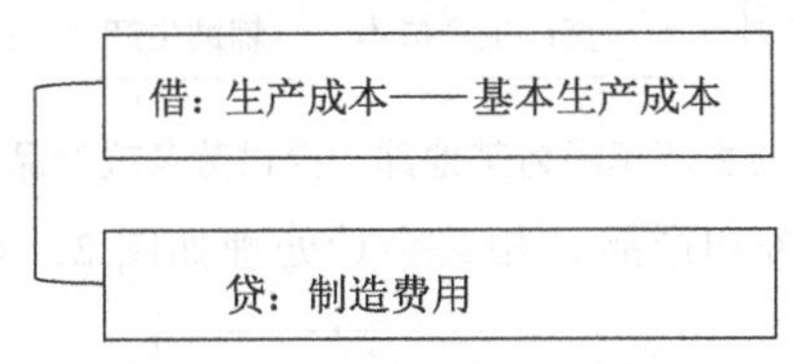


**图 22-2　制造费用的会计处理**

**案例解析**

**【例 22-1】**2×22 年 1 月，某小企业的生产车间为生产 X 产品耗用原材料总额为 82 000 元，辅助生产车间耗用原材料总额为 27 000 元，基本生产车间应负担的制造费用为 2 400 元。该小企业的会计处理如下。

（1）借：生产成本——基本生产成本　　82 000
　　　　　　　——辅助生产成本　　27 000
　　贷：原材料　　109 000

（2）借：生产成本——基本生产成本　　2 400
　　贷：制造费用　　2 400

## 业务 100：小企业内部之间提供劳务或产品

**业务概述**

辅助生产车间为基本生产车间、管理部门和其他部门提供的劳务和产品，可在月末按照一定的分配标准分配给各受益对象，借记“生产成本——基本生产成本”“销售费用”“管理费用”“其他业务成本”“在建工程”等科目，贷记“生产成本——辅助生产成本”科目；在提供相关劳务和产品时，借记“生产成本”“销售费用”“管理费用”“其他业务成本”“在建工程”等科目，贷记“原材料”“库存现金”“银行存款”“应付职工薪酬”等科目。

**账务处理**

（1）辅助生产车间为其他部门提供劳务或产品，相关会计处理如图 22-3 所示。

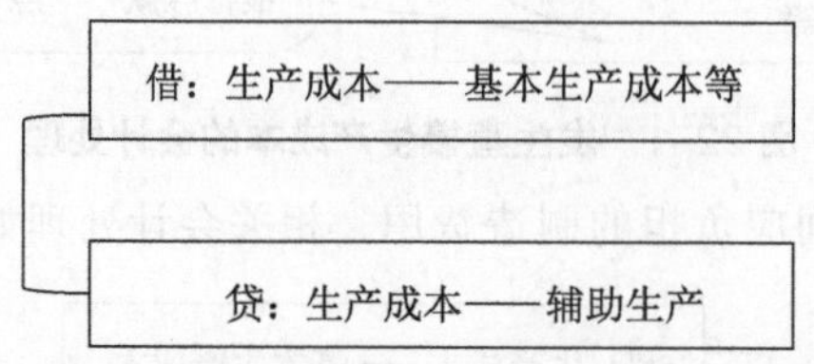


**图 22-3　辅助生产车间为其他部门提供劳务或产品的会计处理**

（2）提供相关劳务和产品，相关会计处理如图 22-4 所示。

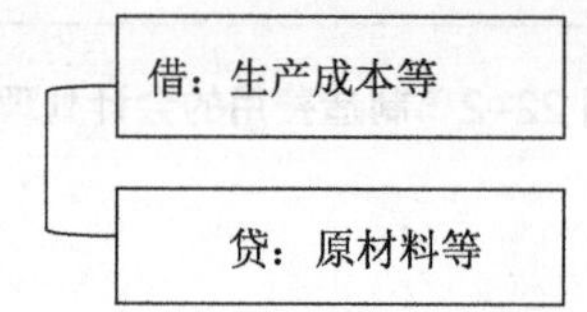


**图 22-4　提供相关劳务和产品的会计处理**

**案例解析**

【例 22-2】某小企业为生产一批产品，其辅助生产车间提供给基本生产车间 50 000 元的原材料，提供给管理部门的劳务费为 6 000 元，提供给销售部门的劳务费为 4 800 元。该小企业的会计处理如下。

借：生产成本——基本生产成本　　50 000
　　管理费用　　6 000
　　销售费用　　4 800
　贷：生产成本——辅助生产成本　　60 800

## 业务 101：产品完工入库

**业务概述**

小企业生产完成并已验收入库的产成品以及入库的自制半成品，可在月末，借记“库存商品”等科目，贷记“生产成本——基本生产成本”科目。

**账务处理**

相关会计处理如图 22-5 所示。

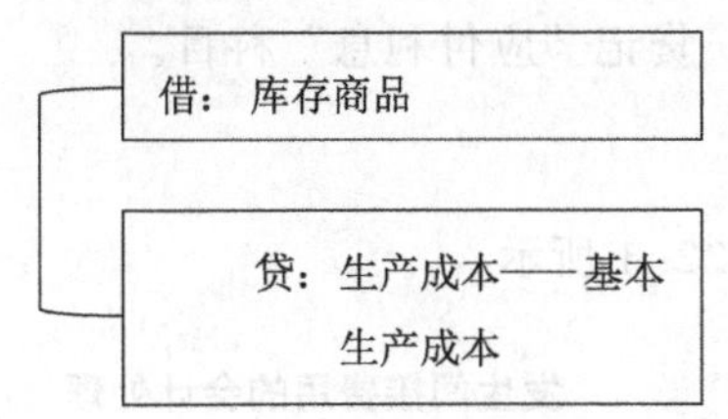


**图 22-5　产品完工入库的会计处理**

**案例解析**

**【例 22-3】**某小企业 2×22 年 5 月生产的产成品共 50 件已验收入库，每件成本 800 元。该小企业的会计处理如下。

借：库存商品　　40 000

　　贷：生产成本——基本生产成本　　40 000

## 业务 102：发生各项间接费用

**业务概述**

“制造费用”科目核算小企业生产车间（部门）为生产产品和提供劳务而发生的各项间接费用。小企业经过 1 年期以上的制造才能达到预定可销售状态的产品发生的借款费用，也在“制造费用”科目核算。

生产车间发生的机物料消耗和固定资产修理费，借记“制造费用”科目，贷记“原材料”“银行存款”等科目。

发生的生产车间管理人员的工资等职工薪酬，借记“制造费用”科目，贷记“应付职工薪酬”科目。

生产车间计提的固定资产折旧费，借记“制造费用”科目，贷记“累计折旧”科目。

生产车间支付的办公费、水电费等，借记“制造费用”科目，贷记“银行存款”“应付利息”等科目。

发生季节性和修理期间的停工损失，借记“制造费用”科目，贷记“原材料”“应付职工薪酬”“银行存款”等科目。

小企业经过 1 年期以上的制造才能达到预定可销售状态的产品在制造完成之前发生的借款利息，在应付利息日根据借款合同利率计算确定的利息费用，借记“制造费用”科目，贷记“应付利息”科目。制造完成之后发生的利息费用，借记“财务费用”科目，贷记“应付利息”科目。

**账务处理**

相关会计处理如表 22-1 所示。

表 22-1　发生间接费用的会计处理

<table>
<tr><th>制造费用</th><th colspan="2">会计处理</th></tr>
<tr><td>生产车间发生的机物料消耗和固定资产修理费</td><td colspan="2">借：制造费用<br>　贷：原材料等</td></tr>
<tr><td>发生的生产车间管理人员的工资等职工薪酬</td><td colspan="2">借：制造费用<br>　贷：应付职工薪酬</td></tr>
<tr><td>生产车间计提的固定资产折旧费</td><td colspan="2">借：制造费用<br>　贷：累计折旧</td></tr>
<tr><td>生产车间支付的办公费、水电费等</td><td colspan="2">借：制造费用<br>　贷：银行存款等</td></tr>
<tr><td>发生季节性和修理期间的停工损失</td><td colspan="2">借：制造费用<br>　贷：原材料等</td></tr>
<tr><td rowspan="2">发生的借款利息费用</td><td>经过 1 年期以上的制造才能达到预定可销售状态的产品在制造完成之前发生的借款利息</td><td>借：制造费用<br>　贷：应付利息</td></tr>
<tr><td>制造完成之后发生的利息费用</td><td>借：财务费用<br>　贷：应付利息</td></tr>
</table>

**案例解析**

**【例 22-4】**某小企业生产车间共发生费用如下：消耗原材料 70 000 元，管理人员工资 65 000 元，计提固定资产折旧费 5 000 元，在制造完成前发生借款利息 3 500 元，办公费及水电费共 4 500 元。该小企业的会计处理如下。

借：制造费用　148 000

　贷：原材料　70 000

　　应付职工薪酬　65 000

　　累计折旧　5 000

　　应付利息　3 500

　　银行存款　4 500

## 业务 103：制造费用分配计入有关成本核算对象

### 业务概述

小企业将制造费用分配计入有关成本核算对象，借记“生产成本——基本生产成本、辅助生产成本”等科目，贷记“制造费用”科目。

### 账务处理

相关会计处理如图 22-6 所示。

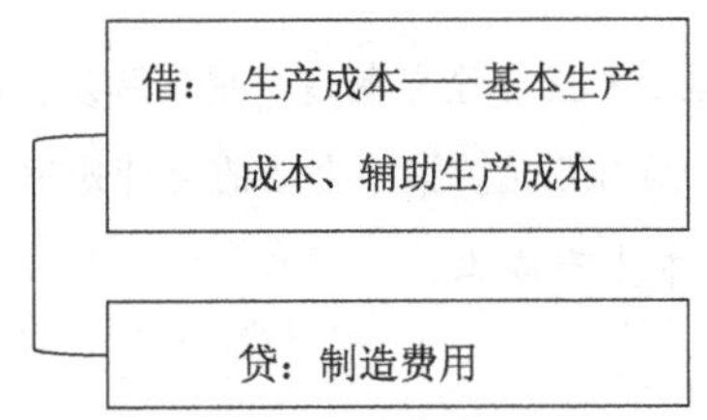


**图 22-6　分配制造费用的会计处理**

### 案例解析

**【例 22-5】**某小企业 2×22 年 4 月共发生制造费用 58 000 元，属于基本生产车间承担的费用为 32 000 元，辅助生产车间承担的费用为 26 000 元。该小企业的会计处理如下。

借：生产成本——基本生产车间　　32 000
　　　　　　——辅助生产车间　　26 000
　贷：制造费用　　58 000

## 业务 104：制造费用实际发生额与分配额的差额

### 业务概述

季节性生产的小企业的制造费用全年实际发生额与分配额的差额，除其中属于为下一年开工生产做准备的可留待下一年分配外，其余部分实际发生额大于分配额的差额，借记“生产成本——基本生产成本”科目，贷记“制造费用”科目；实际发生额小于分配额的差额，做相反的会计分录。

### 账务处理

相关会计处理如图 22-7 所示。

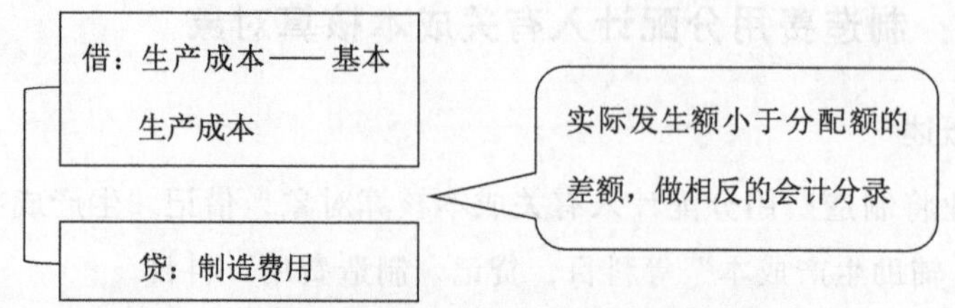


图 22-7　制造费用实际发生额与分配额差额的会计处理

**案例解析**

【例 22-6】某小企业 2×22 年全年制造费用实际发生额为 1 350 000 元，本年年初时的计划分配额为 1 200 000 元。该小企业的会计处理如下。

借：生产成本——基本生产成本　　150 000

　　贷：制造费用　　150 000

## 业务 105：进行合同建造时发生的费用

**业务概述**

“工程施工”科目核算小企业（建筑业）实际发生的各种工程成本，应按照建造合同项目分别“合同成本”和“间接费用”进行明细核算。

小企业进行合同建造时发生的人工费、材料费、机械使用费以及施工现场材料的二次搬运费、生产工具和用具使用费、检验试验费、临时设施折旧费等其他直接费用，借记“工程施工——合同成本”科目，贷记“应付职工薪酬”“原材料”等科目。

发生的施工、生产单位管理人员职工薪酬、财产保险费、工程保修费、固定资产折旧费等间接费用，借记“工程施工——间接费用”科目，贷记“累计折旧”“银行存款”等科目。

期（月）末，将间接费用分配计入有关的合同成本，借记“工程施工——合同成本”科目，贷记“工程施工——间接费用”科目。

**账务处理**

相关会计处理如表 22-2 所示。

表 22-2　　合同建造费用的会计处理

| 工程施工 | 会计处理 |
|---|---|
| 发生的直接费用 | 借：工程施工——合同成本<br>　　贷：应付职工薪酬等 |
| 发生的间接费用 | 借：工程施工——间接费用<br>　　贷：银行存款等 |
| 期（月）末将间接费用分配计入合同成本 | 借：工程施工——合同成本<br>　　贷：工程施工——间接费用 |

**案例解析**

【例 22-7】某小企业 2×22 年 7 月承建一厂房工程，当月耗用材料成本 572 000 元，应付工程施工人员工资 265 000 元，应付施工单位管理人员工资 124 000 元。该小企业的会计处理如下。

借：工程施工——合同成本　　837 000
　　　　　　——间接费用　　124 000
　　贷：应付职工薪酬　　389 000
　　　　原材料　　572 000
借：工程施工——合同成本　　124 000
　　贷：工程施工——间接费用　　124 000

## 业务 106：确认合同收入和合同费用

**业务概述**

小企业确认合同收入和合同费用时，借记“应收账款”“预收账款”等科目，贷记“主营业务收入”科目；按照应结转的合同成本，借记“主营业务成本”科目，贷记“工程施工——合同成本”科目。

**账务处理**

（1）确认合同收入，相关会计处理如图 22-8 所示。

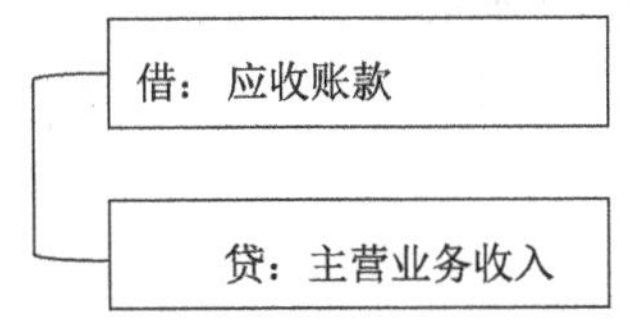


图 22-8　确认合同收入的会计处理

（2）结转合同成本，相关会计处理如图 22-9 所示。

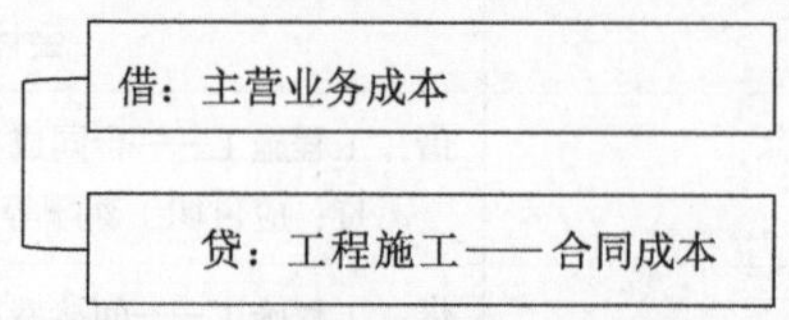


图 22-9　结转合同成本的会计处理

**案例解析**

【例 22-8】承接【例 22-7】，该小企业 9 月确认厂房工程合同收入和费用，收到 1 205 000 元，共发生费用 961 000 元。该小企业的会计处理如下。

借：银行存款　　1 205 000

　　贷：主营业务收入　　1 205 000

借：主营业务成本　　961 000

　　贷：工程施工——合同成本　　961 000

## 业务 107：发生机械作业支出

**业务概述**

“机械作业”科目核算小企业（建筑业）及其内部独立核算的施工单位、机械站和运输队使用自有施工机械和运输设备进行机械作业（含机械化施工和运输作业等）所发生的各项费用，应按照施工机械或运输设备的种类等进行明细核算。

小企业及其内部独立核算的施工单位，从外单位或本企业其他内部独立核算的机械站租入施工机械发生的机械租赁费，在“工程施工”科目核算，不在“机械作业”科目核算。

小企业发生的机械作业支出，借记“机械作业”科目，贷记“原材料”“应付职工薪酬”“累计折旧”等科目。

**账务处理**

相关会计处理如图 22-10 所示。

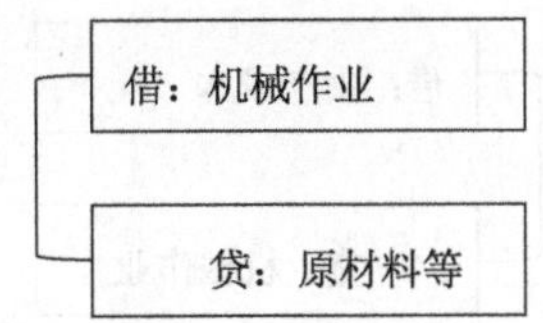


**图 22-10　发生机械作业支出的会计处理**

**案例解析**

**【例 22-9】**某建筑业小企业 2×22 年 2 月计提自有的一台混凝土搅拌机折旧费 3 000 元，计提施工工人工资 45 000 元。该小企业的会计处理如下。

借：机械作业　　48 000

　　贷：累计折旧　　3 000

　　　　应付职工薪酬　　45 000

## 业务 108：期末机械作业转入承包工程成本

**业务概述**

期末，小企业及其内部独立核算的施工单位、机械站和运输队为本企业承包的工程进行机械化施工和运输作业的成本，应转入承包工程的成本，借记“工程施工”科目，贷记“机械作业”科目。

对外单位、专项工程等提供机械作业（含运输设备）的成本，借记“生产成本”或“劳务成本”科目，贷记“机械作业”科目。

**账务处理**

（1）期末机械作业转入承包工程成本，相关会计处理如图 22-11 所示。

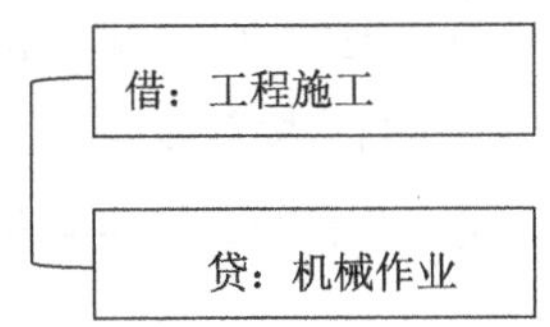


**图 22-11　期末机械作业转入承包工程成本的会计处理**

（2）对外提供机械作业的成本，相关会计处理如图 22-12 所示。

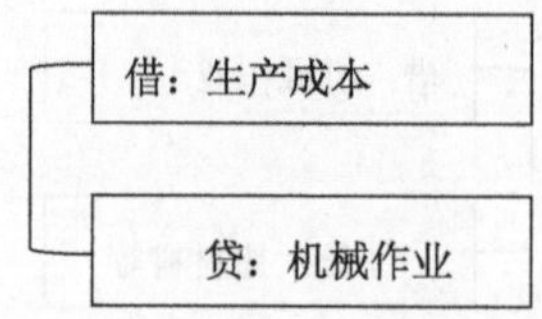


图 22-12 对外提供机械作业成本的会计处理

**案例解析**

【例 22-10】某小企业承建厂房工程，2×22 年 7 月机械使用费发生情况如下：自有混凝土搅拌机一台，当月发生机械作业费用 52 000 元；自有载重汽车 2 辆，当月共发生机械作业费用 48 000 元。月末，将机械作业费用转入工程成本。该小企业的会计处理如下。

借：工程施工——合同成本　　100 000

　贷：机械作业——混凝土搅拌机　　52 000

　　　　　　——载重汽车　　48 000

## 22.2 收入类的相关经济业务

### 业务 109：销售商品或提供劳务实现的收入

**业务概述**

“主营业务收入”科目核算小企业确认的销售商品或提供劳务等主营业务的收入。

小企业销售商品或提供劳务实现的收入，应当按照实际收到或应收的金额，借记“银行存款”“应收账款”等科目；按照税法规定应缴纳的增值税，贷记“应交税费——应交增值税（销项税额）”科目；按照确认的销售商品收入，贷记“主营业务收入”科目。

**账务处理**

相关会计处理如图 22-13 所示。

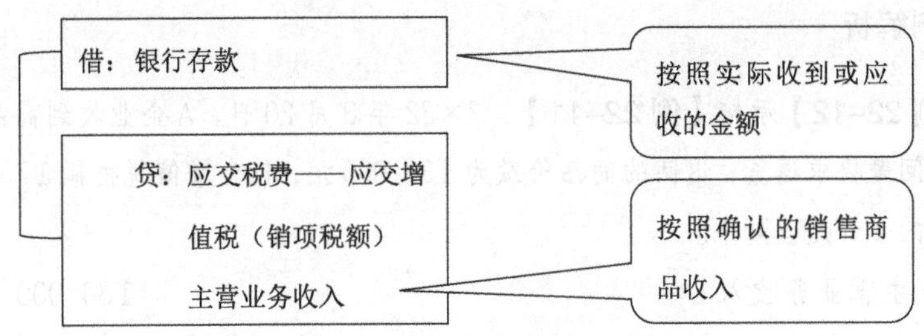


**图 22-13 销售商品或提供劳务实现收入的会计处理**

### 案例解析

**【例 22-11】**某小企业 2×22 年 8 月 12 日向 A 企业销售一批商品，增值税专用发票上记载的商品金额为 320 000 元，增值税为 41 600 元。款项尚未收到。该小企业的会计处理如下。

借：应收账款 361 600

　　贷：应交税费——应交增值税（销项税额） 41 600

　　　　主营业务收入 320 000

## 业务 110：发生销售退回

### 业务概述

小企业发生销售退回，不论属于本年度还是属于以前年度的销售，都按照应冲减销售商品收入的金额，借记"主营业务收入"科目；按照实际支付或应退还的金额，贷记"银行存款""应收账款"等科目。涉及增值税销项税额的，还应进行相应的账务处理。

### 账务处理

相关会计处理如图 22-14 所示。

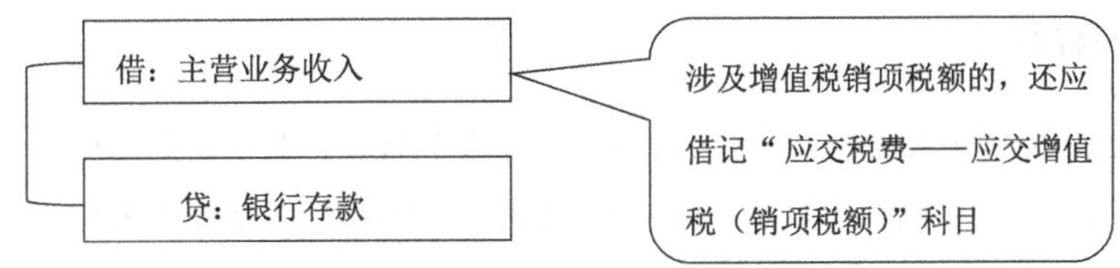


**图 22-14 发生销售退回的会计处理**

**案例解析**

【例 22-12】承接【例 22-11】，2×22 年 8 月 20 日，A 企业收到商品后发现存在质量问题要求退货，退回的商品价款为 134 000 元，包含增值税税额 17 420 元。该小企业的会计处理如下。

借：主营业务收入　　134 000

　　应交税费——应交增值税（销项税额）　　17 420

　　贷：应收账款　　151 420

## 业务 111：其他业务收入的确认

**业务概述**

“其他业务收入”科目核算小企业确认的除主营业务活动以外的其他日常生产经营活动实现的收入，包括：出租固定资产、出租无形资产、销售材料等实现的收入。

小企业确认的其他业务收入，借记“银行存款”“其他应收款”等科目，贷记“其他业务收入”科目。涉及增值税销项税额的，还应进行相应的账务处理。

**账务处理**

相关会计处理如图 22-15 所示。

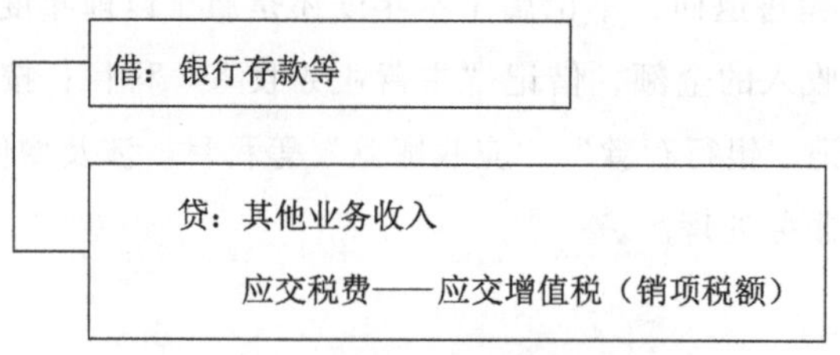


**图 22-15　其他业务收入确认的会计处理**

**案例解析**

【例 22-13】某小企业 2×22 年 4 月 3 日销售给 A 企业一批原材料，增值税专用发票记载的材料价款为 105 000 元，销项税额 13 650 元。A 企业开出商业承兑汇票给小企业。该小企业的会计处理如下。

借：应收票据——A 企业　　118 650

　　贷：其他业务收入　　105 000

　　　　应交税费——应交增值税（销项税额）　　13 650

## 业务 112：投资收益或投资损失的确认

### 业务概述

“投资收益”科目核算小企业确认的投资收益或投资损失。

对于短期股票投资、短期基金投资和长期股权投资，小企业应当按照被投资单位宣告分派的现金股利或利润中属于本企业的部分，借记“应收股利”科目，贷记“投资收益”科目。

在长期债券投资或短期债券投资持有期间，在债务人应付利息日，按照分期付息、一次还本的长期债券投资或短期债券投资的票面利率计算的利息收入，借记“应计利息”科目，贷记“投资收益”科目；按照一次还本付息的长期债券投资票面利率计算的利息收入，借记“长期债券投资——应计利息”科目，贷记“投资收益”科目。

在债务人应付利息日，按照应分摊的债券溢折价金额，借记或贷记“投资收益”科目，贷记或借记“长期债券投资——溢折价”科目。

出售短期投资、处置长期股权投资和长期债券投资，应当按照实际收到的价款或收回的金额，借记“银行存款”或“库存现金”科目；按照其账面余额，贷记“短期投资”“长期股权投资”“长期债券投资”科目；按照尚未领取的现金股利或利润、债券利息收入，贷记“应收股利”“应收利息”科目；按照其差额，贷记或借记“投资收益”科目。

### 账务处理

相关会计处理如表 22-3 所示。

**表 22-3　　投资收益或损失确认的会计处理**

<table>
<tr><th>投资收益</th><th colspan="2">会计处理</th></tr>
<tr><td>被投资单位宣告分派的现金股利或利润中属于本企业的部分</td><td colspan="2">借：应收股利<br>　　贷：投资收益</td></tr>
<tr><td rowspan="2">在长期债券投资或短期债券投资持有期间</td><td>分期付息、一次还本</td><td>借：应收利息<br>　　贷：投资收益</td></tr>
<tr><td>一次还本付息</td><td>借：长期债券投资——应计利息<br>　　贷：投资收益</td></tr>
<tr><td>在债务人应付利息日</td><td colspan="2">借：投资收益（或贷记）<br>　　贷：长期债券投资——溢折价（或借记）</td></tr>
</table>

续表

| 投资收益 | 会计处理 |
| --- | --- |
| 出售短期投资、处置长期股权投资和长期债券投资 | 借：银行存款等<br>贷：短期投资等<br>应收股利（或应收利息）<br>投资收益（或借记） |

**案例解析**

【例 22-14】某小企业 2×22 年 2 月购入 A 企业发行的短期债券 200 000 元，按年付息，债券包括已到付息期但尚未领取的债券利息 3 000 元。3 月收到上一年的债券利息 3 000 元。4 月小企业将债券出售，收到价款 208 000 元。该小企业的会计处理如下。

（1）2×22 年 2 月，购入短期债券。

借：短期投资——A 企业债券　　197 000

　　应收利息　　3 000

　　贷：银行存款　　200 000

（2）2×22 年 3 月，收到债券利息。

借：银行存款　　3 000

　　贷：应收利息　　3 000

（3）2×22 年 4 月，出售债券。

借：银行存款　　208 000

　　贷：短期投资——A 企业债券　　197 000

　　　　投资收益　　11 000

## 业务 113：实现的各项营业外收入

**业务概述**

“营业外收入”科目核算小企业实现的各项营业外收入，包括：非流动资产处置净收益、政府补助、捐赠收益、盘盈收益、汇兑收益、出租包装物和商品的租金收入、逾期未退包装物押金收益、确实无法偿付的应付款项、已做坏账损失处理后又收回的应收款项、违约金收益等。小企业收到出口产品或商品按照规定退回的增值税，在“其他应收款”科目核算，不在“营业外收入”科目核算。

小企业确认非流动资产处置净收益，比照“固定资产清理”“无形资产”等科目的相关规定进行账务处理。

确认的政府补助收入，借记“银行存款”或“递延收益”科目，贷记“营业外收入”科目。

小企业按照规定实行企业所得税、增值税（不含出口退税）、消费税等先征后返的，应当在实际收到返还的企业所得税、增值税、消费税等时，借记“银行存款”科目，贷记“营业外收入”科目。

确认的捐赠收益，借记“银行存款”“固定资产”等科目，贷记“营业外收入”科目。

确认的盘盈收益，借记“待处理财产损溢——待处理流动资产损溢、待处理非流动资产损溢”科目，贷记“营业外收入”科目。

确认的汇兑收益，借记有关科目，贷记“营业外收入”科目。

确认的出租包装物和商品的租金收入、逾期未退包装物押金收益、确实无法偿付的应付款项、违约金收益等，借记“其他应收款”“应付账款”“其他应付款”等科目，贷记“营业外收入”科目。

确认的已做坏账损失处理后又收回的应收款项，借记“银行存款”等科目，贷记“营业外收入”科目。

**账务处理**

相关会计处理如表 22-4 所示。

**表 22-4　营业外收入确认的会计处理**

| 营业外收入 | 会计处理 |
|---|---|
| 确认的政府补助收入 | 借：银行存款（或递延收益）<br>　贷：营业外收入 |
| 收到返还的企业所得税、增值税、消费税等 | 借：银行存款<br>　贷：营业外收入 |
| 确认的捐赠收益 | 借：银行存款等<br>　贷：营业外收入 |
| 确认的盘盈收益 | 借：待处理财产损溢<br>　贷：营业外收入 |
| 确认的汇兑收益 | 借：银行存款<br>　贷：营业外收入 |

续表

| 营业外收入 | 会计处理 |
| --- | --- |
| 确认的出租包装物和商品的租金收入、逾期未退包装物押金收益、确实无法偿付的应付款项、违约金收益等 | 借：其他应收款等<br>　　贷：营业外收入 |
| 确认的已做坏账损失处理后又收回的应收款项 | 借：银行存款<br>　　贷：营业外收入 |

**案例解析**

【**例 22-15**】某小企业2×22年4月收到A企业捐赠的一台机器设备，价值200 000元。5月确认盘盈材料34 000元。6月确认出租包装物的租金5 000元。该小企业的会计处理如下。

（1）2×22年4月，接受捐赠。

借：固定资产　　200 000

　　贷：营业外收入　　200 000

（2）2×22年5月，确认盘盈收益。

借：待处理财产损溢——待处理流动资产损溢　　34 000

　　贷：营业外收入　　34 000

（3）2×22年6月，确认包装物租金。

借：其他应收款　　5 000

　　贷：营业外收入　　5 000

## 22.3　结转收入成本的相关经济业务

### 业务 114：月末计算应结转的主营业务成本

**业务概述**

“主营业务成本”科目核算小企业确认销售商品或提供劳务等主营业务收入应结转的成本。

月末，小企业可根据本月销售各种商品或提供各种劳务的实际成本，计算应结转的主营业务成本，借记“主营业务成本”科目，贷记“库存商品”“生产成本”“工程施工”等科目。

**账务处理**

相关会计处理如图 22-16 所示。

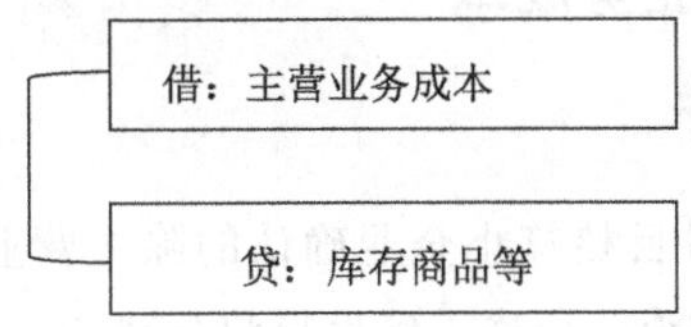


**图 22-16　主营业务成本结转的会计处理**

**案例解析**

【**例 22-16**】某小企业 2×22 年 7 月销售给 A 企业一批商品，成本为 300 000 元。该小企业结转成本的会计处理如下。

借：主营业务成本　　300 000

　　贷：库存商品　　300 000

## 业务 115：发生销售退回

**业务概述**

本月发生的销售退回，可以直接从本月的销售数量中减去，得出本月销售的净数量，然后计算应结转的主营业务成本；也可以单独计算本月销售退回成本，借记“库存商品”等科目，贷记“主营业务成本”科目。

**账务处理**

相关会计处理如图 22-17 所示。

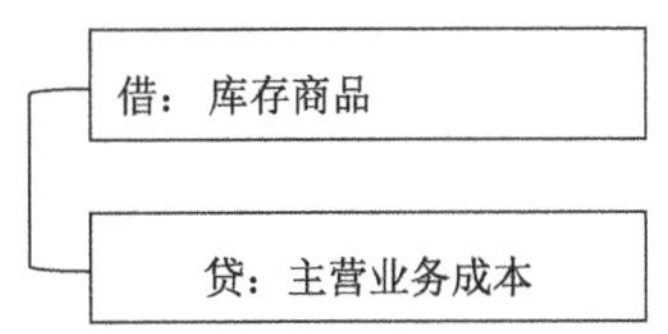


**图 22-17　本月发生销售退回的会计处理**

**案例解析**

【**例 22-17**】承接【**例 22-16**】，2×22 年 8 月 2 日，A 企业退回部分有质量问题的商品，该批退回的商品成本为 120 000 元。该小企业的会计处理如下。

借：库存商品　　120 000

　　贷：主营业务成本　　120 000

## 业务 116：发生其他业务成本

### 业务概述

“其他业务成本”科目核算小企业确认的除主营业务活动以外的其他日常生产经营活动所发生的支出，包括：销售材料的成本、出租固定资产的折旧费、出租无形资产的摊销额等。

小企业发生的其他业务成本，借记“其他业务成本”科目，贷记“原材料”“周转材料”“累计折旧”“累计摊销”“银行存款”等科目。

### 账务处理

相关会计处理如图 22-18 所示。

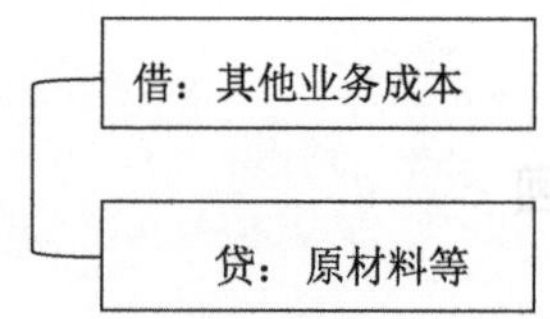


**图 22-18　发生其他业务成本的会计处理**

### 案例解析

**【例 22-18】**某小企业 2×22 年 3 月出租一台机器设备，价值 360 000 元，可使用 10年，采用直线法计提折旧，预计净残值为零。当月计提出租机器设备的折旧费。该小企业的会计处理如下。

360 000÷10÷12=3 000（元）

借：其他业务成本　　3 000

　　贷：累计折旧　　3 000

## 22.4　费用类的相关经济业务

### 业务 117：销售商品或提供劳务时发生的费用

**业务概述**

“销售费用”科目核算小企业在销售商品或提供劳务过程中发生的各种费用，包括：销售人员的职工薪酬、商品维修费、运输费、装卸费、包装费、保险费、广告费和业务宣传费、展览费等费用。小企业（批发业、零售业）在购买商品过程中发生的费用（包括运输费、装卸费、包装费、保险费、运输途中的合理损耗和入库前的挑选整理费等），也在“销售费用”科目核算。

小企业在销售商品或提供劳务过程中发生的销售人员的职工薪酬、商品维修费、运输费、装卸费、包装费、保险费、广告费、业务宣传费、展览费等费用，借记“销售费用”科目，贷记“库存现金”“银行存款”等科目。

小企业（批发业、零售业）在购买商品过程中发生的运输费、装卸费、包装费、保险费、运输途中的合理损耗和入库前的挑选整理费等，借记“销售费用”科目，贷记“库存现金”“银行存款”“应付账款”等科目。

**账务处理**

相关会计处理如图 22-19 所示。

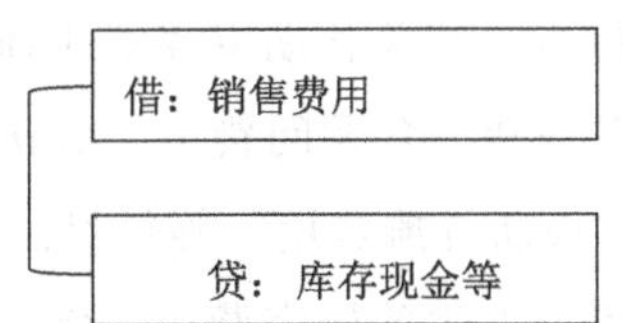


**图 22-19　销售费用相关的会计处理**

**案例解析**

**【例 22-19】**某小企业 2×22 年 4 月在销售商品过程中发生的费用如下：支付销售人员工资 48 000 元，支付运输费、包装费和装卸费共 23 000 元，支付广告费 24 000 元。以上款项均用银行存款支付。该小企业的会计处理如下。

| | | |
|---|---|---|
| 借：销售费用 | 95 000 | |
| 　贷：应付职工薪酬 | | 48 000 |
| 　　　银行存款 | | 47 000 |

## 业务 118：组织和管理生产经营发生的费用

### 业务概述

“管理费用”科目核算小企业为组织和管理生产经营发生的其他费用，包括：小企业在筹建期间内发生的开办费、行政管理部门发生的费用（包括：固定资产折旧费、修理费、办公费、水电费、差旅费、管理人员的职工薪酬等）、业务招待费、研究费用、技术转让费、相关长期待摊费用摊销、财产保险费、聘请中介机构费、咨询费（含顾问费）、诉讼费等费用。

小企业（批发业、零售业）管理费用不多的，可不设置“管理费用”科目，可并入“销售费用”科目核算。

小企业在筹建期间内发生的开办费（包括：相关人员的职工薪酬、办公费、培训费、差旅费、印刷费、注册登记费以及不计入固定资产成本的借款费用等费用），在实际发生时，借记“管理费用”科目，贷记“银行存款”等科目。

行政管理部门人员的职工薪酬，借记“管理费用”科目，贷记“应付职工薪酬”科目。

行政管理部门计提的固定资产折旧费和发生的修理费，借记“管理费用”科目，贷记“累计折旧”“银行存款”等科目。

行政管理部门发生的办公费、水电费、差旅费，借记“管理费用”科目，贷记“银行存款”等科目。

小企业发生的业务招待费、相关长期待摊费用摊销、技术转让费、财产保险费、聘请中介机构费、咨询费（含顾问费）、诉讼费等，借记“管理费用”科目，贷记“银行存款”“长期待摊费用”等科目。

小企业自行研究无形资产发生的研究费用，借记“管理费用”科目，贷记“研发支出”科目。

### 账务处理

相关会计处理如表 22-5 所示。

表 22-5　　管理费用相关的会计处理

| 管理费用 | 会计处理 |
| --- | --- |
| 筹建期间内发生的开办费 | 借：管理费用<br>贷：银行存款 |
| 行政管理部门人员的职工薪酬 | 借：管理费用<br>贷：应付职工薪酬 |
| 行政管理部门计提的固定资产折旧费和发生的修理费 | 借：管理费用<br>贷：累计折旧 |
| 行政管理部门发生的办公费、水电费、差旅费 | 借：管理费用<br>贷：银行存款 |
| 小企业发生的业务招待费、相关长期待摊费用摊销、技术转让费、财产保险费、聘请中介机构费、咨询费（含顾问费）、诉讼费等 | 借：管理费用<br>贷：银行存款、长期待摊费用等 |
| 小企业自行研究无形资产发生的研究费用 | 借：管理费用<br>贷：研发支出 |

### 案例解析

【例 22-20】某小企业 2×22 年 9 月行政管理部门共发生如下费用：支付行政人员工资 124 000 元，计提行政部办公设备折旧费 32 000 元，发生办公、水电费 6 000 元（用银行存款支付）。该小企业会计处理如下。

借：管理费用　　162 000

　　贷：应付职工薪酬　　124 000

　　　　累计折旧　　32 000

　　　　银行存款　　6 000

## 业务 119：发生的筹资费用

### 业务概述

“财务费用”科目核算小企业为筹集生产经营所需资金发生的筹资费用，包括：利息费用（减利息收入）、汇兑损失、银行相关手续费、小企业给予的现金折扣（减享受的现金折扣）等费用。

小企业为购建固定资产、无形资产和经过 1 年期以上的制造才能达到预定可销售状态的存货发生的借款费用，在“在建工程”“研发支出”“制造费用”

等科目核算，不在“财务费用”科目核算。小企业发生的汇兑收益，在“营业外收入”科目核算，不在“财务费用”科目核算。

小企业发生的利息费用、汇兑损失、银行相关手续费、给予的现金折扣等，借记“财务费用”科目，贷记“应付利息”“银行存款”等科目。

持未到期的商业汇票向银行贴现，应当按照实际收到的金额（即减去贴现息后的净额），借记“银行存款”科目；按照贴现息，借记“财务费用”科目；按照商业汇票的票面金额，贷记“应收票据”科目（银行无追索权的情况下）或“短期借款”科目（银行有追索权的情况下）。

发生的应冲减财务费用的利息收入、享受的现金折扣等，借记“银行存款”等科目，贷记“财务费用”科目。

**账务处理**

相关会计处理如表22-6所示。

**表22-6　　财务费用相关的会计处理**

| 财务费用 | 会计处理 |
|---|---|
| 小企业发生的利息费用、汇兑损失、银行相关手续费、给予的现金折扣等 | 借：财务费用<br>　贷：应付利息等 |
| 持未到期的商业汇票向银行贴现 | 借：银行存款（按照实际收到的金额）<br>　财务费用（按照贴现息）<br>　贷：应收票据（银行无追索权）<br>　　或短期借款（银行有追索权） |
| 发生的应冲减财务费用的利息收入、享受的现金折扣等 | 借：银行存款<br>　贷：财务费用 |

**案例解析**

**【例22-21】** 某小企业2×22年5月从银行借入短期借款180 000元，期限6个月，年利率5%。利息分月计提，本金到期后一次性偿还。每月末预提当月应计利息。该小企业的会计处理如下。

每月计提利息＝180 000×5%÷12＝750（元）

借：财务费用　　750

　贷：应付利息　　750

## 业务 120：发生的各项营业外支出

### 业务概述

“营业外支出”科目核算小企业发生的各项营业外支出，包括：存货的盘亏、毁损、报废损失，非流动资产处置净损失，坏账损失，无法收回的长期债券投资损失，无法收回的长期股权投资损失，自然灾害等不可抗力因素造成的损失，税收滞纳金，罚金，罚款，被没收财物的损失，捐赠支出，赞助支出，等等。

小企业确认存货的盘亏、毁损、报废损失，非流动资产处置净损失，自然灾害等不可抗力因素造成的损失，借记“营业外支出”“生产性生物资产累计折旧”“累计摊销”等科目，贷记“待处理财产损溢——待处理流动资产损溢、待处理非流动资产损溢”“固定资产清理”“生产性生物资产”“无形资产”等科目。

根据小企业会计准则规定确认实际发生的坏账损失、长期债券投资损失，应当按照可收回的金额，借记“银行存款”等科目；按照应收账款、预付账款、其他应收款、长期债券投资的账面余额，贷记“应收账款”“预付账款”“其他应收款”“长期债券投资”等科目；按照其差额，借记“营业外支出”科目。

根据小企业会计准则规定确认实际发生的长期股权投资损失，按照可收回的金额，借记“银行存款”等科目；按照长期股权投资的账面余额，贷记“长期股权投资”科目；按照其差额，借记“营业外支出”科目。

支付的税收滞纳金、罚金、罚款，借记“营业外支出”科目，贷记“银行存款”等科目。

确认被没收财物的损失、捐赠支出、赞助支出，借记“营业外支出”科目，贷记“银行存款”等科目。

### 账务处理

相关会计处理如表 22-7 所示。

表 22-7　　　　营业外支出相关的会计处理

| 营业外支出 | 会计处理 |
| --- | --- |
| 确认存货的盘亏、毁损、报废损失，非流动资产处置净损失，自然灾害等不可抗力因素造成的损失 | 借：营业外支出等<br>　贷：待处理财产损溢等 |
| 确认实际发生的坏账损失、长期债券投资损失 | 借：银行存款等<br>　营业外支出<br>　贷：应收账款等 |
| 确认实际发生的长期股权投资损失 | 借：银行存款等<br>　营业外支出<br>　贷：长期股权投资 |
| 支付的税收滞纳金、罚金、罚款 | 借：营业外支出<br>　贷：银行存款 |
| 确认被没收财物的损失、捐赠支出、赞助支出 | 借：营业外支出<br>　贷：银行存款 |

**案例解析**

【例 22-22】某小企业 2×22 年 4 月发生的营业外支出费用如下：盘点时发现原材料盘亏 8 000 元，支付罚款 5 000 元，捐赠 20 000 元。该小企业的会计处理如下。

借：营业外支出　　33 000
　贷：待处理财产损溢——待处理流动资产损溢　　8 000
　　银行存款　　25 000

## 业务 121：日常经营应负担的税费

**业务概述**

"税金及附加"科目核算小企业开展日常生产经营活动应负担的消费税、城市维护建设税、资源税、土地增值税、城镇土地使用税、房产税、车船税、印花税和教育费附加、矿产资源补偿费、排污费等相关税费。

与最终确认营业外收入或营业外支出相关的税费，在"固定资产清理""无形资产"等科目核算，不在"税金及附加"科目核算。

小企业按照规定计算确定的与其日常生产经营活动相关的税费，借记"税金及附加"科目，贷记"应交税费"等科目。

**账务处理**

相关会计处理如图 22-20 所示。

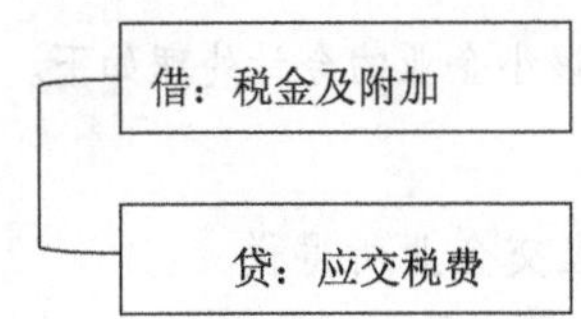


**图 22-20　税金及附加相关的会计处理**

**案例解析**

参考本书第 13 章【例 13-3】。

## 业务 122：年度终了，确认所得税费用

**业务概述**

“所得税费用”科目核算小企业根据企业所得税法确定的应从当期利润总额中扣除的所得税费用。

小企业根据企业所得税法规定补交的企业所得税，也通过“所得税费用”科目核算。

小企业按照规定实行企业所得税先征后返的，实际收到返还的企业所得税，在“营业外收入”科目核算，不在“所得税费用”科目核算。

年度终了，小企业按照企业所得税法规定计算确定的当期应纳税额，借记“所得税费用”科目，贷记“应交税费——应交企业所得税”科目。

**账务处理**

相关会计处理如图 22-21 所示。

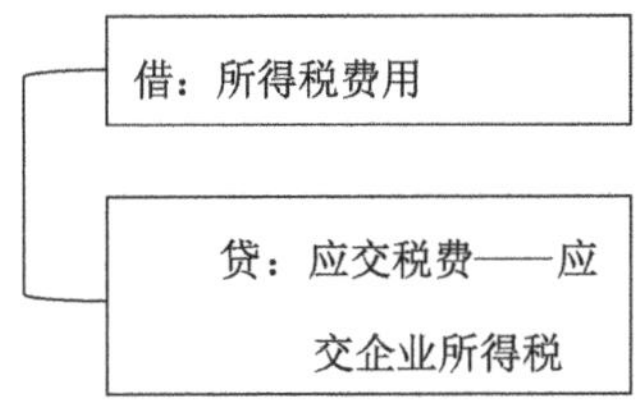


**图 22-21　所得税费用确认相关的会计处理**

**案例解析**

【例 22–23】某小企业 2×22 年 12 月 31 日按照企业所得税法规定计算当期应交企业所得税为 735 000 元。该小企业的会计处理如下。

借：所得税费用　　735 000

　　贷：应交税费——应交企业所得税　　735 000

# 第 23 章
# 财务成果的计算

## 利润的相关经济业务

### 业务 123：期末结转利润

#### 业务概述

“本年利润”科目核算小企业当期实现的净利润（或发生的净亏损）。

期（月）末结转利润时，小企业可以将“主营业务收入”“其他业务收入”“营业外收入”科目的余额，转入“本年利润”科目，借记“主营业务收入”“其他业务收入”“营业外收入”科目，贷记“本年利润”科目；将“主营业务成本”“其他业务成本”“税金及附加”“销售费用”“管理费用”“财务费用”“营业外支出”“所得税费用”科目的余额，转入“本年利润”科目，借记“本年利润”科目，贷记“主营业务成本”“其他业务成本”“税金及附加”“销售费用”“管理费用”“财务费用”“营业外支出”“所得税费用”科目。将“投资收益”科目的贷方余额，转入“本年利润”科目，借记“投资收益”科目，贷记“本年利润”科目；如为借方余额，做相反的会计分录。

结转后“本年利润”科目的贷方余额为当期实现的净利润，借方余额为当期发生的净亏损。

#### 账务处理

（1）收入转入利润，相关会计处理如图 23-1 所示。

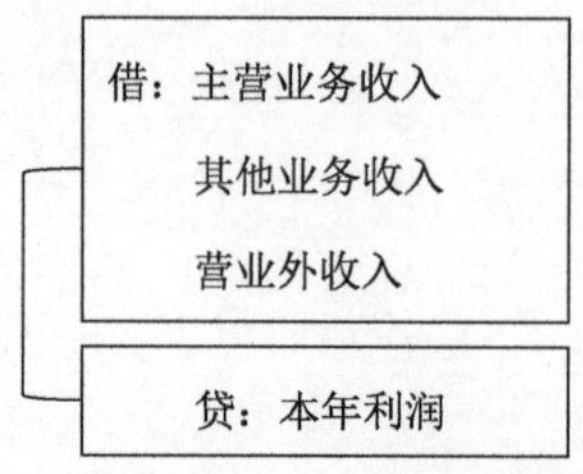


图 23-1　收入转入利润相关的会计处理

（2）成本转入利润，相关会计处理如图 23-2 所示。

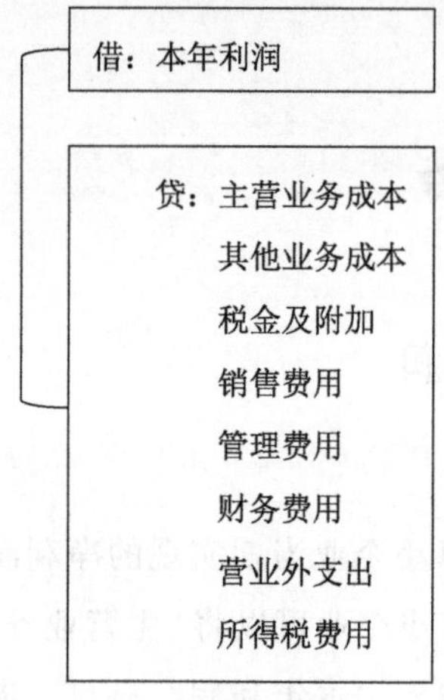


图 23-2　成本转入利润相关的会计处理

（3）投资收益转入利润，相关会计处理如图 23-3 所示。

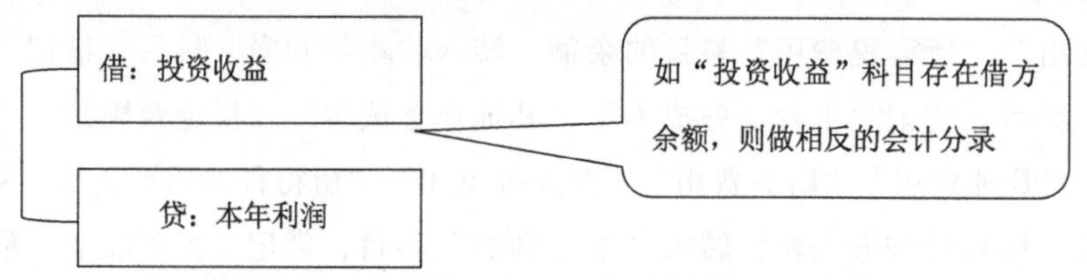


图 23-3　投资收益转入利润相关的会计处理

## 案例解析

**【例 23-1】**某小企业 2×22 年 12 月 31 日结转利润时，其各项收入、成本情况如下：实现主营业务收入 8 000 000 元，主营业务成本为 5 000 000 元；实现其他业务收入 4 500 000 元，其他业务成本为 2 400 000 元；实现营业外收入 700 000 元，营业外支出为 650 000 元；投资收益贷方余额为 26 000 元。期间发生财务费用 65 000 元，管理费用 72 000 元，销售费用 84 000 元，支付各项税金及附加 47 000 元，缴纳

企业所得税 977 000 元。该小企业会计处理如下。

（1）收入转入利润。

| |  |  |
|---|---|---|
| 借：主营业务收入 | 8 000 000 | |
| 　　其他业务收入 | 4 500 000 | |
| 　　营业外收入 | 700 000 | |
| 　　投资收益 | 26 000 | |
| 　　贷：本年利润 | | 13 226 000 |

（2）成本转入利润。

| |  |  |
|---|---|---|
| 借：本年利润 | 9 295 000 | |
| 　　贷：主营业务成本 | | 5 000 000 |
| 　　　　其他业务成本 | | 2 400 000 |
| 　　　　营业外支出 | | 650 000 |
| 　　　　财务费用 | | 65 000 |
| 　　　　管理费用 | | 72 000 |
| 　　　　销售费用 | | 84 000 |
| 　　　　税金及附加 | | 47 000 |
| 　　　　所得税费用 | | 977 000 |

## 业务 124：结转本年净利润

### 业务概述

年度终了，应当将本年收入和支出相抵后结出的本年实现的净利润，转入“利润分配”科目，借记“本年利润”科目，贷记“利润分配——未分配利润”科目；如为净亏损，做相反的会计分录。

### 账务处理

相关会计处理如图 23-4 所示。

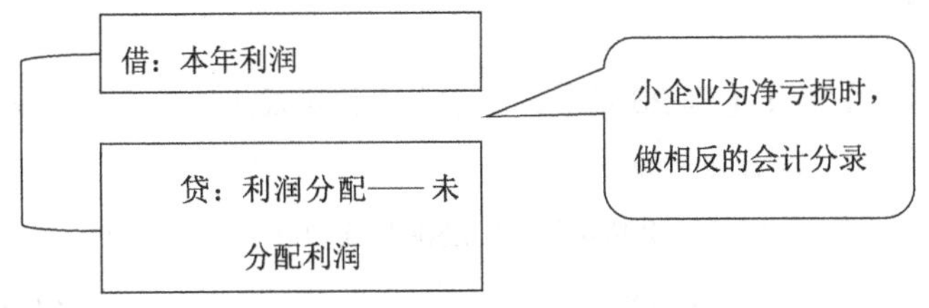


**图 23-4　结转本年利润的会计处理**

**案例解析**

【例 23-2】承接【例 23-1】，该小企业结转当年净利润。该小企业的会计处理如下。

小企业当年应纳企业所得税＝（13 226 000-9 295 000）×25%=982 750（元）

借：所得税费用　　982 750

　　贷：应交税费——应交企业所得税　　982 750

借：本年利润　　982 750

　　贷：所得税费用　　982 750

借：本年利润　　2 948 250

　　贷：利润分配——未分配利润　　2 948 250

## 业务 125：分配利润给投资者

**业务概述**

“利润分配”科目核算小企业利润的分配（或亏损的弥补）和历年分配（或弥补）后的余额，应按照“应付利润”“未分配利润”等进行明细核算。

小企业根据有关规定分配给投资者的利润，借记“利润分配——应付利润”科目，贷记“应付利润”科目。

**账务处理**

相关会计处理如图 23-5 所示。

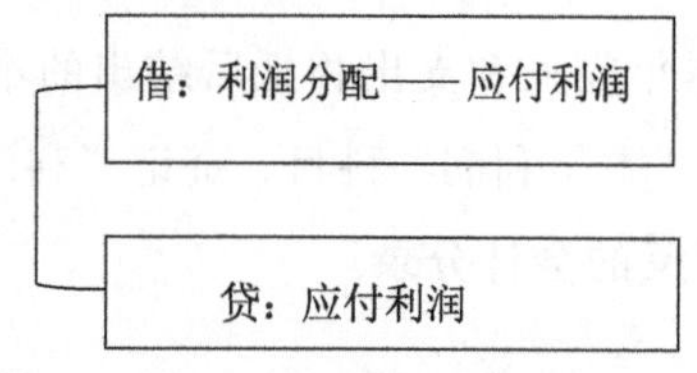


**图 23-5　分配利润给投资者的会计处理**

**案例解析**

【例 23-3】承接【例 23-2】，该小企业按照规定应将 20% 的净利润分配给投资者。该小企业的会计处理如下。

应分配给投资者的利润 =20%×2 948 250=589 650（元）

借：利润分配——应付利润　　589 650

　　贷：应付利润　　589 650